本书系国家社会科学青年基金项目"煤矿产权模式与农村发展走向"（项目编号：11CZZ042）的最终成果

山西大学中国城乡发展研究丛书

煤矿产权结构
与资源型村庄治理

李利宏◎著

中国社会科学出版社

图书在版编目(CIP)数据

煤矿产权结构与资源型村庄治理／李利宏著．—北京：中国社会科学出版社，2016.6

ISBN 978-7-5161-8499-8

Ⅰ.①煤…　Ⅱ.①李…　Ⅲ.①煤炭资源—矿产权—产权制度改革—研究—中国②农村—群众自治—研究—中国　Ⅳ.①D922.624②D638

中国版本图书馆 CIP 数据核字(2016)第 154214 号

出　版　人	赵剑英
责任编辑	冯春凤
责任校对	张爱华
责任印制	张雪娇

出　　　版	中国社会科学出版社
社　　　址	北京鼓楼西大街甲 158 号
邮　　　编	100720
网　　　址	http://www.csspw.cn
发　行　部	010-84083685
门　市　部	010-84029450
经　　　销	新华书店及其他书店

印　　　刷	北京君升印刷有限公司
装　　　订	廊坊市广阳区广增装订厂
版　　　次	2016 年 6 月第 1 版
印　　　次	2016 年 6 月第 1 次印刷

开　　　本	710×1000　1/16
印　　　张	20.75
插　　　页	2
字　　　数	338 千字
定　　　价	76.00 元

序

李利宏的博士论文几经修改后即将出版，邀我作序，我欣然应允。李利宏是我带的第一个博士，也是我的同事，她作为语言学研究生，能取得政治学理论博士学位，实属不易。在博士学习期间，她的读书和调查都非常勤奋，研究能力得到很大提高。她还依托博士论文选题获得国家社会科学青年基金项目的赞助并顺利结项，且博士论文获得省级优秀。我作为她的导师，倍感欣慰。

李利宏博士论文研究的主题，是山西人高度关注并热烈讨论的话题。山西作为中国第一煤炭资源大省，改革开放以来，其煤炭工业经历了从低谷到高峰再到低谷的波动式发展过程，期间围绕煤矿产权制度也在进行不断改革，由此在资源型村庄层面引发了大量关于农村集体资产处置、资源收益分配、村企关系变化等问题，这些问题影响着矿区乡村的稳定与发展。资源型村庄这种独特的治理模式急需认真研究，并提出对策建议，以提高对政治社会风险的预见性。

李利宏博士的《煤矿产权结构与资源型村庄治理》一著，从三种不同的煤矿产权结构（国有产权、集体产权和个体产权）入手，分析其对资源型村庄治理的影响及其中介变量。该书提出了煤矿产权结构通过煤矿产权主体、煤矿经营者与村治精英的价值偏好以及村民对村庄公共事务的参与度等因素对资源型村庄治理产生影响，集体产权结构更有利于资源型村庄治理，并提出村企合作、村企合谋等一系列观点，形成了自己分析煤矿产权与村庄治理的理论框架。

本书立意新颖，既有理论高度，又有实证意义。她长期关注资源型村庄发展，是一位有很强责任心、使命感的学者，在调研期间，不辞辛苦，面对村民的不理解、基层干部的不信任，她克服重重困难，奔走于乡村田野，与村民同吃同住同劳动，掌握了大量鲜活的第一手资料，也与村民结下了深厚的情谊。她深入农村，深入基层，用五年的时间进行跟踪调研，通过对五个典型的资源型村庄不同发展道路的研究，提供了一条解决资源型村庄发展困境的途径。

当然，她的著作也有不足，比如理论分析仍有待提升。作为一项经验性研究，要以认识中国社会为研究的首要目的，同时在此基础上要有明确的理论抱负，追求建构理论体系。本书个案分析较为充实，但理论提升还稍显薄弱，需要进一步提炼，达到实践与理论的有机融合。

宝剑锋从磨砺出，梅花香自苦寒来，一分耕耘，一分收获。希望作者在新的起点上，继续努力，深挖田野经典案例，融入理论学术思考，产出更优质的成果。

董江爱

2016 年 4 月 6 日于太原

目　录

导　　论

中国经济改革已经 30 多年，其经济转型的过程是一个重新界定所有权归属、变更产权制度的过程。[①] 村庄治理是一个历史过程，产权变革作为一个变量介入进来[②]，对村庄治理提出了新要求，村庄治理面临着新压力、新挑战。因此，我们需要思考产权变革对村庄治理带来了何种变化，提出了何种新的治理要求。鉴于此，拟从产权结构的视角探讨煤矿产权变革对中国农村治理造成的冲击及其转型问题。围绕煤矿产权结构与资源型村庄治理两个关键词，文章试图回答两个问题：其一，煤矿产权结构与资源型村庄治理究竟是何种关系，产权结构通过何种中间变量影响资源型村庄治理的绩效？其二，什么样的煤矿产权结构能够实现资源型村庄善治？

第一节　研究缘起与研究意义

一　研究的缘起

中国乡村治理作为一个重要研究领域一直是学界关注的热点。有对村民自治中的选举、决策、管理、监督制度、规则的制度研究，有影响乡村治理绩效的非制度研究，包括集体经济、农村宗族、农村文化、社会变迁、国家建构、农民流动、基层政权、公民社会、税费改革、乡村关系、农民抗争、社会分化等对乡村治理的影响研究[③]，这些研究都揭示了乡村治理的不同向度。本书是从产权结构视角研究村庄治理。改革开放 30 多

---

① 周雪光：《关系产权：产权制度的一个社会学解释》，《社会学研究》，2005 年第 2 期。

② 徐勇教授在 2010 年 11 月一次读书报告中的观点。

③ 邓大才：《小农政治：社会化小农与乡村治理》，北京：中国社会科学出版社 2013 年版，第 10—14 页。

年来，中国经济转型作为一个重新界定所有权归属、变更产权制度的过程，产权制度变迁在四个层面展开：第一个层面，原本全盘归国家和集体所有的公有制，可以通过承包合约再把行为的权利包括责任和义务重新界定到个人头上。农业承包、工商业承包即是；第二个层面，通过承包划出的私人使用权，又发生转让；第三个层面，重新承认了生产资料的私人所有权以及劳动者可以控制、拥有、支配其劳动能力；第四个层面，承包、转让或者重新确立的私人产权，都可以在自愿互利的前提下放到一个合约中，形成"以私产为基础的公产"①。这四个层面，一起发挥着很好的合力作用，共同推动着权利的重新界定，这些奠定了市场经济的基础。

改革开放后煤矿产权经历了一系列的变革。以山西为例，改革开放初期，为了实现国民经济翻两番的目标，国家提出山西要建设成为能源重化工基地，并放宽对煤炭行业的管理，鼓励发展乡镇小煤矿。1983年国务院颁布《关于加快发展乡镇煤矿的八项措施》的文件，1984年、1985年山西省政府分别提出"有水快流"和"国家、集体、个人一齐上，大中小煤矿一起搞"的方针，乡办、村办集体煤矿和个体小煤矿大量出现。虽然小煤矿的快速发展为促进国家经济建设作出了重大贡献，但也造成山西省煤炭行业"小、散、乱、差"（规模小、布局散、开采秩序乱、安全生产条件差），导致山西矿难频发、环境污染、资源浪费、生态破坏。随着国际对环保问题的空前重视，我国也把资源与环境问题提到了前所未有的战略高度，在此大背景下，国家出台一系列资源整合政策促进大型企业加快并购重组，扩大规模。2008年山西省掀起了资源合理开发、环境综合治理、整改整合和兼并发展的一个高潮，《山西省人民政府关于加快推进煤矿企业兼并重组的实施意见》（晋政发〔2008〕23号）的下发，奠定了本次整合重组以产权制度改革为核心的政策基础。2009年4月15日，《山西省人民政府关于进一步加快推进煤矿企业兼并重组整合有关问题的通知》（晋政发〔2009〕10号）等一系列文件下发，推动着煤矿产权的重大变革。

煤矿产权改革这一农村经济领域建设中的重大变化对农村基层治理带来了新的挑战与问题，新一轮煤矿产权改革已取得重大突破和成效，煤

---

① 周其仁：《改革的逻辑》，北京：中信出版社2013年版，第40页。

体、学者对此进行了大量的评论和分析。以农民为主位的集体林权的改革在学者的分析中，尚未做到经济效益与社会效益的并重①，那么，煤矿产权改革又会对农民及农村治理产生何种影响。因此，作为目前乡村治理研究的一个新的学术领域，即煤矿产权结构与资源型村庄治理关系的研究，本书着重研究从20世纪90年代中期村办集体煤矿改制以来一直到2008年煤矿兼并重组这段时期内煤矿产权结构与资源型村庄治理的关系。20世纪90年代中期是一个重要的历史关节点，当时，全国大量的乡镇集体企业大范围改制，这种改制主要是集体制向股份制乃至私有制单向转制的过程。文章旨在揭示煤炭资源型村庄在煤矿产权变革的进程中，其不同的产权关系、产权结构与村庄治理的内在关联。产权变革对村庄治理到底产生了何种影响，农民利益随之有何变化？

　　本研究主要关注煤矿产权结构对资源型村庄治理的影响问题，煤矿产权结构可分为国有产权、集体产权与个体产权。本研究从大量的煤炭资源型村庄中选择了5个典型村庄，它们分别具有不同的产权结构（当然这些村庄的煤矿产权结构不只一种，往往是多种结构并存），为了研究的方便，着重探讨村庄内部典型的煤矿产权结构与资源型村庄治理的内在关联。

　　二　研究的意义

　　1. 理论意义

　　中国经济改革已经30多年，而中国经济转型的过程是一个重新界定所有权归属、变更产权制度的过程。村庄治理是一个历史过程，产权变革作为一个变量介入进来，对村庄治理提出了新要求，村庄治理面临着新压力、新挑战。鉴于此，从产权政治学的视角探讨煤矿产权变革对中国村庄治理造成的冲击及其转型问题，试图总结公共资源型地区煤矿产权结构与资源型村庄治理的关联，有助于拓宽产权政治学的研究领域，深化产权与治理关系的研究。

　　2. 实践意义

　　中国作为一个后发现代化国家，其煤炭资源的开发和利用对实现现代

---

　　① 贺东航等：《集体林权制度改革中的社会公平研究》，《社会主义研究》，2009年第2期。

化和社会善治至关重要，而产权与治理作为社会发展的核心变量在其中发挥着关键作用。山西是中国煤炭储量较为丰富的地区，煤炭资源查明储量2664亿吨，居全国第二位，占全国资源储量的22.6%[①]。资源优势作为一把"双刃剑"，既为山西地方经济社会发展奠定雄厚的物质基础，又形成了地质灾害、生态破坏、贫富分化加大、社会矛盾加剧等"资源诅咒"。可谓成也矿山，败也矿山。改革开放以来，我国经历了3次煤矿产权改革，每一次改革均围绕产权结构的变革与调整展开，由此在煤矿所在村庄层面引发了大量关于农村集体资产处置、资源收益分配、村企关系变化、村内权力系统运作、生态环境恶化和生产生活条件变化等问题和冲突，而且新旧矛盾纠缠、连接、聚合并不断激化，严重影响着矿区乡村的稳定与发展。中国煤矿产权改革的过程是国家、地方和企业博弈的过程，以往政府政策和学术界研究主要关注煤炭资源开发中的经济效益、资源浪费、生产安全和利益分配等问题，而较为忽视煤炭开采的负外部性造成的资源型村庄农民负担的加重和村庄治理危机的加剧。煤炭资源型村庄这种独特的治理模式急需认真研究，提出对策思路，以提高对政治社会风险的预见。

本书针对以往制度研究难以解决煤炭资源型村庄治理的困境和产权制度仅关注经济效益、资源浪费和利益分配等国家视角而忽视农民利益的做法，试图从农村和农民利益出发，研究煤矿产权结构与村庄治理的相关性，从中发现适合村庄治理的产权结构，进而提出适合全国煤炭资源型村庄的治理模式，从而为解决改革开放30多年来矿产资源开发给农村发展带来的诸多困境，推进煤炭资源型村庄再造提出一系列基于经验意义的对策。

第二节　文献回顾与理论困惑

煤矿产权结构与资源型村庄治理的问题既涉及产权与治理的关系问题，同时，煤炭资源作为一种公共资源，涉及资源与治理的关系问题，因此，文献综述将从这两方面进行分析。

---

① http://www.askci.com/news/201404/08/0816345137629.shtml 中商情报网

一　产权与治理的相关研究

1. 产权的经济学视角

从哲学上讲，自然法私有财产理论是当今西方产权理论的主流，是现代西方经济学的理论基础。亚里士多德、阿奎那、格劳秀斯、霍布斯、孟德斯鸠、休谟等思想家都是这一理论流派的代表人物。在亚里士多德的《政治学》中，已经出现了现代产权经济学中的一些重要概念，如产权、交易等。亚里士多德提出，私有财产制度是最符合人本性的制度安排，并且人们总是忽视或者不关心公共事务。"一件事物为愈多的人所共有，则人们对它的关心便愈少。任何人主要考虑的是他自己，对公共利益几乎很少顾及，如果顾及那也仅仅只是在其与他个人利益相关时。"[①] 他又提出"财产在某种意义上应当公有，但一般而论则是私有的；因为一旦每个人都有着不同的利益，人们就不会相互抱怨，而且由于大家都关心自己的事务，人们的境况就会有更大的进展。"[②] 柏拉图在《理想国》中则认为，社会的一切罪恶皆根源于私有财产制度。

产权问题作为一个经典的经济学问题，在科斯及其追随者阿尔奇安、德姆塞茨、诺思等创立的新制度经济学理论体系中，占据着最核心的地位。产权制度作为一种基础性的经济制度，不仅对经济效率产生重要影响，更是构成市场制度及其他许多制度的基础。

（1）西方产权理论对产权的解释

德文中"所有权"与"财产"一词同义。英文中"property"既指称财产本身，更指称财产权利，即对财产的占有、享用、处置、收益等权利，亦即产权。

西方产权理论作为新制度经济学的一个重要分支，属于自由主义学派阵营。早期以奈特、康芒斯的思想为代表，20世纪30年代其创立者罗纳德·科斯发表了《企业的性质》，提出了"交易费用"的概念，1960年，科斯发表《社会成本问题》，提出了权利的明确界定和权利的安排在经济

---

① ［古希腊］亚里士多德：《政治学》，颜一、秦典华译，北京：中国人民大学出版社 2003 年版，第33页。

② 同上书，第37页。

交易中的重要性，从而把"产权"纳入了经济学的体系。20世纪50年代末形成产权理论的基本框架，20世纪80年代，产权理论体系基本成熟。西方产权理论有五个主要分支：以科斯和张五常为代表的企业性质理论，以威廉姆斯为代表的交易费用理论，以德姆塞茨、沃德为代表的企业产权结构理论，以诺斯为代表的制度变迁理论，以布坎南、舒尔茨为代表的产权批判或产权完善理论。

产权理论中两个重要的概念是交易费用和外部性。科斯是交易费用理论的倡导者，交易费用是指一项市场交易活动所需要花费的时间和精力。科斯第一定理是指如果交易费用为零，那么不论如何界定产权，市场机制都会自动配置资源并达到最优；科斯第二定理是指如果交易费用大于零，产权界定将决定资源配置效率的高低。外部性是指相互作用的活动之间一种活动对另一种活动产生的影响，它分为正外部性与负外部性，外部性的产生是由于主体之间的活动空间不明确，由此使得侵犯他人的利益成为可能，而产权的功能之一就是界定清楚每个人受益或受损的权利，使外部性得以内在化。

西方学者在讨论产权时都要涉及以上两个概念。在此基础上，他们对产权有着不同的理解。一些经济学家认为产权是人们对财产的权利。如德姆塞茨（Demsetz）在《关于产权的理论》中指出："产权是一种社会工具，产权包括一个人受益或受损的权利，很显然，产权是界定人们如何受益及如何受损，因而谁必须向谁提供补偿以使他修正人们所采取的行动。"[①] 产权经济学派的另一重要人物阿尔钦认为，"产权是一个社会所强制实施的选择一种经济品的使用的权利"[②]。

另一些产权经济学家则提出不同的见解，他们认为，产权不是物，不是人对物的关系，而是人们对物的使用所引起的相互关系，是一种人与人之间的基本关系。菲吕博滕和平乔维奇提出："产权不是指人与物之间的关系，而是指由物的存在及关于它们的使用所引起的人们之间相互认可的行为关系。产权安排确定了每个人相应于物时的行为规范，每个人都必须

---

① ［美］H. 德姆塞茨：《关于产权的理论》，参见［美］R. 科斯、A. 阿尔钦、C. 诺斯等著：《财产权利与制度变迁》，上海：上海人民出版社2002年版，第97页。

② ［美］A. A. 阿尔钦：《产权：一个经典注释》，参见［美］R. 科斯、A. 阿尔钦、C. 诺斯等著：《财产权利与制度变迁》，上海：上海人民出版社2002年版，第166页。

遵守他与其他人之间的相互关系，或承担不遵守这种关系的成本。产权制度是一系列用来确定每个人相对于稀缺资源使用时的经济关系和社会关系。"①

有些学者认为，产权还应该包括各种社会准则和社会制度。如诺斯（North）认为："产权是个人对他们所拥有的劳动、物品和服务的占有权利；占有是法律规则、组织形式、实施及行为规范的函数。"② 平狄克和鲁宾费尔德则认为产权"描述人们或厂商可以对他们的财产做什么的法律规则"③。加里·C. 利贝卡普认为："产权是一些社会制度。这些制度界定或划定了个人对于某些特定财产，如土地或水，所拥有的特权范围。这些财产的私人所有权包括很多种不同的权利，其中包括阻止非所有者进入的权利，挪用因为使用资源和对资源投资所得的租金流的权利，将资源卖给或转让给其他人的权利。"④

（2）马克思对产权理论的分析

西方学者 S. 平乔维奇认为："马克思是第一位有产权理论的社会科学家。"⑤ 马克思对产权问题的认识，经历了一个不断发展的过程，最终形成了全面深刻的产权理论体系：

第一，包括产权关系的法权关系是反映经济关系的意志关系。马克思具体分析了商品市场和劳动力市场中包括所有权、占有权、转让权、使用权等产权方面的法权关系。他指出："这种具有契约形式的法权关系，是一种反映着经济关系的意志关系。这种法权关系和意志关系的内容是由这种经济关系本身决定的。"⑥ 马克思第一次发现了包括产权关系的法权关

① ［美］E. G. 菲吕博滕、S. 平乔维奇：《产权与经济理论：近期文献的一个综述》，参见［美］R. 科斯、A. 阿尔钦、C. 诺思等：《财产权利与制度变迁》，上海：上海人民出版社 2002年版，第 204 页。

② ［美］道格拉斯·C. 诺斯：《制度、制度变迁与经济绩效》，上海：上海三联书店 1994年版，第 45 页。

③ ［美］平狄克、鲁宾费尔德：《微观经济学》，北京：中国人民大学出版社 1997 年版，第524 页。

④ ［美］加里·C. 利贝卡普：《产权的缔约分析》，北京：中国社会科学出版社 2001 年版，第 1 页。

⑤ ［南］S. 平乔维奇：《马克思、产权学派和社会演化过程》，转引自吴易风等《产权理论与实践》，北京：中国人民大学出版社 2010 年版，第 218 页。

⑥ 《马克思恩格斯全集》（第 23 卷），北京：人民出版社 1972 年版，第 102 页。

系、经济关系和意志关系三者之间的本质联系，为构建科学的产权理论奠定了理论基础。

第二，产权是所有制关系的法的观念。所有制是经济范畴，是关于生产资料归属的经济制度；产权是法律范畴，是关于财产归属的法律制度。马克思研究发现，所有制早于产权存在而存在，只有在私有制产生和保护私有制的法律出现以后，才出现产权。

第三，产权是与财产有关的各种法定权利。马克思研究的产权包含所有权、占有权、支配权、经营权、索取权、继承权和不可侵犯等一系列权利，其中，所有权起决定性作用。在权利统一而不相互分离的情况下，拥有所有权，就意味着拥有与财产有关的全部权利，即拥有完全产权。

第四，产权中的权利可以统一，全属于同一主体；也可以分离，分属于不同主体。同时揭示了财产关系背后的生产关系和阶级关系。

第五，产权分为公共产权和私有产权，资本原始积累时期出现了变公共产权为私有产权的掠夺和盗窃过程。①

综上所述，马克思运用辩证唯物主义和历史唯物主义原理研究产权，研究了产权的本质、构成、历史形式和运行形式，以及产权关系的社会性质、产权与效率的关系、产权制度的运动，最终揭示了产权制度运动的规律，即不合理的资本主义私有产权制度必将为社会主义公有产权制度所代替。"马克思主义的产权理论是一种科学的理论，应当成为我们研究社会主义企业产权关系的理论基础。从马克思主义的观点看，西方产权理论的缺陷不在于它研究了产权的法律形式，研究了交易费用、个人选择、契约关系、委托代理问题等制度现象，而在于它用个体分析代替整体分析、用交易过程代替生产过程、用法律关系代替经济关系，在于它从抽象的个人出发把个人的自由交易当作决定制度存在和发展的根本因素。"② 因此，辩证地看待西方产权理论与马克思产权理论，吸收二者精华，是产权理论分析的起点。

（3）产权的内涵

产权既是人们使用财产的一束权利，又是人们的行为规范和社会制

---

① 吴易风：《产权理论：马克思和科斯的比较》，《中国社会科学》，2007年第2期，第4—18页。

② 林岗、张宇：《产权分析的两种范式》，《中国社会科学》，2000年第1期，第145页。

度。产权的基本内涵可以总结为：

第一，产权是具有排他性的享有财产的权利。产权的排他性指特定的权利只能是一个主体。正如诺斯所说："产权的本质是一种排他性的权利，在暴力方面具有比较优势的组织处于界定和行使产权的地位，产权的排他对象是多元的，除开一个主体外，其他一切个人和团体都在排斥对象之列。"①

第二，产权是一种行为权利，是界定人们行为关系的一种规则，体现出行为主体之间的权、责、利关系。德姆塞茨在揭示产权起源时指出："在鲁滨孙的世界里，产权是不起作用的。产权是一种社会工具，其重要性就在于事实上它们能帮助一个人形成与其他人进行交易时的合理预期。这些预期通过社会的法律、习俗和道德得到表达"。"产权包括一个人或其他人受益或受损的权利，产权是界定人们如何受益及如何受损。"② 产权规定了人们可以做什么、不可以做什么，应该如何补偿等。

第三，产权是一束可以分解的权利。德姆塞茨将产权看作是一束权利（a bunch of rights），包括控制权、收入权和转让权。③ 学者阿贝尔对产权束进行了描述，他指出产权包括："所有权，即排除他人对所有物的控制权；使用权，即区别于管理和收益权的对所有物的享用和收益权；管理权，即决定怎样和由谁来使用所有物的权利；分享剩余收益或承担负债的权利，即来自对所有物的使用或管理所产生的收益和成本分享和分摊的权利；对资本的权利，即对所有物的转让、使用、改造和毁坏的权利；安全的权利，即免于被剥夺的权利；转让权，即所有物遗赠他人或下一代的权利；重新获得的权利，即重新获得已经失去的资产的可能和既定的保障；其他权利，包括不对其他权利和义务的履行加以约束的权利、禁止有害于使用权的权利。"④

---

① ［美］道格拉斯·C. 诺斯：《经济史中的结构与变迁》，上海：上海三联书店1991年版，第12页。

② ［美］H. 德姆塞茨：《关于产权的理论》，参见［美］R. 科斯、A. 阿尔钦、C. 诺思等，刘守英等译：《财产权利与制度变迁》，上海：上海三联书店2002年版，第97页。

③ Andrew G. Walder and Jean C. Oi, Property Rights and Economic Reform in China, Stanford University Press, Stanford, California, 1999, 6.

④ 转引自刘伟、李风圣：《产权通论》，北京：北京出版社1998年版，第10—12页。

在借鉴以上研究成果的基础上，产权可以分解为所有权、使用权、收益权和转让权。所有权是指在法律范围内，产权主体把财产当作自己的专有物，排斥他人随意侵夺的权利；使用权是指产权主体使用财产的权利；收益权是指获得资产收益的权利；转让权是指以双方一致同意的价格把所有或部分上述权利转让给其他人的权利。

第四，产权可以交易。产权交易的前提是产权的排他性，特定的产权主体是唯一的和垄断的，特定的产权是可计量的、有边界的。[①]

客观的产权关系是社会经济关系的核心组成部分，属于经济学范畴。"当这种客观的产权关系获得法律上的认可和保护时，就成为具有法定意义的权利关系，即产权获得了法权的形式。法权是获得法律认可和保护的产权。"[②] 因此，产权就具有了法学意义。

产权是一些社会制度。这些制度界定了个人对于某些特定的财产，如土地等所拥有的特权的范围。这些财产的私人所有权可以包括很多种权利，其中包括阻止非所有者进入的权利、挪用因为使用资源和对资源投资所得租金流的权利、将资源卖给或转让给其他人的权利。正式制度安排的产权制度，其范围包括宪法和法规，以及一些对财产使用和分配的非正式的传统和风俗习惯。这些制度会影响资源使用决策的制定，进而影响经济行为和绩效。通过分配决策制定权，产权制度决定着经济系统中经济活动的参与者和社会中财富的分配。既然产权制度在社会中有如此重要作用，它们就不但是政治学家和社会学家，也一直是经济学家和经济史学家所关注的研究主题。菲吕博滕（Furubotn）和平乔维奇（Pejovich）（1972），诺思（North，1978），德阿莱西（De Alessi，1980）和利贝卡普（Li-be-cap，1986）提供了有关经济学和经济史的文献。[③] 这些文献的焦点大多数集中在讨论各种不同的产权安排如何影响行为。这些行为的范围包括公开进入或共有资源的安排导致的浪费性行为，还包括由牢靠的私人产权导致的财富最大化行为。

---

①　朱巧玲：《产权制度变迁的多层次分析》，北京：人民出版社 2007 年版，第 144—148 页。

②　黄少安：《产权经济学导论》，北京：经济科学出版社 2004 年版，第 70 页。

③　转引自 ［美］加里·C. 利贝卡普：《产权的缔约分析》，陈宇东、耿勤、秦军、王志伟译，北京：中国社会科学出版社 2001 年 9 月版，第 1—2 页。

既然产权是对资源的排他的占有和使用，产权界定与否以及如何界定产权，直接影响人们的成本和收益。因此，西方主流的经济学认为，产权的界定越清晰，其财产的使用效率越高。

（4）产权的类型

产权的分类，主要有马克思的二分法（公共产权和私有产权）和奥斯特罗姆的二分法（私有产权和共有产权），德姆塞茨和埃格特森的三分法，即国家产权、社区产权和私有产权。① 德姆塞茨认为，产权形式可以分为三类，即共有制、私有制和国有制。"共有制是指一种由共同体的所有成员实施的权利。共有制意味着否定了国家或单个的市民干扰共同体内的任何人行使共有权利的权利。私有制意味着共同体承认所有者有权排除其他人行使所有者的私有权。国有制意味着只要国家是按照可接受的政治程序来决定谁不能使用国有资产，它就能排除任何人使用这一权利。"② 希布莱特指出，在具体的产权安排方面，全球范围的产权形式大概可以分为开放式存取产权、公共产权、国有产权和私有产权四种类型。③

学界对产权形式一般分为三类，即国有产权、私有产权和共有产权。

第一，国有产权。

国有产权（state – owned property rights），是指国家代表全体居民所拥有的产权。国有产权虽然名义上属于全民，但在产权属性上与公共产权有明显的不同：（1）产权归属的唯一性，我国宪法明文规定国家是国有资产的唯一所有权主体，并禁止任何组织和个人非法侵占或损害国家资产的行为；（2）使用权的排他性，不是每一个社会成员都可以使用国有资产，或从中获得直接利益；（3）产权经营的代理，国有资产的营运实行多级委托—代理制；（4）收益归属的确定性；（5）剩余索取权的不可转让性。综上可见，除了产权的不可分的特性之外，国有产权和公共产权是完全不同的两种产权，国有产权的归属是相当明确的，在所有权的层面上，不存在国

---

① 转引自韩文龙、刘灿：《共有产权的起源、分布与效率问题：一个基于经济学文献的分析》，《云南财经大学学报》，2013 年第 1 期（总第 159 期），第 15—23 页。

② ［美］H. 德姆塞茨：《关于产权的理论》，参见 ［美］R. 科斯、A. 阿尔钦、C. 诺思等，刘守英等译：《财产权利与制度变迁》，上海：上海三联书店 2002 年版，第 105 页。

③ P. Seabright, "Managing Local Commons: Theoretical Issues in Incentive Design", *Journal of Economic Perspectives*, Vol. 7, 1993, pp. 113 – 134.

有产权的模糊问题。①

第二，私有产权。

私有产权（private property rights），A. A. 阿尔钦认为："产权是一个社会强制实施的选择一种经济品的使用的权利。私有产权则是将这种权利分配给一个人，它可以同附着在其他物品上的类似权利相交换。私有产权的强度由实施它的可能性与成本来衡量，这些又依赖于政府、非正规的社会行动以及通行的理论和道德规范。"② 因此，私有产权是指私人权利的所有者排除他人行使这些权利，并对所有权行使决策及承担完全的后果。

第三，共有产权。

共有产权（communal property rights），或者称之为公共产权，是将权利分配给共同体的所有成员，即共同体的每一成员都有权分享同样的权利，而共同体外的任何成员无法行使这些权利。共有产权在共同体内部不具有排他性，因此，这种产权常常给资源利用带来外部性。A. A. 阿尔钦认为："为了维持每个成员的平均价值最大化，或为了保证现有成员从更多的成员中获得更大的团体价值，显然要利用'共有的'组织形式。它不允许对其他方面的私有产权的利益实行匿名的让渡，一个'共有'成员只有在得到其他共有成员或他们的代理人的许可后才能将他的利益转让给其他人。"③

"共有财产导致了很大的外部性。一个共有产权所有者的活动的全部成本不是直接由他来承担的，而且他们不易注意其他人向他支付适当的量的意愿。共有财产排除了'使用财产就要付费'的体制，较高的谈判和监察成本使得使用财产不必向他人付费的体制无效。""在共有财产体制下，共有产权的价值在最大化时没有考虑许多成本。一个共有权利的所有者不可能排斥其他人分享他努力的果实，而且所有成员联合达成一个最优行为的协议的谈判成本非常高。"④

综上所述，共有产权具有如下特征：（1）产权的不可分性，即任何一

① 高娜：《国有产权与公共产权》，《辽宁财税》，2000 年第 2 期，第 42 页。

② ［美］A. A. 阿尔钦：《产权：一个经典注释》，参见［美］R. 科斯、A. 阿尔钦、C. 诺思等，刘守英等译：《财产权利与制度变迁》，上海：上海三联书店 2002 年版，第 166 页。

③ 同上书，第 176 页。

④ ［美］H. 德姆塞茨：《关于产权的理论》，参见［美］R. 科斯、A. 阿尔钦、C. 诺思等，刘守英等译：《财产权利与制度变迁》，上海：上海三联书店 2002 年版，第 107 页。

个社会成员，都不能声称他对该财产拥有所有权；（2）使用权的非排他性，即任何人都可以使用，但同时都无权排斥他人使用；（3）外在性，即每一成员对公共财产行使权利时，会影响和损害其他成员的利益；（4）产权的不可转化性，即公共产权所有者无法随便转让其对公共财产的所有权。① 既然共有产权存在很大的外部性和"搭便车"问题，因此，要达成集体行动，需要较高的谈判和监督成本。另外，共有产权在进行让渡时，必须获得其他成员的认可与同意，不能随便侵害别人的权利。

　　加勒特·哈丁提出要避免"公地悲剧"这种局面，就要明晰产权，将公共资源私有化。从 20 世纪 70 年代开始，奥斯特罗姆所代表的共有资源研究学派对公共池塘资源的研究取得了重要进展。在他们看来，共有资源是一种独特的产权形式，资源属于一个群体，而非个人所有，对群体外的人来说，资源是排他的，他们无权使用；对于群体内的人则不存在排他性，他们共同使用。由于群体内部不存在排他性，这就很容易造成过度利用从而导致资源被破坏，这种资源被破坏类似于哈丁所讲的"公地悲剧"。奥斯特罗姆通过对鱼类、草地、森林、湖泊和地下水等公共资源使用管理情况的大量研究，从博弈论的角度指出政府和市场的手段都不利于有效治理公共资源，而自主治理的方式即通过"自筹资金的合约实施博弈"，实现公共资源的有效管理。② 世界上有很多地区都存在着管理很好的"共有地"。这些地区采取了 8 条原则进行治理，包括资源使用者的边界、适合当地条件的规则制度，以及解决冲突的机制等等。她认为，这些原则是有共性的，即它们都产生于当地，符合当地多样化的条件，并被当地人所接受。当维护清晰产权的成本非常高时，人们就会依赖地方性的社会规范和制度加以解决。可以看出，从哈丁以及奥斯特罗姆等共有资源管理研究学者都形成一个共同的思维方式，那就是从"社群内"或"领域内"成员之间的互动关系来思考"公地悲剧"问题。

　　财产关系制度必然会影响人们的行为方式，因此，产权安排会影响资源的配置效率、产出的构成和收入的分配等。共有产权中共同体内的每一

---

　　① 高娜：《国有产权与公共产权》，《辽宁财税》，2000 年第 2 期，第 42 页。

　　② ［美］埃莉诺·奥斯特罗姆：《公共事务的治理之道：集体行动制度的演进》，毛寿龙译，上海：上海三联书店 2000 年版，第 9—10 页。

个成员都有权利平均分享共同体的收益，并且在追求个人价值最大化时，每个成员都无法排斥共同体内部其他成员来分享他劳动的果实，而且达成集体最优行动的监督与谈判成本非常高，因此共有产权有很高的外部性；国有产权中国家选择代理人代为行使权利，由于冗长的委托代理制，权利的使用者对资源的使用与转让、成果的分配都不具有充分的权能，他们更追求政治利益而非经济利益，而国家对这些代理者进行充分监督的费用又极其高昂，因而国有产权下的外部效应也居高不下；私有产权中所有者个人分享其所有收益和成本，因此，私有产权可以使外部性内在化，从而更有效地利用资源。

2. 产权的社会学视角

产权是对资源的排他的占有和使用，是规范人们经济行为、财产权利的一种重要规则。但同时，人的经济行为要受到他所嵌入的社会关系网络的影响，在这方面，国外学者提出了著名的"嵌入性"理论。

嵌入性理论是卡尔·波兰伊（K. Poanyi）在 1944 年写的《大转型》一书中的重要观点，他认为，资本主义是历史上的一种"非常规"现象，在资本主义之前，经济的安排是"嵌入"社会关系的，在人类历史上，互惠、再分配和社区义务等规则远比市场关系更经常地起作用，只不过资本主义产生后，不是发挥它们的作用，而是摧毁了它们。而资本主义产生以后，这种关系颠倒了过来，社会关系反而要用经济关系来决定。所谓的"大转变"，就是从嵌入经济向资本主义市场经济的转变。波兰伊认为从深层来看，人们的经济行为要受他所嵌入的社会关系网络的影响。[①]

1985 年美国社会学家格兰诺维特（M. Granovetter）在《美国社会学杂志》上发表文章"经济行动与社会结构：嵌入性问题"，重提波兰伊"嵌入性"命题，他认为个人的经济行动深深"嵌入"社会网络的结构之中。[②] 以格兰诺维特为代表的新经济社会学家认为不仅要研究不同于纯粹利益动机的信任、权力、规范、身份认同等个人行动的激励要素，还要考虑界定人们行动的社会空间、制度或各种制度要素等，同时关注个人行为

---

① ［英］卡尔·波兰伊：《大转型：我们时代的政治与经济起源》，冯刚、刘阳译，杭州：浙江人民出版社 2007 年版，第 70 页。

② M. Granovetter, "Economic Action and Social Structure: the Problem of Embeddedness", A-merican Journal of Sociology, 1985, 91: 481–510.

与更大的制度结构之间的互动关系。①

　　国内学者对产权的社会学视角的分析着重考察其与社会制度、社会关系及人行为的互动性。周雪光、折晓叶、陈婴婴、申静、王汉生、曹正汉、王金红、臧得顺等的研究②中有很好的分析。周雪光从组织社会学的视角指出新制度经济学理论框架中产权理论的困境，提出了与"权利产权"（产权是一束权利）不同的"关系产权"的理论，强调"产权是一束关系"③，为解释产权在中国转型经济中扮演的角色和有关的经济现象提供了一个重要的分析视角。

　　另外一些学者主要围绕集体产权问题进行分析，其核心观点是共有产权（集体产权）未必低效，虽然产权模糊，但它满足了人们（村民）在集体（村落共同体）中的互惠期望、社会信任和期待，所以有其存在的价值。这就是曹正汉所概括的"产权的社会建构逻辑"，持这一观点的代表性人物有刘世定、申静与王汉生、折晓叶与陈婴婴、张静等。他们对当代中国产权制度的研究主要围绕"集体产权是一种什么样的产权制度，在集体所有制中，当事人的权利是依据什么原则制定的"这一问题展开，他们认为，集体产权是社区内一份隐性的、非正式的"社会性合约"，这类合约主要不是依据法律来达成，而是各方当事人依据广泛认同的公平原则，在互动中自发建构出来的，而且它在农村的快速发展中起到了积极的作用。王金红指出，产权不仅是经济问题，而且是政治问题、社会问题和法律问题，因此，分析产权问题应该从政治体制与社会状况多维度加以分析。臧得顺是以"关系地权"为其研究框架，透视了地权中的社会关系及非正式制度。④

---

　　① ［美］纪廉、科林斯等：《新经济社会学：一门新兴学科的发展》，姚伟译，北京：社会科学文献出版社 2006 年版，第 68 页。

　　② 折晓叶、陈婴婴：《产权怎样界定》，《社会学研究》，2005 年第 4 期；申静、王汉生：《集体产权在中国乡村生活中的实践逻辑》，《社会学研究》，2005 年第 1 期；曹正汉：《产权的社会建构逻辑》，《社会学研究》，2008 年第 1 期；王金红：《告别"有意的制度模糊"》，《华南师范大学学报》（社会科学版），2011 年第 2 期；臧得顺：《"谋地型乡村精英"的生成——巨变中的农地产权制度研究》，北京：社会科学文献出版社 2011 年版。

　　③ 周雪光：《关系产权：产权制度的一个社会学解释》，《社会学研究》，2005 年第 2 期。

　　④ 王金红：《告别"有意的制度模糊"》，《华南师范大学学报》（社会科学版），2011 年第 2 期。

　　因此，从社会学视角看，集体产权未必就一定是低效率的，虽然产权是模糊的，但它满足了村民在村落共同体中的互惠期望、社会信任和期待，所以它有存在的价值。

　　3. 产权的政治学视角

　　产权与政治的研究归纳起来主要有三种进路："一是产权与阶级、革命研究进路，以马克思和恩格斯等政治经济学、新政治经济学为代表；二是产权与法律、国家研究进路，以科斯、诺斯、奥尔森、巴泽尔等新制度经济学家为代表；三是产权与市民社会、民主研究进路，以霍布斯、洛克、休谟、斯密、哈耶克、阿尔蒙德等为代表。"①

　　产权与阶级、革命的研究在前文马克思的产权理论已有叙述。产权与市民社会、民主的研究可以追溯到古希腊、古罗马。西方社会一个重要的传统命题就是民主与私人财产的紧密关联。古希腊人是从个人与社会、个人与国家（城邦）的关系上来思考权利问题，是一种城邦至上观。罗马人最先实践了一种权利制度，他们最先制定了私有财产的权利，把私人权利看成是国家权利的最高准则。马克思对罗马人的制度实践和私有财产权利的确立进行了全面的评价。② 近代洛克、密尔的财产理论进一步深化了产权与民主关系的研究。洛克提出社会契约论，"人类天生都是自由、平等和独立的，如不得本人的同意，不能把任何人置于这种状态之外，使受制于另一个人的政治权力"。③ "人们联合成为国家和置身于政府之下的重大和主要的目的，是保护他们的财产。"④ 因此，建立在社会契约同意基础上的民主政府（公共权力）不得侵犯公民的自由权、生命权和财产权，政府只能是一种有限的政府。密尔主张以自由为原则的代议制政府。从他们的分析中，可以看出民主一直被限定在不侵入社会的私人领域、以保护财产权和自由的限度内。现代的研究则较为多元，有意识形态化的趋势。⑤ 在洛克、斯密之后，哈耶克在产权与政治关系的研究方面比较突出。哈耶克与洛克一样，他也从私人财产权出发研究公民社会和国家，坚决捍卫私人财产权。"不承认私有财产，公正也不可能存在：

① 邓大才：《产权政治学研究：进路与整合》，《学术月刊》，2011 年第 12 期，第 5 页。

② 转引自唐贤兴：《产权、国家与民主》，上海：复旦大学出版社 2002 年版，第 86—88 页。

③ ［英］洛克：《政府论》下篇，叶启芳、瞿菊农译，北京：商务印书馆 1964 年版，第 59 页。

④ 同上书，第 77 页。

⑤ 邓大才：《产权政治学研究：进路与整合》，《学术月刊》，2011 年第 12 期，第 9 页。

'无财产的地方亦无公正'。"① 没有私人产权必然会导致"致命的自负"，公有产权则"通向奴役之路"。

产权与国家的研究中，诸多学者（诺斯、托马斯等）对国家在产权设计中的作用进行过论述。诺斯、托马斯在《西方世界的兴起》一书中认为，一个国家的经济增长在于包含财产关系在内的制度，而好的制度则源于国家，可以把"政府简单看成是一种提供保护和公正而收取税金作为回报的组织，即我们雇政府建立和实施所有权"②。诺斯、托马斯从以财产为核心的制度变迁导出了国家，即国家起源于保护财产，推动制度变革，从而将财产关系与国家联结起来。诺斯在其《经济史上的结构和变革》一书中构建了"三位一体"的新经济史学理论体系，包括产权理论、国家理论和意识形态理论。提出了最著名的就是诺斯悖论说，即国家既是经济增长的关键，又是经济衰退的根源。这一理论体系以交易费用理论为基础，提出人类只有通过交换及交易的活动才能获得经济效益和安全保障，而产权是交易的基本先决条件，产权结构的效率引起经济增长、停滞或经济衰退。国家则规定着产权的结构并最终对产权结构的效率负责。③

国内学者唐贤兴较早进行了产权与政治关系的研究，他从政治学的角度着重探讨了民主制度与产权制度的演变及其关系。作者在考察西方国家发展的历程的基础上，探讨了马克思主义的所有制与民主制度的理论，分析了社会主义市场经济条件下产权、国家与民主的关系，指出随着社会主义市场经济的发展，政府如何为产权主体、市场内生力的发育提供法律保障和秩序。并对当代中国改革前后进行了比较研究。④ 冯涛、兰虹指出，商周秦汉时期，国家之所以主导土地排他性公有产权向私有产权变革，是因为国家在推动经济增长的同时扩大了自身利益，并且第一次确立了民族

① ［英］哈耶克：《致命的自负》，冯克利、胡晋华译，北京：中国社会科学出版社2000年版，第33—34页。

② ［美］道格拉斯·C. 诺斯、罗伯特·托马斯：《西方世界的兴起》，厉以平、蔡磊译，北京：华夏出版社1999年版，第11页。

③ ［美］道格拉斯·C. 诺斯：《经济史上的结构和变革》，厉以平译，北京：商务印书馆2009年版，第3—4页。

④ 唐贤兴：《产权、国家与民主》，上海：复旦大学出版社2002年版，第2页。

国家中央集权制政府的真实地位和权力。[①]

　　刘烈龙对产权与政权、官权、民权之间的关系进行了研究，指出政权要与产权边界清晰，而且政权应该为产权服务，为产权运作提供软硬环境和必要条件；同时必须把产权与官权分开，把政企分开；并且针对国有制的弊端，指出国有制是社会化程度最高的公有制形式，其实都成了部门所有制和地方所有制，因此为保障民权，让产权与民权高度合一或一体化，是改革的唯一选择和方向。[②] 丁栋虹则提出产权与政权是社会经济体系的两大基本制度，其相互关系的制度重构属于制度变迁的核心内容。因此，产权与政权要相互保护与相互制衡，要相互融合与分列，如此才会带来一个清晰、稳定的经济与政治的双重制度架构。[③] 姬会然、慕良泽认为政治学的产权过程论主要研究作为利益分配和权益维护的过程。宏观产权过程就是政权更替过程，而微观产权过程就是政治合法性的建构过程。[④] 桂勇等学者则认为产权制度变迁背后的动力是国家的权力，这种变迁可视为产权制度的一种政治重构，即产权的重构其实是一个"国家的重构"过程。[⑤] 周其仁、刘守英从中国改革的经验研究产权与制度变迁，周其仁试图回答"在国家职能曾被滥用的约束条件下如何重建产权秩序"。他发现，在人民公社体制下，名义上一切归公，但私人产权从未完全消失，并通过"部分退出权"加重了国家控制集体土地的制度成本，从而迫使国家重新承认私人的土地使用权以及通过承包形成的农民私产。他认为，中国当时形成的"合作经济"是国家意志主导的产权形式，这种集体经济的产权是一种强制性的协作生产，尽管效率低下，但当国家强制安排时，这种生产关系将不断维系，农民是没有发言权的。由此，他深刻地揭示了

---

　　① 冯涛、兰虹：《商周秦汉时期农地排他性公有产权向私有产权的演进》，《经济学》季刊（第1卷），2002年7月第4期，第803—820页。

　　② 刘烈龙：《产权与政权、官权、民权》，《中国商办工业》，1994年第11期，第5—6页。

　　③ 丁栋虹：《论产权与政权关系的制度重构及其在中国的实践》，《战略与管理》，2000年第3期，第52—57页。

　　④ 姬会然、慕良泽：《产权过程论及其政治学研究》，《西北农林科技大学学报》（社会科学版），2013年第2期，第108—112页。

　　⑤ 桂勇等：《产权制度的政治建构》，《广西民族学院学报》，2003年第4期，第21—28页；桂勇：《私有产权的社会基础：历史的启示——以对民族资本主义企业的社会主义改造为例》，《华中师范大学学报》（人文社科版），2005年第3期，第53—60页。

国家政权和土地所有权关系变化的逻辑。① 邓大才把交易成本分析方法引入博弈论，分析国家、地主、佃农三者的互动关系。中国的农地流转市场的发育和成长总是陷入一种周期性的循环怪圈，即产权的"公有—私有—公有—私有……"的反复循环、市场的"开—关—开—关……"的反复循环、交易的"禁止—法外认可—法内许可—自由买卖—王朝更替—禁止—法外认可—法内许可—自由买卖……"的反复循环，最终在此基础上形成了王朝更替的土地政治学的分析框架。②

刘金海运用宏观历史研究与微观实证研究相结合的方法，关注了农村集体产权的形成、演进及演化过程。他认为，集体产权（collective property right）这样一种财产权利安排方式具有鲜明的中国特色，它不是一个主流经济学的产权概念。新中国成立后农业集体化时代，就建立了集体产权形式，但它是以一种国家经济基础的形式——集体所有制的形式出现。从财产权利的角度看，它至今仍然主宰着中国乡村社会的经济政治形态，其形成、发展和演变历史就是新中国成立后乡村社会的变迁史，一直影响着中国乡村社会当代人和下代人的命运。他在书中集中探讨集体产权变迁中国家、集体与农民的相互关系，从三方面进行分析：一是国家与农村集体的关系；二是国家与农民在财产权利上的关系；三是集体产权前提下，集体与农民个体在经济、法律与政治上的关系。他认为，国家的经济、社会、法制等基本制度的变迁对乡村社会的演变起着非常重要的作用，直接主导着农村经济、社会和政治的变迁。③

邓大才提出要建立产权政治学的解释模式和分析框架④，从政治学视角研究产权。他指出产权与政治关系的研究主要有三条途径：一是产权与

① 周其仁：《产权与制度变迁：中国改革的经验研究》增订版，北京：北京大学出版社2004年版；刘守英：《中国农地制度的合约结构与产权残缺》，《中国农村经济》，1993年第2期。

② 邓大才：《土地政治：地主、佃农与国家》，北京：中国社会科学出版社2010年版，第19页；邓大才：《关于土地承包经营权流转市场的几个重大判断》，《学术研究》，2009年第10期，第92—97页；邓大才：《农地流转价格体系的决定因素研究》，《中州学刊》，2007年第3期，第44—48页。参见王勇：《王朝更替的土地政治学——农地流转、交易成本与历史"周期率"》，《中国农村研究》，2011年卷下。

③ 刘金海：《产权与政治》，北京：中国社会科学出版社2006年版。

④ 邓大才：《产权政治学研究：进路与整合》，《学术月刊》，2011年第12期。

阶级、革命研究，通过产权关系考察生产关系、社会关系和政治关系；二是产权与法律、国家研究，将产权视为影响国家、权力的重要因素，进而展开产权与政治的研究；三是产权与市民社会、民主研究，从财产权着手研究财产权与市民社会、民主的关系，以上三种研究途径从不同视角全方位透视产权与政治的关系。但是，现有研究缺乏一个有着基本共识的平台，因此，急需建立产权政治学，即从产权结构着手研究权力配置，或是通过权利的实施、变更、取消来研究权力的变化，研究产权结构—权利结构—权力结构之间的关系。邓大才一文的分析框架为研究提供了一种很好的分析思路，那就是从产权结构—权利结构—权力结构的脉络去分析产权结构与村庄治理的关联。

产权与乡村治理的研究[①]，目前是产权政治学视角下的一个重要研究领域，它已成为学术创新一个新的增长点，主要包括如下几方面：

地权与乡村治理研究（以邓大才、吴晓燕、臧得顺等为代表[②]）。吴晓燕通过考察成都市温江区黄石社区，发现土地承包经营权的流转导致农村社会结构、农户家庭收入、劳动力流动及社区公共需求的变化，由此提出需要催生基层社会管理的新机制。臧得顺借鉴了"关系地权"的视角，透视了地权中的社会关系，探讨了中国农地产权的本质、特征以及改革方向，并提出了"关系地权"、"谋地型乡村精英"等概念，以此作为分析当代中国农村农地产权变革的革新框架。

林权与乡村治理研究（以贺东航、朱冬亮、何得桂等为代表[③]）。贺东航等人的研究认为，中国集体林权改革对南方林区的乡村治理包括社区组织资源、财政收入、农村社会关系及社会稳定产生着重要的影响。朱冬

---

① 徐勇教授提出了一种新的研究视角，即从产权变革的视角研究其对乡村治理的冲击及乡村治理的转型。

② 吴晓燕：《农地流转的特点及其对林权改革的启示》，《当代世界与社会主义》，2011年第1期；吴晓燕：《农村土地承包经营权流转与农村治理转型》，《政治学研究》，2009年第6期；臧得顺：《"谋地型乡村精英"的生成——巨变中的农地产权制度研究》，北京：社会科学文献出版社2011年版。

③ 贺东航等：《集体林权制度改革中的社会公平研究》，《社会主义研究》，2009年第2期，第109—113页；贺东航等：《公共政策执行的中国经验》，《中国社会科学》，2011年第5期，第61—79页；朱冬亮：《农村社区产权实践与重构》，《中国社会科学》，2013年第11期，第85—103页；何得桂：《乡村治理视角下的集体林权制度改革研究》，《古今农业》，2009年第4期。

亮提出，既有的集体产权制度安排，不利于解决林权纠纷及林地的可持续经营利用，有必要建构一种更具包容性的农村产权制度分析框架——农村社区产权，以便能更好地突出农村社区产权的主体能动性，整合农村积累传承的社区产权价值观。何得桂认为，渐行渐远的"耕者有其山"、财政收入的不可持续影响和农村社会关系的嬗变都将冲击和制约着乡村治理的有效开展和运作。

草权与乡村治理研究（以王勇为代表①）。王勇提出了一个分析框架，那就是草场产权的界定成本决定着藏区基层权力结构及其治理模式。即，谁是最低成本的草权界定者，谁就可能成为事实上的主导性权威。或者说，土地产权的界权成本决定国家政权进入基层社会的程度。

矿权与乡村治理研究（以董江爱为代表②）。董江爱指出，改革开放以来，我国经历了三次煤矿产权改革，每一次改革都在农村集体资产处置、资源管理和收益分配、村矿村企关系、村内权力系统运作、生态环境和生产生活条件等方面引发大量问题和冲突，而且新旧矛盾纠缠、连接、聚合并不断激化，严重影响着矿区乡村的稳定与发展。中国煤矿产权改革的过程是国家、地方和企业博弈的过程，主要关注经济效益、资源浪费、生产安全和利益分配等问题，而忽视生态和社会生活的基本事实，结果造成了矿区农民负担的加重和乡村治理危机的加剧，最终为社会灾难和自然灾难的泛滥提供条件。

水权与乡村治理研究（赵世瑜、张俊峰等③）。张俊峰在《前近代华北乡村社会水权的形成及其特点》对乡村社会水权的形成过程及特点进行了实证分析，指出乡村社会初始水权的分配原则既非绝对平均主义，也非单纯以土地多寡、需水多少为依据，而是综合了自然与传统文化等多因素，水权因此具有等级性、不公平、不合理性等。以村庄集体为单位分配

---

① 王勇：《划界定牧与国家建构》，华中师范大学 2013 届博士论文。

② 董江爱：《煤矿产权与农村政治》，《政治学研究》，2011 年第 6 期，第 57—64 页；董江爱、霍小霞：《矿权与乡村治理》，《社会主义研究》，2012 年第 4 期；董江爱、李利宏：《资源型地区城乡一体化模式探索》，《城市发展研究》，2010 年第 3 期；董江爱、李利宏：《资源型农村的治理困境及出路分析》，《中国行政管理》，2013 年第 1 期，第 80—83 页。

③ 赵世瑜：《分水之争：公共资源与乡土社会的权力与象征——以明清山西汾水流域的若干案例为中心》，《中国社会科学》，2005 年第 2 期。张俊峰：《前近代华北乡村社会水权的形成及其特点》，《中国历史地理论丛》，2008 年第 4 辑，第 115—121 页。

水权的形式，表明乡村社会的水权本身是明晰的，不存在界定困难的问题。因此，明清以来水利纠纷不断是资源稀缺和配置不合理的结果。

以上这些研究都从产权政治学的视角出发，研究土地、森林、草场、煤炭、水等各个资源领域的产权改革对乡村治理的冲击及挑战，从而极大地拓宽了乡村治理的研究范围。

二　资源与治理的相关研究

产权是对资源的排他的占有和使用，产权的界定决定资源的分配和使用，煤炭资源领域的产权研究必然涉及对资源本身的研究，因此，对资源与治理关系的研究也是本研究关注的焦点。

1. 资源诅咒说

20 世纪 50 年代以前，经济学领域通常认为资本、劳动力和自然资源往往对经济发展起到正面的作用。但是"二战"以后，绝大多数资源丰富的发展中国家却没有因此而快速发展起来，尤其是原有资源丰富的发达国家，如荷兰，却导致了发展的萎缩。1993 年，Auty 第一次提出了"资源的诅咒"（Resource Curse）这个概念①，即丰富的资源并不一定导致经济社会的快速发展，反而会起到限制作用。在此之后，Sachs、Warner（1995，1997，2001）连续发表了 3 篇文章，发展了"资源诅咒"理论。②

2. 公共资源治理方式研究

公共资源是指那些产权由一个国家和地区的人共有的资源，主要包括流动性资源，如水资源、空气资源等，以及不流动资源，如矿产资源、森林资源等。由于这些资源属于公共产权，所以在治理上存在着严重的问题，早在两千多年前，亚里士多德就说过："凡是属于最大多数人的公共事物常常是最少受人照顾的事物，人们关怀着自己的所有，而忽视公共的

---

① Auty, R. M. Sustaining Development in Mineral Economics: the Resource Curse Thesis M. London: Rout ledge, 1993.

② Arezki R. and F. van CerPloeg, 2007, Can the Natural Resource Curse be Turned into a Blessing ? The Role of Trade Policies and Institutions, IMF Working Paper, WP/07/55, March. 源出于张亮亮：《自然资源富集与经济增长——一个基于"资源诅咒"命题的研究综述》，《南方经济》，2009 年第 6 期。

事物；对于公共的一切，他至多只留心到其中对他个人多少有些相关的事物。"① 1968 年加勒特·哈丁（Garret Hardin）提出的"公地悲剧"（The Tragedy of the Commons）。他以一个牧羊人与牧场资源的关系来解释他的论点：牧羊人出于理性考虑，应该扩大他的牧场，并且尽可能地增加他的羊群。而每增加一头羊，均会带来外部性。正的外部性是指牧羊人可以从增加的羊只上获得所有的利润，而负的外部性是指牧场的承载力因为额外增加的羊只有所耗损，最终所造成的后果由所有牧羊人来承担。因此，公共资源的过度消耗会引发公地悲剧②，它已经成为公共资源治理的最大难题。在现有的公共资源治理实践中，有三种比较常见的治理模式。③

第一种是政府权威治理模式。公共资源属于国家所有，国家建立专门的权威机构来统一管理和开发公共资源，我国就属于这方面的典型。这种模式在于能够排除私人对公共资源的所有，减少私人因为自利而不当开发公共资源，最大限度保证公共资源为全体共有者共享。但是，这种模式激励机制不足，容易产生产权与结果不对应的问题。

第二种是市场模式。这种模式在以私有产权为基础的西方国家应用广泛，它是利用市场交换和价格机制来调控和管理公共资源。价格机制的核心逻辑是"污染者付费"，谁污染谁治理，以此来约束企业和个人的废弃物排放。

第三种模式是基于地方传统和社会结构而产生的治理模式。这种模式以美国著名政治学家、政治经济学家埃莉诺·奥斯特罗姆（Elinor Os-trom）的研究为主④，她在《公共事务的治理之道：集体行动制度的演进》一书中，提出了"自主治理"的核心思想。她认为彻底私有化，即以完全市场化的途径和强化中央集权，通过完全的政府权力控制解决这两种途径都是有缺陷的，她从实践与理论的结合方面提出了通过自治组织管

---

① ［古希腊］亚里士多德：《政治学》，吴寿彭译，北京：商务印书馆 1983 年版，第 48 页。

② Garrett Hardin, "The Tragedy of the Commons", *Science*, Vol. 162, No. 3859（December 13, 1968）, pp. 1243 - 1248.

③ 杨光斌：《政治学导论》（第 4 版），北京：中国人民大学出版社 2011 年版，第 226 页。

④ ［美］埃莉诺·奥斯特罗姆：《公共事务的治理之道：集体行动制度的演进》，余逊达、陈旭东译，上海：上海三联书店 2000 年版。

理公共物品的新渠道。

国外学者在 20 世纪 80 年代中期以来，对何种制度安排可以使资源可持续利用的讨论发生了显著的变化，这一转变的发生是对非合作博弈领域的研究所作的部分响应，但更直接的结果导致公共产权的安排和公共资源研究的成果爆炸式增长。这项工作最突出的是由埃莉诺·奥斯特罗姆、罗伯特·韦德（Wade，R.）和简·普拉图（J. M. & Plateau）等作出的。他们代表了 3 种关于当地、以社区为基础管理和治理公共资源的最显著的努力。① 而美国学者阿隆·阿格拉瓦尔（Arun Agrawal）认为，他们的研究仍有缺陷，他提出公共资源治理的最佳效果应取决于以下一些因素的综合：

一是资源系统的特点：小尺寸、明确定义的边界、低水平的流动性、可预测性；二是集团的特点：规模小、明确定义的边界、拥有共同规范和一定的社会资本、熟悉不断变化的外部环境，并且与当地关系良好的年轻精英、成员之间的相互依存、禀赋异质性，身份和利益的同质性、水平低，贫困；三是体制安排：规则简单，易于理解，易于执行，等级制裁，等级批准，并且裁决的成本低和严格的官员问责制；四是外部环境：一定的技术，与外部市场的衔接、中央政府不应该干涉地方当局、外部制裁机构等。

这些研究成果提出了获取公共资源治理最佳效果的更为细致的规则与制度，进一步深化了公共资源治理的研究。

国内学者就资源型发展的实证研究有贺建平以山西省煤矿业为例，认为必须采取必要的政策避免资源型地区"贫困性增长"的困境②；李海峰通过对黑龙江和江苏的实证分析，论证了资源型地区与计划经济体制的关系。他认为资源丰裕促进计划经济体制的形成与深化，而计划经济体制又通过国有企业促进了资源型地区的开发。③ 但很多的研究并没有涉及资源

---

① Arun Agrawal, Common Property Institutions and Sustainable Governance of Resources, *World Development*, Vol. 29, No. 10, 2001, pp. 1649–1672.

② 贺建平：《资源型省区避免"贫困性增长"的路径选择——以山西为例》，《生产力研究》，2006 年第 6 期。

③ 李海峰：《资源型地区资源禀赋与计划经济体制相关关系——黑龙江和江苏的实证分析》，《生产力研究》，2009 年第 18 期。

对乡村治理的影响问题。

3. 乡村权力运作资源研究

20 世纪 90 年代末以来，一些学者越来越关注乡村权力运作赖以存在的资源和条件问题。因为农村治理总是在特定的生态中运作的，尤其是经济环境对农村治理具有决定性意义。如戴慕珍（Oi, Jean C）指出，"至少在短期内，村级选举和自治组织出现的意义取决于农村的经济发展情况。这是因为村委会选举是在特定的经济背景下进行的，当选人的权力取决于他们对经济资源的控制能力"[①]。这方面的研究以项继权、郭正林、贺雪峰、卢福营等的研究为代表。项继权从集体经济的视角研究农村经济发展水平与乡村治理的关系。他将集体经济视作乡村治理的背景，农村基本经济制度，特别是农村产权制度、农业经营方式的转变每次都引发了乡村治理的变化，产权制度与经营制度的变化都对农村治理的功能、结构、过程、效率产生着重要影响[②]；郭正林从农村经济结构的不同分析农村权力结构的差异。他认为党支部或村委会作为农村正式的权力组织要发挥作用，必须占有一定的资源。社会经济发展水平决定权力对资源的提取能力，这种能力又直接决定着权力的影响力。既然农村权力结构与社区经济结构及其发展水平有密切的关系，因此，他着重分析权力资源的提取对农村党政权力关系的影响以及农村经济发展及其结构变化对农村权力结构变化的影响。他认为影响农村权力资源配置的主要因素，是村集体经济与村民家庭私营经济的力量对比即农村社区经济结构。从公私经济的交互分类来看，中国农村社区经济结构可以区分出四种类型：一是"强集体—强个体"的社区股份合作制；二是"弱集体—强个体"的家庭经济主导型，农民家庭经济水平高而村集体经济水平低；三是"强集体—弱个体"的集体经济主导型，人民公社的集体体制是典型的这种体制；四是"弱集体—弱个体"的匮乏经济型，集体经济和农户经济处于双弱的状况，是完全意义上的"空壳村"。这四种经济结构与农村权力结构和党政关系有密切联系。第一种农村出现"党强村强"的机会最大；第二种农村出现

①　Jean C. Oi and Scott Rozelle. Elections and Power: The Locus of Decision Making in Chinese Villages. *The China Quarterly*, 2000, pp. 513 – 514.

②　项继权：《集体经济背景下的乡村治理》，武汉：华中师范大学出版社 2002 年版。

"村强党弱"的机会多,第三种农村出现"党强村弱"的机会多,第四种农村由于匮乏经济,无法为村民提供服务,导致权能缺损,乡村两级组织的工作陷入被动甚至瘫痪。① 卢福营在他的系列文章里分别探讨了集体经济资源丰富背景下的乡村治理以及个私经济发达背景下的乡村治理的特点。②

4. 煤炭资源型乡村治理研究

一些学者专门研究了煤炭资源型乡村治理问题。贺雪峰指出,在一些资源利益密集型农村,大量资源涌入农村,各种获利机会涌现,为争夺新出现的密集利益,各方主体展开激烈的利益博弈,从而出现了与一般农村地区极不相同甚至刚好相反的治理景观③;张丙乾、李小云、叶敬忠在其系列文章里对矿区资源型乡村治理进行研究④,他们以乡村社区权力关系为分析框架,通过对农村社区中矿产资源开发过程中争夺场景的社会学考察,勾勒出农村社区小铁矿开采过程中基于矿产资源开发的权力运作系统。在矿产资源开发背景下,以经济链条为纽带的"权力的经济网络"将社区内外的权力紧密联结在一起,逐步构结成一张"总体性"的权力网,主导着当地乡村社区的矿产资源开发。董江爱、崔培兵从煤炭资源型乡村选举纠纷的视角说明煤矿产权制度与农村发展的关系⑤,冯耀明对资源型地区富人当政的利弊进行了分析⑥,于立对由于资源开发导致的贫富

① 郭正林:《中国农村权力结构》,北京:中国社会科学出版社2005年版,第20—43页。
② 卢福营:《集体经济资源丰富背景下的农村治理——以浙江A村为例》,《中共宁波市委党校学报》,2008年第5期;《个私经济发达背景下的能人型村治——以浙江省东阳市白坦一村为例》,《华中师范大学学报》(人文社科版),1998年第2期,第15—20页。
③ 贺雪峰:《论利益密集型农村地区的治理》,《政治学研究》,2011年第6期,第47—56页。
④ 张丙乾、李小云、叶敬忠:《加速的变迁:农村社区中小铁矿开采的社会经济影响》,《区域经济》,2007年第7期;张丙乾、李小云、叶敬忠:《正式制度的社区表达:对农村社区中矿产资源权属的考察》,《农村现代化》,2007年第9期;张丙乾、李小云、叶敬忠:《基于矿产资源开发的农村社区权力运作探析》,《社会科学辑刊》,2007年第5期。
⑤ 董江爱等:《村治中的政治博弈与利益整合——资源型农村选举纠纷的博弈分析》,《中国农村观察》,2010年第2期。
⑥ 冯耀明:《资源型地区当政富人执行行为规范化研究》,《天津行政学院学报》,2009年第1期;冯耀明:《资源型地区富人当政的研究思路与调研设计》,《中共山西省委党校学报》,2008年第1期;冯耀明:《浅论资源型地区"富人当政"》,《理论探索》,2008年第1期。

差距从而引起社会不稳定状态进行探讨①，这些研究都认为在资源型村庄由于存在巨大的利益，从而引发利益分配矛盾、富裕群体当政，最终影响农村社会稳定。

三　对已有相关研究的评论

上述梳理不免挂一漏万，但总体勾勒了既有研究的基本方面。应该承认，这些研究成果对于解释产权与治理、资源与治理的关系提出了很多重要的观点，成为我们研究的不可或缺的理论资源。学术研究总是在不断的积累和拓深的过程中，回顾以往的研究可以发现，已有研究并未注意到煤矿产权的特殊性与乡村治理的关系，煤矿产权结构的多变性与复杂性对乡村治理的影响有着自身的轨迹。而国内学界对煤矿产权与治理的思考更多基于宏观视角，关注煤矿产权制度与煤矿资源的利益博弈引发的治理困境问题。如董江爱认为煤矿产权制度不科学会造成官商一体的政治生态和煤矿开采的不当行为，最终导致资源型地区陷入治理困境。② 王继军认为山西政治生态的恶化与我国矿产资源管理体制的制度性缺陷有关。③ 综上所述，学术界对三种煤矿产权结构（国有产权、集体产权与个体产权）与资源型村庄治理的研究，缺乏清晰的类型学分析，没有提炼出煤矿产权结构影响资源型村庄治理的因素。从煤矿产权结构的角度研究其对资源型村庄治理及其走向的影响应该是学术界的一个新问题。文章试图分析不同的煤矿产权结构对农村的权力结构和农民的权利结构及资源型村庄治理分别产生了何种影响，并就如何改革煤矿产权制度做一政策分析。而这些，正是本书的理论观照所在。

第三节　分析框架与结构安排

按照郭正林的研究，中国农村政治及其变迁可以从国家与社会关系、

----

① 于立等：《资源型贫富差距与社会稳定》，《财经问题研究》，2007 年第 10 期。

② 董江爱、徐朝卫：《基于煤矿资源的利益博弈和策略选择——山西煤矿开采与经营中的政企关系研究》，《中国行政管理》，2015 年第 2 期。

③ 王继军：《优化矿产资源领域政治生态法律问题研究》，《毛泽东邓小平理论研究》，2014 年第 10 期。

制度主义、政治经济学三大理论视野或概念框架进行研究。[①] 他认为，在国家与社会关系的研究途径方面，所谓公民社会、法团主义、权力与权利、官治与民治、政府与社会等概念，都可以从这一理论框架中延伸出来。在这种理论框架下，形成了许多有意义的理论概念，如黄宗智的"第三领域"，舒绣文（Shue，Vivienne）的"蜂窝结构"，杜赞奇的"权力的文化网络"等，张厚安、徐勇的"乡政村治"等；在政治经济学研究途径下，以资源配置、产权制度、市场—政府、个人选择与集体行动等为主题，美国学者黄宗智、戴慕珍等，中国学者项继权的相关研究都体现了这一分析框架的理论魅力；而制度主义视野下的研究则主要关注村民自治制度的建立与发展的动力与根源是什么，这种制度的导入对农村的政治、经济各方面发展的作用以及对中国政治发展的价值何在。

这三种分析框架得到了诸多学者的认同，本书充分借鉴相关学者的研究，采取政治经济学的分析框架，以产权政治学为视角，从村庄治理的微观层面出发，通过实证研究，运用横向比较与类型分析的方法，从理论和实践层面分析煤矿产权结构与资源型村庄治理的关联。

中国市场化取向的改革是一个市场经济嵌入到政治权威结构的过程，政治权威主导着经济改革的进程与方向。政府在煤炭资源配置中发挥着关键性的作用，政府作为一个重要的利益相关者，既是管理者，又是资源的配置者。中国的市场经济不是一个自由竞争的市场经济，而是在国有经济主导下的、在某些领域存在竞争现象的市场经济。在中国，人们面临的问题不是工业民主国家式的市场失灵和政府失灵，而是社会转型中市场机制的不成熟和政府监管责任的缺失。[②] 最终导致煤炭资源配置和产权制度改革异化，偏离了制度安排的预期目标。在国家主导的煤矿产权改革领域，市场不成熟主要表现为：市场规则不健全，国有企业内部人控制衍生的腐败和企业行为短期化等等。在市场不成熟的情况下，政府监管责任的缺失表现为选择性缺失。[③] 一方面是政府对产权的界定和保护不够，煤矿产权模糊，从而阻碍市场机制作用的正常发挥；另一方面是政府在制定市场游

---

① 郭正林：《中国农村政治研究的理论视野》，载郭正林：《中国农村权力结构》，北京：中国社会科学出版社 2005 年版，第 1—11 页。

② 陈明明：《治理现代化的中国意蕴》，社会学视野网。

③ 同上。

戏规则和监督规则的执行方面的不力，造成了市场和政府的真空地带，产生了大量危害社会经济的问题。

本研究分析在市场化进程中国家在不断地改变着煤矿企业的产权结构，一定的产权结构如何引发农村权力结构和村民权利结构的变化，从而持续地影响着资源型村庄治理的过程。

本研究的出发点是，产权安排的目的是通过预期影响人们的经济行为。不同的煤矿产权结构会形成不同的矿产资源经营方式，这种经营方式决定和制约着乡村权力资源不同的配置和运用方式，进而形成不同的乡村权力结构和治理方式。煤炭资源型村庄煤炭资源是农民赖以生存的生产资料，因此，煤矿产权结构对农民生活和农村的社会政治经济结构具有决定性的影响。乡村社会不同的煤矿产权结构不完全是农民自由选择的结果，它是中央政府、地方政府和村治精英的目标、意志的综合体现，国家在煤矿产权制度变迁中的强制性更为突出，煤矿产权改革的过程是中央政府、地方政府、煤矿企业和矿区农民博弈的过程，这一制度变迁过程最终从根本上决定和影响着乡村社区的治理方式的变化。

全书除导论与结论外，共分四章。

第一章　通过两个典型案例分析国有产权与村庄治理的关联。研究发现，国有产权煤矿在村庄发展中具有两面性。一方面，对村庄发展和村民福利提供了必要的物质基础；另一方面，由于国有产权的模糊性和缺乏有效的委托—代理机制激励、监督国有煤矿负责人，会引发国有煤矿负责人的谋利行为，因此会形成两种村企关系——村企合作与村企合谋。而村企关系又与村庄治理关系密切：当存在保护型村治精英，且村庄能为煤矿发展提供必要支持时，就能促使国有煤矿与村庄建立合作共赢关系，并依托国有煤矿为村庄发展提供物质保障，促进村庄实现全方位发展；而存在谋利型村治精英时，则会诱发国有煤矿负责人的谋利行为并与之合谋，共同侵害村民权益，最终使村庄陷入治理困境。

第二章　通过两个典型案例分析集体产权与村庄治理的关联。研究发现，在煤矿产权制度变迁的宏观背景下，决定煤矿集体产权结构发挥效用的关键在于保护型村治精英主导与村民民主参与之间的互动。反之，如果村治精英沦为谋利型，村庄公共权力成为其谋利手段，村民民主参与又流于形式，便会导致集体产权无法发挥效用，进而损害村民利益、引发群体性事件，村庄陷于混乱的无发展局面。

第三章　通过一个典型案例分析个体产权与村庄治理的关联。研究发现，与国有产权和集体产权结构相比，个体产权结构下的村庄发展存在困境。由于其占有权和收益权的个体性质，决定了煤矿主会占有煤矿生产的全部收益，村庄公共产品的提供源于企业的社会责任意识而非制度约束，个体产权结构极有可能诱发村庄公共权力由"道义本位"向"利益本位"转变，村庄共同体也可能由"道义型共同体"向"利益型分散体"转变，由此必将带来集体经济的薄弱和公共产品供给严重不足。煤矿主暴富和村民贫困的巨大反差会加剧村民的仇富心理和村庄阶层分化，从而降低村庄凝聚力、增加村民集体行动的难度，使村庄治理遭遇严重挑战。当然，如果企业能够承担社会责任，为村民提供更多的就业机会以及公共设施和公共产品时，便可以延缓村庄的衰败。

第四章　提出要优化产权结构，建立产权结构有效发挥作用的机制，实现资源型村庄善治。包括对国有产权结构，应加强对国有煤矿负责人的监管与激励，并建立村企合作机制；对集体产权结构，应健全民主机制，确保村民共享集体收益；对个体产权结构，应建立有效激励机制，激发个体企业积极承担社会责任。同时，要完善产权制度改革，建立煤矿企业对村庄的补偿机制和帮扶机制，并建立资源收益分配的民主机制，确保农民共享资源开发收益，从而实现资源型村庄善治。

在上述研究基础上，提出如下结论：其一，产权结构同村庄治理具有比较密切的内在关系，但是产权结构不直接发挥作用，产权结构通过产权主体、经营者的价值偏好和村民对村庄公共事务的参与度等因素对村庄治理产生影响。其二，与国有产权和个体产权相比，集体产权结构更有利于村庄治理。

第四节　核心概念简述

一　煤矿产权结构

1. 矿权的内涵及性质

（1）矿权的内涵及范围

矿，指蕴藏在地壳里的各种矿物的统称。矿权是指因矿而产生的权利的总称，是一组权利的集合。① "矿权"的英文名称为"mineral resource right"。学者们对矿权所包含的范围有三种不同的界定。

第一种范围适中，矿权包括所有权、探矿权和采矿权等。② 这是多数学者的观点。

第二种范围最广，包括煤炭资源所有权及其所有权派生的矿业权。所有权是指煤炭资源的归属权及其引申权利，所有权包括归属权、规划审批权和监管权。矿业权是指矿业权人所享有的与矿业活动有直接关系的权利，包括探矿权、采矿权、经营权和抵押权，而探矿权和采矿权又都包括占有权、支配权、使用权和收益权。③

第三种范围最小，矿权包括矿产资源国家所有权和采矿权。采矿权是从矿产资源国家所有权中派生出来的权利，采矿权人获得采矿权后，就可以在矿区内排他性地占有、使用、收益和处分一定的矿产资源。占有和使用是对矿区土地和矿产资源而言，收益和处分是对矿产品而言。从采矿权的派生性以及其权能看，采矿权是他物权，又包含若干具有用益物权和担保物权性质的权利分支。包括（一）矿权所有权；（二）采矿权用益物权，包括依法开采权、土地使用权、相邻关系与地役权、矿区建设全、矿产品使用权、办理手续优先权和采矿权交易权；（三）采矿权抵押权；（四）采矿权优先权。而探矿权不是物权，也不是知识产权，而是具有债权和行政权混合性质的权利。探矿权作为一种授权，是有关机关将其探矿权授权给某一主体行使。探矿权人仅是依照授权的要求，为授权人的利益开展工作，探矿权行使的结果归属于授权人。探矿权人申请探矿权所支付的费用，实质是一种付费购买行为，即探矿权人从有关机关有偿购买勘查报告等材料。探矿权人的这一切行为，归根到底是为了获得采矿权优先权。④ 矿权包括探矿权和采矿权，"因为无论探矿权还是采矿权，都是对

---

① 黄锡生、林北水：《论矿权的概念、性质和体系》，《中国地质大学学报》（社会科学版），2007 年第 6 期，第 45 页。

② 林家斌、刘洁、李彦龙等：《中国矿产资源管理报告》，北京：社会科学文献出版社2011 年版，第 9 页。

③ 胡文国：《煤炭资源产权与开发外部性关系及我国资源产权改革研究》，清华大学 2009届博士论文，第 24 页。

④ 黄锡生、林北水：《论矿权的概念、性质和体系》，《中国地质大学学报》（社会科学版），2007 年第 6 期，第 45—49 页。

于'矿'的权利，也即对于矿产资源的权利。"但是，矿权的重点在采矿权。取得探矿权的目的，是为了通过勘查使其转化为采矿权，不能实现这一转化的勘查投入，人们称之为风险损失。而取得采矿权的目的，是为了占有矿产资源这种物质性财产，并以之作为投入的关键组成部分，生产出矿产品这种物质产品。①

（2）矿权的性质

我国在宪法中明确规定了我国自然资源的公有产权制度。1982年宪法第九条规定，"矿藏、水流、森林、山岭、草原、荒地、滩涂等自然资源，都属于国家所有即全民所有；由法律规定属于集体所有的森林和山岭、草原、荒地、滩涂除外"。1996年，《中华人民共和国矿产资源法》第三条规定，"矿产资源属于国家所有，由国务院行使国家对矿产资源的所有权。地表或者地下的矿产资源的国家所有权，不因其所依附的土地的所有权或者使用权的不同而改变"。1996年《煤炭法》对煤炭资源也做了同样的规定。

作为国家政权的行使机构，政府是自然资源的管理机构。我国的法律明确规定了政府在自然资源管理中的主体地位。《中华人民共和国矿产资源法》（1996）第三条规定"勘查、开采矿产资源，必须依法分别申请、经批准取得探矿权、采矿权，并办理登记；但是，已经依法申请取得采矿权的矿山企业在划定的矿区范围内为本企业的生产而进行的勘查除外"。第十五条对矿产资源的勘查的登记和开采的审批方面明确规定，"设立矿山企业，必须符合国家规定的资质条件，并依照法律和国家有关规定，由审批机关对其矿区范围、矿山设计或者开采方案、生产技术条件、安全措施和环境保护措施等进行审查；审查合格的，方予批准"。第十六条明确提出"开采下列矿产资源的，由国务院地质矿产主管部门审批，并颁发采矿许可证"。由此可以看出，我国的煤炭资源在产权制度上是公有制的，在其使用的管理上是由政府控制的。

矿权是财产权，不是"经营权"。矿权既不是体现"所有权和经营权分离"的"经营权"，也不是体现市场准入资格的"经营权"，而是对"矿"即矿产资源这种物质性财产的占有使用权。国家出让探矿权和采矿

---

① 张文驹：《矿权性质及其市场制度》，《资源产业经济》，2003年第10期，第18页。

权，是体现了矿产资源这种物质性财产"所有权和占有使用权的分离"①。

2. 煤矿产权结构

煤炭资源产权是指所有和使用煤炭资源的权利，或是通过社会强制力量规定的各行为主体在煤炭资源开发利用中的经济和社会关系。② 还有的学者用"煤矿资源产权"来指称这一概念，煤矿资源产权是社会团体或个人对某一种煤炭资源或某一地域范围内煤矿资源的占有、支配、转让、收益及由此派生出的其他权利。③ 本书赞成使用"煤炭资源产权"这一概念，即某一组织或个人对一定地域范围内的煤炭资源的占有、使用、收益和转让权。

煤炭资源产权与一般的资源产权不同，具有以下几个明显特征：一是附着性④。它与地权、草权、林权、水权这些资源产权相比，具有立体性和复合性。即对矿权的使用常常包含着对土地资源产权、草场资源产权、森林资源产权、水资源产权等的使用，并与地权、草权、林权、水权纠葛在一起；二是负外部性。煤矿的开采对资源的破坏是全方位的，影响极大。既破坏所在地区的水资源，导致水源断流，又破坏附着在土地上的草场、树木和房屋，导致土地无法耕种，房屋出现裂缝、倒塌，最终破坏农民的居住权、生存权和环境权；三是边界权不清晰。由于煤炭资源深埋于地下，矿权的边界纠纷表面非常隐蔽，因此在煤矿开采中的越界纠纷只有当事人非常清楚；四是使用权的不可再生性。煤炭资源作为一种不可再生的资源，其使用权在使用中消失了，不像土地等物质资源可以不断使用；五是多属性。煤炭资源产权不仅是一个经济问题，同时资源使用不当，会引发一定的社会矛盾和冲突，因此是一个社会问题；资源的不当开发，对煤炭的低端利用，以及粗放式发展模式，导致水源断流、耕地破坏，引发了严重的生态环境灾难，因此也是一个生态问题；而山西作为资源型地区

---

① 张文驹：《矿权性质及其市场制度》，《资源产业经济》，2003 年第 10 期，第 17—18 页。

② 胡文国：《煤炭资源产权与开发外部性关系及我国资源产权改革研究》，清华大学 2009 届博士论文，第 24 页。

③ 陈卫洪：《关闭小煤窑的经济学和社会学分析》，北京：冶金工业出版社 2010 年版，第 130 页。

④ 胡文国：《煤炭资源产权与开发外部性关系及我国资源产权改革研究》，清华大学 2009 届博士论文，第 25 页。

的典型代表，2014 年出现了系统性、塌方式腐败，其政治生态的恶化程度令人震惊。塌方式腐败不仅损害了山西的形象，损害了群众利益，而且影响了改革发展。山西省的腐败案件主要集中在煤炭资源领域。长期以来，煤矿产权改革主要关注资源开发、安全生产和利益分配等问题，相对忽视政治生态建设，结果造成了官商一体、政企合谋、社会矛盾积聚等现象，最终导致区域治理中的塌方式腐败，成为严重的政治问题。煤炭资源的使用又涉及我国能源安全问题和国际地位问题，因此，应从国家发展的角度去审视、认识煤炭资源产权的重要性。

结构是一个系统内各构成因素及其组织状况或相互联系的状况。包括构成因素的种类及相互间的数量比例，也包括不同构成因素的地位及相互关联。对产权结构，可以从不同角度加以考察，从而呈现出不同的结构状态。由于产权不是指人与物之间的关系，而是指由物的存在及关于它们的使用所引起的人们之间相互认可的行为关系，所以，产权结构包括产权的权利结构和产权的组织结构。[①]

产权的权利结构是指产权是一束权利。马克思认为，在产权所包含的所有权、占有权、支配权、经营权、索取权、继承权和不可侵犯等一系列权利中，所有权起决定性作用。在权利统一而不相互分离的情况下，拥有所有权，就意味着拥有与财产有关的全部权利，即拥有完全产权。[②]

产权的组织结构是指从产权的组织形式考察产权结构。产权组织形式是指由产权权利结构组合而成的组织单位，产权组合可以分为归属权利组合和支配权利组合。支配权利组合即通过产权不同层次支配权利行使分离重组的组织方式。现实经济生活中的产权，其所有权、占有权、使用权、收益权和转让权可以同时由一个主体拥有，也可以通过一定的规范分离，为两个或两个以上层次主体拥有，而每个层次主体只行使其中部分权利的支配。这样，就会出现同一产权的多层支配关系和多种支配权利结构形式。[③]

"煤矿产权结构"包括煤矿产权的权利结构和煤矿产权的组织结构。

①　朱巧玲：《产权制度变迁的多层次分析》，北京：人民出版社 2007 年版，第 225 页。

②　吴易风：《产权理论：马克思和科斯的比较》，《中国社会科学》，2007 年第 2 期，第 8 页。

③　朱巧玲：《产权制度变迁的多层次分析》，北京：人民出版社 2007 年版，第 232 页。

就煤矿产权的权利结构而言，国家拥有煤炭资源的所有权，煤矿企业（国企、集体、个体或合伙）获得的采矿权应当是对煤炭资源的占有权、使用权、收益权和转让权，可以对煤炭资源进行开采、经营以及对所采煤炭的销售、处分等权利，也就是一种不完全的产权；就煤矿产权的组织结构而言，按照对煤炭资源的占有权和使用权等的不同，我国煤矿企业的产权结构可分为国有产权、集体产权与个体产权三种，见图1，集体产权又可以分为集体经营的产权结构与个人承包的产权结构，见图2和图3。

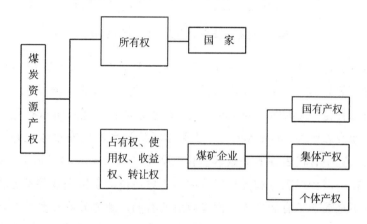

图1　煤矿产权结构

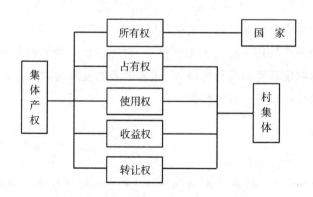

图2　村办集体煤矿集体经营的产权结构

二　煤矿产权结构特点

（一）煤矿产权结构的模糊性

国外一些学者注意到了中国乡村产权结构尤其是乡镇企业产权结构的

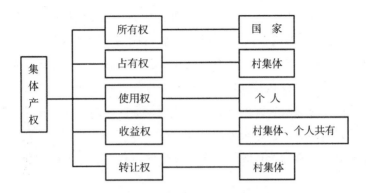

图 3 村办集体煤矿个人承包的产权结构

多样性、混合型和模糊性，并称之为"混合型企业"（hybrid firms）或结构，但大部分学者常常将此看成是"半私有化"（semi–private）或"事实上的私有化"（defacto private），并将此视为从公有制向私有化的过渡形式，如倪志伟（Victor Nee）。① 少数学者认为乡村的非集体化并不等于私有化，其中有代表性的是戴慕珍和魏昂德（Andrew G. Walder），戴慕珍指出，在中国乡村工业和乡村经济中占主导地位的乡镇企业并不是私人所有，也不是混合私有制形式，而是政府所有制。地方政府在乡镇企业的发展中发挥了主要的作用，他们的研究关注了中国乡村的所有权和所有制问题。② 基思同样指出："对乡镇企业的限定缺乏严谨性，私人企业也可以堂而皇之的以集体企业自居，这就是所谓的'红帽子企业'。"③ 周雪光指出：实践中的产权是一种"关系产权"，它所包含的残缺性和模糊性是组织适应外部制度环境的最佳选择。④ 这些学者的见解为我们理解煤矿企业产权的模糊性提供了有益的思路。

---

① Victor Nee, Organizational Dynamics of Market Transition：Hybrid Firms, Property Rights, and Mixed Economy in China. *Administrative Science Quarterly*, No. 37（March 1992）, pp. 1 – 27.

② Andrew G. Walder and Jean C. Oi：Property Rights in the Chinese Economy：Contours of the Process of Change, Andrew G. Walder and Jean C. Oi：Property Rights and Economic Reform in China, Stanford University Press, Stanford, California, 1999.

③ Ronald C. Keith：China's Struggle for the Rule of Law，见［荷兰］何·皮特（Peter Ho）：《谁是中国土地的拥有者？》林韵然译，北京：社会科学文献出版社 2008 年版，第 32 页。

④ 周雪光：《关系产权：产权制度的一个社会学解释》，《社会学研究》，2005 年第 2 期。

　　"有意的制度模糊"是由荷兰学者何·皮特（Peter Ho）提出[1]，他围绕中国的土地产权问题，包括农村土地集体所有制模式、草原产权制度、森林产权制度、荒地产权问题研究中国的制度变迁及其引发的社会冲突，提出了一些重要概念，包括"有意的制度模糊"、"空制度"等，这些对我们认识中国农村产权制度提供了一个很好的分析视角。他指出，中国农村改革取得成功的关键在于中央政府将本该成纲成条、没有任何歧义的农村产权制度隐藏在模棱两可的迷雾之中。也就是农村土地的集体所有制形式中的"集体"的所指含糊不清，而这种含糊不清为农民所接受的原因在于当前的中国农村社会中土地扮演着重要的角色，它不是可以转让或买卖的产品，而是农村社会保障体系中的要素。土地是农民的基本生活资料，为了适应家庭人口数量的变化，保证每一位村民在使用土地时享有平等的权利，土地再分配的现象频繁发生。而土地产权的不稳定正好可以满足农民希望享有平等的土地权利的愿望。因此，尽管农村集体土地产权存在模糊性，但土地制度仍然是一种可信的制度。

　　煤矿产权结构的模糊性是针对国有产权和集体产权结构而言。国有制看起来是"社会化"程度最高的公有制形式，其实都成了现实的部门所有制和地方所有制，这种"人人皆所有，个个都无权"的形式导致无人负责，经济效益低下，缺乏生机和活力。集体产权同样如此，也会面临人人负责，其实人人都不负责的局面。个体产权结构由于其产权主体明确，不存在模糊性问题。何·皮特所分析的土地产权制度的"有意的制度模糊"带来了农民的满意与社会的和谐，而煤矿产权的模糊性或不清晰带来的却是一系列的社会冲突。以山西产煤大市临汾为例，其总储量和总产量占全省的10%以上，多年以来，煤矿企业产权极不规范，名义上的采矿主体和实际经营者严重脱钩。全市470多座乡镇、村办煤矿中，80%以上采取"集体挂名、个人经营"的方式，采矿权归乡镇政府、村委会，实际出资均为个人。[2] 对此种状况在调研时有深刻的体会。

---

　　[1] ［荷兰］何·皮特：《谁是中国土地的拥有者？》，林韵然译，北京：社会科学文献出版社 2008 年版，第 32 页。

　　[2] 解读"山西产煤大市临汾的煤矿产权制度改革" http：//www.sx.china - news.com/2004 - 11 - 10/1/18027.html

煤矿产权结构的模糊性会引发很多不良后果：

第一，阻碍矿主长期投资，促使矿难频发。"你中有我，我中有你"的办矿体制使得煤矿产权归属非常模糊。既然采矿企业缺乏长期有保障的产权，就不愿在基础设施上做长期投资。三到五年的短期承包使得煤矿企业主普遍选择冒险的掠夺式开采。因此，产权模糊既损害了矿工，又损害了矿主。矿难一旦发生，政府会炸毁部分存在安全隐患的煤矿，这种简单粗暴的工作方式保障了安全，但侵犯了产权，阻碍了矿主的长期投资。[①]

第二，资源浪费严重。产权模糊促使煤矿主不愿进行大规模技术装备投资，而传统的采煤方法回采率最低只有10%左右，这意味着每采出一吨煤，就要浪费掉九吨。[②] 为了在短期内提高产量，煤矿主唯一的理性选择就是掠夺性开采。这种方式不仅导致资源浪费严重，更破坏了当地的环境。

第三，引发大量政府寻租行为。较短的承包期限可以极大提升官员权力的"价值"。众多政企合谋的案例表明，主管官员往往在辖区内的煤矿中拥有股份，中央下令官员撤股，这些人竟然放弃官位保全股份。

第四，引发大量的社会冲突。轰动全国的山西白家峁事件是其中一个典型案例。2009年10月12日，山西临县白家峁村村民与山西三兴煤焦有限公司人员发生争斗，并造成血案，事件的起因是由于矿权纠纷导致，村民在不知情的情况下，村办煤矿的矿权在几经转包后成为山西三兴煤焦有限公司的煤矿，村民不满，前去争取权益，最后在协商未果的情况下，发生冲突，引发流血事件。在本案中，为什么在明确的产权界定面前会发生当事人之间的流血冲突，这一问题究竟如何解释，其中代表性的意见有两种：一是认为产权变更没有衔接好。导致矛盾愈演愈烈的一个重要原因是过去煤炭价格不高，经营煤矿未必很赚钱，村里也不愿意投资，后来煤炭价格一路飙升，经营煤矿暴发，老百姓自然眼红[③]；一是认为产权变更不合法。当年白家峁村民集体短视，转让50年的承包权，而当经营者成功做大做强企业之后，绝不会轻易因产权变更不合法而拱手

① 解读"山西产煤大市临汾的煤矿产权制度改革"，http：//www. sx. china – news. com/2004 – 11 – 10/1/18027. html

② 产权不清，矿难不止，http：//business. sohu. com/20051230/n241223610. html

③ 《利益攀升导致矛盾加剧》，http：//news. 9ask. cn/Article/sCzz/201010/895163. shtml

归还村民。① 双方冲突由此上演。

（二）煤矿产权结构的多变性

新中国成立后，随着国家不同经济发展阶段对煤炭资源需求的不同，煤矿产权经历了一系列的改革。山西作为中国的煤炭大省，其发展带有典型示范作用，因此，文章将以山西煤矿产权的变革历程展示煤矿产权结构的多变性。

1. 改革开放前国有产权和集体产权并存

计划经济时期（1949—1978 年），我国在煤矿产权结构方面采取的是国有产权和集体产权并存，同时期煤炭资源处于无偿开采阶段。

山西省形成规模煤炭开采的历史，可追溯至明代。清代中后期，官府鼓励办矿，当时煤矿数量及煤炭产量开始增多。如大同市左云县店湾镇西沟村等，就是因为在明末清初挖煤的人不断聚居此地而形成村落。

1949 年 10 月 1 日以后，山西所有煤矿收归国有，乡村一级不须开办煤矿。1950 年至 1952 年，山西按照"统一领导、分级管理"的原则，建立了中央和地方分级管理不同类型煤炭企业的管理体制。山西的大型国营煤炭企业，由中央燃料工业部设置派出机构。中小型国营煤炭企业和私营煤炭企业，由山西省人民政府设置省、地（市）、县三级职能管理机构进行分级管理。国营煤炭企业的基本建设投资和生产、物资供应的计划指标以及产品销售调拨，劳动工资等管理均相应地纳入这一管理体制中。对私营煤矿，各级职能机构只负责安全监督、生产技术、矿区行政、产量统计等方面的管理，不负责产品销售、劳动工资和企业盈亏等方面的管理。

第一个五年计划时期（1953—1957 年），山西地方国营煤矿和私营煤矿及劳力合伙煤矿仍由山西省主管部门管理。山西对私营和劳力合伙煤矿分别采取公私合营、吸收并入地方国营、直接过渡到地方国营和组织手工业生产合作社等四种形式。截至 1957 年年底，山西省共有地方国营煤矿120 座，手工业生产合作社和农业生产合作社的集体小煤窑1059 座，私营煤矿已不复存在。在管理体制方面，中央和地方的各级煤炭工业管理部

---

① 《另类声音：黑吃黑，事件是村民自己造成——临县白家峁煤矿事件广角解析》，http://hi.baidu.com/pinger/blog/item/c834c913b1C96229Cc540179.html

门对各自所属的煤炭企业，坚持了计划经济体制，对所属企业的产品实行"包产包销"、"统收统支"。对集体煤炭企业实行业务归口管理，在资源管理方面，行使矿山行政管理权，确保矿山资源的国家所有；在生产、供应、销售方面加强计划指导，纳入国民经济发展计划；在安全生产、生产技术方面实行指导和监督。但在经济收益方面不予干预，坚持谁兴办、谁经营、谁受益的原则。这种条块结合、中央和地方企业并举、全民所有制和集体所有制企业并存的管理体制，为在当时条件下巩固和壮大社会主义经济，调动各方面的生产积极性，保障全国的煤炭供应，起到了积极的作用。

这一时期，国家取缔私营煤矿，国有煤矿得到了迅速的发展。

2. 改革开放后国有、集体、个体三种产权结构并存，但个体产权名不副实

这一阶段主要特点是改革开放后矿产资源无偿划拨阶段与国有、集体、个体三种产权结构并存。

新中国成立后，我国矿产资源开发长期实行的是资源的无偿划拨制度。从客观上讲，在特定的历史条件下，特别是在国内发展资金严重短缺的年代，这种低门槛的市场准入制度，对推动我国矿产资源开发产生了积极作用。无偿划拨也有消极的一面，过低的市场准入门槛，引发企业和个人的盲目进入，出现了"多、小、散、乱"过度竞争的局面，大量浪费与过度消耗了稀缺资源。尽管从 20 世纪 80 年代开始，我国开始逐步探索建立矿产资源有偿使用制度。《中华人民共和国矿产资源法》（1986）第三条规定"勘查矿产资源，必须依法登记。开采矿产资源，必须依法申请取得采矿权。国家保护合法的探矿权和采矿权不受侵犯"。第五条规定"国家对矿产资源实行有偿开采。开采矿产资源，必须按照国家有关规定缴纳资源税和资源补偿费"。这种状况一直持续到改革开放之后的 1994 年才有所改变。

1980 年党中央和国务院提出把山西建设成为能源重化工基地的战略决策，1983 年国务院发布"关于加快发展小煤窑的八项措施"，鼓励农村集体和个人办矿。山西发展煤炭工业的积极性空前提高，煤炭工业管理体制也进行了较大的调整。"五五"期间，山西省大中小并举，国家、地方、乡镇煤矿一齐发展的格局逐步形成，截至 1980 年底，山西共拥有大

中小型统配及地方、乡镇煤矿2984座，总生产能力达到2.1亿吨。"六五"期间，山西坚持国家、集体、个人一起上的开发方针，使山西省乡镇煤矿的建设规模和发展速度，都超过了历史上任何一个时期。这一时期，山西省煤炭工业管理委员会在煤田划分、矿界处理、开采许可证的颁发等各方面扶持了乡镇煤矿的发展。根据"扶持、改造、整顿、联合"的原则，山西省乡镇煤矿立足现有基础，在重点改扩建一部分矿井的同时，进行技术改造，有计划地减少矿点，走联合办矿的道路，逐步改变布局不合理的状况。"六五"期间，山西省利用"换油煤"返还补贴资金，以低息贷款的方式，扶持乡镇重点煤矿的改建和扩建。同时，各地农民自筹资金，积极办矿。1985年底，山西省乡镇和村办煤矿5000多处，生产原煤9000多万吨，比1980年增长了近两倍，占山西省产量2.1亿吨的42.3%。乡镇煤矿的发展，为缓解国家能源紧张的状况做出了积极贡献，成为山西煤炭工业的一个重要组成部分。同时，小煤矿也促进了当地经济发展，促进了农民增收。

但由于对乡镇小煤矿监管不力、管理失控，出现了小煤窑私挖乱采、破坏资源、生态环境恶化以及人员伤亡等重大问题，扰乱了煤矿的正常生产和经营秩序，对国有煤矿造成了严重冲击，直到国务院1998年11月对小煤窑实施关井压产，小煤窑数量才明显减少。

3. 集体产权出现集体经营与个人承包并重

20世纪80年代，国家为了实现经济翻两番的目标，提出"国家、集体、个人一起上"的发展模式来开发煤炭资源。乡镇企业在初期发展中，大都采取集体产权的模式，但乡镇企业发展存在各种问题，乡镇企业特别是乡村集体企业产权模糊、政企不分、责任不明等问题日益凸显。① 因为共有（集体所有）制作为一种产权形式，共同体的所有成员都要实施分享权利，由于谈判和监察成本居高不下，极易产生外部性和"搭便车"行为，促发了乡镇企业产权制度改革。20世纪90年代中期，轰轰烈烈的乡镇企业改制行动在全国大规模展开，这种改制主要是集体制向股份制乃至私有制单向转制的过程，苏南、浙江一带发达的乡村企业都在进行着各

---

① 宗锦耀：《论乡镇企业产权制度改革》，《乡镇企业研究》，1998年第5期，第3—8页。

种形式的改制。无论实施哪种形式的改制，都说明人们对乡村企业的集体所有制进行着反思。农业部的官员指出："传统的公有制（包括国有制和集体制）企业，产权人人有份，人人没份，人人是主人，人人不是主人，产权主体的责权利不清，否定了个人财产权和个人利益，企业经营者和职工不知道这个企业是谁的，凭什么要干，因此缺乏原始的内在根本动力。"① 来自地方的官员和经营者更认为，集体企业是集体所有，人人有份，实际上常常被个别人操纵，集体的东西成为少数人的"囊中物"，随意支配，不断流失……从长远来看，集体企业搞得好是偶然的，搞不好是必然的。②

20世纪90年代中期，在全国乡镇企业改制的大背景和煤炭市场低迷的情形下，村办集体煤矿同样进行了改制，出现了煤矿集体产权下的集体经营与个人承包并重的两种产权结构。"通过承包合同既划清国家与企业之间的收益分配关系，赋予企业经营决策权，又能激发承包者的经营积极性，增强企业的活力，承包制不涉及产权制度。"③ 村办集体煤矿个人承包，法人是集体法定代表人，个人只有经营权，没有财产处置权。因此，承包制本身不会导致村办煤矿集体产权性质改变。

4. 资源有偿使用与产权清晰，个体产权真正出现

这一阶段的主要特点是资源有偿使用与产权清晰。

作为煤炭资源大省，山西现行的采矿权配置同合理开发、高效利用煤炭资源的矛盾越来越突出，因此，必须要改革现行采矿权配置方式，建立合理的采矿权有偿使用制度，从根本上规范煤炭资源开发秩序，形成矿产资源保护的约束机制。山西以临汾为试点，在全省范围内规范、有序地进行煤炭资源整合和有偿使用。

（1）临汾试点

2004年5月，临汾市制定了《关于进一步完善煤矿采矿权有偿使用的方案》，明确要求"明晰产权、整合资源、有偿使用、强制采改、确保

---

① 宗锦耀：《论乡镇企业产权制度改革》，《乡镇企业研究》，1998年第5期，第3—8页。

② 宗锦耀等：《广东、江苏乡镇企业改革情况调查报告》，《乡镇企业研究》，1998年第5期，第22—27页。

③ 杨瑞龙：《承包制的局限性与企业产权制度改革》，《福建论坛》（社科教育版），1988年第2期，第17—19页。

安全"①。通过试点改革，临汾市煤矿责任主体明确，实现了采矿权和经营权的高度统一；维护了国有矿产资源的所有权益，收缴资源价款17亿元；并且扩大了规模效益，提高了资源回收率，结束了多年来国家对煤炭资源无偿配置的历史。

（2）山西全省范围内推进改革

2005年6月，在临汾试点的基础上，山西国土资源厅、煤炭工业局、煤矿安全监察局联合下发《山西省煤炭资源整合和有偿使用实施方案》，进一步细化了资源整合和有偿使用的工作目标及推进措施，在全省推广煤炭资源有偿使用改革。山西省在煤炭行业实施的"治乱、治散、治本"的措施，重点推进山西省煤炭资源整合和有偿使用，为矿业权改革辟出了一条"山西路径"。煤炭资源有偿使用是指通过行政审批取得采矿权的采矿权人，除缴纳采矿权使用费外，还应当缴纳采矿权价款。煤炭资源有偿使用是矿产资源国家所有的重要法律体现，能够促进煤炭的合理有序开发，同时促使企业经济利益与煤炭资源回收率相挂钩，形成企业珍惜资源的内在动力机制。

5. 以股份制企业为主要形式的煤炭资源整合，国有、个体并存

这一阶段主要表现为煤炭资源整合与以股份制企业为主要形式，国有、个体并存的办矿格局。

山西作为煤炭生产和调出大省，出省销量占全国省际间煤炭净调出量的3/4②，在煤炭市场中理应拥有明显竞争力。但山西省煤炭生产企业规模小、数量大，难以形成行业竞争优势，因此，煤炭资源整合是为了提高煤炭产业集中度，加强对煤炭资源的保护和合理开发利用，维护矿产资源国家所有者权益。煤炭资源整合可以采取收购、兼并、参股等方式，鼓励大中型企业参与煤炭资源整合，组建和发展大型企业集团。主要产煤县核定生产能力每年9万吨以下的，证照不全的煤矿都应当予以关闭，其资源参与整合。

---

① 《山西煤炭资源整合和有偿使用状况分析》，见于王昕主编：《2009年：山西煤炭工业发展报告》，太原：山西经济出版社2008年版，第205—206页。

② 山西新闻网，陈豫 http：//news. sina. com. cn/o/2009 - 10 - 22/100216481227s. shtml

表 1　　　　近年来针对煤矿整治、煤炭资源整合的相关政府文件

发文字号	颁布日期	政策文件	颁布机构
国发〔2005〕18号		《国务院关于促进煤炭工业健康发展的若干意见》	国务院
国函〔2006〕52号		《国务院关于同意山西省开展煤炭工业可持续发展政策措施试点意见的批复》	国务院
2007 年 第 80 号		《煤炭产业政策》	国家发展改革委
晋 政 发〔2008〕23号	2008年9月2日	《山西省人民政府关于加快推进煤矿企业兼并重组的实施意见》	山西省政府
晋政办发〔2008〕83号	2008年9月28日	《山西省人民政府办公厅转发省国土资源厅关于煤矿企业兼并重组所涉及资源采矿权价款处置办法的通知》	山西省政府办公厅
晋 政 发〔2009〕10号	2009年4月15日	《山西省人民政府关于进一步加快推进煤矿企业兼并重组整合有关问题的通知》	山西省政府
晋 政 发〔2009〕18号	2009年5月8日	《山西省煤炭产业调整和振兴规划》	山西省政府
晋政办发〔2010〕66号	2010年8月1日	《山西省人民政府办公厅关于进一步完善山西省煤矿企业兼并重组整合采矿登记有关工作的通知》	山西省政府办公厅
晋 政 发〔2010〕21号	2010年9月3日	《山西省人民政府批转"山西省煤矿企业兼并重组整合工作领导组办公室关于加强兼并重组整合矿井安全工作通知"的通知》	山西省政府

　　2009 年 4 月 16 日，山西省政府发布 10 号文，最大力度地推进煤矿兼并重组改革，以 7 家山西省国企为主收购或控股三晋大地上所有登记在册的中小煤矿。将全省近 5000 座的国有、集体、私营个体煤矿，在 2010 年矿井数减少到 1000 座，办矿主体由 2000 多个减少到 100 多个。这次兼并重组整合通过两种途径实现：一是直接转让，大矿兼并小矿。兼并主体是根据现代企业制度建立起来的股权多元化的企业主体，国家和个人都是这

些兼并主体企业的股东；二是参股入股。按照"大进小退"、"优进劣退"的兼并原则，通过大基地、大集团建设和兼并重组整合，形成 3 个亿吨级、4 个 5000 万吨级的大型煤炭企业集团，其产量占到山西省总产煤量的 75% 以上。[①] 通过煤炭企业整合，山西煤炭行业形成了以股份制企业为主要形式，国有民营并存的办矿格局，其中国有办矿占到 19%，民营办矿占到 28%，混合所有制的股份制企业办矿占到 53%。[②]

这种打破地域界限、所有制界限的大规模资源整合，提高了煤炭的开采效率，煤炭产业走上了规模化、集约化道路，大大提升了山西煤炭产业的集中度，提升煤炭企业的整体竞争力。更有利于有限资源向优势企业"靠拢"，使其发展循环经济、发展清洁能源，拥有更多资源，有利于做强山西煤炭产业。重组之后有利于延伸煤炭产业链条，在煤炭循环经济园区建设的煤炭循环经济项目可以破解光靠卖煤的单一煤炭产业发展模式。[③] 煤炭资源重组整合后，资源将向具有安全生产优势的企业集中。重组整合后，办矿主体相应承担矿井安全生产的管理责任，一定程度上分解政府安全监管工作强度，增加一道"安全阀"。因此有利于降低事故数和死亡人数。为山西今后实现从资源依赖型到创新驱动型转变、全面提升可持续发展能力打下了坚实的基础，对山西乃至全国煤炭产业的发展带来更大的经济效益和社会效益。

（三）煤矿产权结构的复杂性

从国家宏观层面来看，煤矿产权变革进程中，我国在不同时期对煤矿资源的开采存在着不同的方式，既有重点发展国有煤矿的时期，也有三种产权结构并存的时期，即鼓励国有煤矿、集体煤矿和个体煤矿一起发展的方针。从煤炭资源型村庄的微观层面来看，一个村庄可能既有国有煤矿，又存在村办集体煤矿和个体煤矿，这几种产权结构交织在一起，共同作用于村庄的发展。这三种煤矿产权结构由于其不同的产权性质，与村庄经济发展相结合，形成了迥然不同的利益关系，加剧了村庄的利益冲突。

综上所述，煤矿产权结构的不断变动以及煤矿产权结构的模糊性、复

---

① 山西新闻网，陈豫 http://news.sina.com.cn/o/2009 - 10 - 22/100216481227s.shtml
② 《被误读的山西煤矿"国进民退"》，《中国经济时报》，2009 年 11 月 3 日。
③ 贾丽蓉：《山西煤炭产业优化及其积极影响》，《新财经》（理论版），2011 年第 8 期。

杂性对煤矿的发展以及农民的生活带来很大的冲击，煤矿产权制度改革关系全局，需要慎重考虑。

三　资源型村庄治理

（一）村庄治理

村庄，或称为村落，是农村地区的最基层的微观构成单元，是以农业生产为主的居民点，是人类最早的聚居形式和人类集约利用资源的自然结果。① 因此，它与城镇、城市相对而言。本书的村庄指行政村。村庄和农村不同。农村是一个更广泛的概念，农村地区是除城市外的所有乡间区域，不仅包括了作为居民点的村庄，还包括了除村庄居民点之外的所有的非城镇地区。② 农村地区基本相当于微观村庄的加总；村庄是一个微观个体，是农民、农业和村庄居民点的复合体，一个村庄是一个相对独立的社会，不仅具有生活、生产功能，还具有各类社会、政治与文化等多种功能。

村庄治理是通过公共权力的配置与运作，对村域社会进行组织、管理和调控，从而达到一定目的的政治活动。③ 村庄治理的核心问题是权力问题，即什么人、以什么方式取得权力并以何种方式行使权力。④

首先是何人治理的问题。杜赞奇在《文化、权力与国家》一书中提出"经纪模型"理论，用"经纪人"指称中国农村社会中居于乡村与地方政府间的沟通者，概括了中国农村社会中居于乡村与地方政府间经纪者的双重性。他把中国乡村社会的经纪人分为两类：一类是"保护型经纪"，以社区利益为重，并保护社区免遭国家政权的侵犯；一类是"赢利型经纪"，以个人利益为重，借助政府力量谋利，并榨取乡民利润。徐勇提出村干部的双重角色，即"代理人"和"当家人"⑤，吴毅提出以"撞

---

① 陈雪原：《村庄发展与新农村建设》，中国社会科学研究院 2010 届博士论文，第 54 页。
② 同上书，第 55 页。
③ 徐勇等：《村治研究的共识与策略》，《浙江学刊》，2002 年第 1 期，第 27 页。
④ 滕锡尧、王朋琦、麻福水、董青：《试论乡村治理结构在政治机制上的根本转型》，《新视野》，2008 年第 1 期，第 67 页。
⑤ 徐勇：《村干部的双重角色：代理人与当家人》，《二十一世纪》，1997 年第 8 期，第11—15 页。

钟者"和"守夜人"来指称当前农业空壳村的村干部。① 杨善华、苏红把改革后的乡镇政权称之为"谋利型政权经营者",以区别于改革前的基层政权的"代理型政权经营者"②。郭正林把村庄精英分为：经济精英、权力精英和知识精英。项辉将乡村精英分为政治精英（主要指村干部），经济精英（村庄致富带头人）以及社会精英（包括宗族精英、宗教精英等）。③ 贺雪峰把村庄精英按照不同的类别可以分为高大威猛型和细小琐碎型精英、经济精英和非经济精英、现代型精英和传统型精英、在村精英和不在村精英、积极精英和消极精英以及赢利型精英和保护型精英。④ 董江爱提出村治精英是指："由村民选举产生的群众基础好、管理能力强、综合素质高的掌握村庄公共权力的党支部成员和村委会成员，尤其是党支部书记和村委会主任。他们掌握村庄公共权力且在村级治理中发挥重要的领导和管理功能，对村庄社会的全面发展作出了巨大贡献。村治精英应该具备经济精英、社会精英和政治精英'三位一体'的特征。"⑤

在借鉴学者研究的基础上，本研究把村治精英定位为村庄治理精英，即包括村支书与村主任。按照其谋利的对象，分为保护型村治精英和谋利型村治精英，保护型村治精英是指拥有高尚品德和出色治村能力，能带领村民致富的村治精英；谋利型村治精英是指利用体制性权力为个人谋利的村治精英。

其次，村庄治理是一个非常复杂的过程，农村不仅需要村民自治来保障民众的知情权、参与权、决策权和监督权，农村更需要完善的公共服务，为村民提供完善的公共产品。传统社会里，建立在血缘、地缘关系基础上的农村基层共同体为农民提供了生存发展所需的保障，获得了农民的认同；集体化时代，社员的生产、生活等一系列问题完全依赖集体组

---

① 吴毅：《"双重角色""经纪模式"与"守夜人"和"撞钟者"》，《开放时代》，2001年第12期。

② 杨善华、苏红：《从"代理型政权经营者"到"谋利型政权经营者"——向市场经济转型背景下的乡镇政权》，《社会学研究》，2002年第1期，第24页。

③ 转引自余丽、彭秋蝉：《村庄精英与村庄治理》，《科教导刊》（上旬刊），2010年第13期，第182页。

④ 贺雪峰：《新乡土中国》，北京：北京大学出版社2013年版，第304页。

⑤ 董江爱：《精英主导下的参与式治理——权威与民主关系视野下的村治模式》，《华中师范大学学报》，2007年第6期，第17页。

织，由此形成社员对集体的服从与认同。而改革开放后，随着家庭联产承包责任制的实行，农民开始了一家一户的生产行为，建立在集体经济和政治控制基础上的农村共同体开始衰落，农民对村社区的认同感及归属感也在逐渐淡化。[①] 新中国成立后相当长一段时期实行的城乡二元体制，造成城乡公共服务的严重失衡和农村公共服务的严重缺失。近些年随着国家综合实力的增强，国家对"三农"的财政投入逐年增加，2012 年中央财政用于"三农"的投入拟安排 12287 亿元，比 2011 年增加 1868 亿元。[②] 国家惠农政策的力度也越来越大，但是由国家所能提供的公共服务总是有限的，惠农政策也并没有取得想象中的成绩，而农民对公共服务的需求却在与日俱增，因此，农村社区急需提升自己的造血功能，从而为农民提供源源不断的公共服务。村庄集体经济发展水平关系到村民生活水平、村庄公共设施等多个领域，是村庄凝聚力和可持续发展能力的重要制约条件，对村庄的治理具有重要的决定作用。

（二）资源型村庄治理

资源型村庄治理具有一般村庄治理的共性，同时，由于煤炭资源的开采，各种获利机会涌现，因此，资源型村庄治理具有以下三方面特点：一是利益博弈非常激烈，农民容易成为利益争夺中的弱势群体。为争夺出现的密集利益，各方主体展开激烈的利益博弈，参与利益争夺的各方包括普通农民、乡村干部、地方政府、各种市场主体等等。其中，农民作为农村社会的主体，人数众多，却是分散的，势单力薄，他们在利益争夺中往往处于劣势；二是密集利益如何使用及分配是资源型村庄的首要问题和重要问题。村集体经济资源丰厚的农村，不需要去动员村民，不需要从村民手中抽取资源去办理村中公益事业进行村级治理，他们凭借农村丰厚的集体资源可以进行农村公共设施的建设，这种村庄面临的问题就是所谓的分配型村级治理问题。[③] 因为村集体拥有密集的利益，村干部通过公共权力掌握了这些密集的利益，如何利用其资源优势形成的密集利益规划村庄整体

---

① 项继权：《中国农村社区及共同体的转型与重建》，《华中师范大学学报》（人文社会科学版），2009 年第 3 期。

② 2012 年中国政府工作报告。

③ 贺雪峰、何包钢：《民主化村级治理的两种类型》，《中国农村观察》，2002 年第 6 期，第 46—52 页。

发展思路，密集利益如何在村民之间公平分配，这是资源型村庄治理需要思考的重要问题；三是资源型村庄面临的矛盾主要集中在村民与村干部之间，而非村民与村民之间。

因此，"资源型村庄治理"指资源型村庄因资源带来的密集利益而引发的使用及分配问题对村庄治理带来的挑战及机遇。一方面，易引发村民与村治精英之间激烈的冲突，村民容易成为利益争夺中的弱势群体，从而导致村民上访，最终引致村庄失序；另一方面，基于村治精英与村民的共同努力，促使资源发挥最大效用，从而成为实现村庄善治的重要物质基础。

村庄治理是一个综合概念，涉及政治、经济、文化、社会、生态全方位的发展，具体来说包括集体经济、人均收入、产业结构、公共服务、基础设施以及体制变革、市场发育、村庄社会关联、合作水平、社会关系等多方面的因素。结合煤炭资源型村庄的特点，并从经验研究的角度，总结村庄治理的全貌，本书从村庄精英类型、村民参与程度、资源分配和公共品供给四个维度对资源型村庄治理的过程加以限定，对其进行考察。

第五节　研究方法与资料来源

一　研究方法

本书将以产权政治学为视角，以政治经济学为分析框架，探讨煤矿产权结构与村庄治理之间的关系。因此将在方法论方面进行一些探讨和试验，具体来说有如下几类方法：

1. 大的方面：实证研究方法

实证的研究方法主要从事实出发，从客观调查、统计、分析入手进行研究。实证研究分为量的研究（quantitative research）和质的研究（qualitative research），量的研究强调从特定假设出发将社会现象数量化，计算出相关变量之间的关系，由此得出"科学的、客观的"研究结果；质的研究，强调研究者深入到社会现象之中，通过亲身体验了解研究对象的思维方式，在收集原始资料的基础之上建立"情景化的、主体间性"的意义解释。① 本研究采用实证研究中的质性研究方法，因为质性研究的力量

---

① 陈向明：《质的研究方法与社会科学研究》，北京：教育科学出版社 2008 年版，第 1 页。

并不在研究的数量上，它在这一点上完全不可能与定量比较，相比而是在研究的深度上，所以要体现农村政治的丰富性，在于提出问题的敏锐性、田野调查的深入性、叙事展开的繁复性与理论分析的复杂性上。无论是一个个案还是多个案比较，都应该在叙事中体现足够强大的张力，容纳足够复杂的关系展示足够完整的过程。①

具体来说，质性研究方法即定性研究是指在自然情境下，采用访谈、观察、文献分析等多种资料收集分析方法对社会现象进行整体性或者个案研究的调查研究方法。这种研究方法重在对社会现象的发生过程进行整体性的描述和解释性研究，它适合对社会现象进行小范围的、细致的观察与研究。②

一个好的定性研究，应以理论创新为旨趣。周雪光指出，好的研究应对个案有系统的把握和充足的理论准备，研究者要胸襟开阔，不断吸收借鉴，在理论与资料的互动中提炼自己的框架。尤其是他形象地运用"手电筒"的比喻，指出个案研究要努力突破手电筒光线照射的范围，看到更大的场景。渠敬东指出，把握当前中国社会变迁实质的方法是定性研究，并通过个案本身的逻辑意义及解释链条，将个案研究中的局部提升到具有整体意义的高度。③ 在解决个案与整体的关系时，也试图从有限的个案调研资料中发现一些具有整体意义的理论，提升理论创新。

本研究采取了参与观察法、非参与观察法和深度访谈法进行资料的收集。按照观察者是否直接参与被观察者所从事的活动，可将观察法分为参与式观察和非参与式观察。参与观察法是研究者直接到调查点上，经过一段时间与当地居民的直接生活接触，观察被调查对象的实际情况，包括他们的生产生活方式、群体成员之间的权力关系、家庭关系、社会交往关系、价值准则、社会生产交往规则等等，直接收集有关研究资料。采用参与观察法是否有效，受制于两个因素：时间以及与被调查对象的互动关系。没有对被调查者进行长时间的观察，并与之交流和建立良好的互动关系，是难有实质性收获的。在田野调查期间，坚持居住在农户家中，从

---

① 应星：《大河移民上访的故事》，北京：生活·读书·新知三联书店2001年版。
② 陈振明：《社会研究方法》，北京：中国人民大学出版社2012年版，第146页。
③ 周雪光等：《定性研究应以理论创新为旨趣》，社会学视野网。

而有机会近距离观察村民的日常生活过程。笔者多次受邀参加村民的婚嫁、乔迁、生日庆典；旁听了村"两委"会议、村民代表会议；参加了 2011 年的 C、D 两村的村委会选举，多次参与村民的日常劳动，与村民一起锄草、收土豆等……这些经历都有助于更深入地观察村民们的真实生活状态。在很大程度上，笔者感到自己的身份也开始发生变化，逐渐由一个"外人"开始成为村民生活中的一个"陌生的熟人"。由于这份"熟悉"，笔者与受访者建立了更加坦诚和信任的互动关系。有意思的是，所获得的大部分有价值的信息都是在田野调查的中后期逐渐积累起来的。

非参与式观察不要求观察者直接进入被观察者的日常活动，而是以"旁观者"的身份了解事物发展的动态。在条件允许的情况下，观察者可以对现场进行录像。好处是能进行比较"客观"的考察，能够真正避免因为观察者的介入而破坏原有的社会场景，而且操作起来比较容易。缺点一是研究不能深入；二是如果被观察者知道自己在被观察，更可能人为地制造场景。

深度访谈即依据访谈的主题，由访谈者与被访者之间进行自由的交流，以获得丰富的资料。

在具体的调研中，笔者采取了两种进村途径，一是通过官方渠道获得进村的资格，这种渠道的好处是容易得到村干部的认可，并且能得到很多正式的资料，但通过官方进入的农村往往是该地发展很好的村庄，对于一些难点村、混乱村，基层干部会极力阻挠，而笔者在选择典型村庄时，又非常想了解农村的全部，包括富裕村和难点村，所以另一方面，采取了悄悄进入农村的路线，这样的农村因为没有熟人的引介，没有官方的允许，一开始的调研很不顺利，村民对笔者的身份也一直在怀疑，尽管已经出示了教师证，但他们中的相当一部分人还是把笔者当成了记者。所以在调研中，笔者真心地与村民交朋友，尽可能地住在当地村民的家里，或者镇政府，这样在调研中就有更多的时间包括晚上用于调研以及和村民的交流。对于如何处理调查者与被调查者的关系，费孝通曾明确提出："访问的基础是与被调查者搞好关系，使自己成为他们可以信赖的朋友"，"建立调查者与被调查者之间的信任关系对于我取得真实可靠的访问资料是非常重要的。信任是感情交流的基础，有了信任和感情才能相互合作，才能得到真心话，才能保证资料的真实性"①。

调研发现，一部分村民其实是很欢迎我们这样的人去调研，因为上级领导下村调研，往往有基层干部陪同，村民往往不敢说出实情。而对于我们是不需要设防的，他们会比较客观地向我们反映农村的现实，希望能帮助他们解决一些实际问题，比如选民资格问题、征地补偿标准等。面对这样的问题，笔者会非常认真细致地和村民交流，因此，在进入农村一段时间后，会有村民主动拿着一些材料向我反映情况。当然，也有村民认为和我诉说是白费口舌，解决不了实际问题。面对村民这样的态度，笔者尽可能地解释自己的学术目的和自己对现实、对农民的真切关怀，往往也会获得村民的支持。当然，在中国进行实证研究的难度较大，例如我们当下的学术研究更多是理论介绍，而较缺乏经验性研究，研究者们"避难就易"。对此，汪丁丁认为中国的经验性研究往往受制于一些"特殊"的客观条件。例如，在对中国政府行为的观察方面，数据的可得性一直有较大的障碍。② 笔者也认同这一观点，访谈中因为涉及煤矿资源、权力等敏感性问题，常常遭遇到很多次的怀疑与不配合，甚至还有村民的恫吓。出于对学术的执着追求和当地老百姓的诚恳态度，笔者最终坚持了下来。在具体的叙述中，文章尽可能大量地运用受访人的"言语"，力图反映农村生活的真实面貌。正像国务院发展研究中心研究员巴曙松先生对叶檀的评价："中国经济正在经历复兴与崛起道路上激动人心的变革进程。在这个过程中，既需要纵观全局的战略思考，也需要贴近现实的密切跟踪与记录。历史藏于细节之中，在宏大的叙事与细节的结合方面，叶檀以她的勤奋、敏感和独立思考，作出了富有影响力的探索。也许读者并不一定都赞成她的结论，但是，这些长期跟踪形成的思考成果，有着特有的参考价值。"在调研、考察并记录中国农村发展的现状时，我们也试图记录历史的细节，力求发现其中所蕴含的历史奥秘。

2. 具体方法

横向比较法。本书将采用比较方法中的"求同法"和"求异法"来

① 费孝通：《社会调查自白》，北京：知识出版社 1985 年版，第 13—14 页。

② 转引自刘骥：《找到微观基础——公共选择理论的中国困境》，《开放时代》，2009 年第 1 期。

探讨几类村庄之间的"同"与"异"，并以此为基础探讨煤矿产权结构的变化对中国乡村治理及其走向的影响。

类型分析法。国内很多学者在研究中进行了精彩的运用。费孝通与张之毅合著的《云南三村》中提出了类型比较的研究方法，"他们抓出各种'类型'或'模式'，研究相同条件下产生的相同结构以及不同条件下产生的不同结构。由于条件可以比较，因此结构也可以比较。""如果我们能对一个具体的社区，解剖清楚它社会结构里各方面的内部联系，再查清楚产生这个结构的条件，可以说有如了解了一只'麻雀'的五脏六腑和生理循环运作，有了一个具体的标本。然后再去观察条件相同的和条件不同的其他地区，和已有的这个标本作比较把相同和相近的归在一起，把它们和不同的和相远的区别开来。这样就出现了不同的类型或模式了。这也可以称之为类型比较法"。① "类型比较在研究中国农村时极为重要，因为只有这种方法才能为我们了解 80 万中国行政村落提供一条便捷的路径。"② 除此之外，还有一些中国农村社会类型的研究。如王汉生 1990 年提出的村落类型、王晓毅在 1993 年的《血缘与地缘》中在关注农村社会分化的区域性的基础上提出的农村发展模式类型、王沪宁从家族与村组织相互关系的角度对村落进行分析的类型、杜赞奇在《文化、权力与国家》中将满铁《中国农村惯行调查》中的村落进行的分类研究等。

共时性与历时性研究相结合。共时性的社会解剖方法与历时性的叙述架构解说相结合的方法，既可以运用结构功能主义的方法对农村社区的政治、经济、文化和社会等方面进行仔细的解剖与分析，同时又可以在历时的层面上对农村社区的历程进行叙述，这也是众多学者喜欢采用的方法之一。③

在借鉴前人研究成果的基础上，本书选择了最能反映产权结构与村庄治理内在关联的典型村庄，从煤矿产权结构的三种类型（国有产权、集体产权、个体产权）和村庄集体经济状况（高度发达和低度发展）出发，最终从山西北部、中部、南部地区选择相应的五个村庄进行研究。

---

① 费孝通：《云南三村》，天津：天津人民出版社 1990 年版，第 7—8 页。
② 转引自李国庆：《以村落为对象的研究》，中国农村研究网。
③ 王铭铭：《社区的历程：溪村汉人家族的个案研究》，天津：天津人民出版社 1996 年版，第 8 页。

表 2　　　　　　　　　　　　　　　样本村概要特征①

概要特征＼样本村	A 村	B 村	C 村	D 村	E 村
所处地理位置	山西北部	山西中部	山西北部	山西北部	山西南部
区位特征	远离城区，山区	省城紧邻，山区	县城，平原	远离城区，山区	远离城区，山区
县域经济	中等发达	高度发达	中等发达	中等发达	中等发达
村集体经济	高度发达	低度发展	高度发达	低度发展	低度发展
煤矿产权结构	国有产权	国有产权	集体产权	集体产权	个体产权

二　资料来源

1. 田野调查材料

利用寒暑假以及十一放假期间，对山西煤炭资源型村庄的各种类型 20 多个村庄进行了约 300 天的访谈，在大量调研的基础上，最终选择三种类型的五个典型村庄作为研究对象。我们住在当地老百姓家里，和他们促膝长谈，与他们建立了良好的人际关系，在获得了他们的充分信任后，得以开展工作，收集到了尽可能多的详细资料。

在重点调研的五个村庄中，每个农村的调研都涉及所在农村的乡镇领导、村干部以及普通村民，每个村庄调研的有效对象大致在 20 人以上。研究中保护被访者的身份是至关重要的。因此，本研究所调研的乡镇、村名和被访者的姓名已经作了改动。

2. 第二手资料

主要来自各种国内外学术期刊、新闻报道、各类统计年鉴、出版的各种书籍。为了研究的全面，尽可能地收集到了村庄所在的各种版本的县志、乡志和村志。在实地调查中收集到村里的村委会会议记录、宗族族谱、村民的上访材料、煤矿承包给私人后的合同书等，这些宝贵的资料都是重要的"地方性知识"，它们对于说明村庄的治理也起着非常重要的作用。同时，由于研究涉及煤矿产权领域改革等问题，我们收集了 1949 年新中国成立以来国务院、

---

①　按照学术惯例，本书所有地名、人名均为学名。

山西省人民政府出台的与煤矿管理、煤炭资源整合的大量文件，以及《乡镇企业产权制度改革意见》、《中华人民共和国矿产资源法》、《中华人民共和国物权法》、《矿产资源补偿费征收管理规定》等相关法律、法规等。

三　个案简介

山西之所以是全国重要的煤炭大省，有许多特点：一是储量大，山西煤炭资源十分丰富，素以"煤炭之乡"闻名于世。山西省煤炭预测总量8710.2亿吨，含煤面积6.18万平方公里，占山西省土地总面积的39.6%，遍及山西省94个县，分布很广。据最新统计，山西煤炭资源查明储量2664亿吨，居全国第二位，占全国资源储量的22.6%；二是煤种齐全，主焦煤、气煤、肥煤、瘦煤、无烟煤分别占全国已探明储量的一半以上；三是开发条件好，一般储存在300—400米之间，而且煤层稳定，结构简单，倾角度小；四是地理位置比较适中，便于向全国输送。[①]1982年，国务院决定把山西建设成为我国的能源重化工基地。从此，山西的发展就与煤炭的开采紧密联系在一起，其中产煤县财政收入的40%来自于煤炭，村集体收益的45%来自于煤炭企业。[②]

本研究重点调查的五个村庄全部来自山西产煤大县，作为资源型农村，每个村庄都可能存在国有煤矿、村办集体煤矿，为了研究的方便，排除干扰，在研究时只选取对村庄治理更为关键的产权结构，A村隶属于山西北部D市；B村隶属于山西中部G市，均属于国有产权结构影响下的典型村庄；C、D两个村庄来自山西北部Z县，属于拥有村办集体产权煤矿的典型村庄；E村来自山西南部P县，属于个体产权煤矿典型的村庄。

1. A村

A村位于山西省D市南部，它地处半山区，西面背靠山脉，总面积8.78平方公里，现有344户935口人，新造地2350亩。A村的土地全部为冲击丘陵地，土壤中砾石、砂石多，有机质少。新中国成立以来，这个村一直是贫困村，即使是改革开放后的前25年，A村也是扶贫重点村。微薄的土地，根本无法致富，就是连养家糊口都很难做到。2004年之前，

① 王森浩主编：《山西能源经济》，太原：山西人民出版社1987年版，第27—30页。

② 郭焘：山西省煤炭行业存在四大问题，http://www.ccoalnews.com

全村村民大部分住在小土窑里，昏暗、潮湿、拥挤，人均耕地0.7亩。那时，A村的落后远近闻名，A村发生的巨大变化是随着2004年国有煤矿的开工建设开始的。当年7月，刚刚出任村党支部书记兼村委会主任的张某率领村班子成员，抓住这一千载难逢的好机遇办企业，吸纳村民入股。依托地理优势和资源优势，经过3年的发展，A村迅速摆脱了贫穷落后的面貌，踏上了经济发展的快车道。2006年全村生产总值达2400万元，农民人均纯收入达1.3万元。A村的新农村建设，按照"生产发展，生活宽富，乡风文明，村容整洁，管理民主"的总体要求，以"一年打基础，二年抓提升，三年大跨越，四年冠三晋"为思路，通过启动、实施、提高三个阶段的建设，2010年全村工业总产值已经达到8000万元，农民人均纯收入达2万元。目前全村生产生活实现园区化发展，即村东成为生活园区，村南成为村民休闲观光园区，村西成为轻工业园区，村北成为工业园区，旧村山脚下成为养殖园区。A村不仅圆满完成"五个全覆盖"工程，又结合自身实际，新增社会保障、公益文化、综合治理、文明创建、生态绿化"五个全覆盖"，率先实现了"十个全覆盖"。A村先后被省委、省政府评为"省级生态文明村"；被D市市委、市政府授予"村务公开民主管理示范单位"、"农村绿化先进村"、"土地开发整理先进集体"等光荣称号。

2. B村

B村位于G市西南部。G市位于山西中部，南北长53公里，东西宽49公里，国土面积1542.59平方公里。G市的前身为G工矿区，1958年成立，1988年撤区建市，是国家"六五"、"七五"、"八五"计划重点开发的能源重化工基地。改革开放30多年来，G市的经济、文化、教育、基础设施、公众福利等各项事业发展迅猛。2010年全市地区生产总值（GDP）29.51亿元，全市工业增加值13.18亿元，全年财政总收入完成13.8亿元，人均生产总值达到13471元，其中城镇居民人均可支配收入15672元，农村居民人均纯收入7481元[1]，整体经济实力在山西省名列前茅。

B村所在的社区煤炭资源丰富，且煤质优良、煤层稳定，具有埋藏

---

① 2010年国民经济和社会发展统计公报 http://type.news.com.cn/content/2011 - 04/30/content_ 103963. htm

浅、适宜机械化开采等优点，2005 年底勘测可采储量为 8.12 亿吨。因此，"六五"、"七五"期间国家在该社区建立隶属于 G 煤电集团的国有重点煤矿。该煤矿 1983 年 11 月开工建设，1990 年 6 月正式投产，与矿井配套的选煤厂于 1993 年 10 月投产。矿井田面积为 104.4 平方公里，2005 年底勘测可采储量为 8.12 亿吨。主要产品为肥精煤，产品销往国内和国际市场。2005 年生产原煤 406.88 万吨，实现利润达 2.6 亿元，职工人均年收入达到 30066 元，先后被评为"山西省文明单位"、"全国依法生产先进矿"等荣誉称号。该国有煤矿有配套的职工医院、6 个家属小区、集贸市场（也是 B 村所在乡镇的集贸市场）、滨河广场、职工文体活动中心、公园、灯光球场、招待所、职工餐厅、公寓化管理的单身楼，幼儿园、小学等。可以看出，该煤矿文化、教育、卫生设施非常齐全，为职工提供着良好的生活保障。煤矿生活区的文化生活丰富多彩，不仅评选典型人物，而且还开展专题理论研讨、篮球赛、健身运动会、职工文化艺术节和文艺晚会等各种活动。由于该矿的生活区与 B 村紧紧相连，因此，在一定程度上带动了 B 村居民文化生活。

B 村所在乡镇位于 G 市西南，国土面积 114.55 平方公里，管辖 14 个村委会，23 个自然村，8 个居委会。总人口 18607 人，其中镇政府所在地刘家庄常住人口 6643 人。1999 年农村经济总收入 53056 万元，财政收入 351.32 万元，农民人均纯收入 2639.62 元。

B 村属北温带大陆性气候，日照充足，昼夜温差大。全年日照数 2808 小时，年最高气温达 40℃，最低气温为 - 20℃，年均温 9.5℃，年均降水量 460 毫米，年平均蒸发量 1025 毫米，蒸发量大于降水量，雨量集中在每年的 7、8、9 份。冬春季节多风，无霜期平均 202 天。B 村处于河谷地带，一条河流由西向东该社区横贯该社区，同时该河也把该社区隔为两部分，河流以南为居民的生活区，以北为工业区。生活区与工业区通过一座桥相联系。

1958 年后半年 B 村实行人民公社制度，1980 年实行包产到户。B 村分为两个村民小组，土地按照地力好坏分开，生产的粮食，全村统一经营、合算，统一分红。B 村以前靠种地为生，种植高粱、玉米、谷子、土豆等，兼有马车运输（到 G 市搞建筑，或者拉砖和土石方）。由于社区处于河谷一边，河滩地较少，大部分耕地在山坡上，现在由于选煤厂的阻隔，村民已经无法耕种，土地退耕还林已经有十多年了。现在仅剩余河滩地

20 亩，村民在上面种些树木，或者种些蔬菜等，不是为了赚钱，而是希望国有煤矿把这些土地征用后支付较高的补偿。

人民公社时期，B 村经常组织开会，一年最少两次社员大会，小会就更加普遍。村里当时比较团结，村委会主任由社员选举产生，大家都积极投票，不用挨家挨户做工作，当时村委会主任竞争不激烈，因为没有什么利益，干部是吃苦在前、享受在后，是村里社员信得过的人，有能力、能吃苦。现在的 B 村已经十几年没有召开村民大会了，村民们忙于自己的事务，大家的接触也越来越少。村庄因为国有煤矿的建设与发展，不断给予征地补偿，利益不断增加，村委会的选举竞争也越来越激烈。

B 村面积方圆 4 平方公里。国有煤矿 1983 年开工建设，占用农村耕地 100 亩，与煤矿配套的选煤厂 1986 年开始动工建设，占地 200 亩。B 村原有耕地 500 多亩，随着国有煤矿的不断发展，被煤矿、选煤厂、煤气厂一共占地 340 亩，剩余耕地 200 亩，近十年开展的退耕还林后农村现只有 20 亩耕地。① B 村现有总人口 1401 人，常住人口 1006 人，流动人口 395 人。该社区刘姓是本村第一大户，共有 100 多户，大约 650 人，其他姓氏有赵、张、周、李、邢、阴、康、郝、曹，大约 350 人。刘氏的始祖来自山西交城县，居住在刘家庄有七百多年的历史，但在生存条件和人口增多土地甚少的情况下，四处奔跑开辟山庄窝铺辛勤耕耘以苦求生。B 村原来隶属于刘家庄，是刘家庄牧马的地方，后来由于人口的增加，一部分刘姓就从刘家庄这个中心地段搬到了放马的地方，也即现在的 B 村。迁移到 B 村的即 B 村的创始人有刘氏第十二代孙刘天祝（刘巨海的祖先），刘氏第十三代孙刘知（现在村里宗族意义上的六大门的祖先）。② 刘氏家

---

① 由于煤矿征地、占地，使得该村的耕地面积大大减少，因而该村的村民在 1985 年从农业户口全部转为非农业户口。但该社区只是在名称上发生变化，实质上还是一个典型的资源型农村。

② 文章中所说的"门"即贺雪峰所指的"房"。他认为，在山西、陕西关中地区，较宗族规模小、较小亲族规模大的以办理红白事为主的户族（门子、房）广泛存在。贺雪峰：《论村治模式》，《江西师范大学学报》（哲学社会科学版），2008 年第 2 期，第 3—8 页；同时，他认为，宗族的房是隐伏在宗族下面的，其差异完全由血缘来定，比如，同一宗族之下若干房，这些不同的房均由本族一个祖先的若干儿子成家传代而成，因为不同房生育状况有很大差异，若干代以后，同一宗族不同房的规模就可能（而且往往确实是）有很大的差异，有的房的规模很大，达到数百户上千户之多，而有的房却只有几户十几户的规模。贺雪峰：《关中村治模式的关键词》，《人文杂志》，2005 年第 1 期，第 139—147 页。

谱从五世（第五代）开始，分为东、南、西、北四院。其中，刘巨海的祖先刘天祝属于东院，六大宗族门派的祖先刘知属于南院。B 村的刘姓，除了这六大门之外，还有很多。比如，刘巨海一家就不属于这六大门之中的任何一门，是属于东院的，还有一部分是属于西院的，还有一部分和六大门一样是属于南院的，但总的来说，属于南院的六大门在 B 村占相对的多数。所有这些刘姓在 B 村都属于本地人，待遇完全一样。

　　3. C 村和 D 村

　　C 村和 D 村均位于 Z 县境内。Z 县位于山西省西北部，全县海拔在1020—2013 米之间，国土总面积 1314 平方公里，有四种地貌类型区：黄土丘陵区面积 473.1 平方公里，占总面积的 36%；土石山区面积 378.5 平方公里，占总面积的 28.8%；河川地面积 314.1 平方公里，占总面积的23.9%；石山区面积 148.5 平方公里，占总面积的 11.3%。属温带半干旱大陆性季风气候，年平均气温 6.1℃，多年平均降水量 409 毫米。全县人口 15 万，包括 3 镇 6 乡 228 个行政村。

　　Z 县拥有发展经济的优越自然资源：一是丰富的矿产资源。拥有煤炭、高岭土、黏土、石灰岩等矿产资源，尤以煤炭资源最丰富，其储量高达 174.5 亿吨，是全国优质动力煤基地县。境内还有我国稀缺的高品位资源，如高岭土、黏土、活性炭原料煤三大矿产；二是富足的森林资源。森林面积 88.5 万亩，林木覆盖率达 45.03%，是全国造林绿化百强县；[①] 三是充沛的草场资源。天然牧场和人工草地高达 38 万亩，发展农牧业有着得天独厚的条件。

　　C 村是一个典型的煤炭资源型村庄。村内自然条件极差，沟壑纵横、土地贫瘠，气候环境和生存环境比较恶劣，但煤炭资源储量极为丰富。村内只有一道干河湾，不适宜居住，所以村庄历史较短。20 世纪 30 年代，人们在这里发现了黑线（煤炭），后来才慢慢聚集了一些人在这里种地、放羊、挖煤。最初村里只有三姓，分别为柴、王、郭，全村十几口人。后来又搬来了几户姓王、姓曾的，最多的时候是 8 户，一共 29 人。新中国成立前人们生活很贫苦，大家都住在破旧的窑洞。新中国成立后，从本乡迁移来几户人家，慢慢发展到 100 人左右。改革开放前，C 村一共是 37

---

　　① 县情概览 http://www.dttour.gov.cn/showtourfile.asp? id=375&title

户，120 人左右。每户只有一二亩地，种植一些土豆、胡麻等高寒作物，村民每日辛勤劳作，妇女们进行些简单的家庭养殖，男人们在附近的农村背炭、刨炭，卖给附近的县城，生活渐渐有了改善。1978 年全村 20 户、76 口人，31 个劳力，土地总面积 1517 亩，耕地 338 亩，粮食总产量 20960 斤，亩产 62 斤，人均收入 96 元，每个工分值六角钱，当时，全村村民仅靠贫瘠的土地和微薄的家庭养殖为生。

D 村同是 Z 县一个典型的煤炭资源型村庄，它所在的乡镇距县城 15 公里，该镇辖 25 个行政村，人口 10012 人，土地面积 106.7 平方公里，建有生产矿井 64 座，地面企业 26 个。境内沟壑纵横，属于半干旱大陆性季风气候。该镇蕴藏着丰富的煤炭资源，已探明煤炭储量达 2.5 亿吨。2004 年全镇工农业总产值实现 78630 万元、原煤产量达 568.24 万吨，农村经济总收入达 83131 万元，财税收入达到 12625.28 万元，农民人均纯收入 5144 元。

D 村位于乡镇中心，是镇政府所在地，地理位置比较优越。村庄东北面有一座县营煤矿，有 70 年的历史；东南面有另一座国有煤矿，规模较大，有 40 年的发展历史。全村面积 12 平方公里，共有 121 户、349 人，耕地 2412 亩，人均七亩地，主要种植土豆、谷子、莜麦、荞麦、胡麻等高寒作物，林地 1800 亩，村庄住宅占地 212 亩，集贸市场占地 51 亩。村民中李姓是大户，有 131 人，约占村庄人口的一半；张姓 82 人，占不到四分之一；贺姓 45 人，王姓 58 人，刘姓、郭姓是小户，刘姓 20 人，郭姓 13 人，还有几户是从外地迁来的。这个村最早的姓氏是王姓，本地人，其他都是外来户，分别从附近的其他村庄迁来。之所以起名 D 村，是因为以前的旧村在河湾旁边，当时村中有小煤窑，吸引周围的人拉煤运煤，开办了小旅店，由此得名。D 村有 100 多年的历史，新中国成立前生活较苦，新中国成立以后生活慢慢好转。20 世纪 50 年代村庄有 70 余人，当时住房极其简陋，只是几孔土窑，几家人同住一个大院。村庄在合作化及人民公社时期，没有派系斗争，村民的生活虽艰苦但很平静。

4. E 村

E 村所在的 P 县位于山西省南部，P 县煤炭资源非常丰富，且易于开采。采煤历史从清末开始，明以前"石炭利少而维艰，故民弗利之"。（见《P 县志·地理》光绪六年版）。清光绪二十年（1894），该县有一户煤窑主，从业4人，采煤面积11.34公顷。民国之前，本地矿山为私人所有，煤矿开采自由。

1926年，全县有煤窑3座，从业14人，开采面积28.67公顷，年产原煤1536吨，在山西62个产煤县中列第59位。1933年，有煤窑4座，从业72人，开采面积90.07公顷，年产原煤2464吨。1937年，有煤矿39座，从业290人，年产量2570吨。1949年底，全县有煤矿32座，从业229人，年产量5200吨。

1950年4月，P县贯彻执行山西省人民政府《山西省矿山开采管理暂行办法》，煤矿开采由县人民政府报山西省工业厅审批。当年，P县备案私营煤窑32座。1956年，全县有公私合营煤矿1座，从业26人；煤矿生产社5个，从业112人，年产量16179吨。1958年，全县煤矿全部收为国有和集体所有。当年，全县有国营、集体煤矿3座，年产量63500吨。1968年4月，P县根据山西省革命委员会《关于小煤窑审批问题的通知》，对新开小煤窑一律由开采单位提出申请，逐级审批，最后由山西省煤矿管理局地方煤矿局审核，报省革委会批准。期间，全县审报小煤窑24座，其中，国营5座；集体1座。1970年，有煤矿12座，年产量116054吨。1980年，煤炭生产实行国家、集体、个人多种经营方式。1985年，放宽煤窑开采政策，下放开采审批政策手续。乡镇集体和个人煤矿由县工业局审批发放《临时采矿许可证》。当年，全县发放许可证煤矿537座，其中，乡镇办38座；村办76座；联办23座；个体400座。1987年，P县成立煤炭工业管理局，对已发证煤矿重新审核。当年，全县符合办矿标准、重新发给《临时采矿许可证》190座，其中，二轻系统2座；乡、村、个体188座。之后，办矿审批权上交省人民政府煤炭资源管理委员会。1988年后，进行换证工作，凡是由山西省批准开办的煤矿，重新填写《开采申请登录表》，由县、市煤炭部门签注意见后，统一到煤炭资源管理委员会办理《采矿登记许可证》。全县188座煤矿换证。1994年，本县正式实施《煤炭生产许可证管理条例》，1996年贯彻实施《中华人民共和国煤炭法》，进一步规范《煤炭生产许可证》。截至1999年，全县共267座煤矿办理《煤炭生产许可证》，其中，国有煤矿5座，乡（镇）、村办煤矿262座。2000年后，煤炭价格一路飙升，2002年，后山和县东地区有煤乡镇"处处点炮、沟沟开窑"，非法小煤窑上千余座。

　　E 村所在的乡镇总面积 218 平方公里，人口 2 万人，辖 15 个行政村、88 个村民小组、97 个自然村。该乡镇为土石山区，属剥蚀和侵蚀地貌。山体基石裸露，气候寒冷，无霜期短。正如《P 县志》所云："风高气寒，种棉不宜。石骨土皮其获亦薄，晚种早收，畏霜同于胃旱，多田少粪，丰年等于中年。"但林草资源茂盛，自然植被较好，地下矿藏资源丰富，主要有煤、铁等矿石。境内地势东高西低，愈往西走，煤矿埋藏愈深，不易开采；但光热条件愈好，土地愈肥沃，适宜于农作物、经济作物和各类果树的生长。由于此地丰富的煤铁资源，1958 年全民大炼钢铁，万余人会战于此开山采石，烧焦炼铁，到处是土焦窑和土铁炉，白天人山人海，夜晚灯火通明，很快成为县东地区的中心乡镇。

　　E 村地处乡镇正南部，总面积 31.9 平方公里，占乡镇总面积的七分之一，耕地 2300 亩。辖 3 个村民小组，15 个自然村，658 户，1897 口人。E 村是典型的土石山区，这里群山环绕，沟深坡陡，林密草茂，植被较好，乔灌林丛为野生动物的生存和繁殖提供了天然场所，境内有多种动植物。丰富的天然牧场草为本村发展畜牧业提供了优越的条件。1958 年春，前苏联畜牧专家到此考察，中央新闻纪录电影制片厂以 E 村为背景拍摄《畜牧业在吕梁山上》的电影纪录片。E 村先锋农业生产合作社被评为山西省及全国畜牧生产先进单位，受到国务院的嘉奖，E 村因此闻名遐迩。

　　新中国成立前，E 村经济落后，村民住宅大都是破烂的土窑洞，十分简陋。土窑洞经常会有坍塌，每当秋雨连绵，十家九漏水；一到冬季，十家九结冰。新中国成立后，村民居住条件开始改善。第一轮修建是自 20 世纪 60 年代开始，修建砖窑洞。一般农家修 3 孔为一个小院，有的修 4 孔，最多的修 5 孔；第二轮修建是 20 世纪 80 年代后，村民不再修建砖窑，而是钢筋混凝土结构的新式楼房，有一层的、两层的。室内现代设施应有尽有，生活水平逐渐提高。

　　由于该村丰富的煤炭资源，早在 1926 年 E 村就有人开采煤炭。这些煤窑开采规模不大，年产煤炭仅几百吨，主要供村民做饭取暖，开采方式大都是人工用尖镐刨凿，小拖儿拉运，头戴麻油葫芦灯照明，开掘巷道则根据顶板状况或宽或窄，其顶无棚架支护，仅在最危险地段打几根支柱，一般靠自然通风，水桶排水。1958 年，乡镇在 E 村开办一煤矿，改小拖儿为平车巷道。这一煤窑后由国家投资建成国营煤矿，1975 年运煤方式由平车运输改为电车运输，年产原煤 10 万吨。除国营煤矿之外，1980 年后，该村私开的小煤窑也越来越多，但限于关系、资金、技术、运气的限制，最终真正发展成规模的个体煤矿只有 3 座。

第一章　国有产权与资源型村庄治理

不同的煤矿产权结构对资源型村庄治理的影响是有差异的。本章重点研究煤矿国有产权结构对所在村庄治理的影响，主要关注哪些关键变量影响了村庄治理的绩效，将通过两个典型案例展示国有产权结构下的资源型村庄治理状况。

第一节　国有产权在村庄治理中的两面性

一　为村庄提供经济发展的基础

煤炭资源的合理开采、使用和保护关系到国家能源安全，煤炭企业作为社会主义市场经济的重要组成部分，要合理运营，创造利润，增加社会财富，创造出大量的就业岗位，使人民安居乐业。社区是企业的经营环境，为企业的生存和发展提供了各种资源。而煤矿开采不可避免会造成水土流失和环境恶化等负外部效应，对周围居民的生计带来不利影响，从而造成关系紧张，引发冲突。因此，矿区当地政府会要求煤炭企业给本地居民提供各种公共物品和发展机会。对于大型国有煤炭企业，他们承担了许多社会责任，给周边地区的住户提供教育和医疗服务。下面以 B 村为例说明国有煤矿对村民生活、就业以及村庄发展的作用。

一是解决部分村民的就业。由于 B 村紧邻国有煤矿，1983 年煤矿成立初期，在村里征地 100 亩，按照双方的协议，在村里招了一批工人，所招工人有年龄限制，从 18—28 岁，一共招工 70 人，其中 7 名女工。被招工的这些人中不限于某一门，只要年龄合适，村民均可以入选。后来煤矿再没有如此大规模招工，只是每年给一两个名额。同时，煤矿有给矿工子弟安排工作的规定，因此，被招工的那些村民的后代也可以在煤矿工作。另外，给没有安排工作的村民每人 6000 元，当时，工人每年的工资最多 1000 元。农民一年几乎没有收入，因为村里耕地贫瘠、粮食产量不高，仅够糊口，所以当时 6000 元的补偿款对于村民来说是一笔很大的收入。

二是保障村民基本的福利。国有煤矿 1983 年开工建设，占地 100 亩，与煤矿配套的选煤厂 1986 年开始动工建设，占地 200 亩，煤矿和选煤厂每年支付村里的占地费、污染费一共 100 多万元，村民（被招工的除外）每人每年可以领取 1000 元的补偿费。

对社区进行集中供暖。该社区在 1998 年实行集中供暖（初次接通暖气管道时交付一定的管道费用，每户 4000 元，以后则不用再缴纳暖气费），暖气是从国有煤矿的锅炉房接通。安装暖气是村委会主任出面和煤矿谈判，具体的管道费用村民自己支付 4000 元，包括管道的购买、维修、挖地道、买盖板之类的材料费和工钱。接暖气是免费的，之后也不用再缴纳暖气费。现在该村一共有四组暖气管道，其中三组是气暖，一组是水暖。接通暖气一共分为三个阶段：第一阶段 1998 年接水暖，受益的是靠近煤矿生活区的村民（这是本村最早接通的暖气）；第二阶段于 1999 年开工建设，使村委会附近的村民得以受益，而这部分村民大都是村干部，村委会附近这片属于 B 村地理位置优越的核心地段；第三阶段是剩下的两组暖气管道，现任村支书在 2006 年负责接通，由村主任出面，村民均摊，每户收取 3000 元费用，包括材料费和工钱。现在村里基本上已全部覆盖暖气管道，只有一些居住地势高、离煤矿较远的村民家没接通暖气，未享受到集中供暖的成果，但这些村民并没有因此生气，毕竟是客观原因造成的，而且接通暖气也没有花费村集体财政资金。

对社区村民提供免费的水电。1984 年煤矿建立之后，村庄就安上了免费的自来水。村民用电也免费，最初煤矿每个月给每户人家 80 度电，如果超出 80 度电，则需要按规定的价格购电。现在考虑到大家用电量增加，给村里每户免费供应 100 度电，超出部分自己支付。现在，该社区家家户户都在使用电磁炉而不烧煤生火。2011 年煤矿供应的暖气不太好，大多数人家都用电热器，用电量太大，以至于好几次都烧坏了村里的电表箱。后来村委会主任去找煤矿谈判，暖气供应又好转，村民自然就不用电热器了，用电量下降，电表箱再未损坏。由于该村水电免费供应，因此村民浪费水电现象非常严重。有的村民家家中用灯一晚上都不关闭，有的村民家中水龙头没有开关，水一直在流（因为水龙头需要自己花钱去买）。

该社区还有免费的社区澡堂。以前该社区的村民在煤矿选煤厂的职工澡堂洗澡，要缴纳 0.5 元。后来村民的权利意识越来越强，认为煤矿占了他们社区的土地，理应让他们免费洗澡。因此，村民常常会与澡堂管理人员发生冲突。后来有一阶段村民可以免费洗澡，但之后煤矿选煤厂加大管理力度，为了保证煤矿职工下班后及时洗澡，又向村民收取费用，并且规定了村民洗澡的时间。冲突因此又持续不断。之后，村民又一次打破了这一规定，继续免费进出洗澡，且来去自由，如此反反复复好多次。最终的解决方案是 2010 年国有煤矿新建一座澡堂，分出一部分归村民使用。B 村村民从此洗澡不再收费，但外来人员要收费（看澡堂的是 B 村村民，能够识别哪些人是 B 村村民），至此，澡堂纷争尘埃落定。

社区文化设施方面，由于紧邻煤矿职工生活区，村民可以享用煤矿修建的健身广场、公园等设施，所以该村村民的文化生活也较为丰富。

三是村民依托煤矿开展多种副业，从事交通运输、贩煤，或在附近的厂矿企业打零工等。

该社区一共有 73 位村民在煤矿及其附属的选煤厂工作，这些村民的年收入约为 35000 元。其余村民自谋职业，从事交通运输、贩煤，或在附近小的厂矿企业打零工、短工等。据从事交通运输（经营一家从 B 村开往 G 市区的公共汽车）的一个村民说，他年收入为 4 万多元。贩煤的村民只要有生意，他一次就能赚五六千，生意大的话赚钱更多。而在附近小的厂矿企业打零工、短工的村民年收入约为两万多，但是工作不固定，收入相对少些。

村民的一部分收入还来自于煤矿职工的房租。煤矿职工不只包括该社区以及附近社区的村民，绝大多数是外来人员，这些外来人员中有部分有能力购买家属楼住宅，未成家且没有能力购买的职工住在单身宿舍，已成家但没有能力购买家属楼的职工在该社区或者是附近社区租房。房屋的出租让村民意识到房屋的重要性，因此大家纷纷在自己家及其周围修建新房，只要有一寸土地，都要利用起来。一是希望获得出租费用；二是希望煤矿征用土地时可以获得一笔不小的赔偿金。因此，村里原本很宽的街道被大家一寸一寸地侵占，现在已经变得越来越狭窄。

二　国有产权特性引发煤矿负责人谋利行为

煤矿的产权结构有国有产权、集体产权和个体产权三种形式。煤矿集体产权结构由于村治精英的性质和村民参与与否的共同作用，可以分为村民集体享有煤矿收益和煤矿收益归村干部个人所有两种形式；[①] 个体产权结构由于煤矿主享有对煤矿资源全部的占有权、使用权、收益权和转让权，因此，煤矿主不会轻易割让自己的利益和村干部合谋。国有制看起来是"社会化"程度最高的公有制形式，其实是现实的部门所有制和地方所有制，造成了"人人皆所有、个个都无权"的局面，财产无人负责，经济效益低下，缺乏生机和活力。[②] 国有产权结构中，国有煤矿实行矿长负责制，煤矿经营权掌握在矿长手里，矿长的经营能力与道德好坏决定着煤矿经营的好坏。因此当矿长为了牟取不正当私利，就会与村干部合谋，共同获取更大利益。国有煤矿负责人之所以能与村干部堂而皇之地合谋，根源在于煤炭资源产权界定不清和产权关系模糊。

在实践中，由于我国煤炭资源在相当长一段时期内实行无偿使用和非商品化，煤炭资源国家所有实际只有法律条文上的意义，无经济上的实现形式。同时又缺乏利益的约束机制，成为一种抽象的空洞的权能，因而使资源使用者成为事实上的"所有者"，在资源使用上不承担任何经济和法律责任。[③] 这种资源产权界定模糊的状况，使国家不能对资源进行有效的管理，煤炭资源难以得到合理有效的配置，因而造成资源利用方面的极大浪费。

《中华人民共和国矿产资源法》（1996）第三条规定，"矿产资源属于国家所有，由国务院行使国家对矿产资源的所有权。"从中可以看出我国

---

① 李利宏、董江爱：《煤矿集体产权下的农村精英治理》，《山西大学学报》（哲学社会科学版），2012 年第 5 期，第 62—65 页；董江爱等：《煤矿产权与农村政治》，《政治学研究》，2011 年第 6 期。

② 刘烈龙：《产权与政权、官权、民权》，《中国商办工业》，1994 年第 11 期，第 5—6 页。

③ 陈卫洪：《关闭小煤窑的经济学和社会学分析》，北京：冶金工业出版社 2010 年版，第 130 页。

对煤矿资源的所有权由全国人大委托国务院行使。从形式上说，我国煤炭资源的产权主体非常明确，属于国家所有。但在调研中我们发现，中央政府和地方政府之间产权界限模糊，中央政府代表国家行使煤炭资源所有者的职责，并没有明确的人格化代表，其所有权实现方式是通过委托或以法律法规的形式授权给地方各级行政主管部门，由地方政府依法管理和保护煤炭资源。在这个过程中，只有国务院即中央政府是煤炭资源所有权的代表者，地方各级政府的身份是参与者和实施者。国务院地矿行政主管部门主要负责组织立法，编制煤炭资源规划，制定煤炭资源政策，加强煤炭资源利用与保护的宏观调控，减少审批发证等具体事务。省级煤炭行政主管部门以审批发证工作为主，负责组织地方立法和煤炭资源合理利用、保护和监督。市县级煤炭行政主管部门以煤炭资源合理利用与保护的监督维护为主，负责征收煤炭资源补偿费，承担次要矿种、较小规模煤炭资源的审批发证工作。在此可以看到，产权权属不清晰导致权益被分割。煤炭所有权实际上是被地方和部门所分割，国家所有权在经济上未能得到真正体现，煤炭资源资产收益被转化为地方主管部门以及其他利益集团甚至个人的利益。

同时国务院为了能够有效地管理资源，将煤矿资源开发权委托给自然资源管理部门，再由各级地方政府按照事权划分负责矿藏勘探或者开采的审批与监管。此外，在煤矿资源使用过程中，中央政府为了实施有效管理，还设立了监督机构，各级政府需要经过这些监管机构向企业转让使用权。对于国有煤矿企业而言，国有煤矿的煤炭资源属于国家所有，国家不是具体的法人或自然人。在我国，国家是全体人民的代表，代表全体人民来行使所有者的权利和承担所有者的义务。所以，全体人民与国家之间的关系是一种委托代理关系，全体人民将国有煤矿的资产委托给国家，但国家不可能经营国有煤矿，于是，国家又将国有煤矿委托给下级部门，下级部门又委托给主管部门，等等。由于国有煤矿的委托代理是一种间接的委托代理，国有煤矿的初始委托人对最终代理人的监督也是一种间接的监督方式。初始委托人无法对最终代理人的行为进行直接的监督和约束，而是通过中间委托人来实现对最终代理人的监督。冗长的委托代理链导致了诸多委托人具有双重身份，这种双重身份又导致国有煤矿的委托代理关系中存在代理人行为角色相悖的问题，因为国有煤矿的代理人与委托人有着不同的利益追求。作为委托人，他的利益是使国有煤矿经营保持高效率，完成上一级委托人所委托的任务；而作为代理人，他的行为动机是努力扩大个人利益，他同样会传递虚假信息、隐瞒企业经营真相。所以，若对代理人没有有效的激励约束，企业经营效率就不会提高。

20 世纪 60 年代末 70 年代初，一批经济学家深入研究企业内部信息不对称和激励问题，提出委托代理理论。[①] 其中心任务是研究在利益相冲突和信息不对称的环境下委托人如何设计最优契约激励代理人。而我国国有企业在对经营者的激励与约束方面主要存在以下问题：[②] 一是报酬激励难以发挥应有作用，多数国有企业经营者的薪酬构成中固定工资所占比重大，与经营者业绩紧密相关的浮动薪酬所占比重小；二是经营者任用体制存在缺陷，政府对企业控制的格局并没有从根本上得到改变。一些政府主管部门任命厂长和经理、干预企业生产经营活动的现象远未杜绝。因此，国有企业经营者的工作目标不是效率而是官位，经营的重点不是资产而是权力，极易形成私欲膨胀、腐败滋生；三是约束机制不健全，政府监控真空，在一些实行股份制的许多国有企业中，股东大会、董事会、监事会等机构尚未真正发挥作用。约束机制的缺乏，使得激励与约束失调，导致经营者激励机制失灵。

综上所述，国有煤矿作为国有企业同样具有对其经营者激励约束不足的困境。国家与煤矿矿长之间存在着冗长的委托——代理关系，国家作为委托人，指派地方官员对矿长进行监督，地方官员同样可以与矿长合谋，对煤矿经营的监管采取姑息纵容的手段，而政企合谋导致矿难的结论已有学者对此进行过精彩的分析。[③] 由于国有产权存在一定的模糊性和缺乏有效的监管，会引发国有煤矿负责人的谋利行为，但是这种谋利行为未必一定产生，其产生需要相关条件的配合，从而形成不同的村企关系，下文将分别叙述。

---

① 美国的罗斯、詹森与麦克林最早提出代理理论（Ross, 1973；Jensen and Meckling 1976），转引自 [美] Y. 巴泽尔：《产权的经济分析》，费方域、段毅才译，上海：上海三联书店、上海人民出版社 1997 年版，第 14 页。

② 黄峥荣：《委托代理理论与国有企业经营者激励约束机制研究》，《金融经济》，2009 年第 4 期，第 168 页。

③ 聂辉华、蒋敏杰：《政企合谋与矿难》，《经济研究》，2011 年第 6 期，第 146—156 页。

第二节　村企合作与资源型村庄善治

"村企合作"，是指保护型村治精英依托村庄自身资源与所在地区国有煤矿企业通过有效合作，实现村企互惠共赢。

A 村位于山西北部 D 市南部，村庄总面积 8.78 平方公里，现有 344 户 935 人。村庄土地均为丘陵地，土地贫瘠，一直是有名的贫困山村。改革开放前不足 400 人，亩产不到百斤，还常常无法按时上交粮食，需要定期向国家贷款购买返销粮，当时全村无任何副业收入，全村一年总产值不到 5 万斤粮食，当时有一户村民因为劳力多一年挣了 600 元，引起全村村民的羡慕。人民公社时期村集体有个社队煤矿，后来改由乡镇经营，只有个别村民在煤矿劳动，对村民整体的生活没有什么改善。改革开放后，1983 年村里又兴办了一个煤矿，全村村民积极劳动，生活有了明显改善，可是好景不长，1988 年煤矿出事关闭，村庄的发展又陷入了绝境。2002 年，一国有煤矿进驻 A 村，但直到 2004 年村支书张某上任后，依托国有煤矿，积极为国有煤矿搞好服务，国有煤矿也为村庄发展提供了更多支持。如今，当年贫瘠的小山村已经发展成经济总收入过亿元、农民人均纯收入突破 2 万元的小康村，走出了一条依靠煤炭资源发展循环经济的共同富裕道路，实现了村庄经济、政治、文化、社会、生态"五位一体"全面发展。

一　保护型村治精英促进村企合作

1. 村企关系不和谐导致农民上访不断

2002 年 5 月 6 日，一国有煤矿在 A 村开工建设，占用了全村 1580 亩耕地的一半以上，这些被占耕地尽管土地贫瘠，但土地是农民生活的全部来源，失去土地就意味着失去生存的基础。当时的村支书拿着煤矿 800 万元的补偿款，没有为村庄提出一个令所有村民都满意的发展规划，这笔钱又被乡镇政府用各种名义征收了 300 万元，剩下的 500 万元补偿款因为村干部和村民意见有分歧，迟迟没有发放到村民手中，村民非常担心这笔钱的最终去向。当时，A 村村干部与国有煤矿在一些关键性问题上没有达成共识，村委会一直希望煤矿能为部分村民解决就业问题，煤矿方面始终拒绝。双方产生了摩擦，村民们不断告状、闹事甚至堵路，阻止煤矿正常生产，而且在省委领导来访时进行截访，引起了极大轰动，一时间，A村成为远近闻名的"上访村"、"告状村"。

2. 生存困境与农民推动的精英更替

当时持续不断的村民上访使得村庄陷入治理困局，农民把改善现状的希望寄托于村治精英。村民希望借助上访这一行为，对上级政府施加压力，撤换村支书，让张某回村担任村支书。张某当时经营家族企业，由于头脑灵活、经营有方，家族企业蒸蒸日上。同时，他为人慷慨大方，常常借钱给村民而不需要村民还钱，并借助自己广泛的人脉关系，为村民办了很多实事，在村民心目中威望极高。村民特别希望他能回村带领村民致富。但是张某父亲作为本村的老支书，不支持自己的儿子出任，因为他深知村里的事情难干，还容易得罪人。

A村村民持续的上访严重影响了国有煤矿建设的进展，为此，市级政府面对这一棘手问题，多次专门召开市委重要会议研究工作，提出让张某担任村支书。

A村村民生存困境下的行为选择，体现了市场化背景下农民的生存伦理，反映了农民的依赖心理和求助政府的迫切要求，同时，基层政府的及时推动也发挥了关键作用。

3. 保护型村治精英是村企和谐的关键

A村村支书张某是一位典型的保护型村治精英。他1983年开始自主创业，经过20多年的艰辛努力，成为一名成功的农民企业家。在A村土生土长的张某始终没有忘记自己的家乡，作为一名民营企业家出身的村支书，他始终把带领村民致富作为自己的头等大事。当初的A村人均年收入只有2800元，多年集体收入"空壳化"，村委会的办公地点极其简陋，由于村民不断上访，村庄社会秩序混乱，村治运作无法进行。村民出于对张某的信任，三番五次要求上级领导指派他回村带领村民致富。在采访中，张某多次提到：

"老百姓为什么信任我？打铁还需自身硬，我之前经营企业成功了，底气就足。""我搞企业出身，我现在就是按照企业的模式经营村委会。我告诉村干部集体的东西一定要当你自己的东西去珍惜、爱护。""我就是本村村民，2004 年国有煤矿入驻，村民上访，拦住当时的省长上访，区委书记点名必须让我当，机遇来了，我也不能光考虑自己，这样对村里、对自己都有益。以前村民和我借钱，还不了钱，现在大家都有钱了，没人和我借钱。我自己也得到了很多的荣誉。"（20140121A01ZM）①

由此可见，张某出于对集体高度负责和为村民利益的考虑，也由于张某自身突出的经营才能和极高的人格魅力得到村民的一致认可，他临危受命。

煤炭资源是资源型村庄赖以发展的物质基础。2004 年 7 月，由张某担任村支书的新的党支部、村委会组建后，张某与村干部们仔细分析现状，权衡利弊，抓住资源这一核心要素，没有延续以前与国有煤矿的对抗做法，而是以合作为理念，化被动为主动，通过与国有煤矿负责人耐心地洽谈、协商，与煤矿建立了劳务关系。通过集体出资和个人集资，购买大型卡车十余辆，率先组建运输服务公司，为煤矿排放煤矸石。这样不仅有效化解了村矿之间的矛盾，更为村民就业找到了出路，达到了双赢。自此，全村经济走上了快速发展的道路，几年之内，村民人均收入和村集体收入成倍增长。2005 年 A 村农民人均纯收入 3209 元，经济总收入达到1558 万元；2008 年农民人均纯收入 1.8 万元，经济总收入达到 7856 万元；2012 年农民人均纯收入 2 万元，经济总收入高达 1.35 亿元。② 村庄依托国有煤矿，与国有煤矿并肩发展，走出了一条节能、环保的循环发展之路。

二　民主制度确保村庄公共权力规范运行

村庄发展不仅需要保护型村治精英在发展中起主导作用，更需要健全的民主制度确保村庄公共权力规范运行，为村庄发展保驾护航。A 村在发

---

　　① 我们对村庄的调查主要采用个案访谈和参与式观察的研究方法，访谈的对象是村民若干，我们对所有个案访谈材料进行了必要的技术性编码处理，即访谈日期－农村代码－个案访谈编号－村民代码。下同。

　　② 建设新农村文明示范村纪实，http：//www.daynews.com.cn/sxnmb/yb/945148.html

展中，始终注重提升党员干部的素质，让党员干部以身作则、起模范带头作用，同时，建立严格的村级财务制度，健全村民参与村庄重大决策的制度，保证了村庄公共权力始终在村民的监督下有效运行。

1. 加强党员干部的教育

首先，提高党员干部的政策水平。为了提升党员干部的理论水平，2004 年以来，村党支部坚持村干部每天 7 时坚持晨会半小时，其中 10 分钟有一人主讲带领大家学习时事政治、党史哲学等，剩余时间讨论安排当天工作，各司其职。同时，建立和健全了党建、村规民约、经济管理、社会综合治理、文明创建、企业绩效考核、学习考核等诸方面共 36 项规章制度，改变了过去经验管理的做法，全村的管理工作步入科学化、规范化管理轨道。

其次，加强对党员干部的教育。只有不断加强党员干部的教育，才能充分发挥党支部推动发展、服务群众、凝聚人心、促进和谐的作用。该村党员干部教育分四个层次：第一是荣誉感教育。在该村入党非常光荣，区政府每年给两个名额，而村里一般会有几十人写申请，因此，谁能选上，就看谁在村里表现突出，为老百姓办事多。所以，党员要不好好干，就会被除名；第二是乡土观教育。让党员明白，大家抬头不见低头见，同顶一方天，同饮一井水，见面不是兄弟叔伯，就是祖辈老邻居。党员干部就要起带头作用为村民服务；第三是廉政文化教育。村庄道路两旁粉刷一新的墙壁上是该村的廉政文化长廊，上面写有这样的字眼："致富新人才、建设新农村"，"勤以为民、廉以养德、淡以明志、俭以养身"，"一念之差、追悔莫及"，"一路温馨、一路廉洁、一路平安"，"廉政文化建设掠影"等，这样的廉政文化长廊对于任何一个党员都是一种潜移默化的熏陶；第四是严格的制度约束。该村的制度多达几百项。当干部的因为工作多，受到的约束更多。工作有问题，就会被撤销职务。特别是干部犯了错误，自己难受，家里也无光。所以，在严格的制度约束下，没有人轻易敢于以身试法。在年终时，村庄会召开两委联席会议进行工作评比，每名村干部都要做年度工作报告，最终由支委会进行等级评比，对于不合格的村干部调离工作岗位。

2. 建立严格的村级财务制度

农村混乱的原因在于一是干部不团结；二是财务不公开。财务公开了，既监督了干部又团结了群众。

建立了严格的财务制度。村里因为兴办企业较多，村干部经手的财务数字庞大，为了有效监督财务的去向，村里建立了严格的财务制度。对招待来访客人的相关人员进行严格规定，要求只有属于自己的本职工作才能陪同，而且费用不能超标。比如上级政府计生办来了妇联主任陪，派出所检查工作治保主任陪同，并且严格控制陪伴人数。村支书说："这是制度，大家想挣钱，都得维护这个摊子。"（20140121A01ZM）同时，建立了村庄报销三级签字制、每月财务例会制、支出公开讨论制，确保村庄财务受到严格的监督。

制定严格的工程建设招标程序。村里要为村民建宿舍小区，投资8000多万元。消息传出引来一大帮人，有拿着上级条子来的，有既拿着条子又拿着红包来的，也有只拿红包但红包更鼓来的，忙忙乱乱，把村支书的门槛都能踏破了。村支书召开村两委会议制定了三条原则：一、公开招标，有本事就报名去争；二、花10万元从省城监理公司请来工程监理，负责监督招标、订合同、施工、验收等全部过程；三、招标会场情况向全村播出，让全村村民参与监督。参加投标的有十几家施工单位，经过一番较量，结果比标底还低。当时一般宿舍楼造价是520元一平方米，而该村招标的结果是470元一平方米。村里的每个干部都处在某种监督中，不是村民监督你，就是制度监督你。至今全村20多个党员没有一个因为经济问题犯错误。

3. 全民参与重大决策

民主管理是管理村级事务的最好办法，监督既是对权力的制约，又是对干部有效的保护，也是对群众最好的教育。凡村里较大事务的决策A村都要经过村民大会或村民代表会议讨论通过，充分发扬民主，确保村民的知情权、参与权和监督权。

在村庄别墅小区建成后，如何安排住房成为全村关注的大事。村两委和村民进行了多次协商，深入了解村民的需求和意见，最终形成一致意见，即采取抓阄形式决定住房位置，并实施村民先抓、村干部后抓的方式。这一举措，赢得了村民对村两委和村干部的高度认同。

三 利益共享巩固村企合作

A村在由贫穷到富裕的过程中，村支书张某深刻意识到"村企关系是第一关系，否则自寻死路，它的重要性超过干群关系和党群关系"。因此，作为一个煤炭资源型农村，与煤矿关系处理不好，两败俱伤；村企关系和谐，才能实现共赢。因此，正确处理村企关系是村庄善治的重要环节。

1. 讲道理说服企业支持村庄发展

一般而言，国有煤矿与所在村庄的关系是一种单向不平衡的关系。村庄的发展高度依赖国有煤矿，期望煤矿在占地同时为村庄提供更多的资金补偿以及安排村民就业等；而国有煤矿作为国家建设项目其发展并不依赖村庄，至多需要在占用村庄土地时，村庄能积极支持而非漫天要价。因此，如何处理村企关系，如何让煤矿更多地支持村庄发展，这是村支书张某上任伊始思考最多的问题。他说：

> "我们和煤矿是鱼水关系。我有一个比喻，人家是房东，我们是家政服务公司；人家是大树，我们不刨根，只揪叶。我们的发展必须要依托煤矿。"
>
> "村里与煤矿协议，我们就想争取服务煤矿的项目。煤矿每天出6万吨煤，渣子有25%，由我们负责排放治理，把石头排到山里，上面再覆盖2米厚的土造田，还可以造出更多的土地。煤矿一般是占地给钱，但是我们要求给它排矸石，这样一项年收入有5000万元，开始，煤矿不同意，你农民不行，事情多、麻烦多，第二，煤矿也能排矸石，自己也能赚钱，并且没有这样的先例。
>
> 当时，村里几百人占住井口，不让煤矿生产，煤矿没办法，让步答应可以排矸石的60%，我说不行，必须100%，试用期3个月，不行再说。主要是考虑到本村村民下井、养车、管理车队很有经验，见多识广，不是一般的农民，这件事情一直僵持着。最后，市委召开办公会议，要求煤矿答应村里的条件，并且我们村里已经买好汽车、有了加油站，给煤矿施加压力，最后煤矿终于同意了。现在我们村的这种发展模式成为当地有名的发展模式，附近好多村庄都在效仿。"
> （20140121A01ZM）

从村支书张某的谈话中可以得知，他思考村庄发展出路不是简单地向煤矿提出资金补偿问题，而是从村庄长远利益出发，提出为煤矿排放煤矸石的服务。煤矿一开始并没有轻易满足其要求，一是没有这方面的先例；二是煤矿也有自己利益的考量。村支书就运用各种策略，包括请求上级政府的支持、做好各种准备给煤矿施压等方法，最终获得煤矿方面的同意支持村庄发展。

2. 领导干部以身作则

村支书张某始终坚信，要想实现村企合作，作为村干部，一定要有大局意识，而不能为了一己私利贪小便宜耽误农村发展。因此，村支书对全村干部提出了三点要求：第一，村干部绝对不能收受企业任何回扣；第二，干部绝对不去煤矿为自己承揽各种工程；第三，绝对不能向煤矿伸手，不要煤矿的钱，不和煤矿谈自己的私事。并且村委会还制定严格的规章制度，约束村干部的行为。

3. 为煤矿提供优质的服务

要想获得国有煤矿的认可与支持，不能仅仅依靠村庄的争取，而要从双方互惠共赢的角度出发，为煤矿解决后顾之忧和提供优质服务，用诚心打动对方。

> "当时，这个煤矿是因为手续不全不能马上开工，而村里如果不给煤矿盖章，煤矿的手续就办不了。所以，他就答应我们的条件了。""2006年，煤矿要快速上马一个新项目，需要征用老百姓土地300亩，当时已经是农历腊月二十八，村民正忙于置办年货过年，我们决定紧急召开村民代表大会，但来参会的村民寥寥无几，没办法，支书带头与村干部一起挨家挨户到村民家做工作，当时天气非常寒冷，下着大雪，但是我们没有停下脚步，大家一直在坚持，一直做到除夕晚上2点，终于做通了最后一户的思想工作，煤矿领导非常感动。"

> "为了不影响煤矿的开采，我们会及时排矸石。如果晚上下雪，第二天早晨，村里所有领导都会主动起来和村民一起扫雪，绝对不耽误煤矿的事情。"

> "2007年煤矿基建时，出过事故，救援队伍来得多。需要成立指挥部，为了让煤矿上的人休息，我们主动腾出办公楼，拿起农具去救

援。当时煤矿也很困难，要感谢我们，我说，咱们不能乘人之危，不能要钱。"（20140120A02LN）

正因为 A 村始终以煤矿的发展为其发展的前提，从来没有耽误和干扰煤矿正常生产。因此，每年年终表扬大会上煤矿都会对该村进行嘉奖，并积极支持村庄经济发展。

4. 与煤矿斗智斗勇，为村民争取最大福利

村支书作为保护型村治精英，不仅有着一心为民、造福村民的治村理念，更需要企业家的精明头脑。在为煤矿不断排矸石的过程中，他考虑到材料费、汽油费不断上涨的趋势，排矸石的工作量逐年加大，路程逐年加长（因为距离较近的地方都堆满了煤矸石，需要运送到更远的地方），并且排矸石所用的夯土附近已经用完，需要到较远的地方去获得。2013 年 4 月，村委会提出了涨价的要求，排矸石的费用 1 吨由原来的 8.5 元增加 2 元。目前，这个谈判还在进行中。村支书张某说：

"煤矿董事长已经换了三任，我们和他们一直是互惠互利。白银买不到黑人心，我们对煤矿必须是真心付出。有的村支书过年和煤矿要点钱，煤矿说他们是讨吃货，想跌皮（想讨小便宜）。咱们不能为自己占小便宜，让人看不起。给我的钱我坚决不要，不说，也不稀罕，但为了集体我们要据理力争。""煤矿每年上缴税 20 亿元，利润 20 亿元，年产煤 2500 万吨，每天产煤 7 万吨，完全有这个能力给我们涨价。当然，村里绝对不会耽误煤矿的事情。我们的谈判很艰难，都在为自己的公司把关，说明都是好领导，各为其主，好事多磨。因为这是村里的大事，我得为全村负责。每吨增加 2 元，每年排矸石 900 万吨，每年增加 1800 万元。"（20140121A01ZM）

四　村企合作带动资源型村庄善治

基于村支书"村企合作才能共赢"的正确发展理念和全体村民的共同努力，村庄始终坚持为煤矿搞好服务，积极支持煤矿发展，在煤矿不断壮大的基础上，村庄也实现了良好的治理。

1. 及时转型、多元发展，物质文明大幅提升

资源型村庄单纯依靠资源无法实现长久发展，及时转型、多元发展才是关键。依托煤矿、服务煤矿、拉动经济、造福村民，这是村支书张某在调整产业结构过程中始终把握的着力点。他们抓住国有煤矿落户 A 村的契机，积极发展本村经济。2004 年投资 4000 万元，建起可容纳 2100 多名职工住宿、就餐的煤矿职工公寓，年收入增加 450 万元。2006 年投资 500 多万元，组建服务有限公司，村集体、村民各占 51% 和 49% 的股份，年收入 5000 多万元；2007 年村集体投资 1.7 亿元组建的水泥有限责任公司，实现产值 2.5 亿元；2008 年与国有煤矿联手，引资 1 亿元，合作成立建材有限公司，开展煤矸石烧砖项目，实现了资源的再循环利用；2011 年投资 8000 多万元，建设搅拌站和 8 个项目集中服务区，获利 1000 万元。[①] 又投巨资创办生物科技公司、材料储备场、加油站和农牧有限公司等村办企业，实现标准化管理、产业化发展。通过多年持续不断发展工业，工业已成为农业增效、农民增收的支柱产业。

积极发展现代农业。农村土地流转是指农村家庭承包的土地通过合法的形式，保留承包权，将经营权转让给其他农户或其他经济组织的行为，转让使用权。农村土地流转是农村经济发展到一定阶段的产物，通过土地流转，可以开展规模化、集约化、现代化的农业经营模式。作为资源型村庄，尽管有国有煤矿的进驻，但农村还是要向土地要收益。村庄要不断壮大，就要积极发展工业、农业项目，就必须有充足的土地资源。因此村支书与村民商讨，采取了两项措施增加土地供应量。一是村民承包的所有土地有偿收归集体，全部集中经营。村两委针对工业化带来的土地闲置、荒废严重的情况，经村民大会同意，将村民承包的所有土地有偿收归集体，除每户一年一签协议种植小杂粮外，其余土地全部集中发展现代农业；二是增加耕地面积。积极与上级政府沟通，争取了 2350 亩的土地整理项目。村支书带头从自家拿出 35 万元，垫资购买推土机，用于开荒造地。村集体投资 2900 万元，新造梯田 2350 亩，耕地面积扩展到 3010 亩，且全部改造为良田，进行统一管理，用于村办企

---

① 2013 年"最美共产党员"和"最美支部书记"推选活动候选人公示，http：//paper. news. cn/File/dtrb/2013 - 12 - 30/20131230023334. htm? id = 129248

业和公共设施的发展。其中农牧有限公司饲养奶牛占地 600 亩；生物科技有限公司新建大棚种植蝴蝶兰和木瓜占地 90 亩；河湾地 220 亩；杏树园占地 500 亩；休闲公园占地 38 亩；塔山工业园区占地 1561 亩。同时，重点建设了两基地、两园区。

两基地一是新建蝴蝶兰培植基地。2009 年 7 月，引进外资，组建生物科技有限责任公司，总面积达到 2 万平方米，主营蝴蝶兰、木瓜，年产值突破亿元；二是为满足国有煤矿需要和免费供应村民，投资 240 万元，建设 8 个种植彩椒、西瓜、黄瓜等蔬菜大棚的无公害蔬菜基地，并专门聘请有关专家指导。两园区一是建设农业休闲观光园区。2009 年开始建设 1250 亩的农业休闲观光园区。现在园区已种植了苹果、山楂、葡萄等几万株果树，将年产水果和绿色蔬菜上百万公斤；二是奶牛养殖园区。2010 年 9 月，由全体村民共同出资 1.8 亿元，村民户均入股 5 万元，组建了农牧有限责任公司，设计饲养奶牛 5000 头，2011 年 12 月正式建成投产。现已建成 13 栋牛舍、其他配套设施 8000 多平方米，投产后，将直接带动周边 2500 户农民发家致富。

村民生活达小康。在发展工业、农业的同时，村民生活得到了极大地改善。2007 年 5 月，A 村利用集体资金 1.2 亿元，启动了新农村建设工程。目前已建成别墅 178 套 3.6 万平方米，板式住宅楼 120 套 1.2 万平方米。新居按每人 10 平方米、每户 30 平方米无偿分配，其余每平方米只收 700 元。并建成 6600 平方米的多功能综合服务大楼、1 万平方米的文化广场，小区内实施 24 小时全程视频监控，确保村民治安安全。全村村民共有 100 多户购买了私家车，真正实现了生活安定和共同富裕。

2. 精神文明全面发展

多年的发展，不仅使 A 村在物质文明方面有了很大提高，更在精神文明方面走在了全区的前列。

首先，大力发展农村教育。

投入大量资金。投资建设新的学校，增加教师数量，壮大优秀教师队伍。为了营造良好的学习环境，村集体对学校周围的环境进行整改，将学校周围的商业街拆迁搬移；提高教育质量。在重建新校过程中，小学的建设放到了突出的位置。村集体为学校配备了校车，接送暂时送往临近县区上学的学生，这样不仅改善了校园环境，也没有耽误学生完成义务教育。

村委会 2014 年的任务是投资 3000 万元、占地 60 亩、成立规模为 500 人的寄宿制学校，服务于本村及周边农村教育。村支书参加过中组部组织的全国 50 个先进村村支书的会议，意识到南方教育工作的先进，决定校长、幼儿园园长要从浙江诸暨聘请，并且派本村教师前去接受培训。

其次，积极发展文化事业，提高村民素质。

村民素质的高低直接影响农村的发展。以往村民对村里工作稍不满意，就采取极端方式，如破坏公物、拦截车辆等，严重干扰了村集体工作正常开展。为了提高村民素质，成立了村精神文明办。目前建成了 500 平方米的老年活动中心、200 平方米的农民图书室，并组建了 140 人的锣鼓队，开展丰富多彩的文化活动。举办业余夜校，每周四晚上为村民授课，内容包括法律、法规、公民道德准则等。村级文化活动的开展，村民文化素质得到大幅提高，并促进了干群关系的和谐。

再次，要求干部与群众共同树立远大的理想。

村支书张某意识到，A 村在 2004 年之前之所以集体经济薄弱、村民收入增长缓慢，是有名的贫困村和"告状村"，就在于广大群众干部没有坚定的信念，没有团结起来走富裕的道路。2004 年新领导班子成立之后，领导干部首先树立了建设富裕农村的理想，增强领导班子的凝聚力，进而引导广大群众树立并坚定理想。在党支部的领导下，A 村已经形成了一支业务精、纪律严、作风正的工作队伍；逐步推进全村思想观念、体制机制、方式手段的创新。目前，A 村已成为爱国家、爱集体、关爱老人、邻里互助的模范道德村；文明创建，达到"五无"，即无信访上访、无纠缠滋事、无刑事案件、无封建迷信、无黄赌毒邪。在基层党建、新农村建设、土地开发整理、生态文明建设、村办企业发展等方面取得了长足的进步并获得多项殊荣，成为全乡、全区率先发展的"样板村"、"示范村"。

最后，加强道德建设，形成特有的新农村新风尚。

从 2008 年起，A 村每年召开一届精神文明创建活动表彰大会，对村里涌现出的十佳文明家庭、文化建设标兵、务实创新人物、道德标兵、公益事业热心人等进行隆重表彰。他们中有人助人为乐、拾金不昧；有人走出小圈子，迈入市场大天地，诚信经营；有人追求知识、教子有方。同时，村两委还特别注重引导广大青年、妇女和老人主动参与农村农民精神文化建设，2011 年安排本村 60 岁以上老人赴华东五市参观学习。村民开阔了眼界，丰富了思想，更加自觉地为新农村建设出力，形成精神文明建设与物质文明建设齐抓共管的良好局面。

3. 社会文明全面开花

增加村民的各种福利待遇。全村村民水、暖集体统一供应，用电自费（主要考虑节约问题，之前村庄用电免费，结果村民的电灯整晚都不关闭）。逢年过节，村集体为村民免费发放各种生活用品，全年福利人均2000元。村集体承担五保户、残疾人的生活费用，并为65岁以上老人每月发放200元的养老保障金。下一步村里的大事，就是老有所养、病有所医。到2016年将为全村村民入保险，每人按照每月1500—2000元的标准进行发放，让村民过上和城里人一样的有保障的好生活。

社区管理规范化、制度化。村两委积极探索出一套行之有效的社区管理创新模式，即"六室三网"社区管理模式，由过去村民居住分散的院户联防治安管理转变为社区群众集中封闭的社区治安管理，以此推动社区管理逐步走上规范化、制度化轨道。建设六室。一是综治工作室，按照"一版一柜二本三盒五簿"（一块综治图版、一个档案柜、两个会议记录本、三个档案盒、五个簿册）的要求，加强基层基础工作规范化、制度化建设；二是阳光警务室，受理群众报警，受理有关证照申请，做好群众救助服务，积极开展治安纠纷调解、民事纠纷调解、法制宣传教育、治保会工作指导等相关工作；三是视频监控室，社区共安装视频摄像头164个、喇叭26个、监控室24小时有工作人员值守，负责对图像实时监控，发现情况即发出警报或呼叫治安人员；四是治安巡逻室，社区组建了巡逻队4支、专职6人、兼职15人的值班巡逻队，在社区内昼夜巡逻，楼长共20名负责巡视员的交替接班，确保村民生命财产安全；五是信访接待室，社区组建了由村支书、调委会主任、文明办主任3人组成的信访接待员，同时又组建了由5人组成的调委会，调解各类矛盾纠纷；六是物业管理室，代缴水、电、气、有线电视、社区管理等费用，并做好社区居民后勤保障工作。构筑三网。一是声频网。社区每栋楼安装了高音喇叭，平时播报村委会通知，遇有突发事件或治安情况发出报警信号，一呼百应；二是人防网。社区组建了巡逻队，全部由村委会干部和退伍士兵组成的群防群治，邻里互照的治安防范网络；三是视频网。社区内安装视屏监控系统和LED电子显示屏。LED电子显示屏定期为居民们放映科技、土地、计生、村规民约等宣传片，还放映革命电影和戏曲等，丰富社区居民的文化生活。

4. 生态文明走在全国前列

2006年，A村成立了生态村创建领导组，村支书任组长，把生态村建设纳入经济社会发展的一项长期工作任务。A村按照国家生态村创建标准的具体要求，基于实用性和可操作性原则，邀请省环境科学院等有关专家四次到村实地考察，本着"健康、安全、活力、发展"的基本规划理念研究制定了《A村创建国家生态文明村规划》。

按照规划，A村从2006年以来相继投资2000万元规划建设农业休闲观光园区，占地面积2410亩。截至2012年，园区内的水利配套设施已全部完成，栽植松柏、丁香、黄花槐、杏、李、梨、葡萄等景观树和经济林15.6万多株，绿化覆盖率高达48%。现已有1195亩65000余株杏树挂果，人均64株，成为村民致富的"摇钱树"。同时，又投资700多万元，开发造地430亩，栽植针叶树、阔叶树15000株。建设完成休闲观光公园一个、人工湖一座，实现了农村园林化、农田林网化、道路林荫化和庭院果蔬化。同时，A村计划分三年投资9000万元实施省级土地整理项目，在村西矸石山开发整理4500亩荒山荒坡，并全部绿化，到2015年先开发整理1500亩，种植经济林，逐步形成新的产业链。在生态宜居方面，预计投资600万元，打1700米深热水井，温度在70摄氏度以上，满足新村居民区及设施农业园区供暖需要。A村也因此成为省、市、区三级"生态文明村"、"农村绿化先进村"。

综上所述，A村在为国有煤矿提供优质服务的同时，赢得国有煤矿的大力支持，先后建成9个企业，壮大了集体经济，并用集体积累的资金进行村居改造、投资文化教育事业、生态环境建设，村民实现了共同富裕，村干部得到了村民的高度信任，村庄社会秩序良好，人民安居乐业，实现了村庄政治、经济、文化、社会、生态五位一体全面发展。村企合作最终实现了互惠共赢。

第三节　村企合谋与资源型村庄失序

B村位于山西中部G市，煤炭资源丰富，原有耕地500多亩。随着国

有煤矿的不断建设，煤矿、选煤厂、煤气厂一共占地 340 亩，剩余耕地
200 亩，退耕还林后现只有 20 亩耕地。该村目前总人口 1401，社区内刘
姓是第一大户，大约 650 人，分属于六大门。其中第一门有 50 多人；第
二门基本上已没有后代；第三门大约有 250 人；第四门大约有 200 人；第
五门大约有 90 人；第六门大约有 60 人。由于国有煤矿占地给予巨额补偿
（煤矿和选煤厂每年支付村里的占地费、污染费一共 100 多万元），为此
该村的利益纷争非常激烈，尤其是表现在村委会的选举上，因此，这五大
门的村民（第二门已不存在）在政治上形成了两大派性，A 派支持现任
村委会主任（第三、五、六门，大约 400 人）；B 派反对现任村委会主任
（第一、四门，大约 250 人），这五大门中也有一些边缘人士保持中立。
另外，其他姓氏的村民（大约 350 人）出于自身利益需要，也纷纷支持
现任村主任，在政治派别上大部分人属于 A 派。国有煤矿在不断征用村
庄土地的过程中，也为村庄的发展提供了一些实际的帮助，包括解决部分
村民的就业问题，保障村民的基本福利，村民依托煤矿从事相关副业等，
前文已详细叙述。国有煤矿出于自身发展需要，会对村庄发展提供一定的
帮助。但同时出于自身利益最大化的考虑，村企合谋现象也很严重，下面
将重点分析。

一　谋利型村治精英引发村企合谋

1. 村企合谋的理论

合谋（Collusion）是指在至少存在三个或三个以上的参与方时，由于
信息的差异，拥有信息优势的某两方（或两方以上）为了共同利益结成
联盟，并对其他参与方的利益造成损失的过程及由此而形成的结构即为
合谋。[1]

在经济学的早期研究中，以张伯伦 Chamber lin 等人的研究为代表[2]，
合谋主要用来解释产业组织间的合谋行为和企业间的价格竞争中出现的默
契合谋，此时对合谋的研究一般是在静态框架下进行的。博弈论的引入，

---

[1]　罗建兵：《合谋的生成与制衡：理论分析与来自东亚的证据》，合肥：合肥工业大学出版社 2008 年版，第 130 页。

[2]　Chamber lin E. Duopoly：value where sellers are few，*Quarterly Journal of Economics*，1929（43）：63 - 100.

使得合谋理论的研究达到了一个新高度，戴维·M. 克雷普斯 Kreps 等开始在动态的框架下研究合谋行为。① 近年来，以让·雅克·拉丰 Jean - Jacques Laffont 为代表的经济学家运用博弈论和不完全契约理论，把合谋理论引入了产业组织内研究②，在研究产业组织内的激励理论的过程中，建立了组织内合谋理论的一般分析框架，奠定了组织内合谋理论的研究范式。③ 而梯若（Tirole）在分析委托—监督—代理三方之间的组织结构中，监督方与代理方"共谋"应对委托方的博弈过程时提出了新的博弈模型。④ 在借鉴以上学者研究成果的同时，更倾向于接受罗建兵关于合谋的定义，认为合谋可以运用在任何一个涉及巨大（或者较大）利益的参与者行为中，在一个行为所涉及的参与者三方之间，当存在利益博弈时，如果没有严格的制度进行制约，在信息不透明、不对等的情况下，其中两方有可能合谋，从而最终损害第三方的利益。

国有煤矿在发展中，需要向农村进行大量的征地，由此需要向农村支付数额较为庞大的占地费用，在这一利益博弈的行为中，涉及三方参与者，一方是煤矿负责人，一方是村干部，一方是普通村民。而村干部作为农村代理人，往往是代表村民去和煤矿进行谈判的人员，在巨大的利益面前，煤矿方面如果不想按约如数进行补偿，它就可能和村干部合谋，占有非法所得。

2. 谋利型村治精英引发村企合谋

村企之所以合谋，在于合谋的结果可以获得巨大的利益。贺雪峰指出，煤矿资源村是一种利益密集型农村，因此，各方主体会开展激烈的利益博弈争夺出现的密集利益，从而形成一种与一般农村地区极不相同甚至

---

① Kreps D. Rational cooperation in finitely repeatedly prisoner dilemma, *Journal of Economic Theory*, 1982（27）：245 –252.

② Jean - Jacques Laffont, Martimort D. Mechanism design with collusion and correlation, *Econometrica*, 2000（68）：309 –342.

③ 罗建兵、许敏兰：《转型经济中合谋与监管的博弈分析》，《南京审计学院学报》，2008年第1期，第13—17页。

④ Tirole, Jean, "Hierarchies and Bureaucracies: On the Role of Collusion in Organizations". *Journal of Law, Economics, and Organization*, l986, Vol. 2 Issue 2, 181 –215.

刚好相反的治理景观。那就是特别容易滋生"社会势力"①，而且"社会势力"与体制内官员分享由此产生的利益机会，从而给农村治理带来极大的破坏性。"社会势力"，不是亨廷顿笔下的社会势力，即种族、宗教、地域、经济或者社会地位等方面的集团②，而是泛指带有一定社会背景、使用或威胁使用暴力的社会力量，由于影响当前乡村治理的带有暴力威胁的力量，并未都发展到黑社会那样高度组织化的程度，所以用"社会势力"而不用"黑社会势力"。"社会势力"，包括但不唯社会势力，黑道、地痞、流氓都可以算作"社会势力"的一部分。③文章把这种"社会势力"性质的村治精英归为谋利型村治精英，因为他同样是利用体制性权力为个人谋利，并在其中运用或威胁使用暴力手段。

现任村主任兼村支书李二 1970 年出生，初中毕业，服过兵役，没有固定职业。1999 年开始一肩挑，担任村主任和村支书，现在已经连任五届。李二不属于 B 村正宗的后代，但其母亲以及舅舅们是 B 村第三门正宗的后代。村里有人调侃，村主任是皇帝，村主任的四个舅舅为国舅爷。虽说村主任不属于 B 村正宗的后代，但其父亲所在村庄比较贫困，倒插门到 B 村其母亲家，迁移到该村已经 50 多年，因此也属于该村村民。其父亲是个乡村赤脚医生，最初为了维持生计开办小诊所，为人刁蛮，但很有头脑，经常为其儿子即村主任出谋划策。据村民反映，村主任之前为人比较仗义，自从担任村主任以来，其财富迅速增长，人也变得蛮横起来，一副趾高气扬的样子，现在正和老婆闹离婚。他目前拥有悍马、宾利、霸道、尼桑跑车、奔驰跑车等 10 多辆车，价值 2000 万元以上，常年在 T 市居住，别墅有三四套，村里只有发生重要事情才会回来，而且常常周围跟随一帮朋友，吆五喝六。李二平时携带村支部的公章，村委会的公章由妇联主任看管，2011 年新当选的村委会副主任同时兼任其保镖和打手。

---

① 贺雪峰：《论利益密集型农村地区的治理》，《政治学研究》，2011 年第 6 期，第 47—56 页。

② ［美］塞缪尔·P. 亨廷顿：《变革社会中的政治秩序》，王冠华、刘为等译，上海：上海世纪出版集团 2008 年版，第 7 页。

③ 贺雪峰：《论利益密集型农村地区的治理》，《政治学研究》，2011 年第 6 期，第 47—56 页。

李二之所以能够当选村主任在一定程度上得益于第三门的支持，毕竟他属于第三门的外甥。另外，他当选村主任是通过借助一定的社会势力（他姐夫）以及他个人敢闯的蛮劲。他姐夫本是邻村一个普通村民，为人强悍，人送绰号"狼头"，手下经常有一帮人。他凭借搞破坏和周边煤矿的领导打交道或者是谈条件，慢慢地就与煤矿领导混熟了，每一任矿长都得和他搞好关系，否则不好开展工作，因为他搞破坏的手段非常毒辣。其实这种情况就是所谓的合谋，他姐夫与煤矿领导彼此之间相互利用，矿长依靠他姐夫（即地头蛇）在这个地方开展工作（矿长是任命的，一般都不是本地人），他姐夫依靠矿长赚钱。慢慢地就结成伙伴关系，他姐夫在煤矿开了个矸石洗煤厂，赚了不少钱，矿长在里面也有分红，他姐夫用钱来为矿长买通关系，让矿长的官位得以升迁，然后再相互勾结，牟取更大的利益。在这样一个强硬派姐夫的支持下，李二也就顺理成章地当选了。

当然，李二也不手软，当选村主任之前，他指使手下把上任村主任狠狠地打了一顿，住进了医院。其他村民看到这种强硬作风，也就不敢再有所行动。现在，村主任已经培养了自己的一支黑社会性质的势力。村民的回答特别能说明村主任李二的"社会势力"性质。

　　笔者：像李二是不是政府里也有人了？

　　村民：刚开始没有，后来经常给政府的有关人员恩惠，就培养出了他自己的那么一批人。

　　笔者：刚开始没有，是不是有他姐夫，黑社会性质的，给他撑腰的了？

　　村民：有这方面原因，但主要是李二（现任村主任）和刘青海（上任村主任）在发生冲突之后达成了一个约定，在李二当选之后要听刘青海的安排，但是，李二当选之后，翻脸了，不听刘青海的安排，且李二现在势力发展越来越大，刘青海想扳倒他也不容易。

　　笔者：现在李二是不是养了一些打手？

　　村民：养肯定是养了的，而且现在官商勾结，公安局的人就保护李二的了，因为他们接李二的钱了，过节的时候李二就得给他们送钱去，流传下来的传统。这是个潜规则，社会就是这样。

（20120708B01LS）

从这则谈话可以看出，村主任李二猖狂的原因：一是为人霸道、厉害，二是其他黑恶势力的支持（他姐夫），三是来自基层政府的庇护，因此，李二也就堂而皇之地连选连任了五届村主任。

一些学者经过实地考察，发现目前许多村落的实权落入黑社会成员之手，村干部普遍呈现"黑化"现象，这里的"黑化"指的是黑社会的意思，即原先并不黑，得势后逐渐变黑。① B村这位谋利型村治精英就明显具有这种性质。

因此，"村企合谋"是指当面临巨大的煤矿补偿利益时，由于缺乏严格的监管和有效的监督，在信息不透明、不对称的情形下，谋利型村治精英与所在地区国有煤矿负责人双方合谋，共同侵害第三方即村民利益的行为。

二 民主机制缺失加剧村庄公共权力异化

村庄治理中最重要的两大问题就是公共权力的来源和权力如何使用。村庄权力来源于村民及其选举。这在一般村庄都可以实现，即所谓的选举式民主。但在权力的使用方面如何实现民主管理、民主决策、民主监督则非常困难。原因在于后三个民主的落实没有有效的实现机制，权力的使用完全变成了村干部的自觉行为，更多地取决于村干部的自我道德的约束能力。在这种情况下，就极为容易出现像徐勇教授所说的"村民自治变为村干部自治"，村庄变成了"土围子"，村庄的公共权力变成了村干部个人攫取公共资源的武器。在B村即如此。B村村主任具有明显的"社会势力"性质，他不断通过各种强势手段压迫村民，使所有村民包括也同样很有势力的前任对他惧怕，这种氛围使得全体村民对他敢怒不敢言。

同样，村庄设有村民监督小组，但没有真正发挥对公共权力的监督作用。村务公开栏尽管公开了一些非常重要的数据，但实际上村民对支出的一些重要项目并不知情（在调研中曾就此事询问过很多村民，他们均表

---

① 兰林友：《莲花落：华北满铁调查村落的人类学再研究》，北京：社会科学文献出版社2012年版，第29页。

示不清楚），或者即使知情但迫于村主任的拳头并不敢仔细询问，如在调查中，村民对其中支出的"七一"党员教师考察费49400元尽管非常不满意，认为这是村主任拉拢党员教师的一项重要内容，但村民敢怒不敢言，这样的村务公开只是交代上级检查的方式，并不能真正起到对村治精英的监督作用。见表1.1和表1.2。

表1.1　　　　B村收入项目明细（2011年7月—2012年3月）　　（单位：元）

收B镇补植补种补助	7500
收煤气化赞助费	276000
收B矿多经公司清理河道费	40000
收电费	5000
收B镇退耕还林	72721.08（模糊不清）
收B矿排矸费	1000000
收拆除暖气管道变卖费	5200
收利息	2021.91（模糊不清）
维修费	39500
收B镇技工资	125760

合计：1571384.71元（注：由于有的数字过于模糊，看不清，导致有些数字可能有误，最终使得合计结果不一致，1573702.99元）

表1.2　　　　B村支出项目明细（2011年7月—2012年3月）　　（单位：元）

付戏项	69500
付清洁工程项	8225
付小学"六一"项	13800
付油项	16020
付炮、彩旗项	20660
付招待费	20762
付"七一"党员教师考察费	49400
付居委会杂物人员干部工资	289670
付维修卷闸项	1700

续表

付杂工费	66640
付居民分红	642000
付还电表项	38089（模糊不清）
付涂料项	7075（模糊不清）
付春节钱、灯、货项	5860
付教师工资	2800
付赞助、庙、学校项	5200
付镇拨工资	113860
付维修车项	3050
付办公用品项	1591（模糊不清）
付烟、酒项	41902
付办公室沙发桌椅项	15360
付车保险费	5663.12
付办公室床上用品项	1048
付暖气改造项	43060
付清洁工程粉刷墙、垃圾处理项	34200
付报账员培训费	2520
付购验钞机项	600
付购电脑及材料项	7275
付学校购电教设备项	257945
付过节招待项	45300
付锣鼓队拜年项	5000
付防盗门项	1600
付购电暖气项	660

合计：1848738.10 元（注：由于有的数字过于模糊，看不清，导致有些数字可能有误，最终使得合计结果不一致，1832175.12 元）

从村民的调查中得知，尽管这样的财务公开表看上去很详细，但实际上每一笔开支村民并不知情，这只是掩人耳目、应付上级检查的一种手段。

因此，在 B 村，由于缺乏村民对村干部的真正监督，没有了民主机制去制约公共权力，公共权力就沦为村干部牟取个人私利的工具和垄断资源的基础，村民自治必然异化为村干部自治。

三　村企合谋引致资源型村庄失序

由于现任村主任的专横独断，村民对此大为不满，同时国有煤矿也存在一些损害村民利益的行为，双方合谋引发村民更多权益的丧失。下面通过三个案例展示村企合谋的行为：

1. 村企合谋的案例

（1）村主任与煤气化厂的合谋

国有煤矿下属的煤气化厂 2010 年开工建设，占用村庄 40 亩土地，当时为每位村民分发一袋白面、一袋大米，同时承诺每年与村委会签订一次合同，煤矿每出一吨焦炭付给村集体 2 元，煤矿一年大约生产焦炭 100 万吨。但是当我们向村民询问这笔钱的收入时，大家都说不知去向。在询问国有煤矿是否会侵占村民利益时，村民这样回答：

> "国有煤矿也侵害老百姓的利益，能多侵占就绝对不会放过任何一个机会，煤气化经理与村委会相互勾结，给村委会主任一点好处，让其承包煤矿的一个工程。我们的利益就受损了。"
>
> "村委会主任有 10 亿元，拿大卡车也拉不完。"（20120706B02LPK）

从村民的回答中可以明显看出，由于财务不公开，又缺乏相应的机制有效监督村干部的行为，村民对村集体的收入支出均毫不知情，村民的利益在不知不觉中丧失了。

（2）招工名额中的合谋

前文中叙述的当时煤矿在本村招工 70 人，这种招工现象也为村庄日后的矛盾埋下了伏笔，因为国有煤矿招工只涉及一部分村民，对更多的村民只是一次性补偿 6000 元，没有解决村民的长远生计问题，而这对村民来说是一种生产资料的剥夺，因为煤矿的开采造成的负外部性使得地下水资源破坏、土地无法耕种。村民依托煤矿开始了多种形式的就业，或进行煤炭运输、或经营出租车、或者经营超市、饭店，而这些收入毕竟不固定，不是长远之计，一旦国有煤矿政策有变，不允许村民搞运输，必然会直接影响村民的生计，不像其他被招工的村民每月拥有稳定的收入。由此带来的村民之间的羡慕、嫉妒或许还有纷争也就不可避免，这些情况成为日后被村主任利用从而引发农村矛盾冲突的导火线。

后来 B 村与邻村李村的村民为了增加招工名额，2004 年两村村主任分别带领本村村民去找煤矿闹事。矿领导得知此事，与两村村主任进行了商量，最后达成了一个协定，那就是煤矿再给两村解决一部分就业问题，分别给予每村 20 个合同工指标。李村的招工指标分配情况是所有无业的青壮年劳力进行公开抽签决定谁去上班。而 B 村的结果则是煤矿给了村主任一些好处（分配给村干部的子女 3 个工作指标，这是村民尽人皆知的，至于还有什么好处，大家也不清楚），给村民（未招工的）每人补偿了 1000 元，让村主任管好村民，劝说村民不要闹事。村干部最终与煤矿合谋，并没有解决其他村民的工作问题，招工事件不了了之。

（3）矸石洗煤厂的合谋

该社区有一个矸石洗煤厂，这是村委会主任以社区的名义经营矸石洗煤厂。国有煤矿以前采煤技术不先进，不会利用煤矸石，把开采出的煤炭中夹杂的矸石都排放在了该村的一座山上，现在随着技术的进步，大家意识到把煤矸石经过简单的加工清洗也能赚钱。因此，村委会主任李二就在 2000 年开办了一座矸石洗煤厂，在此期间，村委会与煤矿选煤厂就矸石洗煤厂发生过一次利益纠纷。原因是煤矿选煤厂的相关人员认为煤矸石归煤矿选煤厂所有，因此，煤矿选煤厂相关人员也在加工矸石。后来，村委会与煤矿选煤厂之间达成一个协议，双方共同洗矸石，按比例分配利益，具体的比例只有利益相关者知晓，村民们都不清楚。

实际上村委会经营的矸石洗煤厂是非法的，但煤矿领导默认，这个洗煤厂就堂而皇之地开办了。该矸石洗煤厂的收入只有一小部分归村集体所有，大部分都归入股人所有（入股人为现任村委会主任李二以及他的哥哥，他们控制了整个矸石洗煤厂，就连矸石洗煤厂的务工人员都由他们雇佣，每人每月工资 1300 元，共有 35 人，其中本村村民 13 人）。村主任的几个舅舅负责捡炭，把大块分为小块，卖矸石赚钱。村主任以村集体的名义购买了两辆铲车、以自己名义购买 5 辆卡车，一起排放矸石。村里的两辆车一年赚取 50 万元，这笔费用没有真正用在村庄公共设施建设上，而是被村主任的马仔们（手下人）挥霍了，一位村民说村里一年开销光买烟一项就花费十几万元，另外一笔钱组织村里党员、教师旅游，每年花费 4 万多元。村民反映这纯粹是一种拉拢党员、收买人心的举措，大家敢怒不敢言。

当询问村里的矸石洗煤厂既然属于不正规的企业，为什么选煤厂的领导能默认，对这个敏感的问题村民大部分都不知道或拒绝回答，后来一位村民私下悄悄说："这个厂子里有煤矿人员的参股，所以煤矿领导就睁一只眼闭一只眼了"。

2. 村企合谋导致村庄失序

村企合谋侵害村民权益，造成村主任与一般村民贫富差距悬殊，村民为了争取权利，不断围堵煤矿，导致煤矿无法正常经营，由此引发了一系列不良的社会政治后果。

（1）村民与村干部冲突不断

李二凭借其与煤矿的合谋获得的巨大利益和黑社会背景，1999 年夺得村主任一职。2004 年现任村主任李二第三届选举时，李二以 70 位村民已被国有煤矿招工为由，取消了他们的选举权，而此时正是李二刚刚结束第二届村主任任期之时，但是他家的生活发生了翻天覆地的大变化，从一般水平突然变得非常富有，按村民的话说，就是"有种乌鸦飞上枝头变凤凰的感觉"。村民都在猜测，当选村主任意味着可以获取巨大的利益。在这种情况下，前任村主任被激怒了，因为前任村主任之前在村里也是横行霸道，他依靠自己的亲戚在乡镇担任领导以及本家 4 个亲兄弟的帮忙，把其前任村主任打得服输以后，自己成功当选村主任，并且连任三届。而他之所以无法连任，是因为李二在竞选前夕雇用小混混打断了他的腿，所以一直对李二心怀怨恨，又无处释放。这一次终于抓住李二剥夺村民选举权这个理由，煽动村民竞选，在他的动员之下，其中村里 B 派的一个人出面了，就是日后一直上访的刘三。B 派的刘三觉得这么多年 B 派的村民实在窝囊，一直在村里被 A 派欺负，所以他决定出来参加竞选，为所有 B 派的村民们争气。刘三 40 多岁，初中文化，个子较低，不到 1.6 米，为人处事比较和善，没有霸气，村民说他看上去没有当村主任的魄力。但交流中能明显觉察到他的内心有一股不服输的态势，他现在经营一家废品收购站，每天起早贪黑辛辛苦苦支撑着这一份家业，每年的收入在 8 万元左右。在询问他参选动机时，他反复强调不是为自己，主要是想为大家主持公道，因为自己不缺钱。

2004 年的这次村委会选举，选举程序极不规范，具体表现在两方面：一是选民资格的认定极为随意。第一，那些在煤矿工作的本村村民没有选举权；第二，选民的年龄、户口这些必备条件没有标准，由村主任李二自行认定。如果想增加一些选民，就随意把 17 周岁的村民谎报为 18 周岁，这样就有资格参加选举；或者在周岁虚岁上做文章，打擦边球；或者有村民在外边工作多年、户口已经不属于本村、却还有选民资格。二是选举中动用一些不合适的手段。如村委会张贴选举名单公告时，李二就马上派人看守，密切注意哪些村民要拍照等，公布选举名单的公告时间一到，就立即撕毁选举名单公告。选举期间，李二对候选人采取先软后硬的策略，先支付候选人一定数额的金钱，如果候选人不答应退出选举，就立即雇人暗地里痛打一顿。

在这种情况下，B 派的一位老大娘出来干预选举了，因为她没有男孩，也不怕李二他们报复，所以她踢翻了选票箱，李二带着手下准备打人，紧急时刻，B 派中的一个人悄悄告诉了市里刑警队，刑警队的人赶来才制止了这次事件的发生。后来，换届选举一直被拖，刘三就把村委会的大楼门上了锁，这种做法再一次惹怒了李二，李二派人打了刘三，另一位 A 派村民张某还拦着不让送医院，刘三住了一个星期的医院，医药费自己花费 4000 元。B 派的村民不服气刘三被打，去张某家理论，在打架争吵之中，弄坏了张某家的大门，刘三只好被迫赔钱修门。李二又指使张某父亲到 B 派中的另一户村民家中闹事，想运用恫吓的手段让村民害怕，跟从 A 派，被这户村民拒绝。之后刘三去 G 市等告状，未果。

综上所述，可以得知，由于村干部的强取豪夺使得村民不满村干部的所作所为，由此导致村民与村干部冲突不断，最终在村委会选举中加剧冲突，引发村民上访。

（2）村民上访未果引发对基层政府的不信任

在这场争夺选举权的过程中，一开始 B 派村民和以前 A 派中失利的村民，都非常支持刘三，之后大家害怕刘三不成功会遭到村主任的报复，就不再支持刘三，全部倒向李二这边。刘三现在回想起来，他认为自己比较傻，太单纯，成了这场斗争的牺牲品。当年（2004 年）上访时刘三 39 岁，还算年轻气盛，现在已经快 50 岁了，经营着一家废品收购站，不再去参与选举的事情，他现在唯一的愿望就是多赚钱供孩子读书。交流时他说得最多的一句话就是："社会就是这样的，没办法。"经过上访事件后，村主任李二非常憎恨刘三，利用村主任的权力限制刘三家的生活用电，刘三无奈之下只好由本家亲戚出面代为充电或领钱等。当初刘三为村民选举权的事情上访时，一共有 8 位村民跟随，前后持续一年多的时间，费用全由刘三本人承担，现在刘三已经无法支撑以后的上访费用了。

在村民不断的上访中，G 市市委、市政府、市民政局、镇政府几次专门下发文件，针对此事进行明确指示，但是该村委会拒绝执行上级文件精神，下面是该市下发的四份文件的内容：

一、2004 年 9 月 2 日市民政局文件

《G 市第二届村民委员会换届指导组关于转置
村选民资格认定的几点说明》

各乡镇、街办第二届村民村委会换届指导组：

自我市第二届村委会换届以来，有换届任务的乡镇、街办，认真组织、指导，大多数村委会已按照市委、市政府的安排完成了任务，未换届的有少数是转置村在选民资格认定上把握不准，这是所有转置村存在的共性问题，这些反映的问题经市指导组反复依据上级有关文件和法律规定，认真研究，现提出以下几点说明：

对因招工到厂、矿企业工作，现在无论是否在岗，只要在本村委会区域内居住，户口也在的村民，可以参加登记。

以上是市村民委员会换届指导组就各乡镇，街办村委会换届中存在问题的几点说明，望各社区换届选举委员会结合实际，实事求是，坚持公平、公正、公平的原则，做好选民登记，尽快完成换届任务。

二、2005 年 8 月 9 日市民政局文件

《关于对社区换届选举有关问题的意见》

某镇：

B 村部分村民从 2004 年 12 月份开始，不断到市委、市政府以及

T市上访，反映B村在第二届社区村委会换届选举中，在选民资格认定上没有严格执行上级有关文件精神，将一部分居住在B村的村民未认定为选民，剥夺了这部分人的选举权问题，要求否定2004年12月18日B村村委会的换届选举结果，重新选举。针对B村部分村民反映的问题，特提出：

（一）选举办法的第一条在选民资格认定上提出限制条件，与市委、市政府的文件不符。

（二）选民的选举权和被选举权是宪法赋予每个公民的政治权利，任何组织和个人都无权剥夺，所以B村在制定选举办法时将部分村民限制登记的做法不当，应予以纠正。

（三）为了B村的稳定，建议镇党委和政府认真做好群众的稳定工作，对村民做好耐心细致的说服教育工作，准确对待政策法律与情理关系，待条件成熟后，依法重新组织选举，建立新的村委会班子。

（四）建议在新的社区村委会班子未选举产生前，由社区党支部负责本社区的全面工作，认真做好群众的稳定工作，抓好社区经济的发展，不能因班子不健全而影响社区的经济发展。

三、2007年8月27日中共镇委员会B镇人民政府文件

《关于贯彻落实中共T市委、T市人民政府
〔2007〕21号文件精神的具体安排》

各社区党支部、村委会：

为了认真贯彻落实中共T市委、T市人民政府《关于社区党组织、第三届社区村委会换届选举工作的实施意见》（〔2007〕21号）文件精神和G市关于社区村委会换届工作会议的精神，现根据我镇实际提出如下安排：

我镇这次社区党支部、社区村委会换届选举工作时间紧、任务重、要求严，在镇党委的统一领导和镇换届指导组的统一指导下，各社区党支部和村委会要积极主动开展工作，把这次换届工作按时、保质量圆满完成。这次换届选举要严格按照中共T市委、T市人民政府〔2007〕21号文件执行，各社区党支部书记是第一责任人，对无故不组织、拖延换届选举或不按时完成任务的，要追究党支部书记的责

任，对于无能力组织换届选举或有意拖延造成选举不成功或未能按时完成任务的党支部、村委会主要负责人给予停职、改组、甚至撤职处分，对选举中有违法行为的单位和个人，要责令改正，并追究有关责任人的责任，对破坏选举工作的要追究其刑事责任。做到严格程序，明确纪律，依法办事，及时制止和纠正不符合法律、法规的做法，要认真做好有关选举工作的群众来信来访工作，确保我镇社区党组织和第三届社区村委会换届选举工作的顺利进行。

四、2007 年 8 月 31 日 G 市委、市政府文件

《关于社区党组织、第三届社区村民委员会换届选举工作的实施意见》

根据《中国共产党基层组织选举工作暂行条例》、《中共中央组织部关于进一步加强和改进街道社区党的建设工作意见》（中办发〔2004〕25 号）和《中共中央办公厅、国务院办公厅关于转发民政部〈关于在全推进城市社区建设的意见〉的通知》（中办发〔2000〕23 号）《民政部关于做好 2006 年社区村民委员会换届选举工作的通知》（民函〔2006〕13 号）精神，结合我市实际，现对社区党组织和第三届社区村委会换届选举工作提出如下实施意见：

选民登记的条件。社区村委会换届选民登记条件为：一是自出生日到投票日止年满 18 周岁、户口在本社区的村民，不分民族、种族、性别、职业、家庭出身、宗教信仰、教育程度、财产状况，都有选举权和被选举权，但依照法律被剥夺政治权利的人除外；二是机关、企业、事业单位和社会团体的法定代表人以及其他合法组织的负责人或者他们委托的代表，在驻地所在社区有同等的选举权和被选举权；三是居住一年以上的暂住村民，尊重本人意愿，可自主选择在暂住地社区进行选民登记，但不得重复登记；四是精神病患者（须由县级以上医院鉴定）在发病期间停止行使选举权；五是在社区空挂户者不能参加选举。

从以上四份文件中可以看出，尽管市委、市政府、市民政部门一再下发文件，指出村民选举权不能因为任何事情随意剥夺，但是该村村委会照

样肆无忌惮，对文件的精神置之不理。

刘三 2004 年去上访，事情处理一年以后，也就是第二份文件，2005年民政局下发文件要求就该村的选民选举权的问题提出意见，明确指出 B村在制定选举办法时将部分村民限制登记的做法不当，应予以纠正。但村委会照样没有按照文件内容执行。刘三又去市政府上访，工作人员的答复是，"再过几天，需要党委开会，集体开会，研究研究再答复。"一直上访的刘三由于经费的限制，就没有继续上访，实际上他也没有能力继续上访了。

一村民对刘三上访这件事情是这样表达的：

> "现在政府有人好办事，否则，寸步难行。社会没有说理的地方，官员说官话，没有实际意义。现在是拳头社会，谁厉害谁当权，天下是武打出来的。村委会主任都是一些厉害人，不怕死的，有钱人雇上他们冲锋陷阵。"（20120707B03YTT）

下面是调研时与刘三的对话：

> 笔者：你们那会去哪上访来？去过 T 市吗？
>
> 刘三：去来，去哪也没用。
>
> 笔者：去哪来？先是去镇，镇不管吗？
>
> 刘三：不是不管，他是在推（拖延时间），事情没有那么绝对，第一，你不懂，他们一直推，推着推着就把我们的信心给推没了。这就是为什么经了商的人不愿意和公家打交道的原因，嫌公家的人麻烦了。去过，我告诉你，镇里，市里都去过。
>
> 笔者：市政府？
>
> 刘三：市政府，市委，民政局，民政局也管村民选举方面的，民政局看着好像管得少，但其实，民政局管得挺多的，扶贫济困，拥军拥属，给地方的起名字，村民选举也是民政局管，还有些东西是模棱两可，管也对的了，不管也对的了，因此，人家就不管，因为没有明文规定。为什么他们腐败了，就是因为国家没有明文规定。
>
> 笔者：具体是什么规定了？

刘三：就是比如说，有的人偷了电缆线，规定上写着偷电缆线判五年，那么就得判五年；有的人偷了牛了，但是规定上没写偷了牛判几年，因此，这个案子就被搁置了。国家就是这样，政府里的人就是一板一眼，有这个规定，他们才去管，没这个规定就不管。

笔者：也就说没有相关的法律法规，政府部门的人就不去管，免得发生了一些事情之后还得承担责任。

刘三：怕担责任的时候就一直把事情往后拖，而且，也收了那家（现任村主任）的恩惠了。就像收废铁（刘三开了一个废品收购站），实实在在的收那些按照规定可以收的废铁就收不下，规定可以收的就是破盆烂瓶等，现在把公安局的人叫来，你不信，改天你亲自来看，他们就会说这个不能收，那个不能收，都是国家能用的，都是国家规定不能收的，三令五申告诉你不能收，你还要收，罚钱。我悄悄地给上他们五百或一千，这会儿，他们就看不见不该收的东西了，他们就走了。就是这个事情。就像你说的，干什么事情就得实实在在的，但是在现在的社会上就不行。我告诉你，你写的时候能省略的就省略了，不要那么较真。你写又没用。可有那现实，你不知道的了。

笔者：你们还去过 T 市？

刘三：去来。

笔者：T 市政府？

刘三：嗯，还去过省政府。

笔者：还去过省政府？

刘三：省政府有个办公室接待了，但是，省政府把你推到 T 市政府。比如说，你去北京上访去了，北京就给山西打电话说，来北京领你的人来，然后山西就问是哪的人了？比如说是 T 市的，是 T 市人的话就让 T 市政府领人去，领回来就到当地处理。不管有理没理都是当地处理。

笔者：你有没有去找电视台？是不是不管了？

刘三：不管，要不然，我说你，你可天真了。我亲身感受过，社会就是这么个腐败。你告不行，没有人愿意接你的案子，而且，咱对政府里的东西也不懂，对那一套话语也不懂。

笔者：就是对政府里的一些规定，法律条例之类的不懂，是吧。

刘三：嗯，对。不懂，而政府里的人懂。

笔者：懂的话，就能用法律的条条框框来说事。(20120708B01LS)。

张静在分析产权纠纷的裁决时，揭示了一个重要现象：即裁决纠纷的规则是不确定和不统一的，一件纠纷适合于何种规则，取决于纠纷双方的利益主张和力量对比。在纠纷发生时，"要紧的不是有没有理，而是有没有人"。张静将这种纠纷裁决机制称为"利益政治模式"，以区别于法治社会的"法律衡量模式"。"利益政治模式"说明了当代中国社会的一个基本特征就是在权利与利益的界定上，中国社会还没有形成稳定的、统一的规则，规则常因人、因情景、因力量而变通或替代。①

上述访谈中刘三上访的失败正是所谓的纠纷裁决中"利益政治模式"作用的体现。在与刘三的交流中，能明显感觉出上访者刘三的无奈和对政府的不信任，尤其是对基层政府的不信任，进而在不断的上访无门屡遭挫折的情况下，对更高层次的政府也产生了一定程度的不信任。

当村民与村治精英之间发生矛盾时，村民首先想到通过基层乡镇政府解决问题，而不是直接越级上访，但当乡镇政府对村民的诉求不屑一顾时，村民便会把委屈转嫁到更高层级的政府身上，最后由国家进行埋单。正如杨善华指出，改革开放之后的乡镇政权成为"谋利型政权经营者"，与民争利，不仅没有起到调节村民与村干部"缓冲器"的作用，甚至成为乡村社会矛盾的直接制造者，使农民的怨气转嫁到国家身上，乡村社会因此面临很大社会风险。

（3）村民政治冷漠

政治冷漠是公民消极的政治态度在政治行为上的表现，即不参与政治生活，公民对于政治问题和政治活动冷淡而不关心，缺乏或不主动公民参与政治活动。② 政治冷漠作为一种政治参与行为方式，其原因是多方面的，有学者认为是对政府行为的不满与失望影响了农民政治参与，有学者

---

① 张静：《土地使用规则不确定：一个法律社会学的解释框架》，《中国社会科学》，2003 年第 1 期，第 113—124 页。

② 魏星河、郭云华：《政治冷漠：农民对村委会选举的一种行为》，《求实》，2003 年第 10 期，第 60—62 页。

认为是较低的政治效能感所导致，认为自己的作为不能有效地改变结果，即对自己的作为的信心不足的人，一般不会介入政治。政治自信心取决于个人的社会地位、收入、经验、所受教育程度。[①] 有学者认为在村委会选举的政治实践中，许多没有资源的农村还处于农民不愿参与的政治冷漠状态，而资源型村庄由于资源带来的密集利益，引发了村民对村委会选举的政治热衷。农民的政治热衷主要表现在自发的竞选活动在选举工作启动之前掀起高潮，村民积极参与到村委会选举工作的各个环节中，高标准的参选要求、强烈的参选愿望和选民的高参与率，选民特别注重对竞选人的竞选行为进行监督。[②]

　　B 村虽然是资源型农村，拥有密集的利益，但村民并没有其他资源型村庄应有的政治热衷，而是产生了强烈的政治冷漠感，只是两派村民产生政治冷漠感的原因不同。A 派的村民认为自己的行为不能有效地改变结果，因为 A 派的村民其自主选择权被抹杀，尽管他们明白现任村主任在任期间没有什么作为，甚至能力和人品都不如 B 派的带领者，但是他们基于派别及家族原因，会投票给现任村主任。A 派的成员甚至都不去投票现场，直接让李二等人替他们填写选票。而 B 派的村民是因为对村干部和基层政府的不满所引发的政治冷漠感。他们中一部分人被非法剥夺了选举权，导致 B 派在人数上少于 A 派，还有部分 B 派的村民由于惧怕 A 派或者出于自身利益考量，悄悄投靠 A 派。在这种情况下，B 派的村民无论是投票还是不投票，都不会对选举结果产生任何影响，村民的政治冷漠感由此产生，大家对村委会选举不再热心，对农村的公共事务不再关心。[③] 正如吴重庆所指出的，无力的村民在对待选举时，必然是一种"选来选去都是这些人"、"反正个个都是贪的"的结论，严重影响了他们参与选举的热情。[④]

　　B 村村民对村主任李二的意见很大，但是大家惧怕李二的拳头，无人

① 杨光斌：《政治冷漠论》，《中国人民大学学报》，1995 年第 3 期，第 99—104 页。

② 董江爱：《论资源型农村农民对村委会选举的政治热衷》，《晋阳学刊》，2011 年第 6 期，第 29—33 页。

③ 李利宏、武志红：《村委会选举中的派性政治》，《山西高等学校社会科学学报》，2013 年第 7 期。

④ 吴重庆：《村治及其本土资源》，《东方文化》，2001 年第 3 期，第 30—34 页。

敢公开表达心中的怨恨,只能在选举中借机释放不满情绪。2008年李二当选第四届时,G市政府以该村选举怕闹出人命为由,让村民放弃选举,李二得以继续连任。该村最近的一次选举即2011年选举时,村民采取的方式要么弃权,要么随意填写,张冠李戴。比如,现任村主任的名字是"李二",副村主任是"刘四",委员是"王五",选举投票现场一些村民故意把副村主任写成"李四",委员写成"李五",以此来嘲讽他们两人是村主任的"狗腿子"。或者大家干脆在候选人的名单中写上那些大家都认为是傻子的村民的名字,以此来讽刺村干部。由于前几次选举中的打人事件,村民至今回忆起来心有余悸,因此此次竞选没有候选人,大家不再相信任何人当选村主任能够为村民办实事,他们关注的只是自己的生活。村民认为,谁上去也是捞钱,不认为现在村里还有为村民办事的好干部。最终李二得票最多,又一次轻松连任。村民普遍反映,没有人敢竞选村主任,除非竞选者有强有力的政治背景、黑社会背景或者是他个人硬骨头、不惧怕。现任村主任打伤竞选者,这在村里已经形成一种很强势的氛围,使得一般村民在选举时战战兢兢,不敢有丝毫反对,同时也使得想参加竞选的村民不敢竞选。B村目前看上去风平浪静,但似乎暗流涌动,只是村民们不清楚什么时候可以来一场大风暴,让这里的村干部不再如此。

第四节 国有产权与资源型村庄治理的关联

一 互惠共赢是村企合作和村庄善治的基础

从本章的两个典型案例可以发现,A、B两村自然环境相似、资源环境相同,但治理绩效完全不同。其重要原因在于,村企合作是国有产权结构下资源型村庄实现善治的关键。

A村由穷变富的过程体现出村企合作对于村庄善治的重要性。A村之前也有国有煤矿进驻,但由于村干部没有协调好与煤矿的关系,煤矿的占地补偿无法下发,煤矿的建设受到村民重重阻拦,农民上访不断,导致村庄混乱而无发展。新任村支书充分认识到村企关系是煤炭资源型村庄发展的第一重要关系,因此,A村借助国有煤矿发展之际,抓住机遇,因势利导,与煤矿签订互利共赢的协议,为国有煤矿提供良好服务的同时,实现了村庄五位一体均衡发展。

相反，B村在发展过程中，国有煤矿征地赔偿款不仅全部被村干部占有，而且村干部还与煤矿负责人合谋侵害村民权益。村民气愤之余，进行了一系列的上访告状，最终事件并没有得到有效的处理，村民不再信任村委会，也不再信任乡镇及更高层级的政府，村民政治冷漠，不再关心村庄发展，村民与村干部之间贫富悬殊，村庄面临失序失衡的状态。

既然村企合作能够促进村庄善治，那么如何实现村企合作呢？单纯依靠村治精英的个人魅力与能力还是远远不够的，利益共享、互惠共赢才是村企合作最终的保障。只有当村庄能够为国有煤矿提供良好的服务，同时，国有煤矿也能充分考虑当地村民的需求，为他们提供合适的发展出路，实现利益共享，从而获得村企共建。

A村在发展过程中，保护型村治精英意识到村企关系是资源型村庄的首要关系，必须为国有煤矿提供最恰当的服务，而不是阻挠其发展。A村在由穷变富的过程，就是一次与国有煤矿从利益争夺到利益共享的过程。当双方最终达成共识、互相为对方发展着想时，必然是互惠共赢。B村的发展过程是一次谋利型村治精英与国有煤矿负责人合谋的过程，他们获利的同时侵害了村民权益，村民随之上访，由于基层及地方政府的不作为，村民并未获得应有的利益，村庄陷入发展困境。而村民气愤之余经常阻挠煤矿正常生产，也会影响煤矿发展，最终导致两败俱伤。

二　国有煤矿负责人的价值偏好引发村企合作或合谋

研究发现，A、B两村资源环境相似，同样是国有煤矿驻村发展，但两村的治理绩效及其发展道路完全不同，这其中有一个关键因素，那就是煤矿经营者的价值偏好。驻扎在A村的国有煤矿其负责人与驻扎在B村的国有煤矿其负责人有着完全不同的价值判断。驻扎在A村的国有煤矿其负责人最看不惯的就是那些喜欢占小便宜的村干部，他把那种经常去国有煤矿要钱的村干部行为称为"讨吃行为"，作为煤矿负责人，他看重村庄能否为煤矿提供真正的服务促进煤矿发展，而不是和村干部合谋获取非法利益；而驻扎在B村的国有煤矿负责人，他更注重如何利用权力为自己谋取更多的不正当利益，当谋利型村治精英出现时，双方合谋，侵占了国有资产和村民利益，最终形成两个村庄完全不同的治理绩效。

三　保护型村治精英是村企合作和村庄善治的关键

村企合作并非自然形成，它的有效关系的维持需要保护型村治精英发挥重要作用。A 村的村支书作为一名保护型村治精英，始终把全村的集体利益放在重要位置上，国有煤矿进驻本村后，通过村支书的努力，与煤矿进行了有理、有利的一系列谈判，晓之以理，动之以情，最终煤矿负责人被村支书的诚心感动，与之签订协议，之后双方互相合作，共同发展，实现了农村的善治。近十年的努力，村支书张某让 A 村彻底变了样，同时也为自己赢得了很多荣誉——全国劳动模范、全省新农村建设十佳标兵、全省优秀党务工作者、全省"五一"劳动奖章获得者、全市生态建设创业人、全区标兵党员，同时更获得了全村村民的一致拥戴。

同样是国有产权的煤矿，B 村的发展正好相反，其村治精英是一名典型的谋利型村治精英，在与国有煤矿处理关系的过程中，他利用自己手中的公共权力千方百计为自己谋利，并且为了达到目的不惜动用一定的黑社会势力，与国有煤矿合谋，私下达成协议，侵吞本来该由村民享有的利益，这就从根本上违背了作为村治精英应有的基本道德与品质。

同样是国有产权煤矿的负责人，为什么在 A 村的结果是村企合作，而 B 村引发了村企合谋，其关键在于村治精英的类型。作为一个国有大型煤矿的管理者，一般情况下不会在乎村庄这样一些小的利益，这在调研中有所反映。但是由于煤炭产权界定不清和煤矿经营监管方面的漏洞使其有机可乘，一旦时机到来，他可以不费吹灰之力获得本来不该拥有的利益，而这样的时机是由村治精英提供的。A 村的保护型村治精英能始终站在维护村庄全体村民的整体利益的角度去思考问题，他可以运用自己的智慧与经营能力与煤矿负责人进行有理有据的谈判与协商，最终确保村庄整体利益的增长；而 B 村的谋利型村治精英就是为了运用手中掌握的公共权力来为自己谋利益，他可以不断利用各种小伎俩（包括金钱贿赂、阻碍企业正常经营等）促使煤矿负责人走上与其合谋的道路，最终侵占村民的整体利益，引发村民与村干部的矛盾，使村庄走上失序的道路。

四　村民民主参与是村庄善治的制度保障

从根本上说，乡村民主的内在基础和动力是利益。马克思说过，人们所奋斗的一切都与其利益有关。同样，农民的行为也是由利益支配和决定的。农民的民主需求及乡村民主的生成、发育和成长均可以从利益角度得到解释。① 而资源型村庄由于村民有共同关注的资源利益，提高了村庄公权力价值，出现了农民对村委会选举活动的政治热衷，形成了全民参与、主动参与和全程参与的局面。②

在 A 村，保护型村治精英是村民选举产生的带头人，主导着村庄发展的方向，村民是实施村庄治理的决定力量，村民的有效参与确保了公共权力受到制约。如通过各种学习的方式提高党员干部的政策水平，针对党员干部的荣誉感教育、乡土观教育、廉政文化教育和严格的制度约束，充分发挥了党支部推动发展、服务群众、凝聚人心、促进和谐的作用。村庄建立了严格的财务制度，并且针对村庄日益增多的工程建设制定了严格的工程建设招标程序。同时，凡村里较大事务的决策，A 村都要经过村民大会或村民代表会议讨论通过，充分发扬民主，确保村民的知情权、参与权和监督权。为了确保村民住房公平公正，村两委和村民进行了多次协商，深入了解村民的需求和意见，最终形成一致意见，获得了村民对村干部的一致认同。A 村的村庄治理中，既凸显了村治精英的主导作用，又有完善的民主制度作为制度保障，最终二者有效结合、全面发展，实现了村庄治理中权威与民主的平衡。③

而 B 村的村民自治之所以异化为村干部自治，是因为村民只局限于自己既得利益的维护而缺乏对村庄整体利益的追求。村民为了一己私利，在政治上形成了极为明显的两派，而且出于惧怕现任村主任的淫威，村民敢怒不敢言，明哲保身，虽然有村民刘三积极为村庄利益奔走呼号，但毕竟势单力薄，最终无奈之下也选择了沉默，村民最终选择了政治冷漠的态度表现出对村委会选举的极度不信任。这种消极的参与无法有效防止村庄公共权力的滥用，村主任的恶霸行为得以延续，村民自治异化为村干部

---

① 项继权：《论中国乡村的"草根民主"》，载于徐勇、徐增阳主编：《乡土民主的成长》，武汉：华中师范大学出版社 2007 年版，第 116 页。

② 董江爱：《论资源型农村农民对村委会选举的政治热衷》，《晋阳学刊》，2011 年第 6 期，第 29 页。

③ 董江爱、陈晓燕：《精英主导下的参与式治理：权威与民主关系视角下的村治模式探索》，《华中师范大学学报》，2007 年第 6 期，第 20 页。

自治。

小　结

本章通过两个典型案例对国有产权结构下的村庄治理进行了比较。从国有煤矿产权结构与村庄治理的关系来看，村庄能否实现善治主要取决于村企关系。而建立何种村企关系又取决于国有煤矿经营者的价值偏好与村庄民主与权威的平衡，即保护型村治精英的主导与村民民主参与的有效结合。

当保护型村治精英在村民自治制度有效监督之下，与国有煤矿进行有理有据的谈判，并且村庄能为煤矿的发展提供优质服务时，可以促使国有煤矿与村庄建立起村企合作的关系，为村庄发展提供更多的支持，村庄就会实现政治、经济、文化、社会、生态的全方位发展，最终实现村企互惠共赢。

当谋利型村治精英在其权力无人监管的情况下，国有煤矿由于煤矿产权国有化导致冗长的委托——代理引发的对国有煤矿负责人的激励、监管不到位，村治精英就会选择与国有煤矿负责人合谋，损害村民利益，引发村民的群体性事件，最终使村庄陷入混乱失序。

因此，为了实现国有煤矿产权结构下的村庄善治，首要任务在于政府加强对国有煤矿负责人的有效激励与监管，建立严格的监督制度，铲除村企合谋的利益链条，杜绝村企合谋损害村民利益，确保村企合作促进村企共同发展。

同时，要不断完善村民自治制度，不仅要促进村委会选举公平、公正进行，应该严格规范选举程序和选举方式，明确界定选举过程中的违法行为，建立健全村民选举权的救济制度，确保村民选举权利的行使，从而通过合法公正的程序选举产生德才兼备的村治精英。同时要健全村民代表大会和党员议事大会，建立民主议事机构和民主监督机构，确保村民自治中后三个民主（民主监督、民主管理和民主决策）制度的落实。只有村民自治中的四大民主都能有效实施而非流于形式，才能通过制度的约束确保村治精英依法办事、依制治村。

第二章 集体产权与资源型村庄治理

本章将采用两个典型案例分析煤矿集体产权结构与村庄治理的内在关联。本章的问题意识可以表述为：集体产权结构未必低效。与产权清晰导致效率提高的主流西方理论相悖，研究发现，在一定的前提条件下，不清晰的集体产权结构其村庄治理可以实现善治。

第一节　集体产权的特性与集体煤矿改制

产权经济学认为，共有产权下共有者很难克服监督中的高成本问题，而达成共识。为了限制过度开发公共资源，共有者虽有实现控制的措施，但由于所有者众多，达成合约的成本高。即使达成合约，监督合约执行的成本也很高。由于任何人都不具有排他性权力，任何人都不想花费太多成本（时间和精力）去监督别人，共有产权中较高的谈判成本和监督成本便容易引发"搭便车"和外部性问题，因此存在着"租值耗散"①，如鱼类资源的耗尽、渔民的贫困、空气污染等。哈丁认为共有资源产权存在"公地悲剧"和"搭便车"问题，诺斯认为由于无人拥有共同财产资源的所有权，极易造成资源使用的持久性破坏。②

与以上论述相反，一些学者支持一定条件下共有产权有效的观点。奥斯特罗姆认为公共资源的治理不是一个"公地悲剧"问题，只是一个治理问题。菲吕博滕（Furubotn）运用一般均衡模型和比较静态分析方法研

① "租值耗散"是指由于产权界定不清，公共的部分就会变成大家争抢的对象，由此引发社会利益的损失。

② ［美］道格拉斯·C. 诺斯：《西方世界的兴起》，北京：华夏出版社 2010 年版，第 30 页。

究私有产权，指出私有化的社会福利效果未必为正。[1] 利克（Lueck）检验了共有产权比私有产权存在更高效率的条件，即在资源享有者社区集体具有排他性，且内部成员享有平等契约时，社区集体的福利能够达到最大化。[2]

　　上文中所指称的共有制或共有产权即是笔者所指称的集体产权结构[3]，集体产权由于其低效率和"搭便车"问题成为经济学家所诟病的一种产权模式。而从社会学视角分析，集体产权未必就一定是低效率的。虽然产权是模糊的，但它满足了村民在村落共同体中的互惠期望、社会信任和期待，有自身存在的价值。这就是曹正汉所概括的"产权的社会建构逻辑"，其代表性研究学者有申静与王汉生、折晓叶与陈婴婴、张静、刘世定等。[4]

　　由于乡村集体企业存在产权模糊、责任不明等问题，极易产生外部性和"搭便车"行为，因此促发了乡镇企业产权制度改革。20 世纪 90 年代中期全国大规模展开乡镇企业改制行动，这种改制主要是集体制向股份制乃至私有制单向转制的过程。20 世纪 80 年代，国家为了实现经济翻两番

---

　　① Furubotn，E，G. Codetermination Production Gains and the Economics of the Firm. *Oxford Economic Paper*，1985（37）：22 – 39。转引自韩文龙、刘灿：《共有产权的起源、分布与效率问题》，《云南财经大学学报》，2013 年第 1 期，第 15—23 页。

　　② Lueck，Dean. Common Property as an Egalitarian Share Contract. the *Journal of Economic Behavior Organization*，1994（25）：93 – 108。转引自韩文龙、刘灿：《共有产权的起源、分布与效率问题》，《云南财经大学学报》，2013 年第 1 期，第 15—23 页。

　　③ 朱冬亮在《农村社区产权实践与重构》，《中国社会科学》2013 年第 11 期中指出，应该用农村社区产权取代集体产权，它是指以农村社区共同体（而不是村干部群体）作为其所属社区公共财产权利的排他性界定单位，社区成员根据内生性的共享权实践规则自主协商决定如何经营本村社区的土地财产。农村的社区属性凸显的是农村本身具有的共同生活空间、共享的文化价值信仰、社会纽带、互惠机制及社会声望体系等，强调的是农村社区共同体的血缘、地缘特征。而目前常用的集体产权概念显然缺乏这种解释和实践效力。笔者在文章中把共有产权和集体产权结构等同。党国英认为，"集体产权"（collective property right）或"集体所有制"这样的概念在主流经济学那里几乎是看不到的，它出自马克思主义经典作家，在中国又伴随意识形态的强制力而深入人心。参见党国英：《论农村集体产权》，《中国农村观察》，1998 年第 4 期。

　　④ 折晓叶、陈婴婴：《产权怎样界定》，《社会学研究》，2005 年第 4 期；申静、王汉生：《集体产权在中国乡村生活中的实践逻辑》，《社会学研究》，2005 年第 1 期；曹正汉：《产权的社会建构逻辑》，《社会学研究》，2008 年第 1 期；刘世定：《科斯悖论和当事者对产权的认知》，《社会学研究》，1998 年第 2 期；张静：《土地使用规则的不确定：一个解释框架》，《中国社会科学》，2003 年第 1 期。

的目标，提出"国家、集体、个人一起上"的发展模式来开发煤炭资源，山西各地积极行动起来，一时之间乡办、村办集体煤矿、个人煤矿蓬勃发展。90年代中期，在全国乡镇企业改制的大背景和煤炭市场低迷的情形下，村办集体煤矿同样进行了改制，出现了煤矿集体产权下的集体经营与个人承包并重的两种产权结构。集体经营与个人承包的产权结构各有利弊。集体经营可能带来集体致富，但也会出现集体中人人都有份、人人都不负责的责权利不清的局面；个人承包制本身不会导致产权性质的改变，但如果承包程序不规范，承包以后又缺乏监督，承包制就可能偷梁换柱变成实质上的个人占有。下面叙述的两个案例C村属于集体经营的形式，D村属于个人承包的形式，但同属于集体产权结构。在煤矿集体产权结构既定的情况下，由于村治精英的类型与村民民主参与的程度差异，会形成两种不同的发展结果——集体产权发挥效用和集体产权运转失效，最终引发村庄的善治或衰败。

第二节　集体产权发挥效用与资源型村庄全面发展

山西北部煤炭资源大县的一个村庄——C村最初只是一个纯农业型的小山村，改革开放后，借着山西省的"有水快流"的政策，积极发展煤炭事业。坚持以集体经济为基础兴村富民，是C村村支书认准的一条路。他接替其父亲在1983年5月从乡办煤矿回村担任党支部书记，面临集体经济贫穷落后的状况，凭着一股不服输、不甘落后的实干精神，从抓煤炭产业起步，为集体创业。村支书自己筹借了几百元钱，不辞辛劳奔波省里获得一座煤矿的采矿权，并移交村集体办矿。同时发动村民有钱出钱，有力出力。由于村里太穷，掏煤窑的木板架子都没有，需要到处借材料。一位老太太说：

> "我家老头买了一块板子做棺材，村里打煤窑需要木板，搭棚木需要木板，就把棺材板拉走了，打了一个井。现在房也好，地也好，就不要以前的棺材板了。有的村民家喂了鸡，产了蛋，也捐给建煤窑。"（20100630C01FM）

在全村村民的共同努力下，1985 年 3 月村里终于建起了第一座矿井，后来，又采取"滚雪球"的办法，村集体依靠贷款，吸收村民闲散资金，与部队联营办矿，于 1988 年筹集资金 40 多万元，建成 2 号矿井，并逐年投资进行技改扩建，使两座煤矿年产原煤达到 20 万吨。1988 年全体村民告别了破旧的窑洞，住上了村集体为村民修建的宽敞明亮的平房。1997 年 C 村步入高级小康村行列。2004 年全村整体搬迁进入县城，住上了花园别墅式小区。2008 年实现工农业总产值 1.046 亿元，农村经济总收入1738 万元，集体固定资产总值累计达到 1.68 亿元，上缴利税 730 万元，人均贡献税金 3.32 万元，人均纯收入 8015 元。如今，昔日的小山村早已发展成全县闻名的富裕村，2012 年，全村总人口 228，全村经济总收入突破 3 亿元，农民人均纯收入超过 1.3 万元。在村支书的带领下，C 村积极发展煤炭事业，壮大集体经济，并未因煤矿开采聚积的利益引起村庄公共权力对资源的垄断，因此村庄也没有因农民不满村干部行为引发群体性事件。村庄不仅有效地避免了煤炭资源开采中的"公地悲剧"，而且整村搬迁进县城，走上了一条以煤为基，农业、工业、服务业多元发展的小康之路。

一　保护型村治精英促发集体产权发挥效用

1. 保护型村治精英的出现

村办集体煤矿能否为村民共同富裕、村庄整体发展提供雄厚的物质基础，取决于村治精英的治村理念与治村能力。乡村企业集体所有制存在"搭便车"与低效率问题，此种情形下是继续坚持集体经营还是实行个人承包，主要由村治精英来决定。C 村所在的乡镇副镇长如是说：

"咱们 90 年代中期改制，改成个人承包，C 村这边就整合成集体经营，咱们这大部分是个人承包，这个原因是，私人承包和煤矿的没有利润有很大关系，集体经营窟窿大，越经营越经营不下去，当时的税收是下任务，你的煤矿一年是交 30 万元还是 40 万元，集体经营的情况下煤矿的成本大，咱们这一带煤炭的价格很低很低，每年除了没有利润，是负增长，集体经营不下去，再转手给个人矿，有人承包就有人能完成税收，再给集体一些利润"。

"那些煤老板，那个时候，人家在困难时期敢于承包，敢于冒风险，有那个头脑，现在是形势好了，就像咱们这个卖蒜，去年不是出来很多蒜老板吗。实际上应该客观评价煤老板吗。只是后来煤炭价格上升，形势好了，那些人才出现一些花钱大手大脚什么的一些不好的风气、不好的做法，那个时候一吨煤要不没有利润，要不就是 1 块 2 块，发展到 2007 年一吨煤一二百块利润，80 年代一吨煤也就是三四十块钱，当时煤炭销售不了，很多人走关系上煤站销售，销往日本，人家看你这煤炭很难销售，就对你要求很严，要是有雷管屑，雷管皮了，人家就说你是质量不合格，那时确实是销售不了，当时就是三四十块钱，后来煤炭的价格涨得很快，2004 年来的时候煤炭一吨是七八十块钱，后来提升到每吨三四百元，到现在一吨煤 700 元，利润远远大于成本价了就。2004 年以后就慢慢发展起来了，以前一直非常低的"。（20110810C02SLE）

上述访谈得知，当时煤矿采取个人承包也是形势所迫，一方面与全国其他乡镇企业的发展形势相同，存在集体经营不善的局面；但更主要的是，当时煤炭价格低迷，煤炭销售异常困难。在这种情况下，如果不采取个人承包的形式，村办煤矿企业就可能经营不下去，乡镇税收任务无法完成。基于以上原因，乡镇政府规定煤矿由个人经营还是继续集体经营，由村庄自行决定。因此，在两难选择面前，村治精英的治村理念与治村能力就决定着村办集体煤矿的走向及结构问题。当村治精英一心为民且村民民主参与有效时，集体产权就会发挥效用，集体经济就会壮大，村庄能够实现共同富裕；当村治精英只为个人谋利时，煤炭资源必然成为村干部的谋利手段，煤矿集体产权结构必然运转失效。

C 村村治精英作为一位典型的保护型村治精英，具备以下特征：

一是积极为民谋利，始终把村集体和村民利益放在首位。

村办煤矿是选择集体经营还是个人承包与村干部素质有密切关系。副镇长这样评价：

"选择个人承包还是集体经营主要看村里情况，有的村坚持集体经营，有的村坚持个人承包。在这种坚持个人承包的村里，原因第一

是领导没能力，煤矿没法经营下去；第二是为了村干部自己的利益。"（20110810C02SLE）

当时，煤炭市场低迷，煤矿经营举步维艰，亏损比较大、债务逐年增长，乡镇领导制定了政策，谁要是承包煤矿，债权、债务同时接受，因此，集体煤矿由个人承包在当时是大势所趋。选择煤矿集体经营意味着村干部需要付出更多的辛苦，承担更多的责任；而选择承包给个人，村干部可以清闲度日，或者还可以中饱私囊，因为可以在承包费用方面做手脚，这是后来很多煤矿主发家致富的一个因素。C 村的村支书作为工业化初期村集体经济的带头人，秉持"人不能光考虑自己"的理念，凭借他多年经营煤矿的经验与敢于拼搏的精神，挑起重担，后来尽管煤矿的经营经历多次滑坡，按村民的话说"三落三起"，但他始终坚持集体经营、共同致富的理念不动摇。每当询问当时的情景，村民们无不为村支书的付出而感动。①

而村支书之所以始终坚持煤矿集体经营、全体村民共同致富的理念，与其父亲的言传身教是分不开的。村支书父亲是村里的老支书，非常勤劳而且脑子灵活，在以粮为纲的年代，他带领全村老百姓全面发展，多种经营，靠山吃山，在保障种植业的基础上，妇女们进行养殖，男人们发展工副业，并成立牲畜队，在村庄附近的一个国营煤矿拉煤、搬运石头。老支书带头积极干活，在一次搬运石头的过程中，不幸被石头砸中因公牺牲。当时公社及时调整领导班子，征求村支书母亲的意见，让其接替其父亲的位置，他母亲坚定地回答，"反正都是受苦人，干吧"。村支书接替父亲在 1983 年 5 月上任，上任后他延续父亲的思路，靠山吃山，带领全村村民在国营煤矿从事运输业务。除了上交国家的、留足集体的，一年人均纯收入 150 元，1983 年 C 村就成为远近闻名的富裕村。

在采访村会计以及该县乡镇书记村办煤矿为何采取集体经营的模式时，村会计这样回答：

---

① 李利宏、董江爱：《煤矿集体产权下的村庄精英治理》，《山西大学学报》（哲学社会版），2015 年第 5 期，第 82 页。

"为什么采取个人承包的方式，当时，煤炭销售不出去，利用社会关系、亲戚、朋友借钱，债务多，所以没办法，就小包或大包。煤廉价，水刮刮点，火烧烧点。村支书说，有稠的大家吃稠，有稀的大家吃稀，集体经营，共同富裕，村民集资，以劳力集资，把大家捆绑在一起。"（20110721C03LD）

乡镇书记这样分析："农村煤矿集体经营，村集体占股，村民股份制形式最好，最有利于老百姓的利益。而大集团对老百姓受益很小，因为它的运行成本高，同煤说，1吨煤的利润只有2元，每年生产100万吨，也只有200万元，农民即使入股分红，收益也得不到保障。"（20091204C04WC）

从这些回答中，能明显感觉到在煤矿坚持集体经营的过程中，村支书的坚守和为村民致富着想起着非常关键的作用。

在这样资源密集、利益密集型的农村，村干部以权谋私的现象也是屡见不鲜的，对此，C村支书有着清醒的认识：

"不走群众路线，什么也搞不成，无论谁也搞不成。现在很多乡里干部下来下乡，社员情况问也不问。以前，就像那毛主席那会儿，下乡干部来下乡，吃派饭，来调查，干部是跑着来的，你有问题，群众就反映，这现在不见群众，省里（来的领导），县里就拦住，县里边书记，县长拦住了，乡镇书记，拿上点好东西就走了，他跟群众不见面，群众想见见不了，有些事情反映不上。现在来下乡，吃派饭，没人给吃。我们村里的干群关系是鱼水关系，每年村里分这分那，什么都分，土豆呀、肉呀、鸡蛋呀，啥都分。"（20110719C05WJS）

折晓叶与陈婴婴对村庄社区企业产权的特性进行过精彩的分析，在《产权怎样界定》一文中，作者认为村庄社区企业产权具有非正式合约的性质。村办企业的特殊性导致村庄社区共同体内村民的期待和认知，从而共同营造了依靠集体致富的强烈愿景。"村办企业并不是一种纯粹的市场里的企业，它同时是一种社区里的企业。它与镇办企业的产权之所以存在实质性差别，就是因为它们所嵌入的社会关系的性质不同。乡镇政府所办的企业，并不带有社区母体的社会关系的典型特征，其收益与区域内的农民没有直接关联，农民难以对它形成稳定的社会期待。但是，村办企业则不同，其原始积累阶段所利用的土地和劳力乃至某些启动资金，都直接取自于社区，并且是以共同体内的信任结构和互惠规则作为'摄取'和'出让'的社会性担保的，其收益主要是在企业与村集体组织及其成员之间分配。因此，集体产权其实是一种社会性的合约，它反映的是一种社会和谐秩序，它与'集体经济'政策和'共同富裕'意识形态等正式制度相互依存。在这种合约中，约定者关注的不仅是其未来的收益，而且在意其声望、声誉、信任及互惠承诺，投入的也不仅是土地、人力或资金，而且还有他们的互惠期望、社会期待、信任和忠诚，以及机会成本和风险。"①

斯科特②认为，互惠义务是一条典型的道德原则，它既适用于地位相同的主体之间的关系，也适用于地位不同的主体之间的关系。在村庄内部的社会压力下，它的运作要求相对富裕者支配个人资源的方式有利于共同体中的较穷者。通过对待个人财富的慷慨态度，村民既可以博得好人的名声，同时周围又聚集起一批听话的感恩戴德的追随者。地位的差异本身并非不合理；保护者的道德地位取决于其行为同整个社区共同体的道德期待相符合的程度。

　　谈到煤矿为何选择集体经营时，一位村民说"他（指村支书）一直在这个村长大，他也不好意思自己有钱了不管大家"。正因为村民的这种集体期待，使得 C 村始终坚持集体经营不放松的形式。而村民对村支书的崇拜、感激之情是溢于言表、发自内心的，他们都说"我们不用操什么心，反正什么事情都由村支书去想办法、想出路"。

　　一位村民的话语能够很好地说明大家的期盼：

　　"煤矿还是村集体经营好，对老百姓好，承担集体责任，主要是个人原因，他不从其他方面想，承担书记的名誉，村支书的名誉早就出去了，不好意思不管大家。个人承包一个人富裕了，利益归了个

① 折晓叶、陈婴婴：《产权怎样界定》，《社会学研究》，2005 年第 4 期。

② ［美］詹姆斯·C. 斯科特：《农民的道义经济学：东南亚的反叛与生存》，程立显、刘建等译，南京：译林出版社 2001 年版，第 217 页。

人，不管集体，村民连少点也没有，那是肯定的。国家鼓励个人承包，还有有力量有钱的人才能承包。没钱哪敢买煤窑，有个先后顺序，先集体后个人，或者先个人后集体。我们是先顾集体，再顾自己致富，他们是一个人先顾自己，再顾亲朋，然后再集体，能剩点啥。如果都是集体经营，再差也差个样。"（20100708C07LE）

C 村支书反复强调，老百姓既然如此信任，不干出一些事情，对不起大家。

二是发展思路超前。

第一是较早进行了新农村建设。社会主义新农村建设是指在社会主义制度下，按照时代发展的要求，对农村进行经济、政治、文化和社会等方面的建设，最终实现把农村建设成为经济繁荣、设施完善、环境优美、文明和谐的社会主义新农村的目标。2005 年 10 月中国共产党十六届五中全会通过《十一五规划纲要建议》，提出要按照"生产发展、生活富裕、乡风文明、村容整洁、管理民主"的要求，扎实推进社会主义新农村建设。国家正式启动新农村建设是在 2005 年，而 C 村早在 2004 年就依靠煤炭资源集体致富整体搬迁进县城住上了别墅小区。C 村村支书认为，资源型村庄由于煤矿的开采会出现普遍的水源断流、房屋裂缝和地面塌陷问题，作为村庄经济发展带头人，不能只为自己着想，还需要为全体村民的集体利益着想，煤炭资源总有枯竭之时，与其将来坐以待毙，不如抓住目前发展良好的情形，办一些大事，为村庄发展寻找新的机遇。新建的别墅区当时所处区域是县城的一片坟园，非常荒凉，因此只花费 8 万元就获得了这片土地。村庄整体搬迁后，村支书考虑到村民没有一技之长，与周边村庄进行协商，流转了一些土地，发展大棚种植和养殖业。

第二是敢于在上级面前据理力争，为村民争取最大利益。

利益密集型地区因为存在密集的利益，村干部有巨大的获利可能，可以利用体制性的位置获取更多体制外的好处，并凭借其广泛的人际关系及更多的权威资源，承接更多的工程，俘获大量的利益，这些利益既没有损害村集体的利益，也没有侵占村民的利益，从而最受地方政府欢迎。①

---

① 贺雪峰：《论利益密集型农村地区的治理》，《政治学研究》，2011 年第 6 期，第 47—56 页。

C村的村支书就是这样一位专门为利益密集型地区量身定做的村干部，他有着广泛的人脉，又善于处理与村民的关系，从不贪占集体本身利益。在采访C村村支书时，他办公室的墙壁上挂满了各种各样的奖状，办公桌里也放着一叠叠的荣誉证书，从这些无数的荣誉证书中足可以看出他是一个精明强干、为民致富的村干部。他所在的村庄因为发展好，一直是县里树立的典型，所以他的名声在这个县城乃至市区有很大的影响，凡是上级领导要参观本地区，县里必定安排他来接待，在这种迎来送往的过程中，虽然投入了一部分招待费，但为他赢得了巨大的声誉以及良好的人际关系。在煤矿兼并重组的过程中，他凭借自己强大的社会背景，以及敢于为村民争取权益的勇气，使村集体不仅获得了较多的补偿，而且所有村民都被安排在兼并后的国有煤矿就业，这种现象在煤矿兼并重组后的资源型村庄极为少见。同时，村支书利用煤矿兼并重组获得的补偿资金，在县城兴建了一所豪华的酒店，县里人都评价他"太能了"。因为这笔资金如果没有合适的投资渠道，很可能被上级政府尤其是县级政府以各种名义一点一点花掉，而这样的投资模式既符合县级政府的面子，山西转型发展非常需要树立这样的典型，同时又巧妙地避免了被县级财政瓜分的局面，可谓一举两得。而且村支书再次为村民争取到了巨大的利益，促进了村庄的可持续发展，进一步赢得了村民的拥戴。

2. 集体产权下的精英治理

农村治理是村治精英对农村公共事务和公众行为进行组织、管理与调控的行为，也是公众参与公共事务来影响公共权力运作的过程。在一个煤炭资源丰富的农村，由于利益的密集，村庄公共权力常常成为农村社区不同利益集团争夺的对象，在产权的分配和重建过程中，财富和资源的分配有可能会日益集中到村干部手中。因此，村治精英的治村理念与治村能力以及对村庄公共权力的有效监督就显得异常关键。C村的农村治理过程表现为精英主导和民众的有效参与，通过这些制度安排，避免了村干部对农村公共资源的攫取和村民的"搭便车"行为，确保了集体产权结构的效率与公平。

改革开放后农村发展的一个重要原因是能人治村，也就是村治中的精英主导现象非常突出，这已成为学界共识。① C 村的村治模式同样如此。在 C 村的"两委"关系中，支委处于绝对的领导地位，支委决策又主要集中于村支书一人。这样的领导地位并不能说明 C 村的管理体制是不民主的，因为村支书以其自身超强的管理能力和为民服务的村治理念征服了全体村民，他在"两委"干部、普通村民中拥有绝对的权威。他提出的建议大都能被大家通过和接受，但他从不私自决定任何村务，总要遵循民主程序。即由村支委先行决策农村发展的各项重大事务，再组织"两委"成员审议，最后由全体党员、村民代表讨论通过。

从表 2.1、表 2.2 可以看出，C 村村支书一直由王姓家族担任，50 年代起，现任村支书（王 B）的父亲王 C 就一直是村支书，直到 1982 年因公牺牲，1983 年年仅 25 岁的村支书接任父亲的职位，一直到现在，其儿子王 L 是副支书，村庄未来的接班人。

表 2.1　　　　　　　　　C 村村支书与村委会主任任职情况

任职时间/年	村支书	村委会主任
1950—1969	王 C	空缺
1970—1978	王 C	刘某，自己主动退出职位
1979—1982	王 C	王 M
1983—1992	王 B	王 M
1993—2002	王 B	王 D
2003 年至今	王 B	曾某

表 2.2　　　　　　　　C 村党支部成员及其在村委会、村公司职务

姓名	年龄	党内职务	村委会职务	村公司职务
王 B	53	支书		董事长
王 L	30	副支书		总经理
曾某	43	委员	村主任	副董事长
王 M	58	委员		
刘某	37	委员		

---

① 项继权：《集体经济背景下的乡村治理》，武汉：华中师范大学出版社 2002 年版，第 7 页；董江爱：《精英主导下的参与式治理》，《华中师范大学学报》（人文社会科学版），2007 年第 6 期，第 17—21 页。

　　C 村最早只有六七户人家，分别是王姓、柴姓、郭姓，剩下姓氏都是陆陆续续从外村搬迁来的。在现有 67 户的人口中，王姓占 19 户，人数有 44 人，而且这些后代子孙是同一个爷爷所生，所以他们之间的关系非同一般。从表 2.3 可以看出，村支书的四个亲兄弟（王 F、王 B、王 D、王 J）与叔伯三兄弟（王 X、王 Y、王 M）分别控制着农村的经济大权。王 F，村支书的哥哥，是该县另一个乡的乡长，现已退休，虽然他一直在县城上班，户口早已脱离本村，但 C 村在往县城整村搬迁的过程中，他发挥了关键性的作用，而且在后来一系列的 C 村股份制改造和建设农场、牛场过程中，与上级疏通关系方面，他都尽力去帮助村支书，因此他也享有村民一样的福利待遇，在本村有一套独立的二层别墅。村支书的三弟王 D 是之前的矿长，四弟王 J 其媳妇温某是村妇联主任，村支书姐夫虽然在村中没有什么职位，但负责村庄的环境卫生，村庄社区院落不大，工作比较轻松，每月工资 3000 元左右，这对于一位 64 岁的老人来说，也是一笔较大的收入；村支书的叔伯兄弟中老大王 X，现在负责农场，老二王 Y，现在负责小区，老三王 M，以前担任村委会主任、矿长，现在负责牛场。

表 2.3　　　　　　　王姓家族在农村的权力安排及农村党员情况

姓名	与村支书的亲属关系	具体负责的工作	以前的职务	是否本村党员
王 F	亲哥	C 村顾问	以前是某乡乡长	
王 B	本人	支书		是
王 D	亲三弟	一般村民	原来的矿长	是
王 J	亲四弟	一般村民	媳妇是妇联主任	媳妇是
王 X	叔伯老大	负责农场		儿子是
王 Y	叔伯老二	负责小区		是
王 M	叔伯老三	负责牛场	以前的村委会主任、矿长	是
王 L	儿子	副支书、煤矿负责人		是
王某	哥哥的儿子	采购矿长		是
魏某	姐姐的外甥女婿	煤矿总工程师		是
曾某	没关系	村主任		是
刘某	没关系	煤矿负责人		是
柴某	没关系	一般村民	以前的安全矿长	是
刘某	没关系	安全矿长		是

　　从表 2.3 可以看出王家在本村势力的强大，以及村民之间、大户小户之间权力、地位的不平衡现象。村庄现有党员 13 人，其中王家 9 人，村支书的四个兄弟和他的叔伯三兄弟分别占有一个位置，而他本人与其儿子为两个王 B、王 L（村支书的儿子），王珍（王 X 的儿子），王 D、王 M、王某（村支书哥哥的儿子），王 Y、魏某（村支书姐姐的儿子，煤矿的总工程师），温某是现任妇联主任，村支书四弟王 J 的媳妇，剩下的四个党员分别是曾某（现任村委会主任）、刘某（以前村委会主任的二儿子）、柴某（农村最早的人家），以及后来搬来的刘某。

　　在全体村民都普遍富裕、且村民收入远远高于其他农村村民收入的情况下，村民对村支书的认同率非常高，大家普遍认为，村支书带领村民共同致富，有能力，敢闯敢干，所以理应享有比别人更好的待遇。

　　村民对村支书的高度信任来源于村支书的远见卓识和对农村利益的忠诚与维护。集体经济较为发达的农村是可以内生出农村的"保护型经纪"的，这种"保护型经纪"长期赖以存在的基础，并非来自自上而下的授权，而是在对农村利益的忠诚和维护中赢得的威信。[1] C 村的带头人村支书就是这样一位保护型村治精英，在 C 村发展过程中起着举足轻重的作用。从小放羊娃出身、在父亲的言传身教中，形成了他勤劳朴实、敢于担当、敢闯敢干的本色。他热情豪爽、乐于助人、社会关系广泛，尽管文化水平不高，但很有经营眼光，凭借敏锐的商业嗅觉，带领村民艰苦创业。他担任村支书以来，团结带领党支部、村委会一班人和全体村民，发挥煤炭支柱产业优势，发展壮大集体经济，走共同富裕之路。为了村集体利益，他敢于对抗乡镇政府不合理的要求，比如他对乡镇政府不合理地侵吞农村集体资产的行为公然反抗。他思想超前，善于盘活集体资金，利用经营煤矿的收入，收购其他村庄储量更丰富的煤矿，为 C 村的长远发展奠定资源基础。[2] 2006 年村支书根据村办煤矿和集体经济逐年发展壮大的需要，主持创建了 C 村有限责任总公司，下设三个分公司，一个是以农场为主体的农业公司，分为集体经营的农场和腾鸟场以及联户经营的牛场，

---

① 纪程：《集体经济支撑、保护型经纪主导下的农村治理》，《社会主义研究》，2007 年第 4 期，第 81—83 页。

② 李利宏、董江爱：《煤矿集体产权下的村庄精英治理》，《山西大学学报》（哲学社会版），2012 年第 5 期，第 83 页。

其余两个是以两座百万吨骨干煤矿为主体的集体经营的煤业公司。股份制公司的建立，既极大地调动了村民致富的积极性，又使得村庄以煤为基的发展思路有了更大的发展空间。

由此可见，村治精英在资源型村庄的发展中起着重要的导航作用，而村治精英发挥作用的前提条件是村治精英自身所具备的卓越的治理能力和高尚的奉献精神，以及遵循着严格的民主管理制度，从而保证了村治精英作用的有效发挥。

二 民主参与确保集体产权发挥效用

村集体经济资源丰厚的农村与村集体资源缺乏的农村在村庄治理中存在明显区别。集体资源丰厚的农村不需要去动员村民，不需要从村民手中抽取资源去办理村中公益事业进行村级治理，他们凭借农村丰厚的集体资源可以进行农村公共设施的建设，这种村庄面临的问题就是所谓的分配型村级治理问题。① 村干部可能利用自己的地位去攫取更大的利益，他们可以凭借手中的权力将很多农村公共设施的修建、维护承包给自己的亲朋好友，以捞取个人好处。村民们更关心的是农村资源公平分配和农村事务平等参与的问题，因此，对于公共权力的监督就显得异常关键。一个民主制度健全的村庄，可以通过民众的有效参与监督村干部的不良行为，防止村干部滥用集体资源。而一个缺乏民主制度的村庄，将面临村干部滥用权力的行为。

C村之所以能够确保集体产权结构发挥效用，是因为该村民主制度的健全和有效的实施，从而最大限度地避免了村干部对农村公共资源的攫取和村民的"搭便车"行为，确保了集体产权结构的效率与公平。

1. 民主决策确保村庄治理不走样

C村的民主制度很健全，村务公开制度、民主理财制度、党支部书记的职责、党支部工作职责、支部民主生活会制度非常完备。C村村务决策大致可以分为两种类型：日常村务决策和重大村务决策。日常村务决策主要是日常行政事务的决策，重大村务决策是涉及重大人事安排、投资建

① 贺雪峰、何包钢：《民主化村级治理的两种类型》，《中国农村观察》，2002年第6期，第46—52页。

设、村民利益等较大问题的决策。不同决策内容的决策方式也不尽相同。C 村日常村务决策主要是通过每天进行的"碰头会"进行决策。

（1）"碰头会"——日常决策中的民主

"碰头会"是 C 村村干部每天早上召开的工作例会，例会从 1996 年开始一直坚持到现在。参加"碰头会"的成员一共 8 位，包括村支书、副支书、村委会主任、村里两矿的矿长、村里的出纳、村会计兼办公室主任、村内小区办公室的负责电脑、打印文件并负责小区水电的办公人员。除非因公出差，大家一般都会按时参加。

"碰头会"召开的时间一般夏天是六点半到七点半，冬天是七点到八点，时间大约一小时，天天如此，即便是星期六、日。村主任在市区居住，不一定每天都参加，有重要事情按时出席。村支书一年四季按时参加。会议通常由村支书主持，如果支书外出，则由村主任主持。"碰头会"的内容是汇报工作、互通情况、讨论问题和安排工作，或者是有难度需要支书出出主意、想想办法的。会议结束后，大家分头工作，如果还有难度，就电话联系解决。会议召开的形式比较自由，大家并不是整齐地坐在某一地方，一般来说，只有支书一人就座，其余人员站在离支书较近的地方说话，主要是向支书汇报前一日工作问题，由支书作出指示和安排。例会结束后，大家会听从支书的安排，各自负责分内的工作。所以，每天八点以后，村委会大楼就恢复了平静，只剩下几个负责小区日常工作的人员进进出出，其余各岗位负责人已经前往煤矿、农场进行工作。C 村主事的是村支书，这显示了村支书是村务决策中最具影响和决定性的人物。调研时正好赶上 C 村煤矿兼并重组的事情和西红柿大棚收获的季节，所以村干部主要是围绕这几件大事进行讨论，并作出安排部署。我们旁听了几次会议，现把这几次会议的内容展示出来，从中能够看出支书在做决策时会充分与党员、村民代表进行协商，从而保证村治中的民主决策。

一、会议名称：关于村办煤矿加快基井建设进度等问题的讨论

时间：2009.1.2   地点：三楼会议室   主持人：村支书   参会人员：全体党员

村支书：今天召集大家，中心议题是如何尽快加大工作力度，加

快咱们基井建设速度，确保工期。就今后企业如何适应办大矿的方向，众人献良策民主集中讨论，定下来尽快认真组织实施。

王某：使用好大型机械设备，虽说一次性投资大，可回报率逐渐显现它的威力。

副支书：我同意村支书的看法，观点，尽快逐项落实。

一矿矿长：回矿后，认真落实"4·28"号会议讨论内容，把落下的工作尽快赶上去。

二矿矿长：针对我矿的实际困难，电压不足，基建任务大，时间紧的现状，我们回矿后逐项去认真落实。

村主任：煤矿是我村的支柱产业，优势产业，一村人在看我们的工作成绩，你们回矿后，认真地静下心来，仔细研究，分工明确，把各项工程项目抓紧抓好，基建大型设备得上，这个是方向，我完全同意书记的看法。

刘某：我是个地地道道的村民，有责任配合好村党支部，村委会的工作。就企业的困难谁都知道，无钱办不了事，我只能尽最大努力去搞好物资采购工作，大型设备配套工作，村民集一点，施工队垫一点，借贷方厂家欠一点。大家看这个办法妥否，如妥，咱们就分头去落实。

村支书：我们今年的企业项目，投资讨论会很好，就要这样，集思广益，民主决策，民主管理，真正让每个党员、村民有知情权、参与权，使企业管理民主化，逐步走科学规范、民主管理之路。

二、会议名称：村民矿工的福利发放

时间：2009.5.3　地点：三楼会议室　主持人：村支书　参会人员：所有党员

议事内容：会议的中心议题是面对今年的金融危机，村办集体煤矿正在兼并重组中，没有任何经济收入的前提下，如何给村民、矿工发放福利。

村支书主持：咱们村想来过得都好像是共产主义社会，一到夏天村民的蔬菜发放得很全，平时也不定期地给大家发点腾鸟蛋。今年，金融危机就已经把钱弄得很紧张了，再加上咱们的煤矿要兼并重组，已经半年多的时间停产了，致使咱们村的集体经济收入更是雪上加霜，好长时间没给村民们发点福利了，咱们今天讨论一下该发点啥？如何发？

村主任：发钱，历来咱们也没这个先例，肯定不合适；发东西，也只有腾鸟场里的东西，腾鸟蛋要么是腾鸟。咱们的腾鸟场自经营起来到现在，效益都不是很好，基本上每年只混个不赔不赚。以前，煤矿生产正常的时候，矿上食堂和农场食堂好歹也可算是一条销路。今年，金融危机，钱紧张了，东西也贵了，人们也不舍得花钱了。腾鸟的饲料就价格相对地高一点。我想，给大家少发点腾鸟蛋吧。

党员1：是啊，今年确实紧张。咱们大队所有工作人员的工资都有所减少，村民的福利少发点也行，即便是不发，我想咱们的村民也能理解。

党员2：张某你对腾鸟场的情况比较了解，就现在要发腾鸟蛋，根据咱村的户数，发多少合适。

张某：我想，现在是5月，考虑到还有个中秋节，我认为现在每户可发30枚，不会影响到中秋节的销售。

村支书：行，就按他说的。给矿上的驻矿工人也发点。另外，两位矿长注意给矿工发放的时候顺便留意一下目前驻矿的这些人员工作是否到位。煤矿兼并重组的当下，小心看护矿上的器材，别被偷了，再有就是注意别叫一些不法人员私自另挖巷道偷出煤，这个至关重要。你们一定要特别重视起来加强防范，张某把发放福利的事负责办了。

三、会议名称：煤矿兼并重组也要考虑到村民的心声

时间：2009.7.15　地点：三楼会议室　主持人：村支书　参会人员：全体村民代表

议事内容：

村支书：煤矿兼并重组的事情到现在都没有完成任务，根据上面领导的意思，兼并重组工作势在必行，随着社会的发展，一些小乱散的煤矿将一律不复存在，所有煤矿必须正规化，由大型的国家的大集团接管，使它安全有序地开发利用资源，这是一个必然的趋势。尽管这项工作它的开始、发生都会给我们的生活带来困难，但大家要正确地看待这个问题，把心态放正，在这项工作中，大家有什么想法可以说出来。

村民代表1：煤炭产业本来是咱村的支柱产业，如果没有煤矿，没有咱村带头人的正确领导，根本不会有咱们的今天，现在说接管就接管自己的东西白白就让人拿走，心里确实不愿意。更何况，咱们农村人现在进了城里，也学城里人更加重视孩子的教育问题了。就煤矿挣的钱几乎全用于培养孩子了，现在要兼并重组，没钱了确实困难。

村民代表2：我家现在两个小孩都在怀仁念书，费用很高，真怕以后供不起孩子呀。

村主任：大伙的意思都一样，其实我们当领导的也能替你们考虑到这些，我们也不会把你们的利益弃在一边不管，我们在和那些大集团大公司谈判的时候也会考虑到这些的，这一点请大家放心。

副支书：另外，大家在你们接触的范围内收集到的有关兼并重组的好建议时向领导反映。

四、会议名称：关于农场购置新土地的会议

时间：2009.7.25　地点：三楼会议室　主持人：村支书　参会人员：会计、煤矿工程师、村民代表

议事内容：会议的中心议题：由于经济转型发展的需要，农场要购置新土地450多亩，并准备添温室大棚，这个钱该不该花？

村支书：大家都知道，从去年下半年到现在，咱们的煤矿一直处于低谷状态，可以说煤矿没有给村集体带来任何经济效益。今年煤矿又要被大集团兼并重组，我们过去"以煤为支柱产业"的路子走不下去了。科学发展观说经济发展需要转型，那我们村下一步就是发展农场。所以现在，决定用10多万元资金在原有土地的基础上再购置450多亩新地，并且想在明年建几个温室大棚，大家觉得这个钱该花不该花，说说自己的看法。

村民代表1：我认为该花，20多年了，咱们从过去那个贫穷的小山村到现在别墅式的小区，这就是我们发展的成果，咱们的带头人领导有方，经营有策略，我觉得这个钱该花。

村民代表2：咱们的村领导眼光比较具有前瞻性，再说得顺应时代变化的要求，该花就得花，不能没了煤矿就乱作一团吧。

　　煤矿工程师：是啊，该花。咱们这一村子人的路还长着呢，不能等着坐吃山空吧，经济要转型，思想更要解放呀，只有花出去了，才会看到花得值不值，要不然，钱放在那儿可不会自己生钱呀。

　　会计：我也认为该花，买多了地，还能解决一些村民从煤矿失业，无处谋生计的问题呢。

　　经过讨论，大家一致同意这部分钱该花。

（2）全体村民参与重大村务决策

　　科恩认为，民主是一种社会管理体制，在体制中社会成员大体上能直接或间接地参与或可以参与影响全体成员的决策。民主的尺度分为民主的广度、民主的深度和民主的范围。民主的广度主要考察社会成员能否普遍参与，民主的深度主要考察参与者参与时是否充分、有效，民主的范围在于社会成员实际参与决定的问题的多少及其重要性。[1] 因此，农村治理中社区公众参与公共事务的广度、深度和范围是衡量农村民主化程度的重要指标。

　　C村健全了民主议事制度，成立了党员代表议事会和村民代表议事会，按照"民主集中制"的原则决策涉及村民利益的重大村务和村民普遍关心的问题。并明确规定村级重大决策必须经过征求意见、民主评议、法规论证等环节，实行重大事项决策程序化、法制化管理。C村的决策程序一般先由党支部和村委会针对涉及村民利益的重大村务提出解决思路，再交由村民代表和全体党员认真讨论，权衡利弊，慎重选择，最终获得皆大欢喜的决策结果。

　　2003年的整村搬迁是C村一次大的决策，也是全体村民参与村务的过程。当时，村支书主要考虑两方面的问题，一是本村矿井煤炭资源是有限的，村庄需要可持续的发展；二是村办煤矿地处村庄周围，多年的开采造成村庄地面塌陷严重、房屋裂缝增多、村民吃水困难，空气质量极差。但村民思想观念较为保守，满足于目前安逸的生活，多年的以煤为生使得他们一旦失去煤炭不知如何生存。因此在村庄整体搬迁方面，大家的反对

---

　　① ［美］科恩：《论民主》，聂崇信、朱秀贤译，北京：商务印书馆2007年版，第10—27页。

意见主要集中在三点：其一，村庄目前发展态势良好，已经是远近闻名的富裕村庄，房屋刚刚修建还不到 10 年，舍弃太可惜；其二，搬迁不仅需要投入更多的资金去进行建设，这笔钱从何而来，同时更要付出较高的生活成本，并且搬到县城以后，一旦失去煤矿的依托，未来的生活将何去何从；其三，目前旧村的生活很幸福，已经提前实现共同富裕，一旦搬迁极有可能导致加大贫富差距，按村民的话说："不知道要好活谁了。"村支书的母亲也极不赞成，她认为支书为村民考虑太长远，村民未必领情。对于整村搬迁的原因，支书是这样说的，

> "农村煤矿资源总有采完的时候，到时候就两眼一抹黑了，还不如早想办法，早想出路。再说，煤矿的开采对农村的环境造成了重大的损害，开采煤矿的放炮声使得大家晚上睡觉，能感觉到像地震一样的晃动。农村水源早已枯竭，一直是从其他地方拉水，另外，煤矿开采导致的房屋裂缝、地面塌陷的现象也慢慢显示出来了，这个地方实在不适合大家居住了。"（20100706C06WJS）

而当询问周围这么多的村庄，为什么它们就不搬迁，难道那些村庄不存在这些现象吗？支书说：

> "大家都知道煤矿村没法居住，但干部们才不去管人们的死活，反正一般村干部很少在村里住，大部分都在外地有房，而我不这么想，我觉得人活着不能太自私，不能光想自己。"（20100706C06WJS）

在对村民的访谈中，村民也谈到了类似的内容，"支书有钱了，他也不好意思不管大家。"（20100708C07LE）针对种种反对意见，C 村先召开支部大会，在党员内部进行充分的讨论分析，得到党员的一致认同；又召开村民小组组长会议，赢得他们的支持；接着，村两委指派党员与村民小组组长挨家挨户对村民进行动员。这样一件整村搬迁的大事，前后经历了大约一年的时间，反反复复与村民进行了多次磋商，最终赢得全体村民的一致同意。

2005年，村支书认为需要及时购买新的煤矿弥补本村煤炭资源的不足，这个决策同样也招致很多反对意见。有的村民赞成，认为这是夯实煤炭产业、保证村庄持续发展的重要举措；有的村民反对，认为如此大规模经营，成本大，收益见效慢，何况全村只有200多人，有能力的经营管理人才较少，最终很可能是西瓜、芝麻都保不住。村两委及时召开党员大会和村民代表议事会，和大家分析利弊得失，最后由全体村民投票表决，当场通过，并成立有限责任总公司，对现有两座村办煤矿实行集体经营资产控股、村民劳力资金入股的公司化股份制经营，收到了"集体办企业、村民都得利，实惠齐享有、大家共同富"的效果。

2. 有效的民主管理和监督确保集体产权发挥效用

集体产权结构得以发挥效用的原因在于有效的民主管理和民主监督。因此，村党支部、村委会把民主管理工作列入重要议事日程，依据国家的法律法规和党的方针政策，结合本村实际情况，并遵守三条原则，即合法性、可行性和民主性，经过村民讨论、拟定草案、几经修改、表决通过，制定了《普法依法治村工作示范标准、工作制度、主要任务》、《C村村规民约》和《C村基础工作规范化管理制度》等，明确规定了村民的权利和义务，村级各类组织之间的关系、职责、工作程序以及经济管理、依法治村、民主管理等，并由村委会具体组织实施，党员和村民代表会议负责监督。村干部带头遵守和模范执行，而且坚持教育和奖罚并举，做到了有章必依、执章必严，人人平等。这些制度加深了干群之间的沟通和理解，根除了过去干部"包不了、管不好、办不了"的一些消极现象，既解决了农村党组织建设中存在的单方推进、体内循环的状况，又可克服目前村级组织职责不清、协调不好、合力不强的弊端，同时还避免了各组织在工作中的扯皮、内耗现象。

为了强化对村务工作运行的民主监督与行为制约，C村采取了有效的措施：一是监督工作组织化，成立了村务公开领导组、党员、村民代表议事组；二是村务公开常态化，定期将重大决策和村办煤矿经营情况在社区村务公开栏展示，接受村民监督；三是财务管理规范化，做到人人参与、户户监督。

在村务公开工作中，C村根据有关规定基本做到了规范有序：一是内容规范，严格按照《村委会组织法》第22条的规定公开项目，并确保内容真实可靠；二是程序规范，由理财小组出示项目及内容，村委会进行审核，再提交"两议组"讨论通过后再上公开栏与村民见面；三是时间规范，财务事项每半年公开一次，其他如计划生育招标、水电费收缴等情况随时公开；四是阵地规范，以法制夜校为阵地，每星期二、五晚上八时组织村民学习普及法律知识，提高村民的法律意识，急需办的事项随时开会公开，经常性事务设置公开栏张榜公布；五是管理规范，村务公开、民主监督有专人进行管理，公开的情况是否真实和村民有何反映，有专人进行督察，真正发挥了公开的作用。

对"两委"及干部的工作实绩定期评议，也是 C 村民主监督的主要工作。第一，整顿村级组织，明确职责，定期述职，提出要求，每季评议；第二，建立民主监督小组和民主考评小组，每半年对各项规章制度和工作任务的落实情况进行监督、考核和评比；第三，严格规范村干部的从政行为，用健全的规章制度约束干部的党内活动；第四，实行村干部分工负责制，使他们各司其职，各负其责；第五，建立奖惩制度，对村干部根据工作实绩和民主考评予以奖惩，并将结果公布于众。通过民主监督、群众评议，全体干部增强了党性观念、群众观念、法制观念，树立了守业为民、兴业为村的思想。

综上所述，由于全体村民在集体煤矿的经营、收益、处置等方面行使了自己的民主权利，对涉及村庄发展的重大公共决策进行了有效的参与、监督与管理，最终确保全体村民对集体资源的使用权和控制权，集体产权结构得以发挥效用。

三　集体经济壮大与村民共同富裕

C 村坚持集体煤矿集体产权的模式，不断壮大集体经济的力量，实现村民的共同富裕。村支书在 1983 年从乡办煤矿回村担任党支部书记，面临的现状是集体经济成了"空壳"，贫穷落后没有摆脱。他凭着一股不服穷、不甘落后的实干精神，从 1985 年开始抓煤炭产业起步，为集体创业。20 年来，为集体积累资金上亿元。为使煤炭产业和集体经济保持长期稳定发展的后劲，村支书着眼长远，积极主动争取上级批准开发石炭纪煤田接续矿井，于 2003 年开始先后投资 8000 多万元，新建两座百万吨中型煤矿，全村的原煤年产量达到 200 万吨以上，年销售总收入达到 2.8 亿元。

同时他还与邻村合作入股投资 430 万元建设日洗煤 700 吨的选煤厂，提高煤炭整体经济效益。

煤农互动、以工补农，是村支书发展壮大集体经济的指导思想，用煤炭积累的资金强化农业基础。先后投资 160 多万元，建设基本农田 200 亩；投资 300 多万元，绿化荒山荒坡，大片造林 500 亩。2005 年又创办了集体农场，共投资 350 多万元，沙滩造地，打机井 5 眼，铺设喷灌管道 5600 米，建成高产稳产水浇地 400 多亩。目前农场已养殖 1500 只腾鸟，优质种牛 150 多头，实施肉、奶、蛋、菜为主的"菜篮子"工程和科技种田示范，建设"两高一优"的农业种植、养殖开发区，推进农业产业化、养殖规模化，进一步壮大了集体经济。

产权是一束权利，产权束中的一个重要权利是收益权。如何制止村干部可能利用自己的地位攫取更大的利益，或者凭借权力对自己的家族、亲戚、朋友给予更多的照顾，确保村民收益权的公平、共同享有，制定一套合理的分配制度，就成为煤矿集体产权结构下农村利益分配的关键问题。

实现共同富裕是新中国成立以来中国共产党始终如一的奋斗目标。新中国成立初期，毛泽东把共同富裕界定为没有压迫和贫困的财富均等，决定通过农业社会主义改造，"使农民能够逐步完全摆脱贫困的状况而取得共同富裕和普遍繁荣的生活"[1]。同时特别强调实现共同富裕对巩固党的执政基础的重要作用，"如果我们没有新东西给农民，不能帮助农民提高生产力，增加收入，共同富裕起来，那些穷的就不相信我们"。而要实现共同富裕，中国共产党就必须领导农民走社会主义道路，实现农业合作化。因为"我们实行这么一种制度，这么一种计划，是可以一年一年走向更富更强的，一年一年可以看到更富更强些。而这个富，是共同的富，这个强，是共同的强，大家都有份，也包括地主阶级"[2]。改革开放后，邓小平提出了共同富裕的战略构想："一部分地区有条件先发展起来，一部分地区发展慢点，先发展起来的地区带动后发展的地区，最终达到共同富裕。"[3] 邓小平还把实现共同富裕提到了社

---

① 《毛泽东文集》第 6 卷，北京：人民出版社 1999 年版，第 442 页。

② 同上书，第 495 页。

③ 《邓小平文选》第 3 卷，北京：人民出版社 1993 年版，第 374 页。

会主义本质的高度，认为"社会主义的本质，是解放生产力，发展生产力，消灭剥削，消除两极分化，最终达到共同富裕。……走社会主义道路，就是要逐步实现共同富裕"①。改革开放30多年来，社会中贫富差距越来越大，由于资源造成的煤矿主与农民间的贫富悬殊更是触目惊心，因此，十八大报告再次强调了坚持走共同富裕道路的重要性。提出"共同富裕是中国特色社会主义的根本原则，要坚持社会主义基本经济制度和分配制度，调整国民收入分配格局，加大再分配调节力度，着力解决收入分配差距较大问题，使发展成果更多更公平惠及全体人民，朝着共同富裕方向稳步前进。"②

集体经济强大的村庄如何实现农民分享集体利益走向共同富裕，C村在实践中给予了很好的回答。始终依托煤矿资源，坚持集体经营、集体享有收入分配的模式，为村民提供了良好的生活环境和优质的公共服务，最终实现了全体村民的共同富裕。

C村这种集体经济已经与人民公社时期"一大二公"的单一公有制产权结构大不相同，农村社区的产权结构表现为一种多元化的产权构成，农村内部不仅有集体经济，而且有个体、联户等多种经济形式的存在。正如项继权在《集体经济背景下的乡村治理》一书中所分析的，集体经济的边界也发生了明显的变化，与人民公社时期集体成员由相应的社员构成，集体经济的地域边界、经济活动边界是一种封闭的状态相比，集体企业的产权已不再仅仅归本社区村民所有，其他非社区成员可以入股、合资等形式获得部分产权并参与其生产、经营、管理和分配。

从C村社区人员对社区生产资料的占有状况、经济福利待遇、职业类型及社会地位划分，可以分为几大阶层：一是本村村民在社区经济和政治上占支配地位，并享有经济发展带来的公共福利；二是外来的大量煤矿工人作为本村煤矿的务工人员，他们付出自己的辛苦劳动，获得一定的收入，每月工资从一开始的几百元到2007年的3000元；三是外聘的技术人员10余人，他们按照贡献大小获得报酬，不享受农村福利；四是3位外村村民，在本村煤矿企业入股，并担任一定的管理职位，按入股多少统计

---

① 《邓小平文选》第3卷，北京：人民出版社1993年版，第373页。
② 中国共产党第十八次全国代表大会上的报告。

报酬，不享受村民福利。（见表 2.4）

表 2.4　　　　　　　　C 村社区人员构成及分层（2008 年）

		户数	人数	特　征
村民	C 村村民	67	228	社区产权所有者，管理者、享受全部福利
外工	入股人员		3	非产权所有者，管理者，按入股计酬，无村民福利
	技术人员		10	非产权所有者，技术人员，按贡献计酬，无村民福利
	煤矿工人		500 余	非产权所有者，生产人员，按劳计酬，无村民福利

1. 推行"人人是股东"的共有制度，确保收益公平

集体产权结构中最重要的在于如何确保村民共享集体发展的成果，为此，C 村全面推行村民"人人是股东"的共有制度。根据村办企业和集体经济逐年发展壮大的需要，不断进行体制创新，2006 年组建了公司化的新型合作经济组织，建立了 JS 实业有限责任总公司。公司化体制建立之后，C 村配套完善了内部经营机制，村办煤矿坚持集体经营不动摇，全面推行股份制经营形式，集体以经营资产控股，村民以劳力和资金入股。股份制经营后，总公司成立了股东大会，下设董事会和监事会。实行董事会领导下的矿长负责制，董事长由村民股东大会选举，矿长由董事长聘任，经营管理人员由矿长指派，并全部带股金上岗。监事会由村民代表选举产生，监督煤矿经营。这样就把煤矿集体效益与村民个人利益紧紧联系在一起。C 村多次组织党员大会以及村民代表会议进行商议，探讨村民如何入股以及每人股份应占多大比例，最终制定出一套既能确保村民共享集体发展成果、又能调动大家积极性的制度，即村集体占 51% 的股份，村民占 49% 的股份。入股分两种形式：一是资金入股，村民投资 5 万到 10 万元，管理人员 10 万到 15 万元，矿长 20 万元，股金总额达到 1100 万元；二是劳力入股，60 岁以上的村民每人作为一个劳力股，顶股金 1 万元。全村的青壮年男劳力，全部安排在煤矿从事经

营管理、技术工种或井上生产作业。煤矿总收入坚持"按劳取酬、效率优先、兼顾公平"的分配原则，总收入扣除生产费用，上缴利税，扣留积累，留足流动资金，其余纯利润按管理、技术、劳动、股金进行分配。村办集体煤矿还吸收安排外地农民工 500 多人，也增加了他们的务工收入。

C村为什么进行股份制改制，支书认为是出于一些现实的考虑。其一，这是现代企业发展的必然趋势，实行了股份制，可以更好地调动村民的积极性；其二，新的产权安排没有动摇集体产权结构，集体股仍占有绝对优势，其收益仍然是农村公共事业的主要来源和保障；其三，这次转制也改变了农村与地方政府的经济关系。股份制前，上级政府常常到村里来要钱，成立股份公司后，县里、乡里就不能随便摊派了，需要经过村民的同意。村支书的一番话可以很好地说明这一点：

> "股份制前好多部门吃你喝你，你变成股份制，公司化管理，你拿就拿我的，因为是股份制企业。"（20110720C08WJS）

对这个问题邱泽奇有很好的研究，他认为由于乡镇企业的改制，最终导致地方权威主义的终结。在国家集权主义的时代，地方威权主义政府作为信用的替代物、作为地方社区的经济制度的安排者，它借助集体所有制的制度合理性、人民公社时期的威权主义管理传统，开辟了一个乡镇企业可以驰骋的空间。而乡镇企业的改制意味着地方性市场经济体系的成熟，更在于建立在市场规则基础上的政治和社会秩序，也就意味着地方威权主义的终结。[1]

2. 提供公共物品，增进公共福利

农村的治理是一个非常复杂的过程，农村不仅需要村民自治来保障民众的知情权、参与权、决策权和监督权，更需要完善的公共服务，为村民提供优质的生活环境。传统社会里，建立在血缘、地缘关系基础上的农村基层共同体为农民提供了生存发展所需要的保障，获得了农民的认同；集体化时代，社员的生产、生活等一系列问题完全依赖集体组织，由此形成

---

[1] 邱泽奇：《乡镇企业的改制与地方权威主义的终结》，《社会学研究》，1998 年第 2 期。

社员对集体的服从与认同。而改革开放后，随着家庭联产承包责任制的实行，农民开始了一家一户的生产行为，建立在集体经济和政治控制基础上的农村共同体开始衰落，农民对村社区的认同感及归属感也在逐渐淡化。[①] 新中国成立后相当长一段时期实行的城乡二元体制，造成城乡公共服务的严重失衡和农村公共服务的严重缺失。近些年随着国家综合实力的增强，国家对"三农"的财政投入逐年增加，2012 年中央财政用于"三农"的投入拟安排 12287 亿元，比 2011 年增加 1868 亿元。[②] 国家惠农政策的力度也越来越大，但是由国家所能提供的公共服务总是有限的，惠农政策也并没有取得想象中的成绩，而农民对公共服务的需求却在与日俱增，因此，农村社区急需提升自己的造血功能，从而为农民提供源源不断的公共服务。

C 村优质的公共服务主要体现为三方面：

一是改善人居环境，建设村容整洁的农民新居。20 世纪 90 年代开始对旧村进行彻底改造，由集体统一规划、垫资、施工，先后投资 600 多万元，其中集体投资 420 万元，村民投资 180 万元，为村民建设 80 套住宅；还投资 200 多万元，建起 1 座面积 2000 平方米的村委会办公楼；投资 60 多万元建设公园和舞台，并进行街道的硬化、绿化，村容村貌焕然一新。从 2003 年开始，第二次重建新农村，实施整体搬迁工程，在县城东环路征地 50 亩，投资 4600 万元，其中集体投资 1600 万元，村民投资 3000 多万元，建成总面积 16000 平方米的别墅式小区。住宅区的房屋共分三种类型：每套 190 平米的二层小别墅 38 套；1 座单元楼，每户 120 平米 30 套；1 座二层的敬老院楼，每套 30 平米 20 套，满足所有 60 岁以上的村民免费居住。村集体统一支付村民的水、电、暖。其余配套设施，如 1 座三层办公楼和小区中心公园等也全部由村集体出资建造。迎街门面商铺 49 间，提供给村民进行经营或出租，提高经济收入。小区内实现了硬化、绿化和美化。村民们住的舒适宽畅，用的现代高档，全村有小汽车 40 多辆，生活达到小康。

---

① 项继权：《中国农村社区及共同体的转型与重建》，《华中师范大学学报》（人文社科版），2009 年第 3 期。

② 2012 年政府工作报告。

二是发展文化事业，丰富村民的精神生活。在旧村投资 60 多万元，新建 1 所面积 800 平方米的小学，九年义务教育全部免费，并且高薪聘用 4 名教师，对考入大专院校的村民予以每人 1 万元的奖励。并建起了文化活动中心、图书室，购置了健身器材，每年春秋请两台戏班子为村民演出，活跃村民的文化生活。现在村委会每年组织村民外出参观学习、观光旅游，既开阔了视野，又振奋了精神。

三是实施惠民工程，办好公益福利事业。围绕新农村建设，投资 220 多万元，修筑村村通水泥路 3 公里，与邻近两村联合投资 115 万元，建成引水工程三级泵站，彻底解决了旧村的吃水难问题。现在新的小区开办卫生诊所，并为村民定期进行健康体检。健全村民养老生活补贴制度，对 60 岁以上的村民每人每月补贴生活费 300 元，使他们老有所养。C 村不仅关注本村村民福利，还积极为县城发展贡献力量，一共为全县教育、公路建设、森林公园建设等工程捐资 337 万元，受到县政府的高度嘉奖。

四 农民合作与村庄凝聚力的提升

1. 有效促进农民合作

在中国的传统社会时代，农村社区的合作主要依靠地域、家庭、血缘和宗族纽带来维系。人民公社时期，国家通过强有力的组织，并依托国家权力进行动员，克服了农民合作的困境。改革开放以来的农村生产方式发生了根本性转变，过去的集体劳动转变为现在的自主就业，过去邻里、亲朋间的互帮互助关系在农村现代性变迁过程中正在逐渐减弱，当代中国农民的"善分不善合"成为分析农民难以合作的一个经典理论，而农民之所以难以合作，也是由于缺乏强有力的外生组织和内生组织的整合。单个农民很难支付合作的成本，农村缺乏一种力量来启动农民的合作。[1] 但是，徐勇教授提出中国农民"善分也善合"，一切取决于时间、地点和条件构成的农民利益。[2]

---

① 董磊明：《农民为什么难以合作》，《华中师范大学学报》（人文社会科学版），2004 年第 1 期。

② 徐勇：《如何认识当今的农民、农民合作与农民组织》，《华中师范大学学报》（人文社会科学版），2007 年第 1 期。

C村村民的合作是通过煤矿集体经营、集体劳动、集体进行收入分配的过程实现的。C村的生产方式很好地保留了村落共同体的传统，村庄在发展过程中，从一开始只有几户的小山村发展到现在的228人、人均年收入上万元的县城别墅式小区，始终保持着农村社区的原本面貌。合作不仅表现为农民习惯性的集体劳动，每到农忙季节，在其他农村很难见到的集体劳作、集体拔草、集体种植蔬菜大棚的场面在这里司空见惯。合作同时表现为村民之间的互帮互助，村里不管谁家有事，全村村民都会主动出来为其分担忧愁，因为他们彼此间的血缘关系把大家紧密地联系在一起，而且世代居住在一起，全村人几乎成为了一个庞大的家庭。村民告诉我们，村里曾有一位老人半夜突发脑溢血，而当时子女恰好不在身边，村民轮流守候，直到其子女回来。由于以村支书带头的一班村干部以身作则、为民谋利，富裕的生活环境、优质的公共服务，使得村民对村干部的信任度极高，在村支书任职的20多年时间里，村里没有发生过一起上访告状事件。其他资源型村庄因为利益争斗导致农村贫富悬殊而引发的上访事件在该村从未发生。现在的住宅小区安装有大门，晚上11时准时关闭，早晨5时及时开启，一开一合之间体现着村民生活的安逸和谐。

C村的合作所体现出的社区文化是一种以"村集体"为合作轴心的文化①，它是在"共同富裕"的社会主义集体传统和"共享"的社区意识下形成的。显然，这种模式下的合作主义，不是追求单纯的经济目标，而是以保障村民利益为前提的相对利润最大化以及村民"共同富裕"的社会目标。

2. 农村社区凝聚力提高

社区认同，一般是指社区居民在主观上对自己、他人及这个社区的感觉。这种感觉包括喜爱、依恋、归属等多种情感，人们常称之为社区认同感。② 随着我国现代化、城市化进程的加快，农村正在不断地被拆迁、被整合，由此引起的农村社区认同感的消失正在不断地扩大。徐勇、邓大才

---

① 折晓叶：《农村边界的多元化——经济边界开放与社会边界封闭的冲突与共生》，《中国社会科学》，1996年第3期。

② 袁振龙：《社区认同与社会治安》，《中国人民公安大学学报》（社会科学版），2010年第4期。

指出，当今的农民受货币支出压力约束，以货币收入最大化为行为伦理，农民生产生活、交往都被卷入"社会化"大分工网络。[①] 农村社区也越来越变成了"半熟人社会"或陌生人社会。农村原本作为一个熟人社会，有着比城市更亲密的邻里关系和更为友好的人际关系，这种亲近感使得农民比城市居民处在一个陌生人社会中有着更高的幸福感。而现代化的战略，城市的扩张打破了农村的宁静和原有的共同体，村民不断走向分散，农村社区的归属感和认同感正在逐渐消失。更多的村庄因为拆迁和搬迁导致村民几辈子共同生活的家园在一夜之间消失殆尽，村民间的社会交往被迫中断，彼此间的血缘地缘关系被割断了，成了陌生的熟悉人，慢慢也就失去了对原有农村的认同感。

如何才能提升农村社区的认同感，任强认为，社区凝聚力的下降和农村合作主义的转型是导致社区弱化的两个重要原因，而传统的血缘、地缘、家族关系、社会主义集体传统的强弱和社区领袖的个人能力、魅力这三方面是影响乡村社区凝聚力强弱的因素。[②] 项继权认为通过提供公共服务重建社区认同。[③]

C村通过集体产权结构发挥效用，壮大了集体经济，从而为农民提供了更好的公共服务，并通过整村搬迁的方式，避免了搬迁导致的村民分散居住的情况。这既维护了社区的完整性，保证了农村社区建设的持续性，又保持了村民固有的社会交往，为他们提供了完整的社会网络，村民间天然的血缘关系得以保留，农村社区文化得以继承，最终增强了社区的凝聚力，并提升了村民对社区的认同感。

C村的发展过程表明，煤炭资源型村庄在集体产权结构的治理下，壮大了集体经济，村民的公共福利也大为增加。同时通过制定合理的收益分配制度，确保村民公平地享受集体的收益，真正做到村民集体享有资源的控制权和收益权。

---

① 徐勇、邓大才：《社会化小农：解释当今农户的一种视角》，《学术月刊》，2006 年第 7 期。

② 任强：《"苏南模式"的转型与乡村先富参政——兼论农村社区整合手段的变化》，《浙江社会科学》，2005 年第 3 期。

③ 项继权：《中国农村社区及共同体的转型与重建》，《华中师范大学学报》（人文社会科学版），2009 年第 3 期。

2006年，我国取消农业税后，农村公共物品的提供依托"一事一议"的制度。"一事一议"制度依据村民受益情况自愿承担费用，一旦有人认为自己不从公共事业中受益而不愿承担费用，这样的农户就成为农村公共事业建设中的"钉子户"，进而带动更多农民不承担费用，"一事一议"就无法实施，农村公共事业因此会面临比取消农业税前更大的筹资筹劳难题。农村公共事业进一步衰败，农民生产和生活有诸多不便。

而C村煤矿的集体产权结构，使得本村走向了一条良治的可持续发展之路，它从一个侧面回应了上文社会学家所提出的集体产权的价值所在。在这里，集体产权结构作为一种社会性的合约，对农村社区的治理产生了重要的价值。它能有效促进村民的公共参与，为村民提供更好的公共服务，促进村民的共同富裕，并最终有利于提升农村社区的凝聚力，促进农民有效的合作。同时，它也很好地克服了后税费时代农村治理面临的公共物品短缺的困境。

第三节　集体产权运转失效与资源型村庄衰败

蕴藏着丰富煤炭资源的D村原本是当地数一数二的经济发展小康村，本来可以有一个良好的发展，但映入眼帘的却是一副破败不堪的样子，村庄道路随意堆放着生活垃圾，散发着阵阵刺鼻的气味，村委会的办公大楼常年紧锁，集贸市场的商铺林立，但门前的垃圾足以吓退每一个来访的客人，大家都在随意丢弃着废物，被询问的每一位村民都怨言不断，骂声连篇，村里不断有人去镇上、县里、市里、省里上访，20年前的小康村已经变成了上访不断、看不到一丝发展前途的混乱村，究竟是何种原因让这个昔日辉煌的农村变得如此衰败。

D村最初与C村一样，土地贫瘠，村民生活很艰苦，改革开放后，时任村支书王某（小学毕业以后，先在村里当小队队长、民兵连长、后来当选村委会主任，1984—1997年期间担任本村支书）去当地煤炭主管部门要指标，在他的带领下，该村1985年建成全村第一个煤矿，集体经营，村民积极性很高，逐渐发展成4个煤窑，当时煤价一吨30多元，最好的时候一年出煤一百多万吨，每户村民一年收入几万元。

由于煤矿是集体经营，村集体为村民承担一切费用，不仅承担所有村民孩子上学的费用，水电煤也都来自农村集体收入。同时，村集体积极改善村庄公共设施，对农村道路进行统一规划。1990 年，集体出资 300 万元为全村村民在距离旧村较近的新址上统一修建新房，一共修建了 42 套住宅。每户一个小院，三间、五间或七间房的地基，分正房和南房，分房时，当时的村干部是七间、五间房，一般村民是三间房。当时正房一间向村民收 2000 元，剩余款项由集体补贴。村集体给村民补贴砖瓦钱和手工钱，门窗的费用由集体提供，盖房所用砖瓦由村集体用煤炭和河北一家砖窑互换所得。只有少数村民旧村的房子刚刚建造，没有重建新房。村民福利方面，冬天村集体为村民储备过冬蔬菜，如白菜、土豆等；夏天为村民免费供应香瓜、西瓜；1992 年村集体为每户村民安装了自来水。为了提高村集体收入，村里成立运输队，专门为其他地方运输煤炭，村集体拥有十几辆运煤大车、2 辆吉普车、1 辆桑塔纳轿车等。当时的 D 村由于发展势头良好，外村人纷纷找门路、托关系成为本村村民，一时间洛阳纸贵，人称"小香港"。据前任村支书介绍，当时村集体花费 3000 元用于编撰村志（从 1949 年到 1992 年），书中图文并茂地详细介绍了本村的发展历程，从写村志的行为能明显感受到 D 村当年的辉煌。

D 村是四大家族，王某当村支书时，为了平衡村庄利益，在选择重要干部方面一姓一个，村委会主任姓郭，支书姓王，煤矿矿长姓李，会计姓贺。当时 D 村的治村理念是带领村民共同致富，由于村庄集体经济较为雄厚，农民收入高，村干部又很负责，村民对村干部没有任何意见，一呼一圪坺（村民一呼百应）。

一 谋利型村治精英引致集体产权运转失效

正如董江爱等在《资源型农村的治理困境及出路分析》[1] 一文中所分析的，20 世纪我国煤矿产权经历了几次大的变革，20 世纪 90 年代中后期，由于煤炭价格长期低迷，再加上开采成本加大，大量的国有煤矿、乡村集体和个体小煤矿因无力经营而通过改制、托

---

[1] 董江爱、李利宏：《资源型农村的治理困境及出路分析》，《中国行政管理》，2013 年第 1 期，第 80—84 页。

管、承包等行政审批方式无偿转让。这个阶段可称为"无偿转让与矿村疏远"。D村在最初经营煤矿时，采取集体经营的模式，由于村干部的负责，村民的共同努力，集体煤矿为村庄治理奠定了较为雄厚的物质基础，村民的生活有了显著的改善。但是在市场整体低迷、煤炭销售不畅的状况下，D村煤矿也走上了改制的道路。而集体产权结构的煤矿是选择个人承包还是集体经营，与村治精英有着极大的关联。村民对此的说法是：

> "个人承包容易偷税漏税，无法查账；集体经营经常来查账，比较规范的发展。集体经营村里掌握着煤炭产量问题。承包的原因一是村里无资金，无法继续经营；二是村书记省事，还能给村书记钱，贿赂村书记。"（20110811D1WDJ）

当D村新一任村支书李军2001年上台后，村办集体煤矿采取了个人承包的形式。"通过承包合同既划清国家与企业之间的收益分配关系，赋予企业经营决策权，又能激发承包者的经营积极性，增强企业的活力，承包制不涉及产权制度。"[1] 村办集体煤矿个人承包，法人是集体法定代表人，个人只有经营权，没有财产处置权。因此，承包制本身不会导致产权性质的改变，但如果承包程序不规范，承包以后又缺乏监督，承包制就可能偷梁换柱，变成实质上的个人占有。D村情况即是如此。自从煤矿被个人承包之后，村集体不再享有对煤矿资源的收益权，变成了村支书一人独享的权利。

有一件事情足以说明D村村支书的谋利行为。因为D村地处乡镇中心，当时煤炭经营销售状况良好，本村煤矿雇有100多外地员工，而占本村土地的另外两座国有煤矿也有很多外地员工，务工人员数量较多，村民生活也比较富裕，而附近村庄没有一个较大规模的集贸市场，D村距离县城20多里，购物不是很方便，于是乡镇领导统一规划，决定在2003年该村租用一块土地来开办集贸市场。乡镇领导首先与D村支书商量，让他

---

[1]　杨瑞龙：《承包制的局限性与企业产权制度改革》，《福建论坛》（社科教育版），1988年第2期，第17—19页。

办理这件利村利民的好事，但村支书李军看不起这点小钱，按照村民的说法是"李军不吃油糕，不沾油手"。村支书没有从村民的长远生计去考虑，没有召开任何会议，自作主张地把集贸市场承包给邻村——南村。该市场占地 50 亩，商铺 220 家，修建商铺是按照每户两间商铺的分配方法，村民每间商铺需支付地皮费 5000 元，自己出钱修建商铺。当时，D 村村民家中有钱购买商铺的共有 20 户，其余的商铺都由邻村修建，由邻村每年付给本村 6 万元的占地费。

集贸市场成立之后，人来人往，非常红火，每间商铺的租金为每年 2 万元，这样邻村可以每年轻松获利 400 多万元，而这笔资金本来应该属于 D 村的集体收入，由于村支书的不作为，丧失了这样一个大好的机会。2009 年山西实施煤矿兼并重组政策，本村的小煤窑关闭了，而附近的国有煤矿刚刚开始运行，外地工人很少，所以集贸市场很不景气，目前有 60 多间商铺还在开张，每年每间商铺租金为 2000 元，所以南村付给 D 村的占地费用也缩减为每年 3 万元。2011 年，县委领导视察 D 村等地，发现市场环境卫生太差，拨款 100 万元责令整改，南村利用这笔钱雇佣其村民打扫卫生，每月 1000 元，这笔钱对于村民来说是一笔不小的数目，这让 D 村村民既眼红又气愤，眼红人家村民赚钱，气愤自己的支书不管村民的死活，不负责任，把到手的利益拱手转让给了南村人。

从案例中所说的集贸市场事件中可以看出，李军作为村支书，当一件事情自己有利可图、并且利益可观时，他会积极主动；而如果是一件利民利村的好事情，他会置之不理。自己获利的多少成为他处理农村公共事务的一个重要指标。

在决定煤矿采取个人承包的最初阶段，村支书也征求过村民的意见，经过村民的一致协商，与外村村民刘某达成协议，签订合同。合同如下：

二号井合同书

甲方：D 村
乙方：外村村民刘某

保证互惠互利的原则，经甲乙双方协商，签订合同如下：

D村二号井由甲、乙双方共同开采，甲方提供现有的井口和生产设备，承担办理煤矿合法生产合法经营手续的经济责任，包括主副井延伸，生产设备等供电。合同期限5年，合同期满优先选择合作权利。

权利和义务：

一、乙方在生产中要遵循甲方开采人员的合理化建议，造成乱采乱挖、浪费煤田，甲方有权要求乙方停产整顿，在生产期间甲方无任何正当理由不得干预乙方生产，村民干扰闹事等由甲方应尽的处理义务造成乙方损失，全权有甲方负责。

二、甲方全权负责左邻右舍、道路、煤场、房屋占地、废水排放等事务的纠纷，乙方不负任何责任。

三、乙方每年给甲方村民烧煤六吨。

乙方在生产中，一切费用由乙方全权负责，包括工商、税务、煤管局事故费用等，甲方不负任何责任。乙方生产在3—6个月内，因甲方问题手续等造成长期停产，乙方可从预交甲方的30万元承包费中，按每吨3元扣除，剩余部分款项由甲方全部归还乙方，造成长期停产，甲方可收回所有投资的配套设备，如果生产两年以上至期满，所有煤矿生产设备归甲方（除皮带外，皮带按五股价，各占50%）。

在乙方生产中，因甲方煤矿手续不全或债务等问题造成乙方间断停产，甲方应按停产时间给乙方补偿承包时间。

四、利润分配方式和付款方式：

1. 乙方煤矿正式投产期，以销售煤第一、二年每吨3元；第三年每吨4.5元；第四、五年每吨5元的利润，乙方支付甲方。

付款方式：以乙方每月产量90%计款支付甲方。

五、1. 联营期间，甲方派两名采掘技术矿长管理井下采掘，另派6名管理监督人员监督场上销售。甲方负责委派人员工资。

2. 在签订合同后15日内，甲方负责将副井工作人员撤走，不能影响乙方正常生产，否则做经济赔偿。

此合同与工商合同有同等的法律效力，若有特殊问题甲乙双方可以酌情处理。

本合同一式三份，甲乙双方各持一份，另一份由主管机关留存。

甲方负责人：村支书

乙方负责人：刘某

2001 年 5 月 11 日

煤矿经营与其他企业发展的不同之处在于，它的发展与自身的管理水平虽然有一定的关联性，但更受制于国家经济整体发展水平。21 世纪初，在国家经济形势发展良好的强力推动下，煤矿的经营逐渐好转，2004 年左右煤炭的价格达到每吨 400 多元，远远超出了开采煤矿的成本，凡是当时经营煤矿的不管是个人还是集体都赚了个盆满钵满，D 村的煤矿经营同样如此，那几年，村民在本村煤窑搞运输、经营各种与煤矿发展有关的机电销售，或者开个小饭店、旅店等，生活比较宽裕。在采访一家开发廊的小店时，店主人提到那几年生意好的时候，每年都有几万元的收入。所以村民谁也没有留意煤矿签订合同的事情，没有在意煤矿到底是谁在经营，利润到底有多少的问题。

村支书李军 2001 年上台以后，把煤窑承包给外村村民刘某，从此在煤窑里干活就不要本村村民了，一是如果出现矿难，外地人两三万元就打发了，而本地人十万元也处理不了；二是本村村民如果在煤窑上班就很容易知道每天生产多少煤。外村村民刘某承包后，按照合同规定，刘某经营煤矿正式投产期，以销售煤炭的数量为基础支付 D 村，第一、二年每吨 3 元；第三年每吨 4.5 元；第四、五年每吨 5 元。据村民反映，当时煤矿每年至少出 100 多万吨煤，但最后刘某对村民声称 5 年挖煤不到 50 万吨，村委会还欠人家一笔钱。村民说，"他把方圆五六公里，六七层山挖空了，你说说哪可能只挖了 50 万吨"。（20110809D2WDJ）现在刘某在外省开发房地产，投资额高达几亿元。2006 年，刘某承包煤矿 5 年到期后，在没有召开任何村民大会、村民无人知晓的情况下，村支书一人做主，转包给外村人魏某（魏某当时是该县煤管局的副局长，现在是一个煤矿的董事长，按规定国家干部不能承包村办集体煤矿，出于自身政治前途的考虑，他采用手下一名管理人员的名字作为法人代表）。村支书和魏某签订的合同是四六分成，魏某出资 3000 万元承包了煤矿，并且魏某每出一吨煤支付村集体 10 元。但是每年生产多少煤，一共上交村集体多少钱，以及连同这 3000 万元的承包费，村民至今无人知晓这笔钱到底有多少，花费又在何处。

协议书

甲方：D 村

乙方：刘某

经甲乙双方协调，现就 D 村联营煤矿兼并重组实物资产补偿款分配事宜，达成意见如下：

一、按晋真诚评报【2009】0085 号评估报告确定的评估资产、材料、工程款 1634.7 万元（壹仟陆佰叁拾肆万柒仟元整）扣除税费 398.9 万元（叁佰玖拾捌万玖仟元整），下余 1235.8 万元（壹仟贰佰叁拾伍万捌仟元整）。

二、经甲乙双方反复协商，统一按如下数额划分，甲方享受 830 万元（捌佰叁拾万元整），乙方享受 405.8 万元（肆佰零伍万捌仟元整）。

三、自本协议签订之日起双方原有的一切合同即行解除。

四、从 2001 年 5 月 11 日到本协议签订之日该矿产生的一切债权债务由乙方负责，与 D 村委员会无关，甲方概不承担。

五、本协议一式四份（镇、村、矿各一份，县兼并重组办一份），双方签字后生效。

由上面的协议书得知，2009 年下半年 D 村所在乡镇所有的村办煤矿全部被国有煤矿兼并重组，该镇其他七个村办煤矿的兼并重组补偿款至少是 4000 多万元，而 D 村煤矿得到的补偿款是 1634 万元。但村民说，D 村的煤矿资源储藏量远远超出其他村的村办煤矿，最后分配方案是 D 村得到 830 万元，另外的 405 万元给了刘某。

在采访村民时，村民愤愤不平地说：

"自打刘某承包煤矿五年后就不知道是卖了还是包了，合同是村书记写的，连个社员大会都没开过，村民谁也不清楚，只有村支书李军一人知道，这八年半的承包费村集体连个半头砖都没见过，从2001年他开始上台的时候才开始承包出去，李军上台就承包给刘某，刘某包了5年就转包给魏某，总共八年半，前半年出煤后半年就拍卖了。现在的矿是拍卖啦归了大集团。按道理二号井是归为我们村的，但是上边就写成刘某。承包的结果是煤矿最终不属于我们村了，而是刘某和我们村共有的，刘某成了最大的股东，分走了很大一笔补偿款。"（20111218D03WDJ）

从煤矿承包给外村村民刘某的那天起，本属于D村村民集体所有的煤矿就这样悄无声息地变成了个别人所有，而这一切最终导致了农村煤矿集体产权结构的缺失。

二　围绕公共资源的权力争夺

利益密集型地区因为有着密集的利益，给村干部带来巨大的获利可能。村干部可以从丰厚的村集体资源中谋取好处，化公为私，将集体利益占为己有。[1] 而村干部之所以有这样的特权，根源在于村庄公共权力的高度垄断，最终导致煤炭公共资源的个人占有。

1. 争夺控制资源的权力

该村丰富的煤炭资源带来的巨大利益，使得村支书、村委会主任的竞争非常激烈。2001年，李军之所以会被选为村支书，一是因为李家在本村是大家族，人口占全体村民的60%；二是由于村民对当时的支书刘某非常不满。刘某胆子大，在当支书期间为村里打了5口煤窑，看到周围一些村庄采取村民入股经营煤矿的模式，所以刘某也要求村民一起入股投资，大家有力出力、有钱出钱，入股1000元、3000元或10000元不等，但最后由于判断失误，加上当时煤炭价格低迷，每吨只有三四十元，且很难销售，入股经营不仅没有给村民带来更多的分红，而且连入股的钱也无法收回。按照村民的反映，他是"啥也不怕啥也敢做，并且为人也不是很公道，比较奸猾"，村民一气之下，去镇里告状，他也就自然落选。当

---

[1] 贺雪峰：《论利益密集型农村地区的治理》，《政治学研究》，2011年第6期，第47—56页。

时李军年轻有为，刚从部队转业，脑子比较灵活，村民想着应该能为村里办些事情，所以村民一致投票选举，当年他的当选率超过80%，可见当时他在村民心中的人气很高，大家一致希望新的领导上台能够给农村带来新的面貌。

在农村社区，村民自治的发展使得村民对自己拥有的民主选举的权利有着比较清醒的认识，他们特别想选择一个能为村民办实事办好事的干部。令人遗憾的是，正是村民自己选举出的主要村干部，在上台之后，由于没有一套完整的制度加以监督，他们照样肆无忌惮，

> "在D村，自从这一届村干部上台以后，没有召开一次村民大会、村民代表会议，就是支委会和村委会成员也很少在一起开会，有什么事情都是村书记一个人说了算，村主任是书记的亲戚，实际上就是个傀儡，只有听从的份儿，会计是村书记从外地雇用的，当然也就只听从书记的安排了"。（20111224D04LH）

第二届选举时，大家已经认清了李军的真实面貌，想把他换掉，但此时局面已经不好控制，一是李家人多力量大；二是李军上台后立即把煤矿承包出去，得到的好处费贿赂了乡镇干部，乡镇干部因此采取了睁一只眼闭一只眼的做法。在选举中，李军请全村村民在饭店连续吃了三天饭，一共花费10万元左右，并且对于处于犹豫状态的村民，采取给好处的方法，其中有一户村民本来非常抵制村支书，而且他老婆很会说话，属于村里口才好又极具煽动性的人物，李军及时为他家安排了一个低保指标，这家人也就悄无声息了。其他村民看到这些状况，都想着万一在这次选举中极力抵制，有可能在支书上台之后给穿小鞋，所以村民出于自己的利益不再抵制，村支书得以连任。

2001年李敬被选为村主任是因为李敬一直是村里的老会计，担任会计长达16年（1985—2001年），家产较为殷实，可以凭借金钱疏通各种关系，再加上他是李军的本家，按照村民的话说："他是拿钱买的官，哪有公公道道当上官的。"（20111224D04LH）

2003年村主任张海第一届上任时，他与村支书是亲表兄弟关系，所以李军极力推荐，再加上李军当时已在位3年，积累了一笔资金，所以通

过收买选票的方式就轻松获胜。

2006年张海第二届连任时，出现了一个很有实力的竞争对手——本村村民贺富，该村民头脑很灵活，对村庄发展有清晰的规划与思考，并且常年在外面做生意，赚了一些钱，与前任支书刘某有亲戚关系。刘某为人斤斤计较、做事胆大，当时虽然为村民办了些实事，但也得罪了不少村民，被村民告状下台后非常生气，因此特别想支持贺富上台，希望通过贺富揭露李军的老底，自己再度把权。当时有一部分村民担心刘某再度上台后对村民有不利行为，而作为前任村委会主任张海确实为人比较厚道，还有李军和李家、张家亲戚的共同支持。在选举中，张海为了当选，采取了一些策略：对待前任支书刘某以及与刘某关系好的村民，采取放弃的策略，因为即使贿赂也难有效；对于中间选民，他采取收买的方式，一张选票给500元（关于花钱买选票的事情，从对许多村民的访谈中证实了这一点），张海一共为此次选举投入了5万元；对于另一派贺家，张海给每人2000元，贺家当时很坚决，因为他们要选自家的人，贺家人表示，"我们选我家的人，给我一万元我也不卖选票"。在选举现场张海还采取抢选票的方式，即发给某位村民选票后，担心他会选别人，由他们本家几位亲戚上前抢走该村民的选票。选举结果是张海得了134票，贺富是128票，最终张海以高出6张选票的方式得以连任。

2009年，村主任张海当选第三届时，出现了一位没有竞争力的竞争者——村民李三，42岁，他本人既没文化、也没头脑、为人也不厚道，最终张海得以轻松连任。

2011年年底，本村进行了又一轮换届选举，从这次选举中能明显看出该村选举极其随意，村民也没有合适的维权方式。由于本村的煤窑在2009年兼并重组中关闭了，不可能再获得煤矿的相关利益了，因此这次竞争相比之前的选举并不激烈。

这次选举共分两次进行。第一次是2011年12月15日举行的提名候选人活动，有4位候选人：即老支书王昭的儿子王一平、老村委会主任张刚的儿子张峰信以及村主任张海和村支书弟弟李全。王一平常年在外打工，这次要参与竞争，但他事先没有和大家打招呼，所以投他票的人不多。另一方面，村民评价他比较自私，凡事主要为自己考虑，而且如果他一旦上去，就成了现任村主任张海的傀儡，更麻烦；张峰信是张刚的儿子，按村民的话说，"也不是个东西"。张峰信和张海是本家，他好几次都想参加选举，但次次落选，因为他比较蛮横，平时村民与他说话，他一副趾高气扬的样子，比起张海的为人，相差较远。最终这次提名候选人的得票情况是：李全30票、张峰信25票、王一平21票，张海票最多，138票。李全作为支书的弟弟，来参加陪选，这样可以拿走一部分属于其他候选人的选票，当然，李全不可能当选，因为村里不可能让他们一家人来管理，所以按村民的说法是，这实际上就是支书的安排，让张海继续当选。

在第一次提名候选人时，有很多村民未去投票，询问一位经营着一家理发店的年轻人，他说家长是我们家的全权代表，年轻人一般都不去，觉得去了也不起什么作用。

一位姓刘的村民说，

> "我们就送个人情，万一以后需要用人家，刘家20张选票，张海全拿走了，人家自己填，我们去不去也没什么了"。（20111226D13LH）

因为错过了D村第一次提名候选人的选举过程，所以非常想参加本村的正式选举。但当询问本村的正式选举是什么时候，村民们都说不清楚，按照村委会组织法的相关规定，这些事情应该提前通知村民。村民这样回答：

> "本村的选举不公开，是悄悄地进行。选举当天（第一次是提名候选人2011年12月15日），村民就不知道，村委会主任打电话通知的每一个人，都是突然通知，通知人家想通知的人，这种情况已经三届了都是这样的。这次也不知道是哪一天选举，现在人们都说21号选举了，这都是马路消息，我们也不知道哪一天。前几天，也就是15号选候选人，村民们也不知道，我们也是听别人说就去参加了，但我们弃权。因为提名提的都是他的两个兄弟，提名的是张海和李全，张海和李全是亲姑舅兄弟。我们去以后，家是个冷家，就在村委会大楼里面，家里面的暖气、电脑、投影机这些设备都不在了，都让人给偷了。那院还有看门的了，门在了，其他啥也

不在了。我们就进去待了一下，这就不是个形式，就是给个票说签哇，人就走了，也不说举行个会议啥的。乡里头好像来了三四个人，还有派出所的，人家在另一个小家坐的，那是个热家，而我们就去那个大家、冷家。我看见那个候选人不公道，所以我就弃权了。这不是公正的。具体哪一天再从候选人中选也没公布。这次选举有 70% 的人都没去，因为没公布，都不知道。我们也是听别人说了所以就去了。我们村有很多外出打工的人，七八十个肯定有，这些票书记就抓在手里了，他们就代替了。他们也不给村民宣传选举方式、选举法，今年是这种情况，以前也是这种情况。我们选举的日期从来不公布，选完以后也不对社员公布。村民反映县里面也不管，现在的事情就是个这样吧，官官相护。还布置的黑社会了，打村民了。选举不合理的时候，村民会反映吧。而且还抢走村民的票，怕我们不选他们，所以就把票抢走了，然后让他们的人选。我们想拍个视频，可是小型的设备没有，大型的扛上也不行啊，看见了就完了。往年选举吧，选民一贴出来，没有两分钟，那些人就专门扯了，你说这是个啥意思？今年我就每天在村委会那个大楼看的了，早晨六点半就去了。人家的人就瞅着什么时候没人就贴上去了，然后就地儿就扯了。那糨糊你想想这天气，冻得，能扯起来？就在大队最脏的那个尿圪垯里贴的了，贴在垃圾堆上头啦，所以人们就发现不了。我们每天就上去看看，结果有天早晨没看见，等下午去了就已经扯了，可能是中午贴的，人们吃饭时间贴的。他肯定是贴了就扯了，因为我看见糨糊底子还在了。哎呀，没法说了。

这村有 22 个党员，书记上台后就有 8 人成为党员，全是其亲戚，超过了半数是人家的人，有些党员在外头打工，人家就不通知开会，哪天选书记，人家把人家的人一通知就哗哗哗上去啦，就过半数啦，你要是问外面的党员知不知道选书记，他们根本不知道。"（20111220D06H）

此次选举因为煤矿兼并重组，本村煤矿也没有了，因此，与前几次选举相比，不是很激烈，但还是存在竞争的。在一位村民家里，大家这样描述，

"咱村目前的情况是，没有合适的人能担当村委会主任。现在人心都坏了，好人都变坏了。咱们自己人里面，有党员，杨存换他心软，王六仁（更不能上，心不好），你给王二平打电话，咱们和他商量，他动员王永发人那一把，李启义、我（贺富）、刘姓咱们三门人弄一门人应该好弄。如果把张海扔下去，咱们现在旧钱不好要，咱们现在再稳他一年，明年还能弄下去张海。如果弄下去，又像前头几个书记一样，不管旧账，现在选上新书记让李军交代账目，钱的去处、承包费。你怕人家那个账面给人平不了了，账面肯定是平的。反正选举就是多选个贪官，喂饱一个耗子又一个耗子。选谁也成了个贪官。"（20111221D07YF）

正式选举是在 2011 年 12 月 25 日进行。村主任是两名候选人，张海和李全，二选一。村委委员是王永发、郭峰、张三女，三选二。这次选举委员会主任是郭峰，选举委员有三名，张峰信和另两位年轻男子，都由支书直接任命。

这次选举竞争不激烈，也由于竞争人选实力不强，所以村民没有得到任何好处。在 D 村没有户口的出嫁女性，以前没有享受过村庄福利，这次选举中村主任送人情给了大家一些好处，每人发放煤炭一吨。一些村民非常想参与竞选，希望了解更多内情，发现选举中的不公平现象，但他们并不熟悉村委会组织法的相关规定。

村民这样陈述

"村里总共 349 人，公布的选民是 252 人，但最终如果他们（村支书等人）拿到 300 票，这就肯定不正常么。可现在到哪儿也告不赢，也只好不选他就把票拿回来。如果是弃权就得把票保存好。如果有 130 票人家就成功啦，现在村主任人家手里抓的 60 票，再加上本家 50 票，剩下的还有其他姓的几票，有一些人就不投，拿出来就撕啦，人家就瞅准这个机会啦，或者还有一些人填也不填就投箱子里了，这不是给人家机会吗？验票还是人家的人，拿出来就填上啦。寄居户（户在人不在）大概有七八十户，也算在选民里面啦，不过票是人家拿的了。这些寄居户发钱也不算他们，就是户在这儿了，有选举权，其他的权益也不享受。那几年就存在机动票的问题，所以一直能当选"。(20111226D08YF)

村民在谈及有多少人投票就可以成功当选时，他们认为本村选民252人，至少需要130张选票就可以。但实际上，按照《中华人民共和国村民委员会组织法》1998年规定，选举村民委员会，有选举权的村民的过半数投票，选举有效；候选人获得参加投票的村民的过半数的选票，始得当选。也就是说，要想竞选成功，获得比130张更少的选票同样成功，所以，尽管这些想竞选的其他村民虽然有计划，但他们不熟悉相关法律，照样不会取得成功。

正式选举当天早晨8点半乡镇人员到达村委会办公楼，拿来选票，本村村官开始在选票上盖村委会的章。笔者还帮忙参与盖章（选举前一天已与村委会主任见面，比较熟悉）、数票，但少了十几张选票，乡镇工作人员要回去取，村委会主任认为就差几张，不用再取票。选举开始后，一共只有20位村民到场，村委会主任、支书、妇联主任一直在场，四位选举委员会委员负责让选民登记、领票。具体过程是：发选票、村民进行登记、填写选票、投票。按照村委会组织法的规定，选举时应该设立秘密写票处，但本村没有设立秘密写票间，所有这些活动都在一个大房间进行，村民都能看到对方选票的内容。也有个别人在其他地方悄悄填写选票，还有些人把选票带回家中等着村主任去拿。最后，还剩下20人未领选票，村委会主任和张峰信开车拿着流动票箱前往村民家中发放选票。妇联主任张三女在投票现场先后投了5次票，共投50多张票，她解释说是别人打电话让她代替填写选票。而个别村民也拿着20多张选票在填写，村委会主任则不停地打电话通知村民来参加选举。乡镇干部有时在场有时不在场，因为天气比较寒冷，他们待在另外暖和的房间。总之，整个选举场面较为混乱，非常随意。

最终的选举结果是村主任以138票再次当选。

因为存在煤矿兼并重组补偿费用的发放使用问题，所以村民尽管非常怨恨村支书李军，但也只能无奈保持现状，因为他们深知换了领导，就更无法获得这笔钱，村支书得以继续连任。

2. 权力的高度垄断

从本村的权力关系来看，见表 2.5，现任村支书上台后，先极力推荐其本家李敬当村委会主任，后因李敬（58 岁）年龄太大，不适合担任村委会主任时，他又极力推荐他的亲表弟也就是现任的村主任张海，现任的妇联主任是村主任的亲姑姑，也是村支书的亲戚。掌握村财政的会计是由外村人郝某担任，另一个重要职位——出纳，由村支书的亲弟弟李全担任。可以看出，村内的权力资源由村支书一人垄断，实现了公共权力的个人化。在这样一种权力结构下，李军就理所当然地控制了农村的全部资源，为他的谋利奠定了权力基础。

表 2.5　　　　　　　　　　D 村村干部任职时间

任职时限/年	支书	村主任	支书离任原因	备　注
1950—1966	李翔	贺某	自己主动提出不干	
1967—1968	王禄	无	能力有限，被上级撤职	
1969—1970	李翔	无	能力有限，被上级撤职	
1971—1973	王刚	无	年龄已大	
1974—1984	王昭	王永发	年龄已大	
1985—1997.4	王永发	郭峰	在位时间很长，上级换届	李敬是会计，刘某是采购，王三宝是出纳
1997.5—2000	刘某	郭峰		李敬是会计
2000—2001 清明	刘某	张刚	村民告状	李敬是会计
2001—2003	李军	李敬		外地人郝某是会计，李全是出纳
2003 年至今	李军	张海 4 届		

3. 家族党和傻子党

根据《中国共产党基层组织选举工作条例》（中共中央 1990 年 6 月 27 日印发）的规定，党员在农村中的地位和作用是非常重要的，是农村重要的政治精英。近年来，农村虽然实行了村民自治，但是党支部的核心领导地位丝毫没有动摇，很多地方实行了"一肩挑"，以解决党支部和村委会的冲突问题，要想在村中有限的权力资源内争夺一席之地，首要任务是成为党员，因此入党就成为农村激烈竞争的一件大事。正像徐勇笔下的

"积极要求进步，多次递交入党申请书，村干部却不加理睬"一样，D 村对党员的选拔有着独特的标准。

D 村村支书利用职权把优秀青年拒之基层党组织门外，只吸收与自己有关系的人入党，党员选拔遵循两个标准：一是自家的亲戚；二是人窝囊，形成了所谓的家族党①和傻子党。D 村一共 23 名党员，现任村支书上台之前，本村的党员一共 13 名，除了曾经担任和现在担任本村村支书、村主任的人之外，另外 4 名党员中，3 位是前任村支书、村主任的儿子，一位是前任村支书的亲弟弟。现任支书上台后，一共发展了 10 名党员。新增加的 10 名党员分为两种情况：一种是家族党，从家族、亲戚中选择合适的人选，从中培养接班人，其中 8 名是村支书的亲戚，包括两位村支书的至亲，一位是亲弟弟，一位是只有小学学历的弟媳妇；另一种是傻子党，为了显示党员选拔的公平性，党员也从其他家族中选择，而选择的唯一标准就是比较窝囊，本村党员有两位属于这种情况。他们在村里以务农为主，老实巴交，属于那种"和人说话还脸红"的人。采访一位本村上访带头人时，他说自己很能干，属于村里的经济能人，早年一直在外面打工，积累了一些资金，本想回来争取入党，这样就有资格竞选村支书或者支委等职务，但是现任村支书坚决不同意他入党，担心他的能力太大，对自己的权力产生威胁，于是选择了之前提到的那两位大家公认比较窝囊的。从本村所选的党员能明显地看出，党员这一本来在基层组织中神圣化的、体现个人先进性的称号，变成了村支书个人可以利用并垄断的资源，从而使得本村的中国共产党基层组织的坚强堡垒作用消失殆尽。

4. 流于形式的村民自治

在 D 村，尽管实行了村民自治，但村支书是绝对的一把手，农村重大决策、村级财务管理，支书都要绝对的领导。D 村的村主任尽管是支书的亲表弟，但也只是传话筒而已，没有真正的实权。而其他的两委成员不是村支书的亲戚，就是村支书的好朋友（见表 2.6），这种缺乏对村支书强大权力制约的村民自治，导致了村支书的独断专行，而村办煤矿集体产权结构的缺失既与村支书的横行霸道有关，也与村民对自身权益的漠视是

---

① 董江爱：《两票制、两推一选与一肩挑的创新性——农村基层党组织能力建设的机制创新》，《社会主义研究》，2007 年第 6 期，第 76 页。

分不开的。

　　D村村级机构看似非常健全，村委会办公室墙壁上张贴着这样一些牌匾：农村集体"三资"管理机构、农民权益保障促进会组织机构、创先争优活动领导组、建设学习型党组织活动领导组等，组长无一例外地都写着村支书的名字。此外，团支部、妇代会、民兵连和治保会在机构设置上应有尽有，但是这些机构只是为了应付上级的检查的摆设，在村庄公共事务方面没有发挥过作用。

表 2.6　　　　　　　　　　　农村的权力安排及农村党员情况

姓名	与村支书的亲属关系	学历	年龄	具体负责的工作	李支书在位时成为党员的	以前的职务
李军	本人	初中	50	村支书	否	
张海	亲表弟	初中	38	村主任	否	
李厚	亲戚	小学	65	支委委员	否	老矿长
李敬	亲戚	小学	67	治保主任	否	前任村主任
王永发	没关系	小学	62	村委委员	否	前任村支书
王昭	没关系	小学	70		否	前任村支书
郭峰	没关系	高中	55	支委委员	否	前任村主任
王二平	没关系	高中	45		否	前任村支书王昭的儿子
郭佳元	没关系	高中	28		否	前任村主任郭峰的儿子
刘桂梅	没关系	小学	78		否	前任妇联主任
刘易	没关系	初中	50		否	前任村支书
刘二	没关系	高中	53		否	前任村支书刘某的弟弟
张日平	没关系	高中	40		否	前任村主任张守信的儿子
杨存换	没关系	初中	45		是	窝囊，李军手里提拔
王六仁	没关系	初中	50		是	窝囊，李军手里提拔

续表

姓名	与村支书的亲属关系	学历	年龄	具体负责的工作	李支书在位时成为党员的	以前的职务
李冬冬	亲戚	初中	36		是	李军手里提拔
张淑芳	村委会主任的姑姑	初中	45	妇联主任，村委委员	是	李军手里提拔
李全	支书弟弟	初中	45	出纳	是	李军手里提拔
贺某	支书弟媳妇	小学	44		是	李军手里提拔
张军鹏	亲戚	本科	32		是	李军手里提拔
张海军	亲戚	大专	33	民兵连长	是	李军手里提拔
李海	亲戚	初中	27		是	李军手里提拔
张亮	亲戚	初中	26		是	李军手里提拔

三　公共财产的个人占有

1. 公共财产的个人化

正像 Lin Nan[1] 在研究中所指出的，无论企业是乡镇政府所有、家庭私有或者介于两者之间的形式所有或经营，这些重要资产的所有者总是当地的精英人物，有很多的亲戚关系朋友关系掺杂其中。因此，村里"公共"财产实际上被家族或者是政治集团把持。村里的公共财产与地方精英的财产不可分离，虽然他们没有正式拥有这些财产，但是他们却从中获得不成比例的利益。魏昂德和戴慕珍把这种现象称之为"公有制的空洞化"[2]，即控制公共产权的精英自然地把公共产权转化为带有家庭产权特征的财产或者与精英家庭关系紧密的亲属的财产。

在 D 村，由于村治精英的谋利型和民主制度的形式化，村办煤矿集

---

[1]　Lin Nan：Local Market Socialism：Local Corporatism in Action in Rural China，*Theory and Society*，June 1995.

[2]　Andrew G. Walcer And Jean C. Oi：Property Rights in the Chinese Economy：Contours of the Process of Change，*Property Rights and Economic Reform in China*，Andrew G. Walcer And Jean C. Oi，Stanford University Press，Stanford，California，1999.

体产权结构缺失，村支书尽管上任已经 12 年，但其全部的政绩就是户户通水泥路，修建一道水渠，花费 168 万元修建一层村委会办公楼（实际上是简易铁皮房），（前任支书盖的三层办公大楼才花了 30 万元）共有 10 间办公室。前任支书盖的村委会已卖给乡镇卫生所，但钱不知去向。李军上任后村民利益损失情况见表 2.7。

表 2.7　　　　　　　　李军上任后的村民福利及利益损失情况

村支书	村民利益损失情况	治理政绩
李军 2001 年至今	报废了一号井	花费 168 万元修建一层村委会办公楼，还动用国家新农村建设补贴资金 50 万元
	二号井承包给外村人，承包费没有向村民做任何交代，村民核计至少为 5 亿元	2001—2009 年村民每年的福利为每户 6 吨炭，3000 元；2009 年煤窑关闭后，春节 1 袋大米，1 袋白面
	煤窑兼并重组的补偿款为 1634 万元，实际款额为 830 万元，按照其他村的补偿款分析，本村至少应为 5360 万元	正月十五唱戏，连唱 5 天，冬至唱戏 1 天，所有煤矿工人白吃 1 天；2009 年煤矿兼并重组后，村里没有任何文化活动
	卖掉原来的三层办公大楼，钱不知去向	有简易的健身器材
	邻村的剧场、市场占本村土地 50 亩，钱不知去向	
	一国有煤矿占地 1000 亩，割让农村一点煤田后，没有任何补偿	
	另一国有煤矿占地 300 亩，只负责给村民供水、供电一户一月 30 元，一户每年 3 吨煤	
	大队机动地 200 亩地，但是这笔退耕还林的钱不知去向	
	退耕还林的地 2 亩只按 1 亩补偿村民	

从表 2.7 中可以看出，村支书李军上任后，村民的损失非常大，村集体的二号井承包给外村人后，村集体没有收到任何承包费，也没有和村民有任何交代。同时，还卖掉村集体原来的三层办公楼，所得钱款不知去向。邻村占用本村土地 50 亩开办集市，租金没有去向等等。由此可以得知，村支书借用手中的公共权力把村庄的公共资源全部据为己有，公共财产个人化倾向突出。

2. 村庄社会分层凸显

从社会学意义上说，社会分层指的是根据一定具有社会意义的属性，一个社会的成员被区分为高低有序的不同等级、层次的过程与现象。[①] 中华人民共和国成立以来，经过土地改革、农业合作化和人民公社运动，社会主义国家完成了对农村社会的整合，最终确立了政社合一、高度集权的人民公社体制。在人民公社体制之下，广大农民在集体农业经济组织中共同劳动、共同生活，农民的生活差别很小，每个社会成员都是均质的社员。这种均质性的农村社会成员结构，实现了农村社会成员之间的平等，但也抑制了农民的个性和农村的活力。真正意义上的当代中国农村社会的阶层分化是随着中国改革开放 30 多年来的急剧变化和社会转型不断演进的。农村推行家庭联产承包责任制以来，农村生产力得到解放，广大的农民从农业束缚中脱离出来，形成了"离土不离乡"的"亦工亦农"的状态。而随着城市建设的加快，劳动力需求的旺盛带动了大批农民工"离土又离乡"，农民不再是铁板一块，出现了很大的分化。陆学艺按照农民实际从事的职业、使用生产资料的方式和对使用生产资料的权力，将改革以来的农民划分为八个阶层，即农业劳动者阶层、农民工阶层、雇工阶层、农民知识分子阶层、个体劳动者和体工商户阶层、私营企业主阶层、乡镇企业管理者阶层、农村管理者阶层。[②] 卢福营、刘成斌根据农村社会成员分化的状况将农村分为九个职业阶层，即农业劳动者、第二产业劳动者、第三产业劳动者、农村知识分子、农村管理者、私营企业主、个体劳动者、兼业劳动者及无业人员。[③] 毛丹、任强以社会资源为标准，将农村居民分为四大阶层：上层（精英阶层）、中上层（代理人阶层）、中层

① 郑航生：《社会学概论新修》，北京：中国人民大学出版社 2004 年版。

② 陆学艺：《当代中国社会阶层研究报告》，北京：社会科学文献出版社 2002 年版。

③ 卢福营、刘成斌：《非农化与农村社会分层——十个农村的实证研究》，北京：中国经济出版社 2005 年版，第 12—14 页。

（普通村民）和下层（弱势群体）。① 徐勇提出分析农村社会分层的三维视野，古代社会社会分层依据土地、权力和声望，近代社会社会分层依据土地、权势和资本，而当代社会转变为以土地关系变化为轴心的社会分层新视野。② 改革开放以来，农村推行家庭联产承包责任制，调动了农民的积极性，农民在致富过程中凭借智力、天赋及勤劳程度的不同，形成了一定的贫富差别。

而资源型村庄由于开采煤矿形成的巨额利益，易形成两种不同的格局：一种情况当村治精英拥有高尚的道德和带领村民致富的能力，而村民民主制度真正落实之时，资源可以为全体村民共享；另一种情况则由于农村公共权力被村治精英所把持、农民又无法有效监督时，农民的社会分化就特别明显。

随着 D 村村办集体煤矿的个人承包，村支书个人财产急剧增长，与一般村民收入形成显著差别。据村民反映村支书的财产达到了天文数字，

> "书记有两个儿，一人一辆车，还养的 14 辆拉煤的大车。以前没当书记和我们一样一样的，他儿子说我爸给我弄了 2 亿元。"（20111221D09YF）

而村民过着与 20 年前一样的生活，房屋还是 1990 年修建的，村内卫生环境脏乱差，道路中间随意地丢弃着成堆的生活垃圾，虽然有公共卫生间，但早已臭不可闻，无法下脚，而村民早已习惯，无人觉得异样，只是对于我们这些调查人员来说，觉得不可理解。村民反映环境卫生一年只打扫一次，但是支书每年报账清理垃圾费用 20 万元。

D 村以前号称"小香港"，在当地数一数二，1983 年左右村民最多挣五六百工分，一个工分十元钱，一年净赚五六千元。2000 年以后煤炭价格上扬，每吨煤从五六十元涨到几百元，农民收入也就水涨船高。2009年煤矿兼并重组后，人们的经济来源一下子被切断，以前市场商铺林立，可现在村里只有一个国有煤矿，外地务工人员很少，市场不再繁华，房屋

---

① 毛丹、任强：《中国农村社会分层研究的几个问题》，《浙江社会科学》，2003 年第 3 期，第 90—98 页。

② 徐勇：《非均衡的中国政治：城市与乡村比较》，北京：中国广播电视出版社 1992 年版。

也无人租用。村民现在新账旧账一起清算，包括兼并重组的赔偿款、以前的承包费用、拖欠的工资，因为村民意识到村里只剩下兼并重组的赔偿款，如果不去及时讨要，以后就更没有希望。

村民现在吃水很困难，因为常年挖煤，地下水早已枯竭，每天每户供应两三吨水，但并非每天都能按时供应。因为没有水，县政府每月拨专款5万元，但是村民吃水还要花水钱，一担1元钱，给D村卖水的是李军的亲戚，人家还要挣工资。所以村民形容本村的用水是"别人的一个羊剥一张皮，我们的羊剥三张皮"。由于长期挖煤，地面塌陷，房子到处是裂缝。其中一户村民南房倒塌，询问得知是2007年煤矿挖煤引起的，当时压死一个外地工人的小孩，这个案件至今没有完结。村里的土地已无法耕种，全部需要花钱购买粮食蔬菜，村民烧煤只能偷偷地到国有煤矿捡拾煤块。其中一户村民的收入主要依靠捡拾煤炭，每天早晨4时出发去捡炭，上午10时回来，之前主要靠人背，现在背不动了，买了个小车，捡拾的煤炭卖给外地人，每吨500元，一年捡炭六七吨赚3000元左右。

由于看不到生活的出路，D村弥漫着一种悲观的氛围，遇到的每一位村民，包括之前的村干部，都对生活失去了希望，大家普遍反映生活的不公平现象：

> 一户村民是这样反映村内的低保问题，"我没有低保，闹翻了也不给，五年了也不给。书记想给谁吃低保就给谁吃，全村吃低保有二三十人。低保年年村里有两个指标，就把人家亲戚家生下的小毛孩给弄上低保。正经的老人老汉管也不管，本身不能干活了，说吃低保给孩子们省点麻烦，不给办，有门子的给办了，这叫啥。"（20111221D10ZJ）

> "没工作，没职业就应该办低保，我去办低保，人家说你家老子不是当官的，我说我家老子是当官的还用找你。"（20110809D11HK）

在这种贫富极为悬殊的情况下，村民对村干部的怨恨与日俱增，村民去告状要承包费等，村支书就指着鼻梁说：

> "你们狗儿的就天天告，我不怕你们告，越告一分钱都没有，让蛆撒了也不给你们，让你们当乞丐去。"（20111221D10ZJ）

在村支书这种飞扬跋扈的情形下，村民的反映也有些过激了，一村民说："现在都是和钱说话，有钱都有一切，有权有钱，要么没权有钱也行，咱这是又没钱又没权。"另一村民说："人家（村支书）钱都铺成路了。现在是金钱社会。"（20111223D11HK）

四　村民无奈下的抗争

美国著名的农民研究专家詹姆斯·斯科特认为，生存问题直接关系到农民生活的根本需要，安全第一的原则就是农民的生存伦理或者说生存逻辑。作者认为"贫困本身不是农民反叛的原因；只有当农民的生存道德和社会公正感受到侵犯时，他们才会奋起反抗，甚至铤而走险。而农民的社会公正感及其对剥削的认知和感受，植根于他们具体的生活境遇，同生存策略和生存权的维护密切相关"。[1] 2008 年以来山西实施煤矿企业兼并重组，D 村小煤窑关闭，村民的生存安全受到了严重挑战，之前由于村办集体煤矿的存在，尽管得不到煤矿承包的费用（主要是村干部私吞），但村民或拉煤跑运输、或开出租车、或依托本村的市场做些买卖，日子还算凑合。现在小煤窑已经关闭，依托煤矿发展的运输业停止了，外地工人走了，集贸市场不再繁华，做小生意的人越来越少。多年的煤炭开采使得地下水全部断流，吃水主要依靠运水车输送。本来贫瘠的山区土地变得越发贫瘠了，农民的生活一下子变得山穷水尽。

当然，这些 D 村村民自身也有问题。长期依赖于挖煤、烧煤、卖煤，人们的竞争意识和市场意识不强，思想上因循守旧、不思进取，长时间潜移默化，形成一种保守的思想文化观念，多数人都固守在祖祖辈辈长期生活的这一方土地，工作都在就近的煤矿打工或从事与煤矿有关的一些副业，全村外出打工的人口不足全村人口的 3%。煤矿企业的兼并重组和小煤窑的关闭，并非给所有类似村庄的村民带来巨大的生活落差。C 村由于保护型村治精英的主导，走以煤为基、多元发展的道路，壮大集体经济，全村村民实现共同富裕。导致 D 村村民最终上访的原因是村支书把村办煤矿的集体资源占为己有，没有为村民带来任何的利益，村庄贫富差距悬殊，村民生活陷入贫困，村民不再信任任何干部，不再关注村委会的选

---

① 斯科特：《农民的道义经济学：东南亚的反叛与生存》，程立显、王建等译，南京：译林出版社 2001 年版，第 322 页。

举，大家一致认为该村没一个好人，大家都是为自己着想，谁当了村委会主任，也有可能被村支书贿赂，成为村支书的帮凶。在采访中，村民最常说的几句话就是

"现在这个世道乱了，纯粹是个金钱社会，领导没一个好人，村民是喂饱了一个又一个耗子。社员是哑巴吃黄连，苦在心里了，控诉都没个控诉处"。（20110809D12HK）

本村激烈的干群矛盾最终导致村民持续的上访。下面是村民上访的一份材料：

关于山西省 D 村干部违法违纪的情况反映

尊敬的各位领导：

我们是 D 村的村民，关于我村党支部书记李军、村委会主任张海（李军和张海是表兄弟关系）二人自 2001 年换届上任至今，目无法纪，损害村利益，侵犯村民合法事件屡屡发生。至今我们有很多的事情无法得到答案。

我村有一号，二号两个矿井，一号矿井所办理的开采手续至今下落不明。井上的各种设备如：道轨、矿车、高压线、杆、房屋等全部变卖，但是变卖所得的款项是否入账没有公开。二号矿井因为没有生产资金承包给了外村的刘某，五年来煤矿所生产的煤每年 60 多万吨，收入情况却没有人知情，在承包期满后，所投入的资产全部归 D 村。这件事有合同为证。2001 年合同订立后，二号井在刘某承包期满后又转包给了一个国家公务员魏某。矿是 D 村集体的，但是我们村民对此人以何种方式取得承包该井口不得而知，而且没有订立任何合同，没有说以多少资金承包的。现在期限早满，但是钱、物却下落不明。2011 年整合煤矿时，二号井响应上级指示，兼并重组，井下至井上设备房屋等资产评估价格为 1600 多万元，但是被村领导私吞了 800 多万元。而且村民对此评估也存在疑问，因为在其他村里最低资产评估都在 4000 万元左右，难道我们村里所有的矿井就这么不值

钱吗?

其次，李希盖房占地 20 多亩，还有两所民办学校占耕地 20 多亩，以及外来人口在村所占耕地盖房起院的款项是否进账都不知道，原车队煤矿每年给的占地费用以及前两任村委盖三层办公楼卖给镇医院的钱还有集贸市场的占地费用，市场每年交的 6 万元管理费是否进账，这些钱的去向村民全都不知道。

所有村级重大事项和涉及群众切身利益的相关事项在村党组织领导下，按照"四议"即：村党支部提议、村两委会商议、党员大会审议、村民代表会议或村民会议决议："两公开"则是决议公开，实施结果公开。可是自 2001 年至今，关乎村民利益的决策等都没有按照这个程序实施，甚至是上述事实的钱款没有公开过，也没有在村里重大事项的决议和决议实施全过程让村民监督。

根据 2010 年 10 月公布实施的《中华人民共和国村民委员会组织法》中第 24 条规定：涉及村民利益的下列事项，经村民会议讨论决定方可办理：二、从村集体经济所得收益的使用；五、村集体经济项目的立项、承包方案；七、征地补偿费的使用、分配方案。《组织法》第 30 条规定：村民委员会实行村务公开制度，村民委员会应当及时公布下列事项，接受村民监督；三、政府拨付和接受社会捐赠，补贴补助等资金，物资的管理适用情况；五、涉及本村村民利益、村民普遍关心的其他事项，前款规定中一般事项至少每季度公布一次，财务收支情况应当每月公布一次，涉及村民利益的重大事项应当随时公布。可是上述事实中，村民没有进行过决议就把矿井承包给他人，以及让他人占耕地建房屋，村领导更没有公布过矿井收入，占地款项以及评估的这些钱款是否进账以及钱款的去向不知所踪。

综上所述，为了保护我村村民的利益，望领导给予高度重视，尽快解决我村出现的严重情况，还我村村民一个满意的答复，希望上级派驻工作组来我村审计，为村民讨一个公道。

谢谢!

D 村村民

从这则上访材料中反映出村支书一手遮天、侵吞村集体财产的事实。

在这种情形下，即使是他的本家亲戚也可能遭遇不公平的待遇，所以上访人群中不仅有本村的外姓人，更有一些就是他的本家（包括他的本家爷爷，一位 80 多岁的老人和一位上访告状的带头人）。而村支书与那位本家爷爷的谈话更是为此做了最好的注解。村支书说："您这么大岁数了，还来告我？"（20111226D13LTY）本家爷爷回答他："我都这么老了，你也不照顾照顾我。"（20111226D13LTY）

学界对目前乡村社会关系的现状形成了共识，即乡村社会关系渐趋功利化和理性化。徐勇、邓大才指出，被高度社会化、将货币收入最大化作为行为动机的社会化小农，已果断地将利益作为自己社会关系行动的主要原则。[①]臧得顺指出，市场经济体制和利益导向机制的建立，乡村社会成员的利益观念和行为凸显，乡村人际关系在差序上的亲疏远近实质上演变为利益关系的远近[②]，由于利益的介入，D 村村民的关系愈来愈高度利益化、理性化了。马克思认为"人们为之奋斗的一切，都同他们的利益有关"[③]。每个人都是独立的个体，都有自己独特的利益，其上访诉求也是不一致的。D 村村民的上访经历了一波三折，由最初的利益不一致的个体上访，到形成利益共识的集体上访，发展到最后利益分化形成的上访僵持局面。

1. 利益不一致的农民的个体上访

D 村煤矿一直属于村集体所有，但由于村支书李军的不作为或乱作为，村集体一直处于经济薄弱的状态，因此村干部的工资、为了修建煤窑向村民征收的集资款以及村民承包煤窑的小部分工程的费用，都未能及时发放，因此，村民们存在三种不同的利益：一是修建煤窑时村集体拖欠的集资款。主要涉及刘姓 5 户人家，但其他农民普遍认为如果当时是集资行为，那就是非法集资，如果是入股行为，入股本来就有赔有赚，所以这笔补偿款不能用于偿还集资款；二是拖欠的工资款。主要涉及村中一些干部，包括拖欠前任村委会主任、村支书以及部分分管煤矿生产的领导的款额共有 200 多万元，农民认为这些款项也不明确，这些人员不能拿出原始证据证明确实欠下这些工资；三是承包煤矿的费用。几户农民当时承包农

①　徐勇、邓大才：《社会化小农：解释当今农户的一种解释》，《学术月刊》，2006 年第 7 期。

②　臧得顺：《臧村"关系地权"的实践逻辑——一个地权研究分析框架的构建》，《社会学研究》，2012 年第 1 期，第 78—106 页。

③　马克思、恩格斯：《马克思恩格斯全集》第 1 卷，北京：人民出版社 1995 年版，第 187 页。

村煤矿，负责出煤，但最后农村以无钱为理由拖欠承包费用，这笔钱后来已经上诉至法院，法院认定要求合理，责成村干部赔偿，村民已拿到一些钱，目前还欠 14 万元，这对于农民来说是一笔不小的数字，所以这几户村民也要争夺这最后的款项，这些利益是村民们承认的。村民在获知煤矿补偿款的数额后，都盯住这村集体仅有的最后资产，都想从中尽早获得属于自己的那部分利益。但由于利益的不一致，村民们没有形成集体上访，而是开始了一家一户的上访。这种零散的村民个体上访行为，虽然多次出现，但结果并不理想，没有引起基层政府的足够重视。因为维稳工作尽管是目前基层政府的重要工作，但在受理上访的过程中，领导更关注的是群体性事件，而对一人或几人的上访不太重视，或者说引不起主要领导的重视。

2. 达成利益共识的集体上访

村民在一家一户的上访未果和与基层政府多次较量的过程中，他们不再盲目上访，而是理性地意识到，大家必须联合起来，人多势众，才能取得好效果。于是，村民们不再固守个体的利益，因为村支书的所作所为大家早已深恶痛绝，对于煤矿兼并的补偿款和承包费用大家是有共识的，于是大家一致行动，形成了一支 50 人左右的队伍，并且大家意识到必须有带头人出来为村民上访出谋划策，告状带头人也就脱颖而出。两位带头人具有学者们所描述的上访精英的类型特征，即他们是农村的经济精英或文化精英。他们是 D 村的经济能人，有较强的致富能力，常年在外面打工，有走南闯北的社会经验，现在由于全国各地小煤窑的关闭，外面发展的空间较小，他们决定回村发展。而且他们有文化、能说会道。村民们在这两位带头人的带动下，积极配合，为了实现成功上访，而又不至于暴露行踪（因为本村还有一些村民是现任支书的亲戚，他们专门负责打听这些上访人士的行踪），或直接被乡镇干部截访，大家在不断地总结经验，诸如上访中的迂回战术，"陕西人告状走天津"。有了这些经验，再加上村民的集体上访，本村的上访结果有了实质上的进展，基层政府再不敢小觑这支上访队伍，村支书也在村民的维权行动中感到了不安，大家也就在一次次的上访中获得了一定的补偿，初步满足了村民的利益需求。

3. 利益整合之后的再分化

D 村一年多有带头人的有组织的上访，让村民看到了使用上访这一维权武器的好处，但是，正如奥尔森所分析的，"集团规模越小，一个成员的行为就会对其他成员产生明显的影响，因此个体间的关系相当重要"①。"除非一个集团中人数很少，或者除非存在强制或其他某些特殊手段以使个人按照他们的共同利益行事，有理性的、寻求自我利益的个人不会采取行动以实现他们共同的或集团的利益"②。D村村民的集体上访人群常年有五六十人左右，这些人在不断的上访中，付出了时间和金钱（上访所需的路费等），在上访取得一定效果之后，因为利益分配问题产生的矛盾随即加大，出现利益分化。

村民的利益分化体现为两方面：一是村民与村民之间的利益分化，因为D村全体农民在告状中面临的问题是奥尔森所讨论的排外集团和相容集团的问题。③ 作为一个相容集团，大家希望参与上访的人越多越好；而作为一个排外集团，希望参与分利的人越少越好，村民们面临的是一个860万元补偿款的蛋糕问题，尽管村民的主要利益是一致的，但同时又有不一致的成分，谁能够从中尽早尽快地获得补偿，谁就是胜利者。何况本村还存在寄居户的分款问题。本村的寄居户（有56人，这些人都是村支书照顾的对象，他们不在本村居住，只是户名还空挂在农村，可以获得本村农民的利益，另外这些人在投票选举村干部时是村干部可以利用得最好的选票），这些人并未对农村发展有实际贡献，也没有付出告状的辛劳，但他们在分补偿款方面，照样可以获得一份利益，所以也引起了本村农民的强烈不满。

二是村民与带头人之间的矛盾。农民对这两位带头人的不满主要是认为他们目前已经收取了支书的贿赂，因为他们看到好几次村支书在请他们吃饭，所以现在告状时，村民不再同他们一起告状了（如前所述，上访人数的多少是决定上访成功的一个重要因素，四五十人以上的上访才会引起上级政府的关注，否则只有几人的上访，政府一般是不会特别关注的）。这两位带头人也有自己的苦恼，认为现在告也不是，不告也不是。如果不继续告状，农民一定会认为他们确实收取了贿赂，而继续上访又需要一笔差旅费，这些费用他们目前虽然能承担得起，但长期的上访也让他

---

① ［美］曼瑟·奥尔森：《集体行动的逻辑》，上海：上海三联书店1995年版，第34页。

② 同上书，第2页。

③ 同上书，第31—41页。

们付出了很多，何况上访不一定能有实际效果，如果没有实际效果，大家认为他们根本没去；而上访如果成功，收益由每个农民无偿取得，并不会给他们更多的利益，更何况农民对他们的猜疑也让他们有些寒心。D村出现的带头人与村民之间的利益分化与臧得顺在其《臧村"关系地权"的实践逻辑》①一文中分析的乡村农民因为利益矛盾出现的分化很类似，那就是介于村干部与村民之间的平民精英有两种类型：一种是自保型平民精英，与政府对抗的目的只是为了自己的利益；一种是依附型平民精英，与干部精英达成默契，共同依靠强力欺压弱势村民。D村村民的担心也不是多余的，他们担心这两位带头人已经蜕变为依附型平民精英，所以，经过理性思考的村民们不再配合带头人的上访行为，而带头人也在村民的埋怨中暂时停止了上访，D村村民的上访暂时处于停滞阶段。

五　资源型村庄走向全面的衰败

D村当年由于集体产权结构发挥效用，村办集体煤矿不仅壮大了集体经济，增加了村民收入，而且村委会为村民统一修建了房屋，提供着免费的生活用品，是当时县城里数一数二的好村。

而自从2001年谋利型村治精英上任后，只关注自身利益，全村十几年没有召开一次村民大会、村民代表会议，村民的民主决策、民主管理和民主监督流于形式，在煤矿承包转让方面、利益分配方面村民没有任何话语权，因此，村办煤矿的集体产权结构不再由集体拥有，而是处于缺失状态，或者称之为形式上的集体产权。②村委会大楼常年门窗紧闭，无人办公，只在三年一次的村委会换届选举时才有些动静，以至于花168万元盖起来的村委会大楼布满灰尘，村委会院内的一根暖气管道因为漏水无人管理，流出的水都可以在上面滑冰，院内杂草丛生，安装的健身器材锈迹斑斑。而当询问什么时候才能见到村支书，村民一致的回答是

"我们就去镇里闹事上访，镇里领导就会给书记打电话说，你快

---

① 臧得顺：《臧村"关系地权"的实践逻辑——一个地权研究分析框架的构建》，《社会学研究》，2012年第1期，第78—106页。

② 张静：《基层政权——乡村制度诸问题》，杭州：浙江人民出版社2000年版，第287页。

来吧，你们的人又来了，快给领走，这样的情况书记才会来，一般情况见不到领导"。(20111223D14WZJ)

因为村支书在外面承包煤厂，整天忙于自己的生意，根本无暇顾及村庄发展，村主任虽然住在村里，但他只是村支书的传话筒而已，并没有实际的职权，所以村庄实际处于权力真空地带，没有人为 D 村的发展负责，村民们或者拿起"弱者的武器"——上访，或者埋头专注自己的生计。

一村民说

"现在书记想下台，捞够了，现在煤窑也没有了，污染费什么，救济贫困的什么的捞得少了，养老金直接发卡上他也捞不上，就没意思了，没有煤窑捞的多了"。(20111224D04LH)

所以这种谋利型村治精英在有利可图的情况下，他们会看重自己在农村的职位，一旦无利可图，他们就会远离农村政权。因此，2011 年的村委会选举中，村支书不再想担任，而村民考虑到如果村支书下台，旧账也就再无希望获得，万般无奈之下只好又选择了他。

D 村村民的生存受到挑战，用水、烧煤等基本的需求得不到满足，上访问题无法得以解决，村民自治中的民主决策、民主管理、民主监督得不到实施，伴随着农村政治组织的衰败和干群关系的紧张，国家及其代理人（乡村干部）的合法性在农村降低，基层政权正在远离村民的利益，基层政府的权威基础被削弱，国家权威也因此受到挑战，D 村走向全面的衰败。

第四节　集体产权与资源型村庄治理的关联

一　集体产权发挥效用是资源型村庄善治的核心

集体经济是公有制经济的重要组成部分，对实现共同富裕具有重要作用，特别是在农村地区起到了决定性作用。[1] 对集体企业来说，它们的利

---

① 程恩富：《坚持公有制经济为主体与促进共同富裕》，《求是学刊》，2013 年第 1 期，第 62—67 页。

润为集体所共有，除了用于扩大再生产之外，可以直接改善本集体成员的住房、交通、医疗、教育等物质和文化生活，提高集体中全体成员的生活质量。比如江苏的华西村村民的共同富裕就在于一个不断壮大的集体合作经济。共有产权之所以产生是为了实现社区集体产出的最大化，如果没有共有产权来保护共同财产，经济社会中社区集体的物质基础就消失了，而社区集体也可能解散。因此，共有产权的完备性是社区集体产出最大化和社区集体福利存在的必要条件。①

　　煤炭资源型地区村庄的发展主要依托煤炭资源。煤炭资源采取何种产权结构更有利于村庄治理呢？案例表明，当村民集体享有对煤矿资源的使用权、收益权和转让权，煤矿的集体产权结构即集体经济的收益始终为全体村民所享，在此基础上，农村可以实现共同富裕和全面发展。但是，当集体产权结构下的公共权力缺乏监督和制衡机制时，将会导致集体产权结构运转失效，集体收益沦为村干部个人享有，贫富悬殊增大，进而激发干群矛盾，引发群体性事件，最终使得村庄陷入混乱无序的境况。

二　保护型村治精英是集体产权发挥效用的关键

　　诸多研究表明，改革开放后村庄的发展大都与"能人"（村治精英）有关，正如毛泽东所指出的，"政治路线确定以后，干部就是决定的因素。"② 村治精英作为国家政权的代理人，是国家权力在基层的代表者和执行者，他们的治理理念与治理能力决定了村庄的发展。

　　民主并不是万能的，它也是有缺陷的。奥尔森认为，民主的本质不在于它是否赋予公民选举权，更重要的在于它能否保证政府产生于自由的政治竞争过程，从而确保拥有共容利益的精英掌握政治领导权。熊彼特在《资本主义、社会主义与民主》中也提出了同样的思想，即民主就是政治家的统治，政治的民主原则应该从争取选票的竞争性斗争中产生出来。卡尔·施密特也提出，议会民主制的本质在于让最优秀的政治精英掌握政治

---

① 韩文龙、刘灿：《共有产权的起源、分布与效率问题》，《云南财经大学学报》，2013 年第 1 期，第 15—23 页。

② 《毛泽东选集》第 2 卷，北京：人民出版社 1991 年版，第 526 页。

领导权并承担公共事务。① 从上述学者的论述中可以看出，拥有共容利益的精英主导下的发展更能确保公共事务的开展，他们在政治的发展中起着关键性的作用。

上述两个典型案例表明，村办集体煤矿的收益权能否为村民集体享有，其经营是否由村民集体决策，集体产权结构是否有效发挥作用，其关键在于村治精英的治理理念及治理能力。

C 村的村治精英是一位典型的保护型村治精英。他坚持"人不能只为自己"和村民共同富裕的理念不动摇，凭借自己多年经营煤矿的经验与敢于拼搏的精神，挑起重担，坚持集体经营，尽管煤矿经营遭遇多次挫折，但他始终无怨无悔。他强大的个人魅力影响和感染着全村村民，依靠集体煤矿积累的资金，实施农业、工业、服务业多元发展的道路，最终使村庄走向可持续发展。

D 村的发展经历了一场大起大落，从煤矿集体经营时村庄的繁荣发展到后来煤矿被私人承包后村庄的衰败，其根本原因在于集体产权结构运转失效。而这与本村谋利型村治精英是分不开的。这种精英当选后主要思考的是一己之利而非村庄整体利益。因此，在 D 村煤矿被个人承包开始，他就找到了可以满足自身利益的渠道，与承包人合谋共同侵吞集体利益。煤矿的个人承包实际上演变为村治精英的个人占有，导致集体产权结构运转失效，村民利益受损。

因此，集体产权发挥效用的关键在于村治精英是保护型还是谋利型，其治村理念与治村能力决定着集体产权结构发挥效用。

三　民主机制是集体产权发挥效用的制度保障

产权政治学认为，集体产权中任何个人都无权代表全体成员变更其任何权利，应由集体成员全体来决定，集体产权结构的本质就在于通过产权制度安排来规范集体成员在经营、收益、转让权利时的行为，从而确保集体收益始终为集体成员所享有。集体成员必须积极参与到公共事务的决策、管理与监督中，才能确保共享集体利益。

---

① 转引自［美］曼瑟·奥尔森：《权力与繁荣》，苏长和、嵇飞译，上海：上海人民出版社 2005 年版，第 4 页。

　　C村的案例表明，村民对集体煤矿经营中的具体事务进行了民主决策、民主管理与民主监督，确保了集体成员对煤炭资源的有效控制。C村的民主决策是普通村民通过自己选出的村民代表参与到集体企业的管理和公共资金的使用与分配的过程中。由于全体村民在集体煤矿的经营、收益、处置等方面行使了自己的民主权利，对农村重大公共决策如村庄整体搬迁、购买新建煤矿、进行股份制改造等事务进行了有效监督与管理，最终确保了集体成员对煤炭资源的使用权、收益权和转让权。

　　D村集体产权结构运转失效与本村村民对自身权利的漠视有关。首先，村庄的民主制度流于形式，全村十几年未召开一次村民代表大会，没有形成一套约束公共权力的机制，绝对的权力导致绝对的腐败，村支书的一手遮天也就堂而皇之地一直存在着；其次，村民只关注眼前利益，没有运用民主的武器争取长远利益。煤矿兼并重组之前村民生活比较安逸，小煤窑突然被兼并，生产、生活陷于无着落的状况，村民才重翻旧账，但时过境迁，早已无法挽回；最后，村民各自为政，只考虑一己私利，集体行动无法有效达成。面对不负责任的村干部，村民无奈之下选择上访，但他们各自为政，只考虑自己利益得失，互相埋怨，上访带头人陷于尴尬状况，村民利益分化、整合、再分化，集体行动达不成共识，最终陷于混乱而无发展的局面。

四　经营权并非集体产权结构的关键权利

　　如前所述，C村实行村集体煤矿集体经营的方式，在这种经营模式下，最需要防止的是集体人人有份而集体无人负责的局面，因此，在C村既有保护型村治精英的领导，又有村民民主参与和民主监督，二者有效结合共同确保集体煤矿的收益权始终为村集体和村民共享，任何人不能独占这些权利。

　　D村实行村集体煤矿个人承包的方式，其经营权与C村不同，但经营权的变更不会改变产权的性质，也不应该最终侵害村集体和村民的权益，因为集体煤矿的收益权由村集体与承包者共享，承包者应该按照合同如约支付，保障村集体和村民的利益。但是，在D村由于谋利型村治精英的存在，又由于村民的集体短视和利益纷争无法达成共识，最终使得村治精英与煤矿承包者合谋，共同侵占村集体与村民利益，使得村庄陷入发展困境。

同样与 D 村紧邻的村庄——南村，两村同属一个乡镇管辖，资源环境完全一致，但南村比 D 村的地理位置稍差，离县城更远些。南村同样采取外村人承包煤矿的个人承包方式，但个人承包支付村集体的所有款项全部用于农村发展。南村虽然与 D 村一墙之隔，但村庄房屋规划整齐、道路平坦、卫生情况良好。南村从未发生过上访告状，村庄社会秩序井然有序。南村村支书是一位非常热情、有着北方汉子豪爽大度的村干部。他担任村支书已经 30 年，一直居住在村里，关注着村庄的发展。他在市里也有房子，孩子们都在市里工作，但他从来没有想到要离开村庄去市里居住。他现在最发愁的问题是自己年纪较大，已经接近 70 岁，而本村接班人问题还没有着落，因为现任村主任比较懒散，缺乏经济头脑，而副村委会主任年纪较轻，魄力不足。2009 年煤矿兼并重组南村的煤矿其补偿款高达 4000 万元，按照村庄发展规划一部分用于村集体建设，一部分发给村民。同时村支书还主动与其他省份的煤矿联系，给村民介绍工作，解决了村里 100 多人的就业问题。

由此可见，村办集体煤矿是集体经营还是个人承包，这种经营使用权的变更并不是集体产权结构能否发挥效用的关键，任何一种经营方式只要运转合理、制度规范，都可能为资源型村庄奠定良好的物质基础。集体产权结构中最关键的权利是占有权、收益权和控制权，只有村集体煤矿的占有权、收益权和控制权是由村民共同决定而非村治精英个人决定，就能确保其资源收益为全体村民所共享。

小　结

经济学家德姆塞茨认为："在共有财产体制下，共有产权的价值在最大化时没有考虑许多成本。一个共有权利的所有者不可能排斥其他人分享他努力的果实，而且所有成员联合达成一个最优行为的协议的谈判成本非常高。"[①] 在他看来，共有产权模糊而低效。社会学家认为集体产权是社

---

① ［美］H. 德姆塞茨：《关于产权的理论》，见 ［美］R. 科斯、A. 阿尔钦、C. 诺思等：《财产权利与制度变迁》，上海：上海三联书店 2002 年版，第 105—107 页。

区内一份隐性的、非正式的"社会性合约"，这类合约主要不依靠强制性的法律，而是当事人依据村落共同体内广泛认同的公平原则、在互动中自发建构出来，并在村庄治理中起着举足轻重的作用。

C村、D村同样是集体产权结构，C村走上了一条农业、工业、服务业以煤为基、多元互动的可持续发展之路，D村发展混乱而没有出路，集体产权结构是否有效发挥作用决定了两村完全不同的发展道路。而制约集体产权结构发挥作用的关键因素在于两村村治精英的类型与村民民主参与程度、广度的巨大差异。

C村的村治精英是一位有能力的保护型村治精英，D村是一位无能力的谋利型村治精英，在两村面临共同的资源环境与市场环境时，两村村治精英的治村理念与治村能力完全不同；C村村支书一心为民，以集体利益为重，把村集体经济的发展和村民利益置于个人名利和权力之上，凭借自己广泛的人脉、敢于拼搏的精神，引领村庄发展，不断走向辉煌；D村本来有着和C村同样发展良好的阶段，但谋利型村治精英上任后，只考虑个人利益，村办集体煤矿个人承包后，村支书与承包人合谋，把村办集体煤矿沦为自己谋利的工具，侵害村民利益。

两村村民自治过程中民众参与方式差异显著。C村村干部在集体经济壮大的同时，为村民提供优质的公共产品，实现了村庄的共同富裕。村民出于对村干部的高度信任，积极参与村集体的各种活动，自觉遵守各项规章制度，并在参与村庄重大公共事务时齐心协力、共渡难关，实现了对村庄公共事务的民主决策、民主管理与民主监督；D村缺乏村务公开和民主决策，集体煤矿在第二次转包时，制度极为不规范，缺乏民主监督。村民对自身权利比较漠视，只有无路可走时，才想到维护自身权益。从D村一波三折的艰难上访之路可以看出，村民在维护权益时，彼此怀疑、只考虑一己之利，没有村庄整体发展理念，集体行动难以有效达成，最终导致D村一盘散沙，形成与C村完全相反的发展道路。

两村的典型案例表明，集体产权结构"集体所有、人人有份又人人无份"的模糊、低效状况在村落共同体内并非全部如此。在村落共同体内，如果能规范集体成员在集体煤矿的占有、收益、处置等方面的参与行为，即使在集体煤矿实行个人承包，其经营使用权归承包者所有的情形下，只要确保集体成员对资源的占有权、收益权与转让权，保护型村治精英主导与健全的民主制度共同作用，集体产权结构就可以为集体共同享有。因为集体产权结构中，经营使用权的变更并不会改变集体产权结构的性质，任何一种经营方式只要运转合理、制度规范，都可能为资源型村庄奠定良好的物质基础，从而实现村庄的有效治理。集体产权结构中最关键的权利是占有权、收益权和控制权，而非经营使用权。

第三章　个体产权与资源型村庄治理

本章关注煤矿个体产权结构对村庄治理及其发展走向的影响，主要研究三个问题：第一，本村的煤矿为何更多采取个体产权的形式，其原因何在？第二，当个体产权结构建立之后，村庄公共权力结构会发生何种变化？第三，这种权力结构支配下的村庄治理又会呈现何种面貌？

德姆塞茨认为，"私有制则意味着共同体承认所有者有权排除其他人行使所有者的私有权"[①]。私有产权与集体产权最大的不同在于产权明晰，它的使用权、收益权与转让权完全集中在一个人手中，由他自由支配，而这种产权制度因其明晰的产权，成为经济学家大力鼓吹的产权模式。以科斯为代表的现代产权理论，提出要明确界定权利，利用市场机制，通过订立合约，实现利益损失最小化和社会产出最大化。[②] 因此，排他性的私有产权避免了共有产权和国有产权下的制度缺陷，使其外部性充分地内在化。

就我国煤矿产权结构而言，没有西方经济学意义上的产权完全私有的煤矿，国家拥有煤炭资源的所有权，个人只是拥有对煤炭资源的占有、使用和经营权，这种个体产权结构由于其收益自己分享的原则，对村集体经济的贡献很少，但开采煤炭资源却会对村庄的环境造成较大破坏，农民被迫承担开采煤炭的全部负外部性。本章将用一个典型案例展现煤矿个体产权结构下村庄治理的全貌。

---

① ［美］H. 德姆塞茨：《关于产权的理论》，刊于 ［美］R. 科斯、A. 阿尔钦、C. 诺思等：《财产权利与制度变迁》，上海：上海人民出版社 2002 年版，第 105 页。

② 李培林、张翼：《国有企业社会成本分析》，北京：社会科学文献出版社 2007 年版，第 8—9 页。

第一节　多方因素促成个体产权

一　国家政策允许

改革开放后，国家出台了"国家、集体、个人"经营煤矿的方针。个体煤矿开始蓬勃发展，但个体煤矿最初经营时都采取名义上挂村集体的招牌、实际收益归个人所有的方式，经营煤矿需要办理的工商、税务、监管等证件、手续都由村集体出面办理，同时为村集体交一点象征性的费用。这样的情形维持了一二十年。之所以如此，正像张晓山指出，这种挂牌方式既能"避免政治风险，戴上'集体企业'的红帽子，可免除种种意识形态方面的干扰；又促进经济利益最大化，注册为集体企业可享受税收、信贷、地租、能源等方面的优惠，并可减少与工商、环保、交通监理、银行等部门打交道时的交易成本"[1]。表 3.1 显示了 20 世纪 80 年代私营企业挂靠集体企业得到的好处。

表 3.1　　　　　　　　　私营企业挂靠集体企业得到的好处[2]

企业性质	法人资格	贷款担保	贷款利率	对外业务	经营场地	产品税	所得税
私营	无	无	9.6%	不允许	租金高	5%	1%—3%
集体	有	集体组织	6.4%	集体组织允许	无偿提供	3%	可免除

2004 年 5 月，山西开始以临汾为试点推行煤炭资源整合及有偿使用的政策，按照"谁办矿、谁投资、谁经营、谁负责"的原则[3]，实行采矿权和经营权的统一，对挂集体牌经营的个体煤矿重新发证，并严格执行行业准入标准。煤矿由个人出资购买，办理合法手续，从此，煤矿真正成为自己所有。与 D 村村办煤矿被个人承包相比，产权性质不变，煤矿法人是集体法定代表人，个人只有经营权，没有财产处置权；E 村村办集体煤

---

① 张晓山：《乡村集体企业改制后引发的几个问题》，《浙江社会科学》，1999 年第 5 期，第 23—24 页。

② 同上。

③ 《山西煤炭资源整合和有偿使用状况分析》，见于王昕主编：《2009 年：山西煤炭工业发展报告》，太原：山西经济出版社 2008 年版，第 205—206 页。

矿被个人买断，产权性质变为个体产权，法人转换为个人，拥有经营权和财产处置权。

E 村特殊的地质条件决定了 E 村煤炭资源丰富，煤田面积为 6.2 平方公里，储量约 800 万吨。由于当地煤炭资源丰富，同时从 20 世纪 90 年代到 2005 年之前国家对煤矿的管理比较松懈，当时 200 元就能办理一个采矿许可证。村里有一半以上的村民都纷纷私开小煤窑。这些小煤窑都悄悄在国有煤矿周边打眼，开采本来属于国有煤矿的煤炭资源，侵吞国有资源。俗话说，强龙压不过地头蛇，国有煤矿领导也不敢轻易惹怒当地人。再加上当时国家管理松懈，政策存在一定的漏洞，最终导致不合法的小煤矿在 E 村遍地开花。

乡镇党委书记对此事的看法是

"八几年九几年就有人承包。原来煤矿是村民集体的，后来开煤窑开得有点钱了，就把煤矿买下来了，政策允许。私人煤矿都给集体交点钱，比如他能赚十几个亿吧，他给村集体几百万。以前定的承包费就低，一直就没提，这存在个啥问题，我给村干部塞上个一百万，我每年给你交上个二三十万，每年（承包费）提不了多少，每年十万十万地提"。（20121102E01LQS）

二 产权改革中的政企合谋

中国改革环境中把产权理解为市场经济建立的前提条件。中国的国企私有化改造所导致的不是设计者所希望的市场竞争机制的运作，而在很大程度上是官商勾结与垄断，不是市场经济的进一步健全，而是畸形的非自由竞争市场经济。[①]

中国在经济改革中遭遇的最大阻力在于权力参与、渗透到产权界定的过程，产生了形形色色的腐败问题。煤炭资源领域的产权改革同样如此，其中大量不合法的私人煤矿的存在就是最好的注解。正像学者孙立平所

---

① ［美］黄宗智：《经验与理论：中国社会、经济与法律的实践历史研究》，北京：中国人民大学出版社 2007 年版，第 525 页。

说："这种产权改革在很大程度上是一次'扭曲的改革'，因为我国的改革是一种渐进式改革，渐进中的每一步，并不一定能够达到最终目的，它都有可能在其中的每一步固化下来。特别是当社会利益集团有能力影响改革进程的时候，这种固化下来的改革就可能成为一种扭曲的改革，甚至成为一种'烂尾工程'。这种改革使得'官煤勾结'的利益得以最大化，其奥秘就在于以权力催生矿产的私有，然后再以权力挟制私有的矿产。"①"扭曲的改革"的高潮就是官商联手进行煤矿改制。在当时市场前景堪忧、煤炭价格低迷的情形下，相当一批国有或集体煤矿处于不盈利甚至亏损的状态。很多备受争议的煤炭企业改制案例由此产生。这些煤矿主超常规的收益很大程度上是来自白白奉送的矿业权和国有资源，政府官员的寻租使得市场的资源配置作用没有得到有效的发挥，很多矿权的转让大多是以协议的价格而不是市场真实交易的方式。在政府失灵和市场失灵的双重压力下，最终导致对公共财产的瓜分。而这种改革实现的民营化，也只是权力的附庸，不可能脱离权力的控制而成为真正的市场主体，最终导致市场成为权钱交换的新场所，权力蜕变成谋利的新手段。

20 世纪末，我国大规模推行关闭、承包、出租、拍卖等改制形式，将大部分中小国有和集体所有的煤矿承包给个人，大量煤炭资源任由私人开采。煤矿主只须花几十万元或上百万元的投资或者只通过审批就可以取得数以百万吨的煤炭资源开采权，表面上这些资源属于国家共有财产，实际上，只要煤矿主再缴纳平均每吨一元左右的矿产资源补偿费，就可以把煤矿当做自己的私有财产来开采。② 这样，煤矿承包者就取得了大量的煤矿收益，迅速积累了财富。为什么矿主参与这种合谋行为？这主要是获利的需要。③ 煤炭行业的进入、生产等要经过政府的审批，受政府的管制。我国现行政策规定，对于采矿权，市县两级政府都有权审批，最后报省政府备案。为了能通过审批，矿主不择手段、不惜代价。而手握行政审批大权的政府部门的官员们，正好为合谋提供了平台。与小煤窑生产密切相关的部门有国土、工商、安监、运管等部门，任何一个相关部门的

---

① 孙立平：《守卫底线》，北京：社会科学文献出版社 2007 年版，第 187—190 页。

② 《降低煤矿利润加大查处力度，斩断官煤勾结黑色链条》，南方网，2006 年 9 月 23 日。

③ 陈卫洪：《关闭小煤窑的经济学和社会学分析》，北京：冶金工业出版社 2010 年版，第 114 页。

政府官员都能找到足够的理由，来影响甚至停止小煤窑的生产经营活动。因此，小煤窑矿主必须采取合作的态度，主动与官员合谋，与其结成利益共同体。

政企合谋在 E 村存在类似情况。

村民在议论此事时，一致认为：

> "该县的私人煤矿这么多，有很大的原因是县领导的错。县长当上了，都是要捞点钱，很多私人煤矿因为不合法，就能多给上边县里点钱，而集体煤矿时，给得就少了，幅度很大，比如私人煤矿给1000 元，集体的给 100 元。县里也不会真正严查严打私开滥挖煤矿现象。整个市都是这个情况，现在县前几任书记上位上得快，因为贪污得多，现在都在市里。"（20121005E02SL）

尽管 E 村很多村民都在纷纷私开小煤窑，但并非人人都能发财，因为私开小煤矿有一些重要的制约因素：第一，高风险。小煤矿由于设备简陋、安全投入不足，因此出事多，风险大，有的人一年赚十几万元，有的人不仅没赚，反而赔了不少；第二，投资较大。最少需要投资十几万元，这对于一般农民而言是一笔很大的投资，很多人无钱开办；第三，不确定性。有的人挖的小煤窑一二十米就可以开采出煤炭，而且煤质好，有的人挖了几百米都是石头；第四，销路最关键。否则开采再多的煤炭也毫无价值。因此，限于权力、关系、资金和风险等诸多因素制约，E 村的很多小煤窑维持时间并不长，经营一段时间后纷纷倒闭。真正由于经营煤矿发财、收入上亿元的煤矿主村里有三位：一位是村支书刘晋，下文将详细叙述；一位是村民二组的组长王三，他在 1983 年就开始经营煤矿，当时其叔父是公社主任，后来成为县里煤炭经销公司的经理。20 世纪 90 年代煤炭市场疲软的时候，凭借其叔父的权力可以很轻松地销售煤炭，而其他人没有这样的便利条件，煤炭一直积压；第三位是村民郭某，他亲戚当时是国有企业煤矿的矿长，私自划拨国有煤矿的一部分让他经营。这三位煤矿主最终凭借着自己特殊的政治地位获得煤矿并经营成功。这些个体煤矿在国家 2009 年兼并重组的过程中，都获得了上亿元的赔偿，再加上他们多年的经营收入，其个人财富早已是天文数字。

三　本地特有市场环境

对于煤炭资源储量丰富的农村，村办煤矿改制中选择个体产权还是集体产权有很多制约因素，其中市场环境也是关键环节。E 村所在县是产煤基地，煤炭资源丰富，而邻县的主导产业是钢铁，需要大量的焦煤发展冶铁工业，为本地煤炭的销售提供了绝佳的环境。地方市场非常活跃，产供销易于连结，这些条件无疑都成为影响该村选择个体产权结构的客观因素。

第二节　个体产权诱发村庄公共权力的蜕变

一　个体产权之前村庄公共权力的"道义本位"

道义论与功利主义是传统伦理学的两大流派，作为两种不同的价值导向规范着人们的行为。功利主义以"利己心"为立足点，以个体本位和个人主义为理论基础和出发点[1]，重点强调个人的利益需要，其等同于"利益本位"。道义论是"指以责任和义务为行为依据的道德哲学理论的统称"[2]，重点强调义务和责任的至上性，并以此来限制和规范个体，其等同于"道义本位"。道义本位强调在村落共同体内村治精英应该承担一定的义务和责任，在共同体内与村民一起分担风险，并且为村民营造"公平公正、均等共享"[3] 的村庄文化。公共权力的最终目标是促进和维护公共利益，村庄公共权力应该在促进农村经济建设、保护和分配公共资源、提供公共产品、化解冲突和维护稳定方面发挥重要作用。[4] 因此，村庄公共权力本质上应该是道义本位而非利益本位。

1983 年，E 村村集体开办了一个集体煤矿，和 C 村一样，集体煤矿增加了集体收入，农民的生活水平有了很大程度的提升。首先，村民的福利增加。村办煤矿是集体所有，村民可以获得煤矿的一些收益，尽管存在

---

① 方毅：《功利论和道义论的对立及其超越》，《学术交流》，2008 年第 8 期。

② 张华夏：《现代科学与伦理世界》，长沙：湖南教育出版社 1999 年版，第 109 页。

③ 朱冬亮：《村庄社区产权实践与重构：关于集体林权纠纷的一个分析框架》，《中国社会科学》，2013 年第 11 期。

④ 李俊清：《论乡村公共权力体系的改革与完善》，《晋阳学刊》，2007 年第 1 期。

村干部的多吃多占现象，但毕竟煤矿是村集体的，村民在年底可以获得一定的福利，一般每年发些白面大米，或者年底有1000元的分红，每户还有6吨炭，足够村民冬天使用，并且村民可以去煤矿随便拉煤。其次，村民都可以去煤矿工作，或者从事与煤矿相关的运输等职业。在村办集体煤矿经营期间（1983—1998年），三任村支书（张堂生、齐敏、刘晋，见表3.2）都秉持着为村民谋利的"道义本位"，积极为村民办实事。利用经营煤矿的资金为村集体修建小学、村委会办公楼，并且为村里修了水泥路。村民生活的提高、村庄基本公共设施的提供，使得当时村民与村干部的关系比较融洽，E村村民对村干部的评价也较高。

表3.2　　　　　　　　　　历届村支书、村委会一览表

任职时间/年	村支书	村委会主任
1956—1971	李秀文	李秀文
1971—1975	刘天保	殷胜
1975—1984	张堂生	张堂生
1984—1990	齐敏	刘晋
1990.5—1998.12	刘晋	齐敏
1999.1—2000.1	齐敏	高兴旺
2000.2—2007.9	高兴旺	李志荣
2007.10—2010.12	刘晋	刘林峰

二　个体产权后村庄公共权力的"利益本位"

利益分配机制的形成是各种权力博弈的结果，权力的格局决定分配的格局。[①] 1998年，E村村办集体煤矿进行改制，改制进程中围绕煤矿占有权的斗争异常激烈，各路精英纷纷亮相，最后刘晋凭借在村庄担任多年（1990—1998年）的村支书形成的绝对领导地位和足够多的个人财富获得了本村煤矿的个体经营权。

从表3.2可以看出，本村从改革开放以来，在位时间最长的一位村干

① 李京文：《〈资源、权力与经济利益分配通论〉的理论贡献》，《社会科学战线》，2014年第11期。

部是刘晋。他从 1984 年开始担任村主任，最初在本村的小学食堂当大师傅，没有多少文化，但人缘好，脑子也灵活，得到很多人的扶持。刘晋进入村领导班子是由当时的村支书齐敏提拔任命的，再加上当时乡镇书记是他的亲叔父（也就是曾经担任过村支书的刘天保），没有经过群众选举，他顺利成为村主任。接下来，1990—1998 年他成为村支书，成为全村的权力中心。正是在这个阶段，他积累了足够的政治资本和足够的金钱，所以也就顺理成章地在 1998 年村办煤矿改制的过程中，以他便利的政治地位获得了本村煤矿的经营权。此时，正好由于他在位期间，没有完成乡镇政府下达的农村交公粮的任务而被免职，他开始一心一意地经营自己的煤矿。

自从 1998 年村办煤矿改制、煤矿产权发生转移，由村办集体煤矿变为刘晋个体煤矿后，本村村民的生活发生了一系列重要的变化。

首先，村民的福利明显减少。产权变更之后，煤矿变成刘晋个人所有，煤矿的收益权也就归个人所有，村民每年依托煤矿的福利就没有了。其次，村民的生产方式也发生了变化。村办煤矿由刘晋个人经营后，村民就很少去煤矿工作了。因为私营企业以趋利为基础，村支书及其他煤矿主的个人煤矿极少雇佣本村村民。这有两方面的原因：一是本村村民都不想从事很辛苦的工作，以前在村办煤矿时，村民更多从事地面工作，而现在在个体煤矿，他们更多地被安排在井下进行挖掘，何况冒险作业也非常危险，大家都清楚这些个体煤矿的安全投入较少，极易造成安全事故；二是煤矿主也不愿意雇佣本地人，因为本地人与外地人相比，一旦遭遇安全事故，对外地人的赔偿要远远低于对本地人的赔偿，外地人一般赔偿 2 万元即可，而本地人要高出很多倍，日后还会有很多其他的麻烦。

当然，刘晋的个体煤矿毕竟建在本村，对村民的生活也有一些帮助，他们可以从事一些最基本的煤矿地面管理工作，或者经营饭店、商店，做些小本买卖。

1998 年刘晋不再担任村支书，本村先由之前的村支书齐敏继续担任，2000 年齐敏去世，由高兴旺担任。当时，高兴旺与村主任李志荣两人关系非常要好，以公社的名义合伙开黑煤窑，但由于经营不善，煤矿亏损了很多钱，两人利益分配不均，因此发生了矛盾。高兴旺脾气非常暴躁，做事虽然很热心，但常常急于求成，一开口说话就骂人，村民对他的评价都不高。2003—2004 年期间，李志荣联合村民告高兴旺的状，要求彻查村集体账务，理由是高兴旺在任期间贪污了村集体很多款项。上访的村民先到县政府告状，县政府没有理会这件事，村民直接从县城去了 T 市，前后去了好多人，他们在 T 市待了 3 天，也没有见到负责的相关领导，最后由县政府把上访的村民接回。这次上访事件的费用大部分都由上访村民自己支付，大家花费不少，但最后这件事不了了之，村民一直为此事耿耿于怀。

2007 年，刘晋作为个体煤矿主又一次成为村庄权力中心，但这次刘某重新出任村支书并非其本意，而是上级指派的结果。当时村里又一次面临换届选举，由于前任村支书高兴旺和村主任李志荣因为上访事件关系僵化后，不利于村委会工作的继续开展，这种态势下，乡镇政府为了维持稳定局面，再次邀请刘晋出面担任村支书。此时的刘晋早已是名副其实的煤矿主，在他经营煤矿的这些年（1998—2007 年），正好赶上煤炭价格一路上扬，因此，他根本看不起担任村支书的这点小利，不想接班。在乡镇书记的一再邀请之下，刘晋又开始出任村支书。他对乡镇政府提出的要求是必须让他的哥们儿上台，也就是现任村主任刘林峰。贺雪峰在《论村级权力的利益网络》① 一文中提出了一个“权力的利益网络”的概念，即指构成农村权力合法性基础的因素是建立在利益关系基础上的人际关系网络。在这一网络中，人们将利益得失而非面子或道德得失作为第一优先考虑的因素。对于当权者而言，他们出任村干部主要是把它作为有经济收入的一种职业，而不仅仅是一种荣誉或为了光宗耀祖。因此，是否当村干部及如何当村干部，与他们对经济收入的理性考虑密切相关；与他们的投入（当村干部的时间、精力花费以及是否得罪人）与产出（可以有多少经济收入，可以支配多少经济资源及可以带来多少“面子”收益）密切相关，并且这种考虑越来越具有纯经济化的倾向。当他们感觉到担任村干部在经济上合算时，才愿意出来竞选村干部。村支书刘晋即如此。他担任村支书可以分为两个明显的阶段：第一阶段，1984—1998 年，他通过积极争取和重要人物的支持，担任村主任、村支书，积累政治资本，成为农村权力中心，并依靠这一政治地位，他轻松获得本村煤矿的个人经营权，经过不

---

① 贺雪峰：《论村级权力的利益网络》，《社会科学辑刊》，2001 年第 4 期，第 52—56 页。

断努力，赚取财富。同时，他也在积极发展 E 村的经济，为村庄修建了一些基本的公共设施等，因为当时村庄的发展与他个人的发展及命运是紧密联系在一起的；第二阶段，2007 年到现在，他的个人财富已达上亿元，他已经完全不在乎村支书这一职位能够带给他的荣耀，只是出于人情面子，看在乡镇政府领导一再邀请的前提下，才又一次成为农村的权力中心。此时的他身在曹营心在汉，只是在应付上级的差事，再没有心思关注村庄整体的发展。

刘晋 2007 年再次出任村支书后，其财富积累已经上亿元，所以出于善意他个人出资 100 万元为 E 村小学修建了教学楼，又帮助一些村民发展养殖业。因此村民对他的评价比较好，实际上，村民对村干部的要求是很低的，他们说"只要不太胡来，就能一直当队长"。但是与经营煤矿获得的巨大利益相比，农村缺乏足够的利益去调动村支书的工作积极性。就村支书刘晋而言，他的个人煤矿已在 2008 年兼并重组中获得补偿后被关闭了，但在本村的国营煤矿里他继续占有一定的股份，因此他每天忙于经营自己的事业。他在处理村庄公共事务时得过且过，几乎不闻不问，能推脱就推脱，由村主任全权处理，只有村里发生重大事情时会回来，平时一般居住在市里，冬天的时候会去海南居住，成为典型的走读干部。

村主任刘林峰由于和村支书个人交情深，所以在村支书的推荐下，已经连续担任两届村主任。村民说：

> "他是靠关系上来的，背后有刘晋扶持他，他们是本家。他当选是假投票，选举只是一个形式，走过场。选举时将选票发到每个村民手中，看着你写，所以大家不好意思不选人家。人选内部早就定好的，选不选都是他们这些人。村民根本就见不到刘林峰，人不好，时常不在村里，现在当了领导了，才发了财，现在什么也不干，还有钱赚。刘晋就是他的靠山。"（20121003E03LDJ）

既然村主任是通过这样的选举方式产生的，所以村民有事如果不去村委会吵架，村主任就不会出面管理，去找他办事，他根本就没有耐心与村民谈话，双方甚至还能吵起来。

还有一件事足以说明村主任缺乏责任心。

　　"去年学校里没有暖气，孩子们都给冻哭了。我给刘林峰打了好几次电话让他来解决暖气的问题。但是，刘林峰说谎，不说实话，推脱这件事。我在学校给刘林峰打电话问他在哪里，刘林峰说他就在学校修锅炉，给孩子解决暖气问题，实际上他就不在学校。学校的老师也觉得冷，不给孩子上课，就在自己的屋里烤电暖气取暖，让班长在教室里看着学生们写作业，上自习。其他村民气愤地给刘林峰打了好几次电话，说再不给解决就去教育局讨说法，刘林峰的答复就是，那你们去吧。反映了好几次，过了一个月，取暖情况才好了一些"。（20121003E04FG）

　　面对维修学校暖气管道这样一件事关大局、但很好处理的事情，村主任都在推三阻四，可想而知，当村庄面临一些困难的事情，村主任又会采取怎样的态度。

　　利益是人类一切行动的起点和归宿。马克思认为，"人们奋斗所争取的一切，都同他们的利益有关。"① 同样，史学家理查德·派普斯认为，"财富孕育着统治权"②，财富在谁手里，主权迟早会在谁手里。由于煤矿产权的个人所有制，作为煤矿主的村支书刘晋，在两个位置上所获利益形成巨大反差时，作为一个理性经济人，他只关注自身的利益，不再关注农村整体的发展，村干部的理念从关注村庄发展的"道义本位"变成关注自身发展、以利益为重的"利益本位"。个体产权煤矿的性质属于国家拥有煤炭资源的所有权，个人拥有煤炭资源的占有权、使用权和经营权，因此其开采煤炭资源的全部收益归煤矿主自己分享，对所在村庄集体经济的补偿很少。

　　综上所述，由于个体煤矿主兼任村支书，形成产权主体与治权主体合一，村支书出于理性人利益最大化的考虑，更多地维护个体煤矿的利益而非村集体的利益，由此导致村庄公共权力的利益本位取向。

----

　　① 《马克思恩格斯全集》第2卷，北京：人民出版社1957年版，第103页。
　　② ［美］理查德·派普斯：《财产论》，蒋琳琦译，北京：经济科学出版社2003年版，第40页。

第三节　个体产权诱发村庄成为"利益型分散体"

"道义型共同体"是指在特定文化和制度背景下，以社会关系和社会责任为纽带形成的农村模式，农村内部主要以"道义"和"社区情理"为导向，既是基层的生活共同体，也是生产共同体和市场共同体；而"利益型共同体"是在经济体制变革过程中，农村逐渐形成的主要以利益为导向的共同体形式。[①] 本文在"道义型共同体"、"利益型共同体"基础上提出"利益型分散体"，它是指农村随着村集体收入的匮乏，村庄凝聚力正在慢慢减弱，农村内部不再以"道义"和"社区情理"为导向，而以利益为本位，村民处于分散的无组织状态，农村共同体逐渐变为分散体的一种形式。

村支书作为村庄公共权力的代言人，理应维护村集体整体利益，让个体煤矿为村集体提供更多的补偿，但 E 村村支书兼任个体煤矿主的特殊身份导致产权主体与治权主体合一，村支书主要维护个体煤矿的利益，由此导致村治精英与村集体处于一种疏离的关系。而 E 村个体企业主兼任村支书的特殊身份使得村治精英处于缺位状态，集体力量的日趋薄弱，村庄凝聚力正在慢慢消退，村民处于分散状态，从最初村庄集体经济较为雄厚、村民对村庄认同度更高的"道义型共同体"转变为现在的"利益型分散体"。

一　村庄贫富悬殊与社会矛盾凸显

个体产权的煤矿由于其占有、使用、经营权均归煤矿主个人享有，煤矿主享有煤矿的全部收益，对村庄集体经济的贡献只是缴纳极其少量的占地费。

> "煤矿被个人买断后，它和村集体没什么关系，也不需要村集体盖章什么的，只会缴纳一点占地费用等。而且，它一般需要交 3000 万元资源价款，但不交，一年只交 80 万元、100 万元，慢慢交，拖着不给，

---

① 宋婧、杨善华：《经济体制变革与农村公共权威的蜕变——以苏南某村为案例》，《中国社会科学》，2005 年第 6 期。

也造成了国有资产流失。"（20121223LQS）

村庄并没有因为开采煤炭资源而获得善治，反而承担了资源开采后的一系列负外部性，包括水源断流、房屋开裂、地面塌陷和生态环境的大肆破坏，村庄耕地的破坏、环境的污染最终会导致村民生活水平和健康水平的下降，形成了严重的财富两极分化现象。

1. 煤矿主个人占有煤矿全部收益

由于个体煤矿的收益都归煤矿主个人所有，因此，E 村的三位煤矿主拥有上亿元的资产，他们的生活极尽奢侈。他们都不在村里居住，在北京、上海、海南等地都有多处房产。王三偶尔回村里种地，一是照顾老母亲；二是为了锻炼身体。前几年村里出了一场车祸，一个年轻人被王三的小轿车撞死后，被赔偿了 35 万元，村民说，

> "要是放在一个平常的老百姓家是不可能给赔偿这么多钱的，也就是坐牢了，而现在的煤老板就可以用钱解决了"。（20121006WH）

村支书刘晋女儿出嫁时所陪嫁妆是市里一座价值几千万元的楼房，娶媳妇的整个婚礼花费高达几百万元，仅礼炮一项就花费十几万元。当时县里一位局长还前来帮忙，按村民的话："人家支书也就有这个派头，穷人没有这个派头"。婚礼现场在村委会举办，婚礼的红地毯从外面的公路一直铺到村委会院子里，场面非常壮观，全镇来看热闹的有上千人，全村村民前去祝贺，大家至今回忆起仍是津津乐道。村支书还花费 200 万元给自家小院搭了凉棚。一次支书和村民聊天说，小时候有人欠他家 30 元，他爸让他大雪天去要，现在别人即使欠他 3000 元，开车去要他都懒得去。村民在评价煤矿主的收入时说

> "开煤窑发财呀，这些人挣的钱都没数，究竟多少亿没数"。"旧社会也没听过开煤窑能发这么大的财，啥也没有开煤窑能发财，村支书的钱三四个亿多。"（20121007ZTS）

但是村民对村支书的评价并没有想象中的那种怨气，他们认为之所以

发大财也是人家能干、运气好。

"煤窑也不是谁想干谁就能干的,煤矿里都是机械化,最好不出个事,伤亡个人,小煤窑伤一个人得赔50万元,伤两个人得一二百万元,小煤窑就爬不起来了,吃喝埋葬需要好多的钱。可是有钱人开煤矿,伤亡个别人,不要紧,要多少能给多少。""村支书刚开始干煤窑的时候很困难,特别难活,还不如一般人过得好,由于经营方式不正确,什么都没经验,欠下很多的债,就要放弃不打算再干的时候,姐姐和姐夫帮扶了一把,这才开始翻身了。姐姐和姐夫现在挺有钱,在海南买了房子,姐夫以前是教书的,后来管理过煤矿也有经验,于是就让他和别人合伙干,加上姐夫的指点和资金上的支持,煤窑开始挣钱了,支书的运气也算是挺好的。"(20121007E06ZTS)

2. 农民生活发展乏力

与煤矿主奢侈的生活相比,村民的生活可谓捉襟见肘。与大部分北方农村不同,该县农村地区的独立核算单位是村民小组,这就决定了村民小组是界定财产所有权的基本单位。(见表3.3)

表3.3 　　　　　　　　　E 村村民生活状况

村民小组	人口	小组组长	煤矿主所在小组	煤炭资源储量	有否国营煤矿,有几个	村民收入
一组	562	李艳民		无煤炭资源	0	村民整体收入较低
二组	552	王三	王三	煤炭资源丰富	1	差距较大
三组	783	刘小军（刘晋侄子）	刘晋、郭某	煤炭资源丰富	2	村民整体收入较高,但差距很大

E 村拥有丰富的煤炭资源,当地人自古以来就有炼焦的传统,把焦炭称为"蓝炭",其一是焦炭本身呈蓝灰色;其二燃起来,冒出的火苗是蓝色的,本镇宋家沟村后头沟里有一沟岔叫蓝炭沟。1930 年,席家沟村民在上窑用圆窝炼过焦。这种圆窝实际是靠沟畔挖个圆柱形土坑,靠沟畔那

边给窝底面捅个炉口，炉口大小一般可钻个人就行，在最底层铺上柴禾，再用石块垒好烟道，用石板盖好，就可以装煤，中间再垒一层烟道，盖好，再装一层煤就可以了，从下面点火，火着后，用水灭掉，即成蓝炭，实际就是土焦。

1984年，E村兴建15个方窝炼焦，年产土焦1000吨，自此以后，这种炼焦的方窝就在境内蔓延开来，镇内沟沟洼洼，到处浓烟四起，烈火熊熊，遍地都是土焦窝。炼焦一不需要多大投入；二不需要文化；三不需要技术，只要胆子大、肯吃苦，就能赚钱，村里出现了很多暴发户。村民三组所在地区煤炭资源更为丰富，煤层非常浅，特别适合建焦炉炼焦，生活水平明显高于其他小组。有些村民起步晚，占不上河滩，就干脆在自己的责任田里挖了焦窝。利益的驱动使得很多村民、干部、工人都开始烧焦发财，绵延数十里的炼焦窝毁了不少沃土良田，河两畔的树木、庄稼枯萎，烟气呛人，由此造成的环境污染触目惊心。2003年县政府全部取缔了这些土焦炉，炼焦从此成为历史。

本镇镇志有这样一首吟诵本地美好风光的诗篇——《沁园春》，"吕梁南麓，群山绵延，昕水源头。望峰峦逶迤，沟壑纵横；军事要塞，西域咽喉。山峡风光，刘金定墓，临大黑河贯境走。秋霜降，看满山红叶，河川锦绣。人民勤劳淳朴，论风土人情史悠久。幸物宝天华，人杰地灵；农牧基础，资源丰厚。科技兴镇，民企富民，煤焦铁业舞龙头。党领导，奔小康社会，繁荣富有"。但在E村境内行走时，已完全没有诗里所描写的美好风光，挖煤炼焦之后，村里的居住环境已经被严重破坏。该地属于贫水区，人畜吃水历来较为困难。特别是20世纪80年代开始"两挖两炼"以来，水资源遭到严重破坏，许多村的泉水、井水水位急剧下降，形成枯泉干井。E村原有三眼井，井水很旺，80年代以来，井底干枯，无水可饮，发生水荒，曾一度到村外拉水。建立选煤厂之后，污水大量排入河流，清澈秀丽的河水变成了丑陋的污水河。20世纪70年代之前，每到傍晚，河里蛙声遍野，各村的牛羊一群一群到河边饮水，成为山村一道亮丽的风景线。自80年代开始，河水被污染后，牛羊饮水没了去处，饲养量大为减少。青蛙、蝌蚪更是完全绝迹。

由于村支书是一位煤矿主，忙于个人生意，无暇顾及农村事务，所以村庄治理呈现一片混乱状态，各村民小组的发展也极不均衡。

村民一组地界之内几乎没有煤矿资源，所以该组以纯农业为主，村民以种植玉米等农作物为生，收入较低，一直是一个比较平静的村庄。2008年后，一国有煤矿倒废渣占用本村土地，支付村民每人200元的补偿费。村民发现有利可图后，一些村民开始争夺村民小组组长的职位。

村民二组的煤炭资源丰富，所以在本村的国有煤矿所缴纳的占地费、污染费每年有20万元，但该村的权力资源集中在前文提到的煤矿主王三手中，且本组村务不公开，村民怀疑王三个人独吞，2003年，本村民小组30人前去县城上访，但最后不了了之，村民也无精力与时间再去告状。

村民三组煤炭资源极为丰富，村民炼焦时间较长，都赚了一笔钱，村民整体收入较高。而且本村的村支书刘晋就在该组，村委会大楼就修建在本组的地界之内。加上三组地界范围内有两个国营煤矿，国营煤矿占用本组土地100亩，所以每年支付该组补偿费20万元。但是本组耕地几乎全部被占用，环境污染也最严重，村民非常担心以后的生活。

3. 社会矛盾凸显

2008年后，由于本地小煤矿全部被兼并重组，之前在小煤矿打工的村民失去了谋生手段，而国有煤矿招工必须要有一定的技术，调查发现，只有各村民小组的组长、村民代表这些村内有关系的人才能去煤矿上班。村民对此怨言很多，

> "本村人在矿上上班的人不多，都是从外招来的工人，矿领导也不是本地人。当地人和矿上就更说不上话，进不了矿上上班，但凡进来上班的都是些打扫卫生的临时活，没有正式的，没有关系进不来，没3万块钱进不来"。（20121006LAM）

同时，村民对另一个煤矿主王三评价很不好，

> "平时只顾着给自己捞，不管别人，一说话，就骂人，见了就骂，不像人家村支书还接济穷人"。（20121007ZTS）

对煤矿主郭某，村民的评价更是嗤之以鼻，笔者前去调研时，正巧郭

某在村里修建新房,上下两层楼,全部是砖瓦结构,非常气派,至少要花费 60 万元,但是前去帮工的没有一位村民,工人全部从外村雇用。据村民反映,村里修庙的时候希望郭某出资一万元,但郭某特别小气,只给了 5000 元,每年给村民的福利包括米、面、油,郭某都会亲自打电话和村主任索要。当时,郭某父亲让他把煤矿的股份给他弟弟一部分,占三成,他没有同意,认为自己经营煤矿先后投资三十几万元,收益理应自己享用,后来他弟弟因气愤得病很年轻就去世了。

在巨大利益面前,亲情血缘关系竟无生存空间,这一事件在 A 村引起很大的震动,村民的"仇富心理"与日俱增。因此,村民常常利用"弱者的武器",通过群体上访或暴力手段阻止个体煤矿生产,社会矛盾凸显。

二 公共产品供给能力低下与公共文化缺失

地方财政是地方政府从事公共管理和公共服务及维持自身正常运转的经济基础。乡村治理的运作离不开一定的财政收入,它是农村治理运行的物质基础,也为村民提供必备的公共产品。公共权力组织要为村民提供公共服务和公共福利,必须具备相应的经济实力。E 村集体收入主要来源于本村的几个私营煤矿和国有煤矿所缴纳的占地费,这笔费用不多,仅有 30 万元,这些钱对于一个拥有 1897 人的农村来说,微乎其微,与村民对公共服务的需求相距甚远。在村级财务入不敷出的情况下,村干部对某些公共服务和村务管理也感到力不从心。由于村集体经济收入有限,该村更多的公共服务、公共设施的资金需要村支书出于善意个人支付,访谈中,村民也经常提到,村委会办事常常向煤矿主兼任的村支书求助,既然如此,经济因素难免介入村庄权力运作过程中,无形中影响村干部的治理活动。

E 村公共文化也面临缺失状态。农村公共文化是指由政府、社区、农村为满足村民群体的文化需求而提供的公共文化资源和公共性文化活动,如庙会、歌舞会、民俗表演等。作为一种公共产品,健康文明的农村公共文化是建设稳定和谐农村社会的精神基础,不仅可以满足村民的文化娱乐需求,而且也是增强农村社区认同的关键因素。因此,传统的庙宇成为村民唯一的精神寄托。村民二组内有一座年代较为久远的关帝庙,是有名的道教庙，庙会盛行不衰。因为境内煤炭资源丰富，无论大小煤窑，都信奉老君爷，农历每月初一、十五这两天都不采煤，以示对老君爷的尊重，村民逢年过节有烧香敬神的风俗。二组组长即煤矿主的王三出资100万元，村民共同集资50万元重修了庙宇。由于王三从来没有出资帮助过任何村民，村民评价说

"人有钱了，都比较迷信，王三要是在村里弄个企业，大家都好了，都把他当爷看，现在修庙没用"。（20121004JH）

村民出于对煤矿主王三的愤恨，现在很少去关帝庙里烧香敬神。农村传统的惯习和公共信仰面临危机，村庄公共文化处于缺失状态。而基督教在本地的蔓延非常迅猛，村民加入的积极性很高，这种现象非常值得关注。

三　缺乏凝聚力的村庄与分散的农民

E村属于"弱集体—弱个体"的经济匮乏型村庄，集体经济和农户经济处于双弱的状况，是完全意义上的"空壳村"。由于经济匮乏，无法为村民提供公共服务，导致权能缺损，乡村两级组织的工作陷入被动甚至瘫痪状态。[1] 由于E村个体煤矿收益主要归煤矿主个人所有，他们只是出于道义为村庄发展提供少许资助，不会对村庄集体经济发展壮大带来实质性帮助。煤矿主之所以会从道义角度出发采取一些利村利民的行为，也是希望农民不捣乱、不破坏，确保个体煤矿获得长期稳定发展，其本质还是利益本位取向。

而村支书刘晋作为村治精英的缺位，使得村庄在面临发展困境时无所作为，致使村庄集体经济非常匮乏，公共权力组织可控的经济资源较少，村庄治理遭遇严重挑战。正如村副主任说："现在想办什么事也办不成，因为集体钱太少。"由于集体可控资源极为有限，集体经济力量薄弱，难以为群众性正常活动的开展提供必要的物质支持，"无钱办事"是村干部常常挂在口头上的一句话。由于对分散经营的农户缺乏有效的统一管理和

---

[1]　郭正林：《中国农村权力结构》，北京：中国社会科学出版社2005年版，第28页。

服务，乡村社区和村民处于一种分散的无组织状态。

由于村支书是煤矿主，一直忙于自己的事务，不在乎村集体的补助（每年 12000 元），所以本村的党员大会很少召开。笔者在询问本村老支书张堂生时，他说"已经 10 年没有开会了，也从来没有人向他咨询过本村的发展情况"。村民大会从未召开过，只在三年一次的村委会选举时村民才参加投票，但村民说，选举也很随意，去不去没什么关系。由于集体经济匮乏，村民大多自谋出路、自我发展，不再依赖村集体，从而使村集体失去了应有的凝聚力。访谈中，村民常常提到"搞个体经营，不靠集体，对集体的事就不太关心"。村集体经济的薄弱难以为群众性组织提供有力的经济支撑，村民代表大会等组织因缺经费、无活动而陷于瘫痪、半瘫痪状态，仅保留名称而已。

共同体的紧密程度是由利益相关度决定的①，利益相关度越高，共同体的紧密程度越高。由于村治精英的缺位和村集体经济匮乏，使得村民无法在村庄共同体中获得应有的利益，因此，E 村村民在一定程度上处于各自为政的分散状态，无法实现再组织化和合作化，村庄共同体非常松散，其凝聚力在逐渐丧失。

第四节　个体产权诱发村庄成为"利益型分散体"的原因

煤炭资源属于国有，理应为全体国民所享有，尤其是矿区农民，但煤炭的开采并没有为资源型村庄带来繁荣与发展。个体煤矿并没有承担相应的治理环境责任，缺乏企业应有的社会责任。煤矿主作为村治精英的缺位，村庄公共产品的短缺，农民、生活就业的无着落，长期发展下去必然引发村民的不满，形成对煤矿主的仇富心理，导致二者矛盾加剧，最终引发群体性事件，村庄社区必然陷入失序状态。

一　个体产权性质决定

产权制度是"一系列用来确定每个人相对于稀缺资源使用时的地位

---

① 邓大才：《利益相关：村民自治有效实现形式的产权基础》，《华中师范大学学报》（人文社会科学版），2014 年第 4 期。

的经济和社会的关系"①，个体产权结构决定了煤矿的所有收益都归煤矿主个人所有，而煤矿所在村庄的村民无法享有煤炭资源的任何收益。这种状况与煤矿的国有产权结构和集体产权结构有很大不同。对于国有产权结构，煤炭资源既然是国家的，全体人民就有权享用，所以村民会理直气壮地要求国有煤矿给予更多的补偿；对于集体产权结构，只要保护型村治精英与村民参与有效结合，可以确保煤矿的所有收益归村集体和全体村民享有。② 但是个体煤矿不同，煤矿收益由煤矿主个人享有，村民没有权利要求煤矿主为村庄提供更多的公共产品与公共服务，他们只能忍气吞声接受现实，被迫承担资源开采导致的一系列负外部性。而收益的悬殊与恶劣的生存环境加剧村民的不满，引发社会矛盾。

二　煤矿主履行社会责任的意识不强

林毅夫认为："企业追求利润是天经地义的，但是由于外部性与信息不对称问题的存在，企业行为常常会自觉不自觉地超出自身应有的边界，对社会、员工等利益相关者产生不利的影响，为了社会的繁荣与和谐，要提倡企业加强社会责任感并使企业的外部影响内部化，企业应该有责任帮助社会的弱势群体。"③ 由于开采煤炭引发的负外部性对 E 村的生态环境造成极大的破坏，大量的煤矸石占用土地，污染环境；大量未经处理的污水污染土壤，影响当地的农业生产，威胁当地居民的饮用水源；瓦斯及其他有害气体和粉尘污染大气，危害村民的身体健康；数量众多的小煤窑机器轰鸣声震耳欲聋，噪声污染严重影响村民的身体健康。村庄原本家家户户院内的杏树、梨树不再有往日的繁茂，已经很少结果。村民赖以生存的环境被破坏，急需个体煤矿主承担社会责任，为社区发展提供尽可能多的发展机会与公共产品。但是 E 村村支书作为煤矿主拥有上亿元的家产，仅出资 100 万元修建小学教学楼，这样的善举只是杯水车薪，并不能解决

---

① ［美］E. G. 菲吕博滕、S. 平乔维奇：《产权与经济理论：近期文献的一个综述》，参见［美］R. 科斯、A. 阿尔钦、C. 诺思等：《财产权利与制度变迁》，刘守英等译，上海：上海人民出版社 2002 年版，第 204 页。

② 李利宏：《煤矿产权结构与资源型村庄治理：影响因素与运行模式》，《中国行政管理》，2015 年第 8 期。

③ 林毅夫：《企业承担社会责任的经济学分析》，《经理人内参》，2006 年第 18 期。

村庄长远发展问题，村内另外两位煤矿主也没有在村庄发展方面承担任何的社会责任，村民面对被污染的环境、日益减少的耕地，对未来感到非常迷茫。与 E 村相邻的西村村支书是一位积极承担社会责任的煤矿主，他个人出资 500 万元为村庄修路、新建学校，村庄公共设施大为改善，同时还为贫困户提供每月 100 元的基本生活保障。正因为如此，西村村民在村庄 2011 年村委会换届时一致推举他担任村支书。

三　村级民主制度缺失

村民自治有效实现的基础在于村级民主制度的落实。E 村村治精英缺位，还与该村民主制度不健全有关。调研中笔者几次想去村委会了解情况，但都遭遇村委会大门紧锁。据村民反映，该村村委会几乎陷于瘫痪状态，常年无人办公，尽管各种制度都健全，但仅限于挂在墙上，用于应付上级检查，各种民主制度没有真正落实。三年一次的村委会选举，村民关注度也不高，一是因为 E 村作为一个行政村，下设三个村民小组，而每个村民小组都由自然村转化而来，各村民小组之间距离较远，一般在 5 公里之外，各村民小组财务独立、村务独立；二是村办集体煤矿改为个体产权结构以来，村庄的集体经济收入陷于空壳化，村集体微薄的收入对于改善拥有近 2000 人的村庄的村民生活几乎是微乎其微。如此，村民只关注本村民小组组长的选举，而对该村村委会主任的选举比较淡漠。投票时，村民一般不去村委会现场，大部分是委托其他村民代为投票。而民主决策、民主管理、民主监督这后三个民主都未见实施。民主制度的不落实、不实施使得村民对村治精英的所作所为缺乏制度化的制约与监督，村支书与村主任也就为所欲为、毫无节制了。

第五节　个体产权结构下资源型村庄
实现善治的路径选择

研究发现，个体产权结构的煤矿对村庄发展的影响是全方位的。因为其经营权的私有决定了煤矿主会占有全部的收益，村民被迫承担着资源开采的全部负外部性。个体产权结构下，作为煤矿主的村支书，在二者所获利益形成的巨大反差面前，作为一个理性经济人，他必然只关注自身利益，不再关注农村整体发展，也就是村治精英的理念从关注村庄发展的"道义本位"变为关注自身发展的以利益为重的"利益本位"。而公共权力的利益本位取向会削弱党和政府在农民群众中的地位，阻碍农村基层民主政治的发展。这种产权结构下的村庄集体经济薄弱、公共产品供给严重不足。村民虽然没有更多的仇富心理，但煤矿主的奢侈生活与村民之间生活的贫富差距悬殊使村民感受到生活的极大不公平，而这种不公平心理的蔓延会让村民有严重的挫折感及失落感，从而最终对社会、对国家会形成极大的不信任。这种问题可能是农村治理中最严重的问题。因此，政府应加强制度约束和政策引导，企业要强化社会责任，建立健全农民与企业主的谈判协商机制，健全村级组织的民主机制，确保资源型地区农民享有合理的补偿。

一　政府应加强制度约束和政策引导

政府应通过制度约束、政策支持、税收减免和荣誉奖励等手段鼓励煤企投身于慈善和公益事业①，履行社会责任，并监督企业的社会责任执行情况。山西有很多地方政府都实施以煤补农政策，收到了良好的效果。一些煤企响应政府号召，充分利用国家采煤沉陷区治理和棚户区改造支持政策，加大资金投入，改善矿区居住条件和环境；积极参与社区建设，支持和发展社区的各项公共事业，并支持当地政府发展经济，实现了区域经济的协调发展。

二　企业要强化社会责任意识

"企业社会责任是企业与关键利益相关者的关系、价值观、遵纪守法以及尊重人、社区和环境有关的政策和实践的集合，是企业为改善利益相关者的生活质量而贡献于可持续发展的一种承诺。"② 可见，企业主动承担社会责任有利于企业自身发展和维护利益相关者的利益。因此，个体煤矿企业要增强承担社会责任的意识，保障矿区农民的环境权和生存权。积

---

① 陈晓燕、董江爱：《共同富裕目标下资源型地区政府责任研究》，《中国特色社会主义研究》，2014 年第 3 期。

② 刘新荣：《企业社会责任与我国民营企业可持续发展》，《经济管理》，2007 年第 8 期。

极参与农村社区建设，为农民提供实习培训和就业的机会；利用自身的资金优势、人才优势、技术优势和社会关系网络扶持村庄的文化教育事业，帮助失学和有困难的青少年接受教育；积极参与并资助村庄公益事业，使村庄逐步增强造血功能，帮助村庄摆脱贫困，延缓村庄的衰败。

三　村级组织要健全民主机制

个体产权的煤矿在开发资源中会占用村集体土地以及破坏村庄自然环境，对村庄的可持续发展会造成严重影响。因此，要实现村民自治中选举权、决策权、管理权和监督权的"四权同步"，确保村民对公共权力的有效监督，从而达到煤炭资源收益由全体村民共享的目的。为此首先要健全民主选举机制，确保村民能够选择一位既能引领村民致富又具备为民服务高尚品质的德才兼备的村治精英，回归村庄公共权力的道义本位取向；其次，要强化民主决策、民主管理、民主监督的机制创新，使得受监督的公共权力不任性，确保村庄公共权力为村庄的整体利益和全体村民的共同富裕服务。

四　农民要成立相应组织

协商作为一个基本的政治过程或决策过程，它通过整合各种相互冲突的观点，达成为各方所接受的协议。[①] 全体村民与个体煤矿主需要通过谈判协商机制协调双方冲突，确保村民参与资源收益分配，而农民个体与个体煤矿企业进行协商、谈判，效率低下，且未必能更好地维护农民的利益。"要切实保护农民权益，必须允许在经济领域、社会政治领域建立真正代表农民利益，在国家经济、社会事务中表达农民意愿的农民组织。"[②] 因此，需要积极鼓励资源型村庄农民成立煤矿占地补偿农民大会或农民委员会等组织来维护自己的利益。

小　结

研究发现，与集体产权结构和国有产权结构的煤矿相比，个体产权结

---

① 刘德浩：《协商机制与公民参与》，《思想战线》，2010 年第 6 期。

② 孔祥智：《聚焦"三农"：180 位专家学者破解"三农"难题》，北京：中央编译出版社 2004 年版，第 147—148 页。

构的煤矿对村庄发展的促进作用较少。因为其产权性质决定了煤矿主会占有全部的收益，而没有为其开采资源造成的负外部成本承担应有的社会责任，煤矿主对村庄发展的投入也是基于其品德的好坏而非制度的约束，这种产权制度使得资源企业获取财富是建立在损害公共利益与矿区农民利益的基础上，最终造成资源型地区无增长的发展悖论和治理失序，造成矿区农民的生存悲剧。

研究还发现，个体产权结构的建立与村支书兼任个体煤矿主的特殊身份导致产权主体与治权主体合一，由此引发村落共同体的权力由"道义本位"向"利益本位"发生转变。村庄随着村集体收入的匮乏，其凝聚力正在慢慢减弱，农村内部不再以"道义"和"社区情理"为导向，而以利益为本位，村民处于分散的无组织状态，农村共同体逐渐变为分散体的一种形式。这种产权结构下的村庄集体经济薄弱、公共产品供给严重不足。村民虽然没有更多的仇富心理，但煤矿主的奢侈生活与村民之间生活的贫富差距悬殊使村民感受到生活的极大不公平，而这种不公平心理的蔓延会让村民有严重的挫折感及失落感，从而最终对社会、对国家会形成极大的不信任。这种问题可能是农村治理中最严重的问题。因此，政府必须通过政策引导和激励机制的创新，激发资源型地区个体煤矿主承担社会责任和回报家乡、回报社会的热情，并在互利互惠的基础上，实现煤矿企业与矿区农村的合作共赢。

第四章　产权结构优化与资源型村庄善治

第一节　优化产权结构实现产权效益最大化

产权制度变迁背后的动力是国家的权力，这种变迁可视为产权制度的一种政治重构，即产权的重构其实是一个"国家的重构"过程。① 国家既是经济增长的关键，又是经济衰退的根源。国家主导着产权的结构并最终对产权结构的效率负责。② 既然如此，国家有义务对产权制度进行重新设计以确保其符合更广大的人民的利益。

我国煤炭资源领域的产权改革是国家主导下的改革，这是一种强制性制度变迁，国家从自身利益最大化出发决定采取何种产权结构。从人民公社时期的"计划调拨、无偿使用"的原则，到改革开放初期的"有水快流"的政策，再到实行有偿使用和资源整合政策，煤矿产权变革历程清晰地显示着国家的主导与设计，国家规定着煤矿产权的结构与模式。因此，加强资源产权制度改革，构建合理的产权制度，使资源产权安排更有利于矿区农民和农村，是保障资源型地区农民利益的制度性措施。③

不同的产权结构其发挥效用的机制是相异的，因此应针对不同的产权结构，建立其相应的发挥效用的机制。

---

① 桂勇等：《产权制度的政治建构》，《广西民族学院学报》，2003 年第 4 期，第 21—28 页；桂勇等：《私有产权的社会基础：历史的启示——以对民族资本主义企业的社会主义改造为例》，《华中师范大学学学报》（人文社会科学版），2005 年第 3 期，第 53—60 页。

② ［美］道格拉斯·C. 诺思：《经济史上的结构和变革》，厉以平译，北京：商务印书馆 2009 年版，第 3—4 页。

③ 董江爱、李利宏：《资源型农村的治理困境及出路分析》，《中国行政管理》，2013 年第 1 期。

一　国有产权结构应加强监管并建立村企合作机制

国有产权结构的煤矿因为监管的缺失和激励机制的不足，极易引发国有煤矿负责人的谋利行为，因此，应加强对国有煤矿的监管，杜绝村企合谋的行为，实现村企合作和村企共建。一方面，国家需要完善监督和激励机制，加强监管和激励，促进国有煤矿的良性发展，杜绝村企合谋的行为；另一方面，煤矿企业要想获得资源型村庄的支持，就必须树立回报矿区农村的理念，自觉担负起治理矿区地质灾害、修复矿区农村生态环境和帮助矿区农民走上共同富裕道路的社会责任。要化被动为主动，积极帮助建设农村公共设施、兴办公益事业，不断提高矿区农民的生活水平。只有通过建立平等、和谐、稳定的村企合作关系，才能充分发挥村企合作优势，共同促进煤矿企业和资源型村庄的双赢。

二　集体产权结构应健全村民共享收益的民主机制

集体产权煤矿极易发生村治精英垄断村庄公共权力，形成村干部特权阶层及其对集体资源的霸权，从而加剧村干部与村民的矛盾。因此，集体产权的落实需要民主制度的保驾护航。为此，需要深入开展村级组织的民主管理、民主监督、民主决策，确保民主选举后的后三个民主制度落实到位，真正做到四权同步。要加大资源型村庄民主实践力度，强化民主管理、民主监督、民主决策的机制创新，保障农村集体资源的占有、使用、分配走民主程序。通过强化村务公开、民主管理机制，让资源型村庄农民直接参与村庄公共资源的占有、使用和分配过程，监督村干部行为，进而达到村民共享煤矿资源利益的目的；强化民主决策机制，尤其完善村民会议或村民代表会议制度，使村庄公共资源的占有、使用和分配问题走公开、公正和民主程序；完善财务公开、村务公开等形式，尤其以村民监督小组等形式，监督村干部行为，使广大村民共享资源利益，实现村庄共同富裕。

三　个体产权结构应建立激发企业承担社会责任的机制

我国在煤矿产权制度安排方面存在一定缺陷，缺少具体的配套完善措施。个体产权结构从产权本身而言可以促进资源的有效配置，提高经济效率。但个体产权结构煤矿的收益主要由煤矿主个人获得，农民从中受益很少。资源利润分配不公加剧贫富分化，煤矿开采给矿区农民生产生活带来严重影响，个别煤矿主显富歧民行为形成了农民的仇富嫉富心理，矿民矛盾的激化严重影响到煤矿经营和农村社会的稳定。因此，亟须建立一种有效激发企业承担社会责任的机制。

政府应通过制度约束、政策支持、税收减免和荣誉奖励等手段鼓励煤企投身于慈善和公益事业①，履行社会责任，并监督企业的社会责任执行情况。山西有很多地方政府都实施以煤补农政策，收到了良好的效果。一些煤企响应政府号召，充分利用国家采煤沉陷区治理和棚户区改造支持政策，加大资金投入，改善矿区居住条件和环境；积极参与社区建设，支持和发展社区的各项公共事业，并支持当地政府发展经济，实现了区域经济的协调发展。

"企业社会责任是企业与关键利益相关者的关系、价值观、遵纪守法以及尊重人、社区和环境有关的政策和实践的集合，是企业为改善利益相关者的生活质量而贡献于可持续发展的一种承诺。"② 可见，企业主动承担社会责任有利于企业自身发展和维护利益相关者的利益。因此，个体煤矿企业要增强承担社会责任的意识，保障矿区农民的环境权和生存权，确保资源型地区农民享有合理的补偿。

第二节　产权改革与利益共享：资源型村庄发展走向

资源型地区与非资源型地区的区别在于，资源是维持人们生活的根本保障，解决好农民与资源的关系问题成为推进资源型村庄发展的关键问题。资源型村庄贫困的根源在于资源产权制度不合理以及由此造成的利益格局不合理，因此，资源型村庄的发展走向在于改革产权制度，协调利益关系，确保资源型村庄和农民能够共享资源收益，从而实现资源型村庄善治。

---

① 陈晓燕、董江爱：《共同富裕目标下资源型地区政府责任研究》，《中国特色社会主义研究》，2014 年第 3 期。

② 刘新荣：《企业社会责任与我国民营企业可持续发展》，《经济管理》，2007 年第 8 期。

一 资源产权改革应确保资源型村庄农民共享资源收益

煤矿资源属于国家所有，即属于全体人民共同拥有的财富，资源型村庄和农民是煤矿资源重要的受益主体。而且，资源型村庄和农民是煤矿开采负外部效应的直接承受者，应该是资源收益分配优先考虑的利益主体。因此，国家应改革产权制度，确保资源型地区农民的生活水平和生活质量不会因资源开采而下降。

一是完善矿业权利益分配制度。矿产资源的利益相关者涉及中央政府、地方政府、矿产企业和当地居民。完善矿业权利益分配制度，它是维护国家所有权利益和搞活矿业经济的前提，是理顺矿产资源价格机制形成的基础。要全面考虑矿权出让所涉及的利益主体，不断探索矿业权价款在中央、省级、市级、县级政府和地勘单位之间的分配比例，以充分发挥中央、地方和地勘单位的积极性。矿业权价款收益要继续向基层倾斜，特别是对矿区等滞后发展的地区，应加大分成比例，用于基础设施等公益性建设，有利于规范矿业开采秩序、改善矿区居民的生活条件。[①]

因此，国家要将矿区居民纳入产权安排中，使其参与到资源占有、使用和分配的全过程。要保证在资源开采中解决矿区居民的居住、移民、就业安置和资源枯竭后矿区的灾害治理、生态恢复以及资源产业转型等问题，并利用资源开发收益健全农民的住房、养老、教育、医疗、就业等社会保障体系，使资源成为矿区农村与农民生存和发展的基础和依托，促进资源型村庄实现全面发展。

二是加快资源税费改革制度，完善矿产资源补偿费收益分配和支出结构。资源税费是解决资源型地区贫富分化的主要手段，征收资源税并根据市场规律及时调整税率，运用税收的调节功能调节资源型地区的贫富差距，实现资源收益的全民共享，体现煤炭资源的全民所有制性质。

为保障资源原产地不至于因为开采资源受到太多的损害，并且在遭受损害时可以有足够的资金加以补偿或修复，必须合理调整现行资源补偿费收入分配关系，将资源收益更多地留给地方，并在省、市、县、乡之间合

---

① 林家斌、刘洁、李彦龙等：《中国矿产资源管理报告》，北京：社会科学文献出版社2011年版，第184页。

理分配。其举措为：

一要对中央与地方的矿产资源补偿费分成比例进行调整，将中央与地方的 5∶5 或 4∶6 改为统一的 2∶8 比例①，以促进资源开发地区可持续发展。二要调整矿产资源补偿费支出结构，对地方所得的矿产资源补偿费加以严格的监督管理，确保有限的资金用于改善矿区居民的生产、生活条件。社会主义国家的一切权力都属于人民，所以，国家所有制的实质就是全民所有制。基于"全民所有"的宪法意义与公平理念，矿产资源的收益应由全体国民共享。而矿区居民作为一个特殊群体，应该比其他地区居民从矿产资源开发中分享到更多的收益。因为大规模的资源开发活动常常造成资源地区产业结构单一，制约着矿区居民的就业选择，并引发环境破坏等负外部性，这些风险和损失均由矿区居民来承担。因此，在矿产资源开采的过程中，矿区居民有权利得到一定形式的补偿；而随着资源的日益枯竭，资源地区将面临严峻的产业转型的考验，所以，必须在矿产开采期间留足一定的资金，用于矿区居民投资其他产业，改善矿区居民及其后代的生存条件。诺贝尔经济学奖获得者阿马蒂亚·森指出："人们受到剥夺不是因为市场失灵，而是因为市场通过一个既定的产权和法律关系体系的运作，彻底地排除那些缺乏有效声音的人。"② 因此，作为矿区居民这样的弱势群体，对他们进行利益补偿，是社会维护公平的体现。

二　建立煤矿企业对资源型村庄的补偿机制与帮扶机制

煤矿开采具有很大的负外部性，不仅破坏人类生存必需的生态环境，而且还会因煤矿资源的不可再生性减少后代人的拥有量。因此，煤矿开采至少要为资源赋存地居民解决两大问题，一方面是对生态环境破坏的横向补偿；另一方面是对资源不可再生性的纵性补偿。通过资源权益损失的合理补偿，使资源成为资源型村庄和农民生存和发展的基础。

一是建立煤企对资源型村庄的生态补偿机制。在早期的实践中，"庇

---

① 林家斌、刘洁、李彦龙等：《中国矿产资源管理报告》，北京：社会科学文献出版社 2011 年版，第 190 页。

② Keith C. Wiebe and Ruth Meinzen – Dick. Property Rights as Policy Tools for Sustainable Development. *Land Use Policy*，1998，15（3），转引自张云：《非再生资源开发中价值补偿的研究》，北京：中国发展出版社 2007 年版，第 58 页。

古税"倡导"谁污染、谁治理",通过向污染者征税或排除污染获得,由污染者来承担负外部性的损失,而环境利益受损者并没有得到相应的经济补偿。生态补偿是一套建立在购买生态产品和服务基础上的生态环境保护机制。而生态服务作为一种商品有其内在价值和市场定价。生态服务就像水权交易、排污权交易一样外化成一种独立的生态环境商品,独立定价、独立交易。或是像资源税费一样内化成商品的生产成本,以更高的销售价格(或价内税)的形式向消费者转嫁,从而真实反映商品生产的社会成本,抑制生态环境的过度消费。矿产资源开发生态补偿,属于生态俱乐部产品,由地方政府从自然资源使用者中征收资源税费,并直接提供生态补偿,或通过拍卖的方式筛选第三方机构进行生态治理。①

资源开发企业有义务将污染减少到污染排放标准之内,有义务对塌陷地、占用地进行复垦,有义务防止环境事故的发生,并对自身造成的损害进行赔偿。构建矿山环境成本补偿的长效机制,通过复垦保证金、征收资源税费和塌陷土地的产权制度改革来督促企业履行出资义务,并创设有利于矿区农民的环境损害赔偿制度。

二是建立煤企对资源型村庄的帮扶机制。煤矿企业依靠资源获利,而且其利益获取建立在对资源型村庄和农民利益损害的基础之上,资源型村庄和农民应该享受因资源开采带来的公共福利。否则,煤矿企业就会因得不到矿区农民的支持而难于发展。因此,煤矿企业必须树立回报社会尤其是回报资源型村庄的理念,自觉担负起帮助资源型村庄脱贫致富的责任,不断提高矿区农民的福利待遇,建立企业对资源型村庄的帮扶机制,为村企共建、村企和谐提供机制保障。煤矿企业不仅要解决资源型地区失地农民的移民和居住问题,而且要延伸煤炭产业链或投资非煤产业,为失地农民提供就业机会。同时要加强对失地农民进行职业技术培训和现代文化教育,为实现失地农民的身份转化和职业转变提供条件。

三　建立资源收益分配的民主机制

要让农民真正成为煤炭资源产权的占有者和收益享受者,就必须保证

---

① 王彬彬、李晓燕:《生态补偿的制度建构:政府和市场有效融合》,《政治学研究》,2015 年第 5 期。

村民自治机制的有效运转，确保村庄公共资源的占有、使用和分配走民主程序，进而实现资源型村庄农民共享煤炭资源利益的目的。

村民自治要想实现良性发展，必须实现由能人到法治的转变①，加强制度的建设，提高民众素养。有学者在分析如何以有效治理走出农村困境时曾说，何为有效治理，从其结果上看就是要实现三有，即有人管事、有钱办事和有章理事。② 要达到这一目标，必须依靠民主和法治两大支柱，使民主和法治成为村治的主要依据。"必须让每一个成熟的公民参与价值标准的确定以调节人们的共同生活。不获得民众的允诺，任何明智和能干的人或少数人的集团都无法统治他们。所有受制于社会管理体制的人都必须参与制定和管理这些社会体制。"③

唐贤兴通过研究发现了民主与产权的互动，村民自治的政治建设既是农村产权制度改革的政治结果，也是进一步保障产权制度创新发展、推进农村经济发展的政治条件。④ 煤炭资源型村庄由于拥有丰富的资源，巨大的利益，一直就是矛盾的高发区，干群关系也尤为紧张。虽然经过多年的村民自治制度实践，农民的民主意识、维权能力都有很大提高，但是村民自治仍然停留在民主选举阶段，民主选举后的民主管理、民主监督、民主决策制度落实不到位，很容易激化村庄的利益矛盾，由此引发群体性事件。从以上五个村庄的治理绩效来看，凡是治理较好的村庄，其民主制度健全，民主管理和决策能够实施到位，如 A、C 两村。凡是其公共权力得不到有效监督，民主制度成为摆设的村庄，如 B、D、E 三村，治理必然无序。C、D 两村的治理表明，C 村之所以能够实现集体产权结构的有效运转与村民积极的民主参与是分不开的；而 D 村集体产权结构运转的无效也与村民对民主权利的漠视有关。因此，要加大资源型村庄民主实践的力度，强化民主管理、民主监督、民主决策的机制创新，保障农村集体资

① 徐勇：《由能人到法治：中国农村基层治理模式转换》，《华中师范大学学报》（哲学社会版），1996 年第 4 期，第 1—8 页。

② 张厚安、徐勇、项继权等：《中国农村村级治理——22 个村的调查与比较》，武汉：华中师范大学出版社 2000 年版，第 507 页。

③ ［美］安东尼·奥罗姆：《政治社会学》，张华清等译，上海：上海人民出版社 1989 年版，第 280 页。

④ 唐贤兴：《产权、国家与民主》，上海：复旦大学出版社 2002 年版，第 324 页。

源的占有、使用、分配走民主程序。

　　研究还发现，保护型村治精英主导也是村庄善治的关键。A村和B村的煤矿同属于国有产权结构，为什么在B村会形成村企合谋，而A村实现了村企合作，关键在于村治精英的类型。当村治精英基于自己的利益与煤矿合谋时，煤矿负责人也正好抓住管理制度的漏洞，与村干部合谋获取自己的利益。而当村治精英始终从村民的集体利益出发，为村民争取更多优惠、不贪图一己私利时，村企才能实现真正的合作，最终实现村企共赢。C村、D村煤矿同样是集体产权结构，C村的村治精英是一位典型的保护型村治精英，他关注村庄发展，始终把集体利益放在个人利益之上，坚持一种不能光为自己考虑的信念，因此，C村的煤矿始终坚持集体产权结构的发展宗旨，并且不断地进行变革，最终实现村庄的可持续发展。而D村的村干部是一位典型的谋利型村治精英，他从未站在农村整体发展的角度去思考问题，而只关注自己的得失，村庄煤矿被个人承包后，他与承包人合谋争夺村民的利益，最终集体产权结构运转失效，走上了一条与C村完全不同的混乱而无发展的道路。

　　综上所述，保护型村治精英是村庄善治的关键；同时，村治精英必须按照民主的方式治理村庄，他们行使的公共权力必须来自于村民的授予，其执行公共权力的过程需要村民有效的监督，必须置于民主机制的框架之内。二者相辅相成，充分发挥各自的功效，这是目前中国农村实现村庄善治的理想选择。

结　论

第一节　治理绩效与影响因素

一　多变量交互作用是产权结构发挥作用的关键

从产权与治理的关系看，国有产权、集体产权和个体产权都可能实现村庄的良好治理或使村庄走向衰败，这说明产权结构同治理具有比较密切的内在关系，但是产权结构不直接影响村庄治理模式与治理绩效，资源型村庄的治理状态和治理绩效是多变量交互作用的结果，产权结构通过产权主体、经营者的价值偏好和村民对村庄公共事务的参与度等因素对村庄治理产生影响。

折晓叶、陈婴婴在研究超级村庄时指出，超级村庄尽管所有制的形式多样化，但都取得了成功。虽然它们成功的因素很多，但至少说明产权作为一种重要的所有制形式，可能并不是问题的核心。[①] 本文的研究在一定程度上证实了这个观点。在对五个不同产权结构的煤炭资源型村庄进行实地调查和理论分析之后，研究发现，真实世界中存在的不同煤矿产权结构对村庄治理的影响是多种多样的。煤矿产权结构与资源型村庄治理不具有直接的关联，而是通过中间诸多变量共同发挥作用的结果。五个村庄由于其煤矿产权结构的不同，导致其不同的治理绩效。见表1。

（一）产权主体

煤矿产权结构包括煤矿产权的权利结构和煤矿产权的组织结构。就煤矿产权权利结构而言，国家拥有煤炭资源的所有权，煤矿企业（国企、集体、个体或合伙）获得的采矿权是对煤炭资源的占有权、使用权、收

[①]　折晓叶、陈婴婴：《产权制度选择的结构－主体关系》，《社会学研究》，2000 年第 5 期。

益权和转让权。因此，不同的煤矿产权结构会形成不同的矿产资源经营方式，这种经营方式决定和制约着乡村权力资源不同的配置和运用方式，进而形成不同的乡村权力结构和治理方式。

表1　　　　　　　影响因素的不同组合导致村庄不同的治理绩效

特征 样本村	产权 结构	产权主体	经营者的 价值偏好	村民对村庄 公共事务的 参与度	村庄治 理绩效
A 村	国有产权	国有企业（决定）， （村集体无决定权）	保护型	强	善治
B 村	国有产权	国有企业（决定）， （村集体无决定权）	谋利型	弱	混乱
C 村	集体产权	村集体（决定）	保护型	强	善治
D 村	集体产权	村集体（决定）	谋利型	弱	混乱
E 村	个体产权	个体企业（决定）， （村集体无决定权）	谋利型	弱	混乱

国有产权结构中，国有企业拥有煤矿的占有权、使用权、收益权和转让权，而村民对国有煤矿的发展与经营则没有任何发言权，国有煤矿与所在村庄的关系是一种单向不平衡的关系。国有煤矿作为国家重点投资的企业，其发展并不依赖村庄，在占用村庄土地时，只需要村集体能积极配合而非漫天要价即可。但村庄的发展高度依赖国有煤矿，期望煤矿在占地同时为村庄提供更多的资金补偿并安排村民就业等，在国有煤矿补偿不到位时，村民便会与之进行谈判甚至采取阻止煤矿生产等激烈行为。因此，正确处理村企关系是村庄善治的重要环节。A 村新任村支书意识到村企合作是村庄发展的关键，引导村民积极服务于煤矿的发展从而获得煤矿对村庄的支持，而 B 村由于村治精英的谋利行为，期望从煤矿方面套取不合理的利益，最终村企合谋导致村庄衰败。

集体产权结构中村集体拥有煤矿的占有权、使用权、收益权和转让权，村集体能够自主决定煤矿的经营、使用和收益等。因此，煤矿的收益与村庄的发展以及村民的福利有着密切关系。如 C 村村集体经济的壮大与村办煤矿的发展密不可分。集体煤矿允许私人承包，"通过承包合同既划清国家与企业之间的收益分配关系，赋予企业经营决策权，又能激发承包者的经营积极性，增强企业的活力，但是承包制不涉及产权制度。"[①]村办煤矿私人承包后，法人是集体法定代表人，私人只有经营权，没有财产处置权。因此，承包制本身不会导致产权性质的改变，但如果承包程序不规范，承包以后又缺乏监督，承包制就可能变成偷梁换柱，变成实质上的个人占有，如 D 村。

个体产权结构中煤矿法人是个体，拥有经营权和财产处置权。煤矿个体产权结构的性质决定了开采煤炭资源的全部收益归煤矿主个体所有，对所在村庄集体经济贡献较少，而村民对个体产权煤矿的收益也没有控制权，如 E 村。

（二）经营者的价值偏好

A、B 两村煤矿同属于国有产权结构，但两村治理绩效及其发展道路完全不同，关键在于经营者的价值偏好不同。两村的国有煤矿负责人有着完全不同的价值追求。驻扎在 A 村的国有煤矿负责人最厌烦那些喜欢占小便宜的村干部，他视那种经常去国有煤矿要钱的村干部为"讨吃行为"，因此他看重村庄能否为煤矿提供真正的服务促进煤矿的发展，而不是与村干部合谋获取非法利益；而 B 村的国有煤矿负责人，他更多关注如何利用权力为自己谋取更多的不正当利益，当谋利型村治精英出现并用利益相诱惑时，双方合谋，共同侵占国有资产和村民利益，如 B 村。而村矿合谋的根源在于煤炭资源产权界定不清和缺乏有效监管。我国煤炭资源在相当长一段时期内实行无偿使用和非商品化，煤炭资源国家所有实际只有法律意义，缺乏经济上的实现形式。因而使资源使用者成为事实上的"所有者"，但不承担任何经济和法律责任。[②] 同时国有煤矿的营运实行多级委托——代理制，造成国有煤矿缺乏有效的监管与激励机制。这种界定模糊的资源产权状况和监管机制的缺失，导致国家

---

① 杨瑞龙：《承包制的局限性与企业产权制度改革》，《福建论坛》（社科教育版），1988年第 2 期。

② 王和：《改革我国煤炭资源使用和管理制度的思考》，《中国能源》，1994 年第 4 期。

不能对资源进行有效的管理，使得国有煤矿负责人抓住政策疏漏谋取个人非法利益。

　　C、D 两村的村办煤矿同属于集体产权结构，但治理绩效完全相异，也在于集体煤矿经营者的价值偏好相异。C 村属于真正意义上的集体产权结构，村民集体享有村办煤矿的控制权、使用权和收益权，这种模式的坚守很大程度上取决于 C 村的保护型村治精英。他关注村庄发展，始终把村庄整体利益放在个人利益之上，坚持人活着不能光为自己考虑的信念，始终秉持集体产权结构的发展宗旨，并且不断进行变革，最终实现了村庄的可持续发展。D 村形式上属于集体产权结构，实质是个人所有。由于谋利型村治精英的出现，使得村办煤矿个人承包后性质发生变化，村办煤矿的收益权不再归村集体所有，而为村支书与承包人所有。最终引发村民对村干部的极大不满，D 村陷入上访不断、秩序混乱的治理困境。

　　E 村煤矿作为一种个体产权结构，意味着煤矿资源的使用权、收益权和转让权都归煤矿主个人所有，村民无权享有。煤矿主兼任的村治精英对村庄公共事务管理的缺位引发了村庄治理的混乱与无序，最终不利于村庄的发展。当然，E 村的案例也表明煤矿主偶尔会关心村民生活，对村庄公共设施进行一定的援建，但它所起作用甚微，这种善意更多来自煤矿主的品德，而非制度化的约束。因此，个体产权结构对村庄治理的促进作用很少，煤矿主的个人巨富只能引发村民的无奈和仇富心理，引发更多的社会矛盾，不会带来村庄长久的善治。

　　（三）村民对村庄公共事务的参与度

　　"参与是指所有社会成员都有机会反映诉求并影响决策和治理，是政策与行动合法性的基础。"[①] 资源型村庄的村民对村庄公共事务的参与主要表现在对农村资源分配和农村公共事务的决策权、监督权与管理权。因为村集体经济资源丰厚的农村，村干部最有可能利用体制性权力攫取最多的利益。因此，必须健全村民参与村庄公共事务的机制，确保村庄公共权力为全体村民服务，而不是沦为村干部滥用权力贪占集体资源的工具。就

────────────────

　　① 柳拯、刘东升：《社会参与：中国社会建设的基础力量》，《广东工业大学学报》（社会科学版），2013 年第 2 期。

五个村庄治理过程而言，凡是治理较好的村庄，其民主制度健全，民主管理、民主决策和民主监督能够实施到位，如 A、C 两村。凡是公共权力得不到有效监督，民主制度成为摆设的村庄，如 B、D、E 三村，治理必然无序。C 村之所以能够实现集体产权结构的有效运转与村民积极有效的民主参与密不可分；而 D 村集体产权结构运转的无效也与村民对民主权利的漠视有关。

村民参与公共事务程度的强弱还受村庄社会资本强弱的影响。"社会资本是指普通公民的民间参与网络，以及体现在这种约定中的互惠和信任的规范。"① 社会资本越强，越有利于促进公共事务的参与，有利于促成合作行动和提高社会效益。中国传统农村"差序格局"的人际关系结构中，有着较为丰富的社会资本存量。② 可是，伴随着传统社会向现代社会的转型，很多村庄都存在原子化现象，中国农村社会原来丰富的社会资本开始发生变化，人际关系更趋功利化，信用危机日益严重。如何提升社会资本，一是村治精英发挥积极作用；二是村民对农村社区的高度认同，因为"社会资本中的社区认同因子对村民政治参与起着积极作用"③，A、C 两村实现善治的过程充分有效地借助了村庄强大的社会资本。两村均依托煤炭资源，不断发展壮大集体经济，不仅提高了村民的生活水平，同时也极大增强了村民对村庄的认同感；另外两村的村治精英同属保护型村治精英，他们均凭借自己出色的经营能力和为村民高度负责的精神，带领全体村民致富，为此形成了村民与村干部之间良好的信任、互惠与合作，这些方面提升了村庄社会资本的存量，同时也有效促进了村民对村庄公共事务的积极参与。

二　集体产权结构更有利于资源型村庄治理

产权单位越大，社会群体利益清晰程度越低，产权越模糊，越可能形成公地悲剧。国有产权看起来是"社会化"程度最高的公有制形式，其

---

① ［美］罗伯特·帕特南：《使民主运转起来》，王列、赖海榕译，南昌：江西人民出版社 2001 年版，第 1 页。

② 宋清国、李甜芬：《论农村精英在农村社会资本培育中的作用》，《甘肃农业》，2007 年第 8 期。

③ 胡荣：《社会资本与中国农村居民的地域性自主参与》，《社会学研究》，2006 年第 2 期。

实都成了现实的部门所有制和地方所有制①，这种"人人皆所有，个个都无权"的形式导致无人负责，经济效益低下，缺乏生机和活力。由于缺乏有效的监管和激励机制，国有煤矿负责人的自利行为得以显现，国有产权结构具有较强的负外部性。因此，在村庄与国有煤矿合作过程中，需要村治精英具备高超的谈判技巧与精明的商业头脑，也需要村庄为煤矿的发展提供尽可能多的支持，同时还有赖于国有煤矿负责人不贪图私利，能从双方互惠共赢的大局出发，促进村企合作。

产权单位越小，社会群体利益清晰程度越大，产权越清晰，越有利于自身利益的获得。个体产权结构由于其产权主体明确，不存在模糊性问题，因此能促进资源的有效配置，但只有利于个体的发展，煤矿主会享有资源开采的全部收益。由于缺乏有效的资源补偿制度，资源型村庄和村民承担了煤矿开采引发的负外部性，而个体煤矿主承担对村庄发展的社会责任源于其个人善举而非制度约束。因此，个体产权非常容易导致村庄贫富差距的加大和村庄公共产品的缺失，最终影响村庄的治理。

与国有产权和个体产权相比，集体产权结构处于中间状态。它同样面临人人负责，其实人人都不负责的产权模糊问题，村集体要达成共识和形成集体行动也需要较高的监督成本。但是，村落共同体内集体产权单位适中，社会群体利益清晰程度适中，因此，集体产权其利益相关度、群体认同度、社会参与度更高。由于历史的传承，集体主义意识形态所具有的社会资本如"凝聚力、规模经济性、比较竞争优势和道义认同、精神象征等"② 在村庄集体内得以淋漓尽致地发挥。C 村的村庄善治正是上述条件交互作用的结果，村民对村集体有着极高的依赖性和共同的期待，村民始终铭记"只有集体才能带领村民致富"。而保护型村治精英也尽可能地为村民提供更好的生活条件，他们之间相互信任、相互忠诚，从而降低了集体合作的成本和风险，达成了有效合作，最终促进了村庄善治。当然，集

---

① 丁栋虹：《论产权与政权关系的制度重构及其在中国的实践》，《战略与管理》，2000 年第 3 期。

② 曹锦清、潘维、罗必良等：《集体经济村庄》，《开放时代》，2015 年第 1 期。

体产权并非一定会促进村庄善治，如 D 村。它的落实需要保护型村治精英与村民参与的有效结合，否则，村庄公共权力就沦为村干部谋取私利的工具和占有资源的基础，村民无法共享资源的收益权，最终导致集体产权的缺失和村庄治理混乱。

第二节　方法论的限度与进一步研究的进路

本书对三种煤矿产权结构对资源型村庄治理的影响尽管进行了较为详尽的论证，但其解释视角存在一定的限度。同时就广度和深度而言，仍然较为粗糙和浅显，存在一些亟待拓展的研究空间。

一　煤矿产权结构解释村庄治理的限度

煤矿产权结构的解释模式可以从产权结构的性质、不同产权主体作为经营者的价值偏好的不同出发，较好地从政治、经济、社会层面对资源型村庄治理进行解释，也能够发现两者之间的因果关系或者相关关系，但是煤矿产权结构的解释模式也有其限度。

资源型村庄治理本身有一定的独立性，其治理能力的提高和治理体系的建立，与我国现行行政体制和基层政府职能有更为直接的关系。在目前情况下，村庄缺乏法治基础上的权力和权利的明确划分，缺乏基层政府与农村社会协商博弈的制度平台，这是当前村庄治理的最大障碍，也是分析村庄治理时要考虑的首要问题。所以，煤矿产权结构是影响资源型村庄治理的一种新的解释视角，并非村庄治理的全部，但它给我们提供了一个解释村庄治理的角度，值得思考。

二　广度上的拓展

本书的调查范围由于条件所限，最终选择在资源型大省——山西省范围内展开深入调查，并且只对其中三种类型五个典型的村庄进行了深度分析，缺乏大规模的全国范围内的问卷调查作为补充。因此，所研究的问题存在一定的空间局限性，需要进一步完善。

三　深度上的延伸

煤矿产权结构的特点包括模糊性、多变性和复杂性，这些特点对资源型村庄治理也有重要影响，因此，可以从煤矿产权结构的特点入手，分别探讨其对资源型村庄治理的影响，从而深化煤矿产权结构与资源型村庄治理的研究。

参考文献

著作类

[1]《马克思恩格斯全集》（第 13 卷），北京：人民出版社 1962 年版，第 8 页。

[2]《马克思恩格斯全集》（第 23 卷），北京：人民出版社 1972 年版，第 102 页。

[3]《马克思恩格斯全集》（第 30 卷），北京：人民出版社 1975 年版，第 608 页。

[4]《马克思恩格斯全集》第 1 卷，北京：人民出版社 1995 年版，第 187 页。

[5]《毛泽东文集》第 6 卷，北京：人民出版社 1999 年版，第 442 页。

[6]《毛泽东文集》第 6 卷，北京：人民出版社 1999 年版，第 495 页。

[7]《邓小平文选》第 3 卷，北京：人民出版社 1993 年版，第 374 页。

[8]《邓小平文选》第 3 卷，北京：人民出版社 1993 年版，第 373 页。

[9] [荷兰] 何·皮特：《谁是中国土地的拥有者》，林韵然译，北京：社会科学文献出版社 2008 年版，第 32 页。

[10] [美] 埃莉诺·奥斯特罗姆：《公共事务的治理之道：集体行动制度的演进》，毛寿龙译，上海：上海三联书店 2000 年版，第 9—10 页。

[11] [美] 安东尼·奥罗姆：《政治社会学》，张华清等译，上海：上海人民出版社 1989 年版，第 280 页。

［12］［美］白苏珊：《乡村中国的权力与财富：制度变迁的政治经济学》，郎友兴、方小平译，杭州：浙江人民出版社 2009 年版，第 77—78 页。

［13］［美］查尔斯·K. 罗利编：《财产权与民主的限度》，刘晓峰译，北京：商务印书馆 2007 年版，第 17—19 页。

［14］［美］道格拉斯·C. 诺斯等：《制度、制度变迁与经济绩效》，刘守英译，上海：上海三联书店 1994 年版，第 45 页。

［15］［美］道格拉斯·C. 诺斯、罗伯特·托马斯：《西方世界的兴起》，厉以平、蔡磊译，北京：学苑出版社 1988 年版，第 30 页。

［16］［美］道格拉斯·C. 诺斯：《经济史上的结构和变革》，厉以平译，北京：商务印书馆 2009 年版，第 12—29 页。

［17］［美］杜赞奇：《文化、权力与国家》，王福明译，南京：江苏人民出版社 2004 年版，第 27—37 页。

［18］［美］加里·D. 利贝卡普：《产权的缔约分析》，陈宇东、耿勤、秦军、王志伟译，北京：中国社会科学出版社 2001 年版，第 1—2 页。

［19］［美］R. 科斯、A. 阿尔钦、D. 诺斯等：《财产权利与制度变迁》，刘守英等译，上海：上海三联书店 1994 年版，第 97、105、166 页。

［20］［美］塞缪尔·P. 亨廷顿：《变革社会中的政治秩序》，王冠华、刘为等译，上海：上海世纪出版集团 2008 年版，第 7 页。

［21］［美］曼瑟·奥尔森：《权力与繁荣》，苏长和、嵇飞译，上海：上海世纪出版集团 2005 年版，第 4 页。

［22］［美］曼瑟·奥尔森：《集体行动的逻辑》，陈郁、郭宇峰、李崇新译，上海：上海三联书店 1995 年版，第 34—41 页。

［23］［美］平狄克、鲁宾费尔德：《微观经济学》，张军等译，北京：中国人民大学出版社 1997 年版，第 524 页。

［24］［美］纪廉、科林斯等：《新经济社会学：一门新兴学科的发展》，姚伟译，北京：社会科学文献出版社 2006 年版，第 68 页。

［25］［法］托克维尔：《论美国的民主》，董果良译，上海：商务印书馆 1988 年版，第 280 页。

［26］［美］约拉姆·巴泽尔：《产权的经济分析》，费方域、段毅才

译，上海：上海三联书店 1997 年版，第 14 页。

　　[27]［美］詹姆斯·C. 斯科特：《弱者的武器》，郑广怀、张敏、何江穗译，南京：译林出版社 2007 年版。

　　[28]［美］詹姆斯·C. 斯科特：《农民的道义经济学：东南亚的反叛与生存》，程立显、刘建等译，南京：译林出版社 2001 年版，第322 页。

　　[29]［美］詹姆斯·C. 斯科特：《国家的视角》，王晓毅译，北京：社会科学文献出版社 2004 年版。

　　[30]［南］平乔维奇：《产权经济学——一种关于比较经济体制的理论》，北京：经济科学出版社 2000 年版，第 28 页。

　　[31]［日］青木昌彦：《比较制度分析》，周黎安译，上海：远东出版社 2001 年版，第 157 页。

　　[32]［英］卡尔·波兰伊：《大转型：我们时代的政治与经济起源》，冯刚、刘阳译，杭州：浙江人民出版社 2007 年版，第 70 页。

　　[33]［英］洛克：《政府论》下篇，叶启芳、瞿菊农译，北京：商务印书馆 1964 年版，第 59 页。

　　[34]［英］哈耶克：《致命的自负》，冯克利、胡晋华译，北京：中国社会科学出版社 2000 年版，第 33—34 页。

　　[35]［希腊］亚里士多德：《政治学》，吴寿彭译，北京：商务印书馆 1983 年版，第 48 页。

　　[36] 常修泽：《广义产权论》，北京：中国经济出版社 2009 年版，第 3—5 页。

　　[37] 陈向明：《质的研究方法与社会科学研究》，北京：教育科学出版社 2008 年版，第 1 页。

　　[38] 陈卫洪：《关闭小煤窑的经济学和社会学分析》，北京：冶金工业出版社 2010 年版，第 130 页。

　　[39] 陈振明：《社会研究方法》，北京：中国人民大学出版社 2012 年版，第 146 页。

　　[40] 董江爱：《三晋政治：公共财产治理中的村民参与》，北京：中国社会科学出版社 2010 年版，第 136—137 页。

　　[41] 邓大才：《土地政治：地主、佃农与国家》，北京：中国社会科

学出版社 2010 年版，第 19 页。

［42］邓大才：《小农政治：社会化小农与乡村治理》，北京：中国社会科学出版社 2013 年版，第 10—14 页。

［43］方福前：《公共选择理论——政治的经济学》，北京：中国人民大学出版社 2000 年版，第 197—201 页。

［44］费孝通：《乡土中国》，上海：上海人民出版社 2006 年版，第 7 页。

［45］费孝通：《社会调查自白》，北京：知识出版社 1985 年版，第 13—14 页。

［46］郭正林：《中国农村权力结构》，北京：中国社会科学出版社 2005 年版，第 20—43 页。

［47］黄少安：《产权经济学导论》，济南：山东人民出版社 1995 年版，第 69—70 页。

［48］李培林、张翼：《国有企业社会成本分析》，北京：社会科学文献出版社 2007 年版，第 8—9 页。

［49］林家斌、刘洁、李彦龙等：《中国矿产资源管理报告》，北京：社会科学文献出版社 2011 年版，第 110—132 页。

［50］刘金海：《产权与政治：国家、集体与农民关系视角下的村庄经验》，北京：中国社会科学出版社 2006 年版，第 1—3 页。

［51］刘承韪：《产权与政治：中国农村土地制度变迁研究》，北京：法律出版社 2012 年版。

［52］陆学艺：《当代中国社会阶层研究报告》，北京：社会科学文献出版社 2002 年版。

［53］卢福营、刘成斌：《非农化与农村社会分层——十个村庄的实证研究》，北京：中国经济出版社 2005 年版，第 12—14 页。

［54］兰林友：《莲花落：华北满铁调查村落的人类学再研究》，北京：社会科学文献出版社 2012 年版，第 29 页。

［55］潘维：《农民与市场》，北京：商务印书馆 2005 年版，第 268 页。

［56］孙立平：《守卫底线》，北京：社会科学文献出版社 2007 年版，第 187—190 页。

［57］盛洪：《现代制度经济学》上卷，北京：北京大学出版社 2003

年版，第 69 页。

[58] 唐贤兴：《产权、国家与民主》，上海：复旦大学出版社 2002 年版，第 25—36 页。

[59] 王景新：《村域集体经济：历史变迁与现实发展》，北京：中国社会科学出版社 2013 年版，第 47—48 页。

[60] 王铭铭：《社区的历程》，天津：天津人民出版社 1996 年版，第 8 页。

[61] 王元才等：《乡镇企业产权制度改革》，重庆：重庆出版社 1995 年版。

[62] 王绍光：《安邦之道——国家转型的目标与途径》，北京：生活·读书·新知三联书店 2007 年版，第 337 页。

[63] 王昕：《2009 年：山西煤炭工业发展报告》，太原：山西经济出版社 2008 年版，第 205—206 页。

[64] 王森浩：《山西能源经济》，太原：山西人民出版社 1987 年版，第 27—30 页。

[65] 吴易风等：《产权理论与实践》，北京：中国人民大学出版社 2010 年版，第 8—19 页。

[66] 徐勇：《非均衡的中国政治：城市和乡村》，北京：中国广播电视出版社 1992 年版。

[67] 徐勇：《中国农村村民自治》，武汉：华中师范大学出版社 1997 年版，第 7—9 页。

[68] 徐勇、徐增阳：《乡土民主的成长》，武汉：华中师范大学出版社 2007 年版，第 116 页。

[69] 徐勇：《现代国家、乡土社会与制度建构》，北京：中国物资出版社 2009 年版。

[70] 项继权：《集体经济背景下的乡村治理——南街、向高和方家泉村村治实证研究》，武汉：华中师范大学出版社 2002 年版，第 7 页。

[71] 杨光斌：《政治学导论》第 4 版，北京：中国人民大学出版社 2011 年版，第 226 页。

[72] 应星：《大河移民上访的故事》，上海：上海三联书店 2002 年版。

［73］俞可平：《治理与善治》，北京：社会科学文献出版社 2000 年版，第 1—15 页。

［74］赵鼎新：《社会与政治运动讲义》，北京：社会科学文献出版社 2012 年版。

［75］张复明：《资源型经济与转型发展研究》，北京：经济科学出版社 2011 年版，第 18—26 页。

［76］张静：《基层政权——乡村制度诸问题》，杭州：浙江人民出版社 2000 年版，第 81、287 页。

［77］张厚安、徐勇、项继权等：《中国农村村级治理——22 个村的调查与比较》，武汉：华中师范大学出版社 2000 年版，第 57 页。

［78］张曙光：《制度、主体、行为》，北京：中国财经经济出版社 1999 年版，第 173 页。

［79］张云：《非再生资源开发中价值补偿的研究》，北京：中国发展出版社 2007 年版，第 41 页。

［80］折晓叶：《村庄的再造——一个“超级村庄”的社会变迁》，北京：中国社会科学出版社 1997 年版，第 165—171 页。

［81］臧得顺：《“谋地型乡村精英”的生成——巨变中的农地产权制度研究》，北京：社会科学文献出版社 2011 年版，第 36、295 页。

［82］郑延涛主编：《山西省情和发展概要》，北京：中国商业出版社 2009 年版，第 10 页。

［83］周其仁：《产权与制度变迁：中国改革的经验研究》，北京：社会科学文献出版社 2002 年版，第 14—18 页。

［84］周其仁：《改革的逻辑》，北京：中信出版社 2013 年版，第 40 页。

［85］周雪光：《组织社会学十讲》，北京：社会科学文献出版社 2003 年版。

［86］朱巧玲：《产权制度变迁的多层次分析》，北京：人民出版社 2007 年版，第 138—157 页。

外文原著

［1］Andrew G. Walder and Jean C. Oi. Property Rights and Economic Reform in China. California, Stanford, Stanford University Press, 1999, 6.

［2］Jean C. Oi. State and Peasant in Contemporary China: The Political Economy of Village Government. Berkeley, University of California Press, 1989.

［3］Jean C. Oi. Rural China Takes Off: Institutional Foundations of Economic Reform. Berkeley: University of California Press, 1999.

［4］Paul Pierson. The New Politics of the Welfare State. Canada: Oxford University Press. USA. 2001.

［5］Shue, Vivienne. Peasant China in Transition: The Dynamics of Development toward Socialism, 1949—1956. Berkeley: University of California Press, 1980.

［6］Shue, Vivienne. The Reach of the State: Sketches of the Chinese Body Politic. Stanford: Stanford University Press, 1988.

［7］Whiting, Su san H. Contract Incentives and Market Discipline in China's Rural Industrial Sector. Ann Arbor: University of Michigan Press, 1996, 63 – 110.

期刊类

［1］钞晓鸿：《灌溉、环境与水利共同体》，《中国社会科学》，2006年第4期，第190—205页。

［2］曹海霞：《我国矿产资源产权的制度变迁与发展》，《产经评论》，2011年第3期，第133—139页。

［3］曹锦清、潘维、罗必良等：《集体经济村庄》，《开放时代》，2015年第1期，第11—73页。

［4］曹正汉：《产权的社会建构逻辑》，《社会学研究》，2008年第1期，第200—246页。

［5］陈志柔：《中国大陆农村财产权制度变迁的地方制度基础》，《台湾社会学》，2001年第2期，第219—262页。

［6］陈剑波：《制度变迁与乡村非正规制度》，《经济研究》，2000年第1期，第48—55页。

［7］陈军亚：《产权改革：集体经济有效实现形式的内生动力》，《华

中师范大学学报》（人文社科版），2015 年第 1 期，第 9—14 页。

[8] 陈明明：《治理现代化的中国意蕴》，《人民论坛》，2014 年第 10 期，第 32—33 页。

[9] 陈晓燕、董江爱：《共同富裕目标下资源型地区政府责任研究》，《中国特色社会主义研究》，2014 年第 3 期，第 49—51 页。

[10] 陈振明：《市场失灵与政府失败》，《厦门大学学报》（哲学社会科学版），1996 年第 2 期，第 1—7 页。

[11] 程恩富：《坚持公有制经济为主体与促进共同富裕》，《求是学刊》，2013 年，第 62—67 页。

[12] 丁栋虹：《论产权与政权关系的制度重构及其在中国的实践》，《战略与管理》，2000 年第 3 期，第 52—57 页。

[13] 丁栋虹、贾砚林、丁梅芳：《共有财产资源产权结构的特点与利用行为》，《中国环境科学》，1999 年第 5 期，第 477—480 页。

[14] 董江爱、陈晓燕：《精英主导下的参与式治理：权威与民主关系视角下的村治模式探索》，《华中师范大学学报》，2007 年第 6 期，第 17—21 页。

[15] 董江爱：《资源型农村的政治博弈与利益整合》，《中国农村观察》，2010 年第 2 期，第 78—86 页。

[16] 董江爱、李利宏：《资源型地区城乡一体化模式探索》，《城市发展研究》，2010 年第 3 期，第 56—59 页。

[17] 董江爱：《煤矿产权与村庄政治》，《政治学研究》，2011 年第 6 期，第 57—64 页。

[18] 董江爱：《论资源型农村农民对村委会选举的政治热衷》，《晋阳学刊》，2011 年第 6 期，第 29—34 页。

[19] 董江爱、霍小霞：《矿权与乡村治理》，《社会主义研究》，2012 年第 4 期，第 83—88 页。

[20] 董江爱、李利宏：《资源型农村的治理困境及出路分析》，《中国行政管理》，2013 年第 1 期，第 80—83 页。

[21] 董江爱、王慧斌：《民生与民主：资源型地区利益均衡的路径选择》，《理论探讨》，2014 年第 3 期，第 137—140 页。

[22] 董江爱、徐朝卫：《基于煤矿资源的利益博弈和策略选择——

山西煤矿开采与经营中的政企关系研究》，《中国行政管理》，2015 年第 2 期，第 78—83 页。

［23］董磊明：《传统与嬗变：集体企业改制后的苏南农村村级治理》，《社会学研究》，2002 年第 1 期，第 10—17 页。

［24］董磊明：《农民为什么难以合作》，《华中师范大学学报》（人文社科版），2004 年第 1 期，第 9—11 页。

［25］邓大才：《产权与政治研究：进路与整合》，《学术月刊》，2011 年第 12 期，第 5—14 页。

［26］邓大才：《产权发展与乡村治理：决定因素与模式》，《中州学刊》，2014 年第 1 期，第 40—44 页。

［27］邓大才：《利益相关：村民自治有效实现形式的产权基础》，《华中师范大学学报》（人文社科版），2014 年第 4 期，第 9—17 页。

［28］邓大才：《产权的政治逻辑：产权怎样、如何影响政治》，《学习与探索》，2014 年第 9 期，第 73—82 页。

［29］党国英：《论农村集体产权》，《中国农村观察》，1998 年第 2 期，第 1—9 页。

［30］冯涛、兰虹：《商周秦汉时期农地产权的演进》，《经济学》，2002 年第 4 期，第 803—820 页。

［31］冯耀明：《资源型地区当政富人执行行为规范化研究》，《天津行政学院学报》，2009 年第 1 期，第 42—46 页。

［32］冯耀明：《资源型地区富人当政的研究思路与调研设计》，《中共山西省委党校学报》，2008 年第 1 期，第 51—53 页。

［33］冯耀明：《浅论资源型地区"富人当政"》，《理论探索》，2008 年第 1 期，第 118—121 页。

［34］高娜：《国有产权与公共产权》，《辽宁财税》，2000 年第 2 期，第 42 页。

［35］桂勇：《产权制度的政治建构》，《广西民族学院学报》，2003 年第 4 期，第 21—28 页。

［36］桂勇等：《私有产权的社会基础：历史的启示——以对民族资本主义企业的社会主义改造为例》，《华中师范大学学报》（人文社科版），2005 年第 3 期，第 53—60 页。

［37］韩文龙、刘灿：《共有产权的起源、分布与效率问题》，《云南财经大学学报》，2013 年第 1 期，第 15—23 页。

［38］贺雪峰：《论村级权力的利益网络》，《社会科学辑刊》，2001 年第 4 期，第 52—56 页。

［39］贺雪峰：《乡村选举中的派系与派性》，《中国农村观察》，2001 年第 4 期，第 74—79 页。

［40］贺雪峰：《论利益密集型农村地区的治理》，《政治学研究》，2011 年第 6 期，第 47—56 页。

［41］贺雪峰、何包钢：《民主化村级治理的两种类型》，《中国农村观察》，2002 年第 6 期，第 46—52 页。

［42］贺东航：《新集体林权制度改革对村级民主发展进程的影响——兼论新集体林改中的群体性决策失误》，《当代世界与社会主义》，2008 年第 6 期，第 105—108 页。

［43］贺东航：《林权制度改革与乡村治理》，《东南学术》，2009 年第 5 期，第 32—35 页。

［44］贺东航等：《集体林权制度改革中的社会公平研究》，《社会主义研究》，2009 年第 2 期，第 109—113 页。

［45］贺东航等：《公共政策执行的中国经验》，《中国社会科学》，2011 年第 5 期，第 61—79 页。

［46］贺建平：《资源型省区避免"贫困性增长"的路径选择——以山西为例》，《生产力研究》，2006 年第 6 期，第 160—161 页。

［47］何得桂：《集体林权制度改革对乡村治理影响研究——基于溪乡的经验》，《地方财政研究》，2009 年第 8 期，第 55—61 页。

［48］何立胜、杨志强：《政府行为外部性与"诺斯悖论"的相关研究》，《江汉论坛》，2006 年第 1 期，第 42—47 页。

［49］何立胜：《政府规制与政府行为外部性研究》，《经济评论》，2005 年第 6 期，第 14—20 页。

［50］黄振华：《能人带动：集体经济有效实现形式的重要条件》，《华中师范大学学报》（人文社科版），2015 年第 1 期，第 15—20 页。

［51］［美］黄宗智：《认识中国——走向从实践出发的社会科学和理论》，《中国社会科学》，2005 年第 1 期，第 83—93 页。

［52］黄峥荣：《委托代理理论与国有企业经营者激励约束机制研究》，《金融经济》，2009 年第 4 期，第 168—169 页。

［53］黄锡生、林北水：《论矿权的概念、性质和体系》，《中国地质大学学报》（社会科学版），2007 年第 6 期，第 45—49 页。

［54］姬会然、慕良泽：《产权过程论及其政治学研究》，《西北农林科技大学学报》（社会科学版），2013 年第 2 期，第 108—112 页。

［55］纪程：《集体经济支撑、保护型经纪主导下的村庄治理》，《社会主义研究》，2007 年第 4 期，第 81—83 页。

［56］蒋省三、刘守英：《土地资本化与农村工业化》，《经济学》（季刊），2004 年第 1 期，第 211—230 页。

［57］李兵、翁文先：《两种类型的家族势力与基层行政》，《甘肃社会科学》，2004 年第 6 期，第 139—142 页。

［58］李利宏、董江爱：《煤矿集体产权下的村庄精英治理》，《山西大学学报》，2012 年第 5 期，第 62—65 页。

［59］李利宏、董江爱：《村矿合谋：理论基础、形成原因及其社会政治后果》，《中国农村研究》，2013 年下卷，第 65—81 页。

［60］李利宏、武志红：《村委会选举中的派性政治》，《山西高等学校社会科学学报》，2013 年第 7 期，第 42—45 页。

［61］李利宏：《煤矿产权结构与资源型村庄治理：影响因素与运行模式》，《中国行政管理》，2015 年第 8 期，第 46—51 页。

［62］李贵卿：《对乡村集体企业产权制度改革若干问题的思考》，《中国软科学》，1999 年第 4 期，第 113—115 页。

［63］李培林：《另一只看不见的手：社会结构转型》，《中国社会科学》，1992 年第 5 期，第 3—17 页。

［64］李培林：《再论另一只看不见的手》，《社会学研究》，1994 年第 1 期，第 11—18 页。

［65］李培林：《中国农户家庭经济：资源基础配置单位》，《中国农村经济》，1994 年第 11 期，第 28—35 页。

［66］李培林：《中国社会结构转型对资源配置方式的影响》，《中国社会科学》，1995 年第 1 期，第 70—82 页。

［67］李由：《政府与市场关系的应有性质与制度基础》，《人民论

坛》，2012 年第 12 期，第 18—20 页。

　　［68］刘德浩：《协商机制与公民参与》，《思想战线》，2010 年第 6 期。

　　［69］刘烈龙：《产权与政权、官权、民权》，《中国商办工业》，1994 年第 11 期，第 5—6 页。

　　［70］刘新荣：《企业社会责任与我国民营企业可持续发展》，《经济管理》，2007 年第 8 期，第 22—26 页。

　　［71］刘有贵、蒋年云：《委托代理理论述评》，《学术界》，2006 年第 1 期，第 69—78 页。

　　［72］楼苏萍：《治理理论分析路径的差异与比较》，《中国行政管理》，2005 年第 4 期，第 82—85 页。

　　［73］林岗、张宇：《产权分析的两种范式》，《中国社会科学》，2000 年第 1 期，第 145 页。

　　［74］林毅夫：《企业承担社会责任的经济学分析》，《经理人内参》，2006 年第 18 期，第 16—18 页。

　　［75］刘骥：《找到微观基础——公共选择理论的中国困境》，《开放时代》，2009 年第 1 期，第 100—119 页。

　　［76］刘世定：《乡镇企业发展中对非正式社会关系的利用》，《改革》，1995 年第 2 期，第 62—68 页。

　　［77］刘世定：《科斯悖论和当事者对产权的认知》，《社会学研究》，1999 年第 2 期，第 12—21 页。

　　［78］刘世定：《嵌入性与关系合同》，《社会学研究》，1999 年第 4 期，第 75—88 页。

　　［79］刘守英：《中国农地制度的合约结构与产权残缺》，《中国农村经济》，1993 年第 2 期，第 31—36 页。

　　［80］卢现祥：《处理好政府与市场关系的四个问题》，《政策》，2013 年第 3 期，第 37—39 页。

　　［81］卢福营：《个私经济发达背景下的能人型村治——以浙江省东阳市白坦一村为例》，《华中师范大学学报》（人文社科版），1998 年第 2 期，第 15—20 页。

　　［82］卢福营：《群山格局：社会分化视野下的农村社会成员结构》，

《学术月刊》，2007 年第 11 期，第 22—27 页。

[83] 罗建兵、许敏兰：《转型经济中合谋与监管的博弈分析》，《南京审计学院学报》，2008 年第 1 期，第 13—17 页。

[84] 毛丹、张志敏、冯钢：《后乡镇企业时期的村社区建设》，《社会学研究》，2002 年第 6 期，第 72—81 页。

[85] 毛丹、任强：《中国农村社会分层研究的几个问题》，《浙江社会科学》，2003 年第 3 期，第 90—98 页。

[86] 聂辉华、蒋敏杰：《政企合谋与矿难：来自中国省级面板数据的证据》，《经济研究》，2011 年第 6 期，第 146—156 页。

[87] 乔新生：《政府与市场是什么关系》，《学习月刊》，2012 年第 6 期，第 21—22 页。

[88] 邱泽奇：《乡镇企业改制与地方权威主义的终结》，《社会学研究》，1998 年第 2 期，第 82—92 页。

[89] 秦晖：《十字路口看乡企——清华大学乡镇企业转制问题调查研究报告（上）》，《改革》，1997 年第 6 期，第 104—114 页。

[90] 秦晖：《十字路口看乡企——清华大学乡镇企业转制问题调查研究报告（下）》，《改革》，1998 年第 7 期，第 34—46 页。

[91] 申静、王汉生：《集体产权在中国的时间逻辑——社会学视角下的产权建构过程》，《社会学研究》，2005 年第 1 期，第 113—148 页。

[92] 宋婧、杨善华：《经济体制变革与农村公共权威的蜕变——以苏南某村为案例》，《中国社会科学》，2005 年第 6 期，第 129—142 页。

[93] 孙立平：《实践社会学与市场转型》，《中国社会科学》，2002 年第 5 期，第 83—96 页。

[94] 孙琼欢、卢福营：《中国农村基层政治生活中的派系竞争》，《中国农村观察》，2000 年第 3 期，第 69—72 页。

[95] 仝志辉、贺雪峰：《村庄权力结构的三层分析——兼论村级权力的合法性》，《中国社会科学》，2002 年第 1 期，第 158—167 页。

[96] 田先红：《乡村政治研究三十年——对若干分析框架的追溯与反思》，《长春市委党校学报》，2011 年第 2 期，第 21—27 页。

[97] 温铁军：《重新解读我国农村的制度变迁》，《天涯》，2001 年第 2 期，第 18—25 页。

［98］王彬彬、李晓燕：《生态补偿的制度建构：政府和市场有效融合》，《政治学研究》，2015 年第 5 期，第 67—81 页。

［99］王金红：《告别"有意的制度模糊"》，《华南师范大学学报》（社会科学版），2011 年第 2 期，第 5—13 页。

［100］吴易风：《产权理论：马克思和科斯的比较》，《中国社会科学》，2007 年第 2 期，第 4—18 页。

［101］吴毅：《"双重角色"、"经纪模式"与"守夜人"和"撞钟者"》，《开放时代》，2001 年第 12 期，第 114—117 页。

［102］吴晓燕：《农村土地承包经营权流转与农村治理转型》，《政治学研究》，2009 年第 6 期，第 45—53 页。

［103］吴晓燕：《农村土地制度产权变革与基层社会治理转型》，《华中师范大学学报》（人文社科版），2013 年第 6 期，第 1—8 页。

［104］肖国兴：《论中国自然资源产权制度的历史变迁》，《郑州大学学报》（社会科学版），1997 年第 6 期，第 19—25 页。

［105］徐勇：《由能人到法治：中国农村基层治理模式转换》，《华中师范大学学报》（哲学社会科学版），1996 年第 4 期，第 1—8 页。

［106］徐勇：《村干部的双重角色：代理人与当家人》，《二十一世纪》，1997 年第 8 期，第 11—15 页。

［107］徐勇、邓大才：《社会化小农：解释当今农户的一种解释》，《学术月刊》，2006 年第 7 期，第 5—13 页。

［108］徐勇：《如何认识当今的农民、农民合作与农民组织》，《华中师范大学学学报》（人文社科版），2007 年第 1 期，第 1—3 页。

［109］徐勇：《民主：一种利益均衡的机制——深化对民主理念的认识》，《河北学刊》，2008 年第 2 期，第 1—5 页。

［110］徐勇、赵德健：《创新集体：对集体经济有效实现形式的探索》，《华中师范大学学报》（人文社科版），2015 年第 1 期，第 1—8 页。

［111］许大纯：《我国矿产资源税费制度改革与发展的历程与经验》，《中国矿业》，2010 年第 4 期，第 1—4 页。

［112］许经勇、任柏强：《对我国乡镇企业产权制度的深层思考》，《经济纵横》，2001 年第 10 期，第 16—21 页。

［113］项继权：《中国农村社区及共同体的转型与重建》，《华中师范

大学学报》（人文社会科学版），2009 年第 3 期，第 2—9 页。

　　［114］姚洋：《政府角色定位与企业改制成败》，《经济研究》，2000 年第 1 期，第 3—10 页。

　　［115］于立等：《资源型贫富差距与社会稳定》，《财经问题研究》，2007 年第 10 期，第 3—9 页。

　　［116］袁方成：《治理集体产权：农村社区建设中的政府与农民》，《华中师范大学学报》，2013 年第 2 期，第 1—17 页。

　　［117］杨瑞龙：《承包制的局限性与企业产权制度改革》，《福建论坛》（社科教育版），1988 年第 2 期，第 17—19 页。

　　［118］杨瑞龙：《外部效应与产权安排》，《经济学家》，1995 年第 5 期，第 52—59 页。

　　［119］杨善华、苏红：《从"代理型政权经营者"到"谋利型政权经营者"——向市场经济转型背景下的乡镇政权》，《社会学研究》，2002 年第 1 期，第 17—24 页。

　　［120］臧得顺：《臧村"关系地权"的实践逻辑——一个地权研究分析框架的构建》，《社会学研究》，2012 年第 1 期，第 78—106 页。

　　［121］张丙乾、李小云：《基于矿产资源开发的农村小区权力运作探析》，《社会科学辑刊》，2007 年第 5 期，第 50—55 页。

　　［122］张丙乾、李小云、叶敬忠：《加速的变迁：农村社区中小铁矿开采的社会经济影响》，《区域经济》，2007 年第 7 期，第 43—46 页。

　　［123］张丙乾、李小云、叶敬忠：《正式制度的社区表达：对农村社区中矿产资源权属的考察》，《农村现代化》，2007 年第 9 期，第 90—93 页。

　　［124］张红凤：《西方政府规制理论变迁的内在逻辑及其启示》，《教学与研究》，2006 年第 5 期，第 70—77 页。

　　［125］张俊峰：《前近代华北乡村社会水权的形成及其特点》，《中国历史地理论丛》，2008 年第 4 期，第 115—121 页。

　　［126］张静：《土地使用规则的不确定：一个解释框架》，《中国社会科学》，2003 年第 1 期，第 113—124 页。

　　［127］张军、冯曲：《集体所有制乡镇企业改制的一个分析框架》，《经济研究》，2000 年第 8 期，第 12—20 页。

［128］张莲莲：《山西矿权改革的思考》，《中国煤炭工业》，2007 年第 2 期，第 51—53 页。

［129］张亮亮：《自然资源富集与经济增长——一个基于"资源诅咒"命题的研究综述》，《南方经济》，2009 年第 6 期，第 70—80 页。

［130］张小军：《象征地权与文化经济》，《中国社会科学》，2004 年第 3 期，第 121—135 页。

［131］张晓山：《乡村集体企业改制后引发的几个问题》，《浙江社会科学》，1999 年第 5 期，第 21—27 页。

［132］张文驹：《我国矿产资源财产权利制度的演化和发展方向》，《中国地质矿产经济》，2000 年第 1 期，第 2—11 页。

［133］张文驹：《矿权性质及其市场制度》，《资源产业经济》，2003 年第 10 期，第 15—26 页。

［134］赵世瑜：《分水之争：公共资源与乡土社会的权力与象征——以明清山西汾水流域的若干案例为中心》，《中国社会科学》，2005 年第 2 期，第 189—208 页。

［135］折晓叶：《村庄边界的多元化——经济边界开放与社会边界封闭的冲突与共生》，《中国社会科学》，1996 年第 3 期，第 66—78 页。

［136］折晓叶、陈婴婴：《产权选择中的"结构—主体"关系》，《社会学研究》，2000 年第 5 期，第 64—81 页。

［137］折晓叶、陈婴婴：《产权怎样界定——一份集体产权私化的社会文本》，《社会学研究》，2005 年第 4 期，第 64—81 页。

［138］周雪光：《西方社会学关于中国组织与制度变迁研究状况述评》，《社会学研究》，1999 年第 4 期，第 26—43 页。

［139］周雪光：《关系产权：产权制度的一个社会学解释》，《社会学研究》，2005 年第 2 期，第 1—31 页。

［140］邹宜民：《苏南乡镇企业改制的思考》，《经济研究》，1999 年第 3 期，第 59—65 页。

［141］朱冬亮：《村庄社区产权实践与重构》，《中国社会科学》，2013 年第 11 期，第 85—103 页。

［142］朱进：《外部性与政府干预行为》，《长江论坛》，2003 年第 2 期，第 43—46 页。

[143] 朱启才、杨洁：《权力、制度与经济增长》，《云南师范大学学报》，2001 年第 5 期，第 26—30 页。

[144] 朱春雷、杨永：《重构农民的公共文化生活空间》，《甘肃理论学刊》，2007 年第 2 期，第 79—82 页。

[145] 祝瑞洪等：《关于苏南模式产权结构转型中的几个问题》，《镇江学刊》，1999 年第 3 期，第 18—21 页。

[146] 钟建：《经济外部性与政府政策》，《科技资讯》，2006 年第 27 期，第 250—251 页。

[147] 宗锦耀：《论乡镇企业产权制度改革》，《乡镇企业研究》，1998 年第 5 期，第 3—8 页。

[148] 宗锦耀等：《广东、江苏乡镇企业改革情况调查报告》，《乡镇企业研究》，1998 年第 5 期，第 22—27 页。

外文期刊类

[1] G. Hardin. The Tragedy of the Commons. *Science*, 1968, 162.

[2] M. Granovetter. Economic Action and Social Structure: the Problem of Embedded – ness. *American Journal of Sociology*, 1985, 91, 481 – 510.

[3] Oi, Jean C. Fiscal Reform and the Economic Foundations of Local State Corporatism in China. *World Politics*, 1992, 45 (1), 99 – 126.

[4] Oi, Jean C. The Role of the Local State in China's Transitional Economy. *China Quarterly*, 1995, 144, 1132 – 1150.

[5] Vivienne Shue. Beyond the Budget : Finance Organization and Reform in a Chinese County. *Modern China*, 1984, 10 (2), 147 – 186.

[6] Peter Taylor – Gooby. The future of the British welfare state: public attitudes, citizenship and social policy under the conservative governments of the 1980s. *European sociological review*, 1988, 1.

[7] Whiting, Susan H. The Comfort of the Collective: The Political Economy of Rural Enterprise in Shanghai. Paper presented at *the Annual Meeting of the Association for Asian Studies*, 1993, 3, 25 – 28, Los Angeles.

[8] Whiting, Susan H. Review of From Reform to Revolution: The De-

mise of Communism in China and the Soviet Union, by Minxin Pei. *Comparative Political Studies*, 1996, 29 (3), 357 – 363.

[9] Whiting, Susan H. Review of Tethered Deer: Government and Economy in a Chinese County, by Marc Blecher and Vivienne Shue, and Calamity and Reform in China: State, Rural Society, and Institutional change since the Great Leap Famine, by Dali L. Yang. *Comparative Political Studies*, 1997, 30 (6), 756 – 764.

[10] Whiting, Susan H. Institutionalizing Fiscal Reform In China: The Problem of Extra – Budgetary Funds. Paper presented to *the Annual Meeting of the Association for Asian Studies*, 1999, 3, 11 – 14.

[11] Arun Agrawal. Common Property Institutions and Sustainable Governance of Resources, World Development, 2001, 10, 1649 – 1672.

博士论文

[1] 陈毅:《博弈规则与合作秩序:理解集体行动中合作的难题》,吉林大学 2007 届博士论文。

[2] 陈雪原:《村庄发展与新农村建设》,中国社会科学研究院 2010 届博士论文。

[3] 胡文国:《煤炭资源产权与开发外部性关系及我国资源产权改革研究》,清华大学 2009 届博士论文。

[4] 黄振华:《中国农户功能变迁与政府介入》,华中师范大学 2013 届博士论文。

[5] 贾丽虹:《外部性理论及其政策边界》,华南师范大学 2003 届博士论文。

[6] 黎友焕:《企业社会责任研究》,西北大学 2007 届博士论文。

[7] 张丙乾:《权力与资源》,中国农业大学 2005 届博士论文。

[8] 王勇:《划界定牧与国家建构》,华中师范大学 2013 届博士论文。

[9] 吴垠:《我国矿产资源产权制度改革研究》,西南财经大学 2009 届博士论文。

相关政策文件

[1]《关于加快发展乡镇煤矿的八项措施》（1983 年国务院颁布）

[2]《乡镇企业产权制度改革意见》（1994 年）

[3]《中华人民共和国矿产资源法》（1996 年 8 月 29 日中华人民共和国主席令第 74 号）

[4]《中华人民共和国矿产资源法实施细则》（1994 年 3 月 26 日国务院令第 152 号）

[5]《矿产资源补偿费征收管理规定》（1994 年 4 月 1 日）

[6]《探矿权采矿权转让管理办法》（1998 年 2 月 12 日中华人民共和国国务院令第 242 号）

[7]《国务院关于促进煤炭工业健康发展的若干意见》（国发〔2005〕18 号）

[8]《国务院关于同意山西省开展煤炭工业可持续发展政策措施试点意见的批复》（国函〔2006〕52 号）

[9] 国家发展改革委《煤炭产业政策》（2007 年第 80 号）

[10]《山西省人民政府关于加快推进煤矿企业兼并重组的实施意见》（晋政发〔2008〕23 号）

[11]《山西省人民政府办公厅转发省国土资源厅关于煤矿企业兼并重组所涉及资源采矿权价款处置办法的通知》（晋政办发〔2008〕83 号）

[12]《山西省人民政府关于进一步加快推进煤矿企业兼并重组整合有关问题的通知》（晋政发〔2009〕10 号）

[13]《山西省煤炭产业调整和振兴规划》（晋政发〔2009〕18 号）

[14]《山西省人民政府办公厅关于进一步完善山西省煤矿企业兼并重组整合采矿登记有关工作的通知》（晋政办发〔2010〕66 号）

[15]《山西省人民政府批转"山西省煤矿企业兼并重组整合工作领导组办公室关于加强兼并重组整合矿井安全工作通知"的通知》（晋政发〔2010〕21 号）

附　　录

这里列举的调研是在书中出现的，除此之外，还有大量的调研访谈和调研日记，附在后面。

A 村

20140121A01ZM，2014 年 1 月 21 日采访村支书张某；

20140120A02LN，2014 年 1 月 20 日采访副支书李某。

B 村

20120708B01LS，2012 年 7 月 8 日采访 B 村村民刘三，他一直在为村民没有选举权的事情上访，为此花费自己 10 多万元；

20120706B02LPK，2012 年 7 月 6 日采访 B 村村民刘某，他非常了解村庄整体发展状况和上访等问题；

20120707B03YTT，2012 年 7 月 7 日采访 B 村村民阴某，向他询问刘三的一些上访事情，并谈谈他对刘三上访事件的看法。

C 村

20100630C01FM，2010 年 6 月 30 日采访 86 岁的老人范某；

20110810C02SLE，2011 年 8 月 10 日采访乡镇副镇长孙某；

20110721C03LD，2011 年 7 月 21 日采访会计李某；

20091204C04WC，2009 年 12 月 4 日采访乡镇书记王某；

20110719C05WJS，2011 年 7 月 19 日采访村支书王某；

20100706C06WJS，2010 年 7 月 6 日采访村支书王某；

20100708C07LE，2010 年 7 月 8 日采访村民刘某；

20110720C08WJS，2011 年 7 月 20 日采访村支书王某。

D 村

20110811D01WDJ，2011 年 8 月 11 日采访村民王某；

20110809D02WDJ，2011 年 8 月 9 日采访村民王某；

20111218D03WDJ，2011 年 12 月 18 日采访村民王某，交流村办煤矿承包事件；

20111224D04LH ，2011 年 12 月 24 日采访村民刘某，交流上访事件，再次村庄换届选举事件；

20111226D05LH，2011 年 12 月 26 日村民刘某，第三次交流村庄换届选举事件，是上访的一个带头人；

20111220D06LH，2011 年 12 月 20 日村民刘某，交流村庄换届选举事件，是上访的一个带头人；

20111221D07YF，2011 年 12 月 21 日村民杨某，交流村庄换届选举事件，是上访的另一个带头人；

20111226D08YF，2011 年 12 月 26 日村民杨某，交流村庄换届选举事件，是上访的另一个带头人；

20111221D09YF，2011 年 12 月 21 日村民杨某，交流村支书的情况，是上访的另一个带头人；

20111221D10ZJ，2011 年 12 月 21 日村民张某，反映低保问题；

20110809D11HK，2011 年 8 月 9 日村民贺某，在村集贸市场经营水果摊，喜欢说一些极端的话语；

20110809D12HK，2011 年 8 月 9 日村民贺某；

20111226D13LTY，2011 年 12 月 26 日李军的本家爷爷李某，询问上访的事情；

20111223D14WZJ，2011 年 12 月 23 日前任村干部王某，交流村支书的事情。

E 村

20121102E01LQS，2012 年 11 月 2 日采访 E 村所在乡镇书记李某，访谈煤矿个人经营问题；

20121005E02SL，2012 年 10 月 5 日采访村民孙某，交流该县私人煤矿众多的原因；

20121003E03LDJ，2012 年 10 月 3 日采访 E 村村民刘某，采访村主任上任经过；

20121003E04FG，2012 年 10 月 3 日采访 E 村村民范某，采访村主任对村庄事务的管理；

20121006E05WH，2012 年 10 月 6 日采访 E 村村民吴某，询问村庄的发展；

20121007E06ZTS，2012 年 10 月 7 日采访 E 村老支书张某，询问煤矿主的收入；

20121006E07LAM，2012 年 10 月 6 日采访 E 村村民李某，询问煤矿兼并重组后的事情；

20121004E08JH，2012 年 10 月 4 日采访采访 E 村村民纪某，采访村民二组的事情，并向他询问煤矿主王三的事情；

20121223E09LQS，2012 年 12 月 23 日再次采访 E 村所在乡镇书记李某，访谈煤矿个人经营问题。

调研访谈与口述史资料

调研日记和村民口述史资料是在村庄调研期间的日常笔记。其主要内容是按照时间顺序记载的有关调研的感受和访谈材料，为了方便，同一个村庄的调研材料排列在一起。

C 村之行

2009 - 12 - 3

今天是正式调研的第一天，我们一行人在去往 C 村的路上，大家一路交流。我们确定了需要调研的问题，包括农村的发展状况，包括集体经济和个体收入、村民自治情况、农村稳定状况，以及发展最好的村庄和最差的村庄的情况。村庄如何解决煤矿纠纷？资源对农民的政治意识的影响是什么，资源对乡村治理的影响如何，民主的发展状况如何、其基本的动力是什么（我们的假设是资源）？发展民主的机制和制度是什么？有几种思路解决开采煤矿带来塌陷等问题？一是移民模式，村办煤矿集体经营；二是个人承包模式，煤矿每年补助多少；三是个人买断模式；四是有煤矿但大家享受不上利益，煤矿与村没有关系，如何弥补老百姓的损失？

要思考的理论问题包括：一是关注政治生活，尤其是农民政治生活；二是治理问题、乡村治理；三是运用新制度主义框架分析问题，要关注制度依赖、制度创新和制度变迁。

2009 – 12 – 4　C 村之行

2009 年 12 月 4 日上午 10 点，我们在大同市委李副秘书长的陪同下，来到 C 村，我们主要想了解该村的发展过程、制度和机制的建设问题，以及领导人的作用。思考该村如何走上民主的道路，推进其发展的动力是什么？

这是一个整体搬迁的移民新村，建设得非常好，全村 280 人，70 多户，党员 14 人，距离县城 20 公里，得益于国家的改革开放政策和村里两委班子的团结，靠煤炭起步，2008 年各项总收入 1.46 亿元，经济总收入 1738 万元，固定资产 2.68 亿元，人均 8015 元，发展特色养殖业和现代农业，多次被上级领导嘉奖，被评为"高级小康村"。实行工业反哺农业的路子，投资 460 万元，建设基本农田 200 多亩，造林绿化荒山荒坡 600 多亩，造林率达到 80.3%，2005 年投资集体综合农场 350 万元，沙滩造地、水利配套、新建高产水浇地 400 亩，打机井，发展优质特色养殖业和现代农业。

该村 2003 年之前这里是泥滩，当时花 60 万元买了一片地，2003 年实施整体搬迁工程，在县城东环路征地 50 亩，共投资 4600 万元，改善人居环境，建设总面积 1.6 万平方米的别墅式小区，建有二层小别墅 38 套，敬老楼 16 套，综合单元楼 30 套，三层办公大楼 1 座，迎街门面房 49 间，以及小区公园和文体娱乐中心。村民家中拥有电脑、轿车等，全村实行免费义务教育和奖学金制度，新型农村合作医疗制度，60 岁以上的老年人每人每月发给生活补贴 300 元，村集体还为全县的教育、县城饮水、村村通公路和森林公园建设等社会公益事业捐资 37 万元，其中投资 80 万元为公园建塔山 1 座。

本村有村民代表大会，大事小事都商量，走管理民主、乡风文明的模式，一是 2008—2009 年购买沙化地 1000 多亩，5000 多元 1 亩，在上面垫上土，打平，造地。二是旧村没水、没电，于是在旧村栽树，种植有杨树、松树等。三是从江苏订购 168 个大棚，每家发 2 个大棚，并开设肉牛厂、鸡厂、猪厂等，养殖场离村庄 7—8 里。

现任村长从 2000 年干起，干了 3 届，2003 年后，附近搬来一些好单位，该县最好的中学也来了。目前该村的小二楼已经涨到 60 多万元，当时村民花 10 多万元买下。村民入股，也没花钱买房，后来又搬来 2—3 户，现在不好迁了。

组织方面，村支书、村长、党委会、村委会一共 9 人，两委交叉任职，民主理财小组 5 人先同意，然后村长批，支书批。村民自治制度方面，都是按照上级的指示，该有的都有。

村里男人以前在矿上上班，女人种地、养羊。

后来买下 2 个矿，已经在煤矿方面投资 4 亿多元，由于 2009 年山西省政府的整合煤炭资源，目前采取集体控股、村民入股的形式，被大集团兼并重组，但目前大集团还没给补偿，手续已全部拿走。

村长反复强调，老百姓投票给你，这么信任你，你不干出些什么事情，那就说不过去。

农村后续建设问题，下一步的发展，村长强调：如果以后煤矿工人需要文凭，农民没有文凭，就可能失去就业岗位；本地人搞煤矿多年了，也有经验，为什么不让开采？中国的老百姓最好了，只需要解决生存问题，但现在生存却受到考验了；煤炭整合是对的，但补偿 1 亿元，离投资 4 亿相差太远了；大学生村官，也就是写写画画，搞宣传，是跳板，不是长久之计，这些政策不切实际。实际只需要高中生就行了。

2009－12－5　Z 县之行

该县是煤炭大县，但水资源缺乏，农业发展的基础不好，坡地多，人畜吃水都困难。90% 的财政收入是煤炭产业，当时本来要建设亚洲最大的坑口电厂，但因为缺水，没建成。2006 年底上马的风电厂，自然风好，利税收入 3000 多万元。我们先去参观了在建的移民新村，在县城边上。一共规划有四个村。村民没有因为选举上访的事件，现在都按程序办事，否则群众会闹事。

李秘书长个子较高，人很清瘦，很有亲和力，没有一点官架子，与我们谈话非常坦诚，他很有才，也是一位性情中人，常常喜欢写诗作赋，很有雅兴，像一位中国的传统文人。C村的张村长，个子低，微胖，说话很直率，对老百姓有很深厚的感情，总想为老百姓办些什么事情。王乡长个子较高，说话相对比较保守，一再强调煤炭资源整合的政策是正确的，但后续的配套政策不完善，给农村和农民带来很多问题，农村发展没有后路，农民生活没有着落。（我们国家很多政策的制定都有这样的问题，一刀切，没有考虑更多的实际情况，没有配套的措施，让大家束手无措，资源应该为所有公民造福，在煤矿开采的同时，应该对当地人民给予补偿，整体搬迁是其应该给予的补偿，其余的应该服务于所有公民。）县里信息科长很年轻，比较健谈，但临走一再吩咐我们，千万不要透漏他的真实姓名，以免发生麻烦。干部的小心谨慎可见一斑。

2009 - 12 - 6　Z县南湾镇调研

今天上午，我们由李秘书长陪同去南湾镇，这是一个以煤矿多而出名的乡镇，一路上虽然外面天寒地冻，还不时飘落一些雪花，但车里暖意融融，不时传出一些笑语。我们在去的路上，还经过该县的一段城墙，保存完好，显示出该县城悠久的历史。该县大部分村庄的道路坡度都较大，既不适合种庄稼，给出行也带来一定的困难。

上午10点，我们一行人到了南湾镇，镇政府是一座三层楼，看着比较气派一些，进入二楼一间办公室，这是乡镇书记的办公室，茶几上已摆满各种水果和小吃，秘书长说："按说现在接待客人已经不让如此破费招待，但真是那样，又不近情理。"中午我们在乡镇食堂吃饭，很丰盛，有主管安全、农业的副镇长，还有纪检书记以及秘书在场。

我们此次来访，主要是进行深度访谈，了解村庄发展的历程，资源在村庄发展中的作用以及煤炭资源整合对农村的影响。

乡镇书记个子不算高，但人很精神，40岁出头，穿一件黑皮夹克，他之前是县委办秘书，后当乡长8年，担任现职3年。他说，该乡镇有25个村子，曾经都有煤矿，不只一个，是县里的产煤大镇，改革开放以来，在当时省长的号召下，实行乡乡办煤矿，村村出劳力，人人都受益的政策，所以当时村里都很红火。

一、煤矿方面

现在产煤大镇已经变成负担大镇，是没有农业的农业乡镇。从 2008 年奥运会停产到 2009 年煤炭资源整合，现在已经关闭井口 600 个，只有 4 个村还有煤矿。他 2006 年 12 月 31 日到任时，有 42 个煤矿，2008 年关闭 25 个，保留 17 个，三大集团重组，山煤 3 个，省煤运 2 个，同煤 12 个，整合 2 个，关闭 10 个。7 个煤矿最终重组为 3 个。现在的情况是大集团不着急，县里、市里着急。有些停产的煤矿还需要使用风机抽水，耗费电力，所以收入已经几乎没有了，但是还需要出钱管理这些停产的煤矿。

书记看到一则报道，补偿系数远远低于云南、贵州，吃亏的是山西，山西在全国只是车，不是马和炮。现在的国营矿下面仍然采用三轮车作业。国营矿从某种意义上也不是国营的，下面也存在层层转包的情况。

2003 年、2004 年、2005 年煤老板确实挣了一些钱，但没有宣传得那么夸张，本地也有发财的老板。

二、村民自治方面

2008 年选举时，老百姓扛来 2 架摄像机，全程拍摄，还复印选举法给村民，监督全过程，乡镇工作很难搞，上面有要求，得把适合的人选上；下面又不能放任自选，家族、派系，谁也想当，谁也选不出来。该乡镇的村民自治情况，村村都有理财小组，村财乡管，有会计委托中心，相当于政府采购中心，理财小组组长签字 - 村长签字 - 支书批，大同市都如此，村民自治就是个制度，选举就是增加麻烦。

三、乡镇工作方面

乡镇现在是弱势群体，乡镇干部需要两头说好话，谁来了，我们都是说下半句话，上级检查验收，说好话；群众申述困难，说好话。乡镇干部是没有希望的干部，前途是光明的，道路是曲折的，希望是没有的。从上到下，县里缺干部，市里派，市里缺，省里派。乡镇干部是干活的、受苦的，没有希望的。那几年，乡镇有钱，大家都来沾油水，让报销车费等。如果不给，就会得罪一些人。

四、林权改革方面

好些政策是没有调研的，想出来的，树木分给老百姓，首先是不好分，大小不同，粗细不同，树木又很难长大，对老百姓是没有什么好处的，管理、防火更麻烦，不像福建那里分给老百姓毛竹，毛竹一年几茬，老百姓有收益。这样的"一刀切"政策是毫无意义的。可是乡镇干部又不能和上面唱反调，人家让干什么就干什么。他们反复强调没办法。我说，没关系，你们只管实情反映，我们的调研报告会递到上层，但他们说，下面的事情没法说，不能说。

五、制定政策方面

朱镕基说，政府采购中心是让价格提高合法化，现在每天资源整合同样如此。中央的决策不了解基层，大家有问题，反映也没用，县里、市里、省里都知道，没用，政策无法对接，各级领导的手机问题，让24小时不关机，上千元的话费但只给补贴100元，出差开会只给补贴每天8元，这样的政策不符合实际。

中央的思路是对的，但中国的现状还没达到，要实行全面的民主就乱了。干部任用也是马马虎虎，做基层工作要学会模糊数学，不能是微积分，只能在国家政策和老百姓利益之间绕，越免基层干部，越上访。这是个矛盾的状况。

全国人民都像女同志进入更年期，浮躁，有点火苗就烧起来了。基层是个大熔炉，是个大染缸。

六、浙江的发展方面

乡镇书记曾经去浙江挂职一个月，他认为：第一，那里老百姓素质高，忙于发财致富，没有闲时间上访。第二，那里上级上午不检查工作，下午检查，大家自觉在食堂排队打饭，不会给领导让位。上午开私车去单位，去了以后用公车，下班后开私车回家。那里已经形成好习惯。

七、农民生活方面

2009年，因为煤矿关闭，出去打工的人多，去县里、市里，当小工、开小饭店，或去陕西、内蒙古煤窑打工。以前，有一半的村，村民入股，分红，集体逢年过节，都会给农民发大米白面等，好的村，每人一年分7万元，差的发几千元。今年，县里拿出4000万元财政给农户、低保户每户发900元取暖费。以前农民的水电煤都不花钱，以后都得出钱。而煤矿已经开采30年，25个村，已经全部房屋裂缝，吃水全部引自外面，地面塌陷，土地无法耕种，老百姓的生存面临挑战，社会将产生不稳定局面。以后全部需要搬迁，现在已在县城搬迁5个移民新村，1个入住，4个在建，明年计划再搬迁 1 个，但现在面临资金短缺。国家的棚户区改造，惠及的是矿务局的广大工人，并没有惠及农民，而农民祖祖辈辈生存的地方已不能再居住了。

他说，村庄煤矿集体经营，村集体占股，村民股份制形式最好，最有利于老百姓的利益。而大集团对老百姓受益很小，因为它的运行成本高，同煤说，1 吨煤的利润只有 2 元，每年生产 100 万吨，也只有 200 万元，农民即使入股分红，收益也得不到保障。

三个小时的调研结束后，我的总体感觉是：第一，基层工作难办，这是和老百姓打交道的最贴近的地方，但是权力最小，负担最重。第二，中央有些政策在下面执行很难，但大家都不敢说实话，只是一味照办，带来很多后遗症，引起群众不满。第三，煤矿的问题很突出，煤矿区村民的后续发展是一个大问题。

2010 - 6 - 30　C 村再调研

我们今天上午八点出发，坐车到达 C 村调研。到达村里后，我们没有进村，直接先去吃了饭，下午一点多来到村里。进了村委会大楼，只有看门的张大爷，我马上与曾村长进行联系，对方挂了电话，又与县委办朱科长联系，也没人应答。想想人家应该是在午休，自己办事还是太着急了，那就等三点人家上班后说吧。我们就与门房聊了起来。

本村两户一幢楼，单元楼一共三个单元五层楼房，一共 30 户，38 幢小楼，后面有一幢二层小楼，是老年公寓，老年人住，不用花钱买房，一户一间房。有农场 500 亩，家家户户有小汽车，有的有两三部车，除了在煤矿上班，还有股份（村集体是 51% 的股份，农户是 49% 的股份），一般买车主要用来上班，矿上离村里有 30 多里地，冬天较冷，不方便，所以大家都买车。村长也在村里住，家在大同市也有，王书记主管全村，一般在矿上，他的儿子人称小王就是指定的接班人了，也管村里的事情，只有他决定不了的，再让他爸出面。村里男人一般在矿上上班，女人在种蔬菜大棚，以前村里靠天吃饭，一年收入很少，现在都挣工资，每月都发，比在以前村里好多了。

和张大爷聊了几句以后，我们去村里农户家看看，今天正好下雨，天气比较凉快，村里女人大都去大棚了，我们就去了村里的老年公寓。遇到一位 86 岁的吴大妈，身体好，个子较高，较胖。她说以前村里很苦，住在窑里，不勤快的人住小窑，勤快的人住大窑，住了 20 多年，没椽没檩，房子太烂了。挖个洞找煤窑，找到了，地底下掏窑，找到窑后，1980 年后人们生活好了，以前种田没地，1 户就是 1—2 亩地，她家 7 个小孩，2 个儿子，5 个女儿，一人买毛驴，种地，把石头弄走，有点地就种，男人们夏天种地，冬天在邻村背炭、刨炭，受罪，可惜黄了，村子小，地不好，吃半年饿半年，拿炭换米面，也不过秤，自己随便挖，男劳力打窑，三家两家合伙你背我刨（炭），因为是小煤窑，不是大块炭，是小块炭，换点米面，以前村里没路，炭卖不出去。炭不好，只能做饭。后来路修好，小车拉，骡子拉，毛驴拉，修了水泥路，大车就去了。现在就是翻身了。以前穷，掏煤窑没木板，她家老头买了一块板子做棺材，儿子打煤窑需要木板，搭棚木需要木板，就把棺材板拉走了，打了三眼井。后来，棺材板也不要了，现在房也好，地也好，就不要以前的棺材板了。以前连切菜板也没有，冬天穿棉裤的人少，一道河湾，娶媳妇很难，村里最初 7—8 户人，河湾是干河湾，发山水就有，否则连水也没有，一开始有井，人多不够吃，人少还凑合。以前人心齐，人人干，卖炭的钱立起个大队。本村人少，人人一碗饭，有稠吃稠，有稀吃稀，比较平均。以前一共六七户人家，哪能不团结？

下午五点多，我们从老年公寓出来，正好王书记来了，马上去见他。王书记问了我们的来历，他说主要是现在县委下发文件，任何人采访都要经过县里，县里同意后才行，不是不接待你们，主要是有很多记者采访结束以后出书还要钱等。我急忙解释来意，又给县委办朱科长打电话，朱科长与王书记通了电话，事情才办妥。原因一是由于煤矿兼并重组，地方政府特别不欢迎外界的采访，另外行政级别必须一级管一级，对于一个突然闯进来的外人，他们特别警惕，也嫌麻烦不想接待，但是迫于上面的行政压力，无奈之下只得给我们安排，当然，我们对这一难得的机会表示感谢与珍惜。王书记安排我们在村委会办公二楼的客房住宿，又安排我们去农场吃饭，也是相当热情。

下午 6 点多，有一司机来接我们去农场吃饭，我们去了农场，那里比较大，有很多蔬菜大棚，有仓库，还有一座二层小楼，楼下是吃饭的地方，我们吃得也相当丰盛，有猪排、鸡肉、腾鸟肉、还有油饼等，饭桌上大家都在谈论去上海世界博览会的事情，一问知道村里组织大家去的，每人 3600 元，想必大家生活得很好。席间，他们说去德国整整坐了 10 个小时的飞机，作为农村人，他们还能出国旅游，还真是挺好的。据说，本村是 Z 县第一好村。

2010 - 7 - 2　上午与 C 村会计的谈话

今天主要是与村里李会计聊天，询问村庄煤矿经营情况。村里的煤矿经营方式年年如此，就一种模式，集体经营。

改革开放以来，在政策允许的情况下，靠山吃山，靠水吃水，有水快流。改革开放初期，天天盼富富不了，年年兴隆不兴隆，王书记领着一帮人，在全村凑不到 200 元的情况下，硬凑的钱，坐着卡车跑手续，拿着干粮办手续，连续跑了一年办手续。在 1985 年 3 月先打的第一口井，领导干部以身作则，当时条件很差，在矿坑铺上沙石黄、油麦，找煤炭，当时没钱，亲戚朋友们借、贷款，和好多单位拆借木料、钢材、水泥，先赊一部分，贷一部分，自力更生起家的。

从建设第一口井起，一开始年产万吨，后来发展到一万七八，两万、三万吨，后来逐步地发展，我们坚持集体经营、发展，走村民共同富裕之路。后来 1988 年又建了第二口井，刚开始还是没钱，和部队联营。1982 年部队就来到村里，就和我们乡合作办矿，人家利用我们资源，烧煤、卖煤，给我们点钱，我们才打了第二口井，这样才从 5 万吨、10 万吨再到 20 万吨。1990—1995 年，年产量达到了 20 万吨，这样就一直发展到了上亿元，利润上亿元。那时候，煤价低，有 20 元一吨的，也有上到二十七八元的，还有上到 30 元一吨的，卖不动，利润很少。从 1992 年到 1997 年、1998 年这个阶段，煤价起来以后，才积累的资金，村民们有了钱，也上缴国家税金，1995—1998 年、2002 年人均上缴国家是 3.23 万元。旧村的资源枯竭减少了，王书记就大胆地在其他乡，在省里跑项目，申请又办了两个煤矿，实际能力一个 30 万吨，一个 45 万吨。在兼并重组前，我们一直是基本建设矿井，还没有完善，投入巨资，没有试营。王书记这个人相当公道，在我村的村民，不论是在入股上，还是安排上，都是相当公道，一视同仁。但是集体有钱了，不能分光吃净，而且还注意后续发展，可持续发展。煤矿一直属于集体经济，不存在煤矿产权转让的问题，根据实现的税源上缴国家税收，不存在买断经营，没有承包过。在建设两个矿的时候，由于村里没资金，就把村民的闲散资金以入股的形式集中起来，村集体51%，村民49%，以5亿元的资金买了这两个矿，这两个矿都被兼并重组，分别由省煤运公司和山西煤炭进出口公司兼并。

2010 - 7 - 4　与 C 村曾村长聊天

曾村长于2001年担任该村村主任，他之前当过兵，说话爽快。我们今天主要是与村主任聊村庄发展的事情。

村里的领导们要考虑十年后村里发展的事情。1985年村里建第一号井的时候，县上、乡上也支持，村里也没有什么资源，就这点煤。那时候，村里穷，我们就自己垫上钱，跟社员借上钱，来建煤窑，那时候给包工队的付不了工资，社员们自己家里种点菜、养点鸡呀什么的，下点蛋就给了包工队当作生活费，当地人不会打煤，就雇用浙江的过来打煤。1997年之前，煤炭的形势不好，煤价很低，一吨30来元钱，成本7元来钱，1997年之后，煤价高到了550元，成本就是356元。当时，村里的小煤矿都是年产八九万吨。1997年村里已经用积累的资金，给村里盖了平板房，红瓦房，村委会大楼都是1998年左右盖的。当时，想到村里的资源会枯竭，水也会没的，房屋塌陷，想到这些，村里领导从老百姓利益、村里的利益出发就想到要整体搬迁。村里的领导和村民的生活基本上不差多少。村里的老百姓既然选你，就得为老百姓干点实事。

搬到县城新区之后，建了蔬菜大棚。一个大棚就按5000斤算，200多个大棚，就是100多万斤，这么多西红柿，就是我带领人出去跑市场，去呼市，距离有300多公里，附近基本上都转遍了。和其他四个村里的社员协商地，协商了好多次都商量不好，商量价格，地不同价钱也不同，有的能种，有的不能种，有的是沙地。当初平整沙地的时候，这里边没有土，村里就去邻村花钱买土，个人再拿车弄回来垫。当初买土是最麻烦的事，别的村的土放那里不用，但是一见你买就值钱了，4元钱一吨。然后，社员们一起去垫。农民们搞别的没有资金，但是搞农业，他们也比较拿手，村里就帮他们弄了。今年村里的领导想弄212个大棚，技术问题请山西农业大学的技术专家彭教授，工资大体一年也得个十几万元，但村里认为这钱也不白花。另外还雇用了一个人，一个月两千元，负责具体执行彭教授安排的一些指导。

村领导都是公平、公正地处理村里各方面的问题。福利方面，如米、面、菜的，全按户口分，只要是户口在村里的全分，有时候也按劳力分。工资就按在矿上的表现、技术、岗位、工龄来决定。种大棚基本上都是一户两个，个别时候，有的户没有劳力，就把大棚分给劳力多的农户来种。

村里领导基本上都超前为考虑到社员前边，比方说，社员进城之后，第一就是没有工作，没收入，所以村里就必须先为他们考虑到，住房解决了，门面房解决了，种地解决了，养殖解决了，社员们也就是个这，别的他们也搞不了，门面租出去，弄点钱，种点大棚，吃的菜也有了。

我和书记的分工是，书记负责人事，我和副书记负责财务，重大决策3个人一起解决。每天早上七点半到八点半个小时，是碰头会，总结昨天的事情，说说今天要解决的事，怎么解决，派谁去解决等。在工作中，也会碰到上级的发难，比方说煤矿，有时候这个机器明明就能用，非得说不能用，让你换机器，说你机器陈旧之类的。也会有来村里时不时要钱、报账的，税务、稽查来查账，村里的账务是很透明的。

村民大会是村民全来，一般如村民入股、退股、煤矿上的大变动、买地、买多少、种什么，让村民们都知道，也不让有意见。

2010－7－6　C村调研总结

2010年6月30日—7月6日，我们在C村进行了为期一周的调研，在调研过程中，既有获得珍贵调研资料的惊喜与高兴，又有由于村民的设防而导致真相的屏蔽的失落感等，体会到了调研的艰辛与不易。这里面考验着我方方面面的能力，既需要一些人际关系的技巧，又需要灵活应变、处理突发事件的能力，还有对我学术水平、认识水平、思想深度的挑战，总之是五味杂陈，感触颇多。

我总结此次调研还算顺利的技巧一是不断的坚持。不管被调研方如何刁难、不信任，再三地阻止我们进村调研，我们始终抱着一个目标，一定要坚持，不达目的誓不罢休。当村长不接电话，或接电话后再三推脱，当面对支书的一再盘问，我们始终面带微笑地坚持。二是必须要掌握村干部的工作节奏。进村之后的第二天，我们起床稍晚，支书早上七点半派人来找我们时，我们还没有收拾好，急匆匆地收拾了一下，下楼去见支书。支书主要是询问有什么问题，需要了解哪方面情况。第三天，支书又早早地在七点半派人来问我们，我们又是比较匆忙地下去了。后来才清楚这里工作一般比较早，上午七点半开始，支书、村主任、会计等办公室人员碰头后，商量一些事情，安排一些工作，然后或去农场，或去矿上，或者去县里有关部门跑关系等。三是调研要想取得好效果，需要显示出自己作为大学教师的实力与水平。一味地说好话，并不能取得对方的信任，而只是博取了对方的同情而已，尤其对方是很能干的人时，一定要显示出自己的实力，如科研水平、思想水平等，让对方感觉你是一个值得尊重的人，一个有学术实力的人，这样才会真正得到对方的认可，是他难得一请的贵宾，而不是一味地来求他办事、麻烦他的人，真正地做到从被动向主动的角色的转变。四是深刻地体会到毛主席说过的一句话："与天斗，其乐无穷；与地斗，其乐无穷；与人斗，其乐无穷。"在农村调研需要克服方方面面的困难。自己长期生活在城市里，对农村生活有着或多或少的隔阂与不习惯，于是需要面对诸多的生活上的困扰。但是最困难的还是与老百姓面对面交流时，如何获取村民的信任成为调研中的最大难题。由此，也更深刻地体会到了从事社会科学研究的不易与艰难。尤其是读到一篇文章《一个河北才女与费孝通的悲壮蜜月》之后，禁不住热泪盈眶，感触颇多，那种为了事业不惜牺牲生命，为了爱情一直坚持到底的精神让我荡气回肠，久久无法入睡。

本次调研重点是资源型村庄的发展思路。从农民工进城到农民家庭进城到整村进城，这是一个发展的思路，本着节约资金、实现更好更快地发展，最好是一步到位，直接就整村进城。C村即如此。

2011 - 7 - 19　采访 C 村王书记

前几天来 C 村调研，虽然了解到很多事情，但是没有采访到王书记，觉得非常遗憾，这次和王书记约好，终于见到了。王书记属于典型的北方汉子，身材高大，为人豪爽热情，看到我们调研非常辛苦，一再邀请我们在村委会办公室的客房居住，还带领我们参观旧村、煤矿和农场，中午晚上都让我们在农场食堂就餐。临走时还送给我们这里的特产——腾鸟蛋。我非常感动能遇上这样的好书记，同时我也为村民们高兴，因为他们享受着书记等村干部为他们带来的好生活。

我问王书记为什么 C 村能想到移民搬迁，最早进行新农村建设？王书记说，凡是在煤矿村的人都能意识到，只不过就看领导是只为自己，还是考虑全村人的利益。因为由于煤矿的开采，缺水、房屋裂缝、塌陷问题每村都有。王书记一方面能为全村人的集体利益着想；一方面也是想寻求更好的发展前途，因为本村的煤炭资源已经接近枯竭，村民的生活需要有新的出路，趁着手头攒下的一笔资金，赶紧办一些大事。当时才花了 8 万多元就买下了现在小区的地，当时是坟园，非常荒凉。

来到县城以后，意识到村民都是受苦人，没地怎么办，赶紧与周边村庄进行协商，流转了一些土地，加上支书哥哥以前是镇长，帮忙疏通了一些关系，所以事情进展比较顺利。

2011 – 7 – 20　采访 C 村曾村长

曾村长谈到，煤矿整合以后，一直没有出煤，一直在进行整顿。现在村里收入就是依靠新建的宾馆，明年就开始装修。大路村其实也和咱们一样，煤炭现在没有收入了，他们现在就坐着，我们还能发展，还有点收入，他们本来发迹就晚，又没有在城里面买地。我们现在依靠煤炭也没法发展，都是大集团，大集团和农民就没有什么联系，主要是占地补偿，补偿就是一个人补偿多少都是固定的。我们这里人人都有补偿。2003 年、2004 年开始人人都有股份，全民参股。

C 村村规民约

一、劳动致富好，党的政策是法宝，合同兑现要遵守，农工林牧同步跑；

二、植树造村好，保护水土抗沙暴，造福后代不能忘，坚持数年见成效；

三、计划生育好，控制人口最重要，少生优育好处多，实现小康靠勤劳；

四、尊老爱幼好，赡养长辈尽孝道，教育子女走正路，虐待公婆不能要；

五、家庭和睦好，夫妇相敬心相照，婆媳妯娌讲和气，众人捧柴火焰高；

六、移风易俗好，婚丧切忌乱消耗，巫婆神汉瞎念经，只为骗人把钱捞；

七、遵纪守法好，国法村规要遵照，坏人坏事敢检举，扶正压邪觉悟高；

八、讲究卫生好，家里屋外常清扫，花香窗净环境美，男女老少人人搞；

九、科技兴农好，科学种养效益高，多种经营方法好，知道能开致富道；

十、兴学育人好，忽视教育要糟糕，勤奋读书为国家，栋梁之材不可少；

十一、文明新风好，待人诚恳有礼貌，打架骂人是坏习，团结互助人欢笑；

十二、科学管理好，效率效益能提高，集体个人都受益，多为国家把税缴；

十三、村务公开好，民主监督很必要，党员群众齐参与，集体财产大伙保；

十四、廉政建设好，加强教育严评考，自警自律靠自觉，勤政为民是目标；

十五、干部作风好，革命传统不可抛，关心群众疾与苦，是非面前讲公道；

十六、村规民约好，执行还把大家靠，三个文明一起抓，"三个代表"要记牢。

C村年度普法铭

改革春风暖心窝，农村四季喜事多，要想幸福常常在，请君牢记普法铭。

一月人间是非杂，学习《刑法》与《条例》，国法不通赌难禁，遵纪守法喜万家。

二月春回大地暖，《合同法》要学在前，承包土地订合同，勤劳致富生活甜。

三月苗青遍地花，植树先学《森林法》，造福后代搞绿化，乱伐毁林定受罚。

四月春耕农事忙，学习《刑法》要加强，勿让犯罪来钻空，安全团结有保障。

五月夏季最紧张，重温《条例》搞五防，保障安全粮入仓，积极交售爱国粮。

六月天气好乘凉，学习《民法》在现场，合法权益受保护，邻里和睦家安祥。

七月新生要入校，教育法规要记牢，家长莫误儿前程，为咱四化育新苗。

八月中秋大团圆，继承法律大宣传，尊老爱幼风尚好，超生超育要卡严。

九月秋忙粮归仓，兵役法律要跟上，中华健儿保边关，权利义务会承担。

十月天气渐变寒，群众建房很频繁，认真学习土地法，审批手续要齐全。

十一月里婚事多，《婚姻法》要从头温，新事新办新风俗，旧风旧俗要根除。

腊月年终要评比，九法一例再学习，法律观念铸脑中，系统总结成一体。

《宪法》乃是根本法，时时学习细消化，不学国法两眼黑，学法心中有灯塔。

2011－7－27　C村的生产方式与生活方式

C村不像是一个村庄，更像是一个大家庭，村民的生产生活步调相同，每天村庄大门定时开关，生产也是统一进行，大家统一在煤矿上班，种植大棚统一行动，并且大棚种植什么蔬菜也是村庄统一管理，主要是考虑到成规模的种植更有利于销售。

对村民的生产进行统一管理，在我们调研期间，正好下发两则通知，一则是"全体村民明日六点全部参加农场山药地锄草，具体以组为单位进行。2011年7月3日"；另一则是"凡分到各户的温棚，必须自己或亲戚种植，不准闲置，更不准出租、转让。否则，谁出租、转让谁负一切后果责任，并收回温棚种植经营权，取消小区的各种福利待遇。2011年7月26日"。从中可以看出，村民一直采取集体劳动的习惯，这种集体劳动的场面与人民公社时期一样。

在集体劳动中，村民没有偷懒、"搭便车"行为，我问过村民，他们说，大家不好意思偷懒，村子人少，谁不来大家都知道，以前也有偷懒的行为，支书严厉地批评了几次，他们就不敢偷懒了，至于年轻妇女家里孩子小，需要照顾，也不能来，或者有人正好生病，除了这些特殊情况，大家都积极参加集体劳动。

村民生活水平高，贫富差距不大

本村人口较少，所以从一开始有村的时候，大家就非常团结。以前穷的时候，村里也没有矛盾的，人少，低头不见抬头见的。有了煤矿之后，村里也没有明显的贫富差距，基本上差不多。所以也没有什么纠纷的。大家一直都吃的一样，住的一样，要住土房都住土房，要住砖房都住砖房，你是一套，他也一套。房屋的造价12万元，就收大家12万元，地价不算钱，绿化什么的也不算钱。

男人们在煤矿上班，一月工资三四千、五六千元不等，由产量来决定。人人都有一套房子，小二楼、单元楼，老年人免费住在老年人公寓。当时，村民住进去，小二楼花了有12万元，单元楼花了11万元，村长和村民们住的房子一样大，交的钱也一样多。支书住的房子略大些，但是村民们认为支书责任重大，所以也就理所当然了。

门面房有49间，有的村民当时没有购买，大部分村民都有，用来出租，家家户户有小汽车，有的有两部、三部车，除了在煤矿上班，还有股份（村里是51%的股份，农户是49%的股份），一般买车主要用来上班，矿上离村里有30多里地，冬天较冷，不方便，所以大家都买车。

每家都有两个大棚，女人在种大棚蔬菜，以前吃菜全是买的，现在大棚菜下来之后就可以吃了，就没用买了。大米、面买。土豆是村里分给，一般每户分300斤，够吃就行了，剩下的给了矿上、农场的食堂，玉米由村里养的猪、牛吃了。牛、猪是集体养的，资产归集体。腾鸟是联办的，2008年前社员领的就是工资，至于分红和股份又用于了矿上的扩大再生产，所以没有分红，现在大棚、农场刚开始，所以也没有分红。对于大棚里的蔬菜，村里早已联系好买家，负责包销。

村里民风朴实

村里一般没有人家养猫和狗的，在建这个村的时候，规定不让养的，人们嫌脏，队里统一检查。这个现象非常好。下雪后，人人都把自己家门前的雪扫了，负责小区卫生的人扫大路雪。习惯了，人人都扫。

大家是否有些小矛盾？近几年很少，过去也有，户户，组组之间肯定有，为什么往县城搬，住得好好的，舍不得。有旧井，为什么弄新井，还不知道谁沾光了。村子人境界高，认识超前，每年陶冶情操，旅游，国内、国外都去，现在环境好，数码相机都有，市里经常有人来参观。人不多，有优越感。

精英的带头作用

该村村民较为朴实，支书的嫂子穿着朴素，一直在纳鞋底，也去种大棚，我问人家为什么还去，支书哥哥说是受苦人，另外要给村民起带头作用，怕村民认为没效益不去种。

D 村之行

2011－8－9　第一次调研

今天第一次来 D 村调研，这是一个与 C 村同样的资源型村庄，且 D 村的位置也不错，处于乡镇政府所在地，距离县城 15 公里。但与 C 村干净整齐的别墅区相比，这里映入眼帘的是脏乱差，街上到处是垃圾堆，污水横流。村中心有一个集贸市场，商铺现有 20 多家，有卖蔬菜、水果的，有卖日用品、布匹的，还有理发店等，总之家庭一般所用东西在这里均能买到，村民的生活还是比较方便的。询问得知煤矿兼并重组之前，集贸市场非常热闹，一铺难求，总共有 66 家商铺，附近村庄都在这里赶集，人称"小香港"。现在煤矿兼并之后，村里的小煤窑没有了，附近的国有煤矿也在整顿中，外地工人明显减少，商铺也随之减少了。

在街上，我们采访了一位摆水果摊的农民，他是邻村人，男，30 多岁，喜欢交谈，但说话较为极端，可能与他贫困生活相关。下面是对他调研内容的整理。

没工作，没职业就应该办低保，我去办低保，人家说你家老子是当官的，我说我家老子是大官还用找你。我要有人天天给我吃肉喝酒，我坐监狱也愿意。摆水果摊一天赚什么钱，赚点馒头、白面钱就不错了，还想吃猪肉、排骨啊，现在 16 元一斤了。现在都是和钱说话，有钱都有一切，有权有钱，要么没权有钱也行，咱这是又没钱又没权。

我们这儿有个疯老汉，女儿让人强奸了，女人和别人走了，逼得疯了，和人打起来了，执法的不管管那疯子是不是该去精神病院治治，就知道把人说一通。村民看见他，都躲着，或者踢一脚，也有个别人会可怜。

那二年南湾镇多热闹，路上不用说车了，人都是满满的。国家明文规定拉蔬菜水果正常运输，我拉水果人家见一次罚一次，一次 200 元，叫人家大爷都不行，当官醉驾的不拦，人家说与其拦人家，还不如拦你。

我爸爸伺候我们村支书 30 来年，死了一分钱没有，就买了一个薄皮棺材，说给我安排点工作，给安排了，结果一个月 500 元，够啥了。

我们应该是有低保的，我妈妈 65 岁了应该有低保，但是谁给了。咱们的市场有人打扫卫生。等一到年底就收保护费，这几年租金都降低了，那几年是 3000、4000 元了，现在就低点。去周边的四个地方都得收过路费，小车 10 元，大车 70 元，这是县里面收的，县里面没有财政收入，只能从这贪污。记者什么的来了，就得提前通知，要不然老百姓就不说好的啊。咱们市场好的时候是人挨人，相当繁华，现在就没有人来了，好的时候大概是 2007 年、2008 年还行，到 2009 年反正是都不行了，煤窑一没了就不行了，真是老汉过年，一年不如一年。人家有的村就发展得比较好，那看看人家晚上吃的啥，看看我们家吃的啥，差距太大，就不是一点点的差距。

2011 - 8 - 9　D 村张大姐，56 岁

和卖水果的小伙子交流后，我们又随机和路人聊起天来，但村民们并没有说些什么，想想一是我们刚来村庄，大家对我们的调研动机还不明白，不敢贸然答话；二是这个村发展不是特别好，村民想说些问题，又很担心。因此，我们先暂缓调研，找寻村庄一家小旅馆先解决住宿问题。接待我们的是旅馆的女主人，特别健谈，还喜抽烟，为人开朗热情，和我一见如故。她把我们安排在一个房间，仅能安放一张简易双人床和一张单人床，我们一行 3 人总算解决了住宿问题，问及洗手间的问题，她说出门向左拐，20 米处，我们来到了村庄公共卫生间，里面的环境实在不敢恭维，无从下脚，且臭味扑鼻，当是一次人生体验吧。

这位女主人姓张，我们和张大姐的聊天就从这里开始了，下面是对她调研的整理。

支书、村主任都不在村，这会儿煤窑都塌了，房盖起20来年了，到现在都没有啥变化。村里有300来人，村里人靠打工生活，现在没有煤了，地也没有，想种地不能种。村里没有办公的，支书有事才回来。

集贸市场包给邻村支书，咱们什么都没有，应该给社员点好处，结果什么都没有，都让支书得了。这个集贸市场以前是种地的地，变成集贸市场六七年了。你打听打听，属D村最可怜，没地，有的人连生活也生活不来。煤窑评估下来支书都得了。老了受不动的办个低保不给办，人家有亲戚的10来岁就有低保，村里有低保的也不少了。煤炭评估下来5000多万元，不给社员，最后社员可闹了，结果一户才给了3000元，应该一户三四十万元。

我男人在生产队，大集体时候在煤窑上当矿长，那会儿挣工分，后来请当矿长，挣点工资。1980年前村里就有煤窑，后来归了队里，社员从来不给，就是发点工资，工资就是打白条，到现在不给开。支书在大同、太原都有房，我们连炭、水都烧不开，还得高价买，烧不起的烧柴。我男人没有工人证，老了不能动了啥也没有了，我开旅店，现在只能维持生活，开了三四年，第一年生意还好，一天能挣一百。90年代那会儿吃穿不愁，这个房是旧书记（刘书记）盖的，还盖了村委会。我男人的三兄弟，也是旧书记，只干了3年，为大队打了5口井，最后他投资好了，人家户大把他弄下来了，（其他村民说该书记人比较奸，干得不好，所以大家投票弄下了）现在的支书当了十五六年，出煤见利润，一分不给老百姓，工资不给社员发，从来不分煤。支书承包给书记朋友，承包费不给社员，你自己算算，头一年一吨给3.5元，第二年5元，后来10元，最后兼并，评估了分了一户3000元。房子都是裂缝，底下全是空的，不住怎么办啊。过年了找得紧了，村里就发一袋面，不找了连面也不发。我们老百姓人老实，这个村姓李的一半，姓王的姓刘的占一半，姓魏、姓杨都是小户，剩下的就是外地迁来的，人家啥也不干，也享受3000元。没有村民代表大会。选村长掏钱买，我们小户根本也不给钱，不左右大局。村支书什么事都不找村民商量，就这次评估煤炭先选村民代表和人家谈判，村民代表都是党员，以前就是十几个，党员不选，凭关系当党员，老百姓没有说话的份。书记有两个儿，一人一辆车，还养的 14 辆大车。以前没当书记和我们一样一样的，以前当过兵，有点能力。我们老百姓告状，人家就指着鼻梁说：你们狗儿的就天天告，我不怕你们告，越告一分钱都没有，让蛆撒了也不给你们，让你们当乞丐去。

全县属 C 村好，领导好，为社员们谋利益，为大集体着想，人家入股经营。我们村也入股，有入 1000、3000、10000 元的，在我们老三那会儿，那会儿他都投资了，现在煤炭评估下来了，钱也没给人家，白入股了。

2011 - 8 - 10　南湾镇副镇长

今天我们来乡镇，调研煤矿兼并重组情况及村办煤矿采取集体经营与个人承包形式的原因，因为主管煤矿的副镇长出差，我们与主管农业的副镇长进行了交流，他对煤矿方面的事情也非常了解，下面是对他调研的整理。

南湾镇整体的产业结构，前几年南湾镇一直是一煤独大，当时在煤炭形势好的时候，南湾镇的第二产业、第三产业相对来说比较好，第二产业就是工业，第三产业就是服务业，农业基本很少。所以现在煤炭资源整合，企业转型发展，煤矿就从原来的 40 多座，发展到现在的 2.7 座，实实在在性质的就不是南湾镇下面的人经营了。

咱们最辉煌的时候煤矿就有 40 多座，当时没有乡办的，名义上都是村办的，实际上村办的和社办的、私人承包，社办实际经营就是其他地方人经营，你比如说市里面某个单位人家就承包了，这就是社办。一般是村办的比较多，性质是村办的其中有私人承包的。我只能笼统地说当时是 42 座煤矿。现在为什么说是 2.7 座，整合以后属于咱们南湾镇的是 2 座，属于其他乡的有 1 座，所以叫 0.7 个。2008 年底基本上零收入，

42 座是关闭成现在的 2.7 座，分两层意思，其中省政府关闭 25 座，是资源整合时期关闭的，省政府有一个政策，其中煤矿按照它的出产产量小于 2 万吨，井田面积小于 0.8 平方公里的一刀切关，以前的 42 个煤矿按照这个观点就是小煤矿，按照这个政策就关闭了一大部分，前面说的 25 个煤矿就是无偿关闭，啥也没有，留的 8 座，这不是还有 9 座吗，尽管整合了，专家认定你的储量，井田面积也够，但是由于你的井下生产能

力、技术条件，不符合现在煤矿企业的生产，整合了是经过专家把煤矿做了价，做到哪个地方，哪个地方把你的钱付了以后，就彻底关闭了。以前是无偿关闭，接着是有偿关闭，现在整合进去的了肯定不给钱，因为现在还在运转。咱们整合进的几座煤矿是多少钱是两个概念这有的是三大集团垄断了，一次性就付清了；有的是人家占51%的股份，你自己占49%的股份，就相当于是股份制。矿从42座、17座、8座，到后来2.7座。

好的时候是从2004年到2008年，产煤量也许是大，但是那时煤炭的利润是负利润，煤炭企业的生产从80年代初就开始生产，是波浪起伏，曲线的生产销售是这样一个情况，最辉煌的时候是2004年到2008年，煤炭价格高，当时每吨300块了都达到。2004到2008年相当于是42所。25座是2009年制定政策关的，2010年把那9座关了，最终兼并重组是去年的事。现在这2.7座煤矿，是在整改，现在和镇里面没有一点关系，咱们辉煌的时候确实挺好。

咱们90年代中期改制，改成个人承包，C村这边就整合成集体经营，咱们这大部分是个人承包，这个原因是，90年代为什么私人承包和煤矿的没有利润有很大关系，集体经营窟窿大，越经营越经营不下去，当时的税收是下任务，你的煤矿一年是交30万元还是40万元，集体经营的情况下煤矿的成本大，咱们这一带煤炭的价格很低很低，每年除了没有利润，是负增长，集体经营不下去，再转手给个人矿，有人承包有人能完成税收，再给集体一些利润。还有一个原因是，人与人的素质不同，集体还是私人这和村干部的素质有很大关系，你比如一个好家长，家里就过得很好，有的村干部人家善于经营，尽管举步维艰，我硬着头皮一直干，把困难时期就度过去了，南湾镇曾经有四五个镇办煤窑，经营经营不下去，当时亏损比较大，债务逐年增长，那一届领导就制定了政策，谁要是承包煤矿，不管你利还是害，债权还是债务都是你的，就把集体煤矿变成个人承包。是当时那种情况下采取的政策。有很多因素，这是其中一个。那些煤老板，那个时候，人家在困难时期敢于承包，敢于冒风险，有那个头脑，现在是形势好了，就像咱们这个卖蒜，去年不是出来很多蒜老板吗。实际上应该客观评价煤老板，只是后来煤炭价格上升，形势好了，那些人才出现一些花钱大手大脚什么的一些不好的风气，不好的做法，那个时候一吨煤要不没有利润，要不就是1块2块，发展到2007年一吨煤100、200元利润，是80

年代一吨煤也就是三四十块钱，当时煤炭销售不了，很多人走关系上站煤，就是上了煤站销售，销往日本，人家看你这煤炭很难销售，就对你要求很严，要是有雷管屑，雷管皮了，人家就说你是质量不合格，那时确实是销售不了，当时就是三四十块钱，后来煤炭的价格涨得很快，2004 年来的时候煤炭一吨是七八十块钱，后来提升到每吨三四百元，到现在一吨煤 700 元，利润是煤炭的价格远远大于成本价了就。2004 年以后就慢慢发展起来了。以前一直非常低的。

以后乡镇的发展真的没法发展，当时一直是一煤独大，当时就是一味地发展煤炭，有一些煤炭加工产业，煤炭深加工企业有四五家，现在由于煤炭的价格，现在很多活性炭的厂家都关闭了，活性炭厂有四五家，焦炭厂有几家。活性炭分为煤质活性炭，木质活性炭。咱们这里是煤质活性炭，对煤炭有一定的要求，29% 的挥发越低越好，浅层煤的情况下，下头的煤炭好几十层，那个时候浅层煤是最好的，那个时候煤价相对较低，也符合生产的标准，现在越采越深，一个是煤炭价格高，再一个就是煤炭越挖越深，已经不符合生产的标准了，人家活性炭的价格增长幅度远远低于煤炭出产的价格，利润高的话现在的企业就会是活性炭厂。像人家日本，韩国高级宾馆人家抹墙的时候都用的是活性炭。当时的运输业很发达，现在没有煤炭，运输业也不行了。现在是很多发展畜牧业，比如养羊呀养猪呀养牛呀，也是转型。

以前煤矿的利润远远大于畜牧业的发展，很多煤老板人家挣了钱都走了，以前也没有指定政策让煤老板投资公共设施。倒是也有一些回报的但是回报的很少。也有外地煤老板承包咱们煤矿的，挣了钱都走了。我们为国家做出了很大的贡献，损害了农民很大的利益。现在你看采完煤，地质灾害，现在房屋裂缝，没有地下水。所谓的生态补偿金，是地质灾害移民村补偿金，咱们南湾镇有一个村已经移民过去了，还有 4 个村正在建设新农村。咱们总共能搬 5 个村，今年基本也完工了，有 3 个村实际上都搬了，李家沟村正在酝酿搬家，杨树湾今年 9 月份就应该能竣工了，其他的村很少享受这些，国家只能补偿一部分，说明这几个村发展得还可以，现在我们正在申请的，上村、下村正在申请。咱们一个村一人补偿 5000 元，三口人 15000 元能干个啥，盖房的远不止这么多钱，现在已经没有这政策，杨树湾 2009 年享受，自从 2010 年 11 年就没有这政策了，叫我说，我们这地方最后都是自生自灭了，现在除了四五个村，就像史家沟就剩下他一户人了，其他人都外出了能去哪儿去哪儿，就剩下他一个人种地养羊，然后来申请点补贴，现在也没有补贴，除了经济作物和土豆没有补贴，种地农作物玉米都有补贴，养羊是没有补贴的。

我们总共25个村，村民的福利方面，村子的好与差不一样，南湾镇各村的福利都是村庄自己解决，镇里面啊是没有福利的。好点的村子像上村，下村等，人家这几个村以前有煤窑，煤窑整合了还有补偿金啊。C村转型转得比较好，村里都移民到县里面去了，拿出一部分钱置换了一部分土地，又给村民每户建立了大棚，人家那都是日光温室，按人家的说法是借资，村民出一部分钱，人家给你建起来，以后按照你的经营的利润，逐年再给人家还回去。

我主要分管的是农业，主要发展畜牧业，全镇每年种地10650亩，去年18个村其中7个村就不种地了，有几个村退耕还林就不种地了，退耕还林的钱，前八年每亩地是170元钱，后八年根据验收合格比如覆盖率什么的合格的话每亩地补贴90块钱。咱们这退耕还林，就这儿来说分户经营没有多大的意义。因为林改应该是个好政策，刚开始是福建、辽宁等地开始的，是从福建开始的，人家的土地很少，土地很肥，福建人家都是毛竹，人家或许集体承包或许成长得慢，私人承包肯定是精耕细作，集体经营的时候或许经营不是很好，咱们这荒山村那个树是一种灌木型的东西，50多年都长不好，还说怎么长啊，这就没有收入，就是起一个防风固沙的作用，咱们这农民不经营，自生自灭，就像潮湿地带好点的，有一些杨树，分到农民手里，农民卖了还可以换些钱。林改的作用对农民的收入没有啥影响作用，农民的积极性也不高，农民不怎么重视，就在乎那点钱，因为那些树在地形恶劣的地段，投资了很多钱，成活的都只能起到个防风固沙的作用，卖点树，也无法卖。宁乔是一种灌木，从甘肃、内蒙西部来的，就只是防风固沙，像杨树等的都不好成活。实际上不适合农业发展。

这里最适合煤炭发展，但是现在煤炭也没有了，人家县城财政再过两三年也会好，因为人家还有两三个千万吨煤矿，是同煤等集团的，但是人家会给县里面财政交的，有税收，老百姓不行了。历来靠卖资源发展肯定不行，指望拿上卖煤炭资源所创造的财政收入来补偿生态破坏带来的损失，是远远不够的，卖资源只能给国家一点财政。

现在我们这水利，完全是没有水，水利设施以前有，现在也没有。整个下面都是千疮百孔的，根本打不上井，就像毛细血管完全就被破坏了，无法发展农业。草地没统计，林地面积是 6 万亩，实实在在的耕地是14000 亩，实有耕地是 24000 亩，其中有 1 万亩是荒地，全乡的户籍人口是 11000 人，实际的居住人口是五六千人，全乡面积是 15 万亩，整个是100 平方公里。现在居住的老百姓确实是很困难，有点钱的都搬走了。

2011 - 8 - 10　D 村前任村支书爱人

今天，我们来调研前任村支书，因为不在家，就和他爱人聊了起来，下面是和她聊天的记录。

我老头当了八年书记，窑门的钱、大队的钱书记花了，不给农民，让打工，我这么老了还去拾酒瓶，补贴家用。

你们千万不要和村人说是我告诉你的。当官的知道了，能把我们捏死。毛主席的干部，不懂得贪污。房是刘书记盖的，办公室盖了，现在的李书记给卖了，买了别墅。我们村里的厕所一年也不打扫，报 20 万元。我们老汉当了 22 年，县里乡里让给补钱，村里不给钱。老汉在市场干活，一月挣500 元。坐了个 212 吉普车，人家给卖了。我们按说按户能分十来万元，吃水花水钱，一担 1 元钱，大队报 5 万元的钱。一个羊剥一张皮，我们的羊剥三张皮。上级政府拨的钱每月 5 万元，邻村大队给出水钱，人家的亲戚还挣钱，卖水的钱人家的亲戚还要挣工资。谁告给谁钱，不告不给钱。上千万的钱不给，我老头是当干部的，不能去告，别人都去告。我们没有活头，我家老头 1982—1997 年当书记，现在的书记当了七八年，就修了一道路。毛主席的干部落架不如鸡，镇里栽花我去，1 天 40 元，老汉吃这种旱烟，孩子们给买条好烟。李书记挣了 10 亿元，不在村里住，不敢住。去老书记家了，人家说你们好话了。你们应该好话当坏话的说，坏话当好话的说。书记谁厉害给谁钱。我儿子在公安局，说：妈老了，咱们不安害人的心，咱们怕他坐禁闭，咱们不去告。现在今年才开了俩月的工资，各人不当了，人家把账户封了，想往回拿呀，不让往回拿。当官的给你也行，不给你也行，老汉那会儿挣每月 3000 元，建设窑门，出煤挣呀，人家当上了，咱打的江山别人坐江山。挣上的工资拿不回。咱告状不来，老汉不去，我没文化，咱说不来。这是个好村子，让现在的书记害了。当官的压住了，去太原信访办也入上钱了，信访办也压住了，别人反映了，我们也就知道了。没办法。压得地缝了，有事不敢和你们说。没办法了。你们会办事了，你们就朝这儿说。我不想闹了，为儿为女，不闹了。

以前村里非常团结，老老少少一起耍。现在告状的起反应了，都有了意见了。姓李的人一条心，都挣钱了，我们姓刘的、杨的、魏的，三摊摊，不一条心。当时盖房只花个椽钱，李是大会计，杨是二会计，魏是矿长，王是采购，当官的不一个（自己）当官，怕人们有闲话；现在都是一个当，姑姑、叔叔全是官，书记是李军，村长是人家的表兄弟，会计是内蒙，李书记弟弟是个混混，一个独混（押宝）输光了，一年输二三十万元，一个月挣一个月工资，也穷得没钱。我们老汉手里的发电机，一房的设备全让卖光了，出纳了，保管了，现在没有了，所以人家有上亿的钱。我们的门也关不住了，房子裂缝了，咱家的没给补偿钱，其他家给补偿钱了，至于给多少钱，咱们不知道。我这不厉害的，不给钱，人家厉害的，不上访，也给钱。

2011－8－10　再访 D 村旅馆张大姐

今天又来采访旅馆张大姐，她为人豪爽，说话快言快语。社会就是这社会，不见好。就是说坏话你也主不了事情。现在村里困难可多了，水没有人解决，饭也吃不起，水也吃不开，煤也烧不起，房塌了没人管，煤炭打得塌陷了没人管，房塌了打死人没人管，你们到镇里采访采访镇书记，老百姓种地不能种，家里好房全塌陷，生态补偿金全贪了，旧书记留下的旧账不管，管成啥了。房屋裂缝补贴，我们没有，领导都花了，你们就反映不上去。

D 村整个没水，一天才供应两三吨水，还花钱一担水 5 毛钱，这两天供应不了，一个大队二三百万资金了，大队最后派人收水钱，哪有这个理，电费要交，那是人家电业局安的电表，你要这个月电费不交，下个月电业局就给你拆了。现在没有煤，还得高价买，开始 Z 县一户补 900 元，原来那会儿给我们一年发 6 吨煤，现在高价煤一吨 700 元。原来 D 村好了哇，现在啥也不成了。Z 县县城全山西省第一个好县，现在啥也不行。种地也不行了，都成了煤矿，地就不行，种点土豆全给你抛了，种点莜麦让骡子吃了。退耕还林种了点树，国家退耕还林十来年了，我们 D 村退耕还林才三四年，南湾镇按户发钱，有的不按户，有户不给的可多了。我们整个 Z 县到国务院告状的可多了，国家政策是不赖，到下面就变样了。镇书记指不定花了多少万来了 D 村，结果来了兼并没有煤窑了，啥也没做成，钱也没捞成，人们上访告他现在背了 3 个处分，想走也走不了。

以前耕地 2400 多亩，300 多人，人均七八亩地，现在没有了。好的时候 4、5 个煤窑，那会儿出煤 3 元半、4 元半，后来长成 10 元还能分点钱，最后一吨煤 500 多、600 元了，村里社员一分没有，归了掌柜，掌柜包给了个人，一天就能出 100 多吨煤，结果 10 年才说出了 50 吨煤，大队还贴了人家承包人几百万元。

煤矿整合给了 1600 多万元，最后剩下 800 多万元，因为这 800 万元不给发都告到省里了，130 户，女户不给，外地不给，迁来的不给，按户应该是 8 万，告的不行一户给了 3000 元，人家前两任书记还欠的好几千万元，那二年都欠钱了，账也不结，谁也不让结。

现在十个就有八九个贪官，有一两个不贪的那是不主事，浙江李科伟矿上死了几个人，花钱全埋了。这社会有钱的有，没钱的土豆还吃不开了。

以前全南湾镇属 D 村条件最好了，毛主席时代还有存款了，1983、1984 年那会儿最多挣五六千工分。现在的李军书记干了 11 年，啥也没干，就是路上铺了点砖，修了修不通的水渠，盖了个简易房村委会，把人家前任书记盖的村委会卖给了镇卫生所，前任书记盖的三层办公大楼才花了 30 万元，他盖了十来间铁皮简易房就花了 168 万元，我看五层大楼也盖起了。刘某前 5 年一吨给 5 元利润，10 年没给一分，一年就出一百多万吨煤，最后连 50 万吨没出，大队倒欠人家，他把方圆五六公里，六七层山挖空了，你说说哪可能。现在人家在开发房地产，花了几十个亿了，后五年卖合同，和大队写的四六分合同，刘某卖给了别人 2800 万元，把人家刘某的六成买了，大队的四成啥也没啥。后来人家出一吨煤交 10 元钱，到现在没有公布。现在打煤窑集资还不给了，我们的房是前任书记人家盖的排房，现在吃水不行，大队心顺了给你放点，不顺心了不给你放，原来白吃水，男人们不在，女人们在家现在水也吃不开，我们就得节约点，洗完脸的水洗洗地，夏天接点雨水。我们村告状材料可多了。

采访张大姐老汉

我今年整整 61 岁了，到现在养老金还没有发，就是刁难你，申请表也不给你，我同学是出纳，拿上复印两张申请表，有身体情况还得有县里面医院证明。

那会儿 1983 年、1984 年一个工分一元钱，一年挣五六千工分，一家人收入 3 万元。1985 年到 2000 年，一吨煤 10 元，2000 年以后收入就大了，一吨煤五六百元，就涨起来了。1983 年包产到户，自己种地，在煤矿打点工。

煤窑是 1995 年承包出去的，承包以前，自己下煤窑，集体也有收入。承包以后先是外省人，2001 年后来是本镇刘某，就不行了，不要本村人。李大姐老汉 1982 年至 2000 年当矿长，当生产矿长，管最低的挖煤的工人，1982 年那会儿一月 300 元，那会儿能给了，月月还有 60 元奖金，发了两年以后就不发了，到现在欠了 10 来万元。我家老三现在在大同，他当书记是 2001 年，就是弄设备，最后让姓李的闹下来了，人家大户，用钱买通了。煤矿整合赔偿款 1600 多万元，给村里 800 多万元，101 户，应该一户分 8 万元，分了 6000 多元了，镇里主张不让一次性给了，不能分光吃尽，慢慢发，需要的发点，孩子上学了再发点，镇里不主张主要是怕没钱花。镇书记今年 3 月份就准备调走了，南湾镇老百姓告得不行，就不能调走。在这里当大队书记能弄几千万元。旧账还不结了，人家也不让结，给你结了，其他人都得结了哇，所以找人家，人家就说不知道。煤矿评估作价时选出村民代表。卫生所有了，和平常一样的花钱，医疗保险有了，报是能报了，大病住院没关系都报不了，得先打报告，你得了急病，住了医院了就报不了了。

2011 - 8 - 10　下午采访前任村支书王永发家

你们得出来亲自体验体验，农民可有苦了，三同乡那边就是种点地，可难了。这地方啥也没有，我 1984—1997 年当书记，1989 年盖的村里房，1990 年搬进来了，一个窑也没有，我手上发展了 4 个煤窑，盖房就是福利，盖房集体出资，正房一间房要了 500 元，南方白盖。

一户那会儿一年能挣十几万、二十万元，那会儿人人有活儿干，啥也是集体的，小孩念书村里出钱，水电煤都是，电费出点钱。上面政策不错，现在没有人管，承包煤窑就没有公布过，那会儿最起码还能在煤矿上班。我下台那会儿还挺好，我还养活的两个骡子，后来煤窑承包个人，煤窑也没有了，补偿了 1000 多万元了，整改以后人们打闹得要一户给了6000 元。那个时候治村理念是把村搞好，根本不考虑自己，现在啥也是一个人，会计顾得外村的书记，都是亲戚，村长亲兄弟两个（姑舅），人家是一家人。那会儿我们村是四大户，用人户户都有，一户一个，村长姓郭，书记姓王，煤矿矿长姓贾，会计姓杨。现在南湾镇吃不开饭的都有，退耕还林一户补了 1000 元，现在物价这么高，猪肉还一斤 16 元。2006年越来越不好，现在煤价卖 600 元，都顾自己了，那会儿煤价卖 30 多元，都啥也分给社员，最好的时候出煤一百多万吨。盖了一百来套房，人人都有房，两个人也都有房。

那会儿煤矿跑煤大车可多了，2 个大车，4 个一三零，2 个二一二，一个桑塔纳，现在啥也没有。以前盖的办公楼，现在书记卖了，钱给他兄弟赌钱输了。人民公社时期是个好村，1979 年建的矿，我那会儿当村长，我完小毕业以后，先当保管、队长、民兵连长、后来村长，在这个村里干了四十几年，书记当了十五六年了。我后任那个书记当了两年半就骗人，骗了八九千万跑了，以前书记挺好，现在换一茬不如一茬。咱那会儿有权，孩子们都上学，上学不花钱，现在害了多少孩子。我那会儿冬天把白菜拉回村里边大队，你想拉多少拉多少，咱有条件，有关系，咱们有煤过路费不收，完了咱们派两个人把菜拉回来，香瓜、西瓜都拉回来，水果想吃啥吃啥。以前自来水家家户户都有。我就是把孩子们都安排了，学习都好。咱那会儿领导不懂得贪污，人人没有意见，一呼一个蛋。现在意见大了，告状的也有了，告状的骂那个不告状的，不告状的骂那个告状的。我们村承包出去市场，承包费不见，你拿回承包费，合情合理拿回来分点大伙，全一个人呼啦了。大部分女人孩子都出去打工，谋活了。外面卫生没人管，环境卫生一年打扫一回，指不定报几十万了。我一个月管理市场挣500 元，我们还算中等，我们吃水、电费花钱。原来水电不花钱，煤矿电费也不花，现在烧煤就是拾，捡，背回一袋烧。（女人：女儿问我菜多少钱，我说一年四季也不买个菜，哪知道黄瓜多少钱，我就是吃点土豆。）现在不如你们应县啦，不顶啦。原来办公室东西沙发、地毯呀都让人们拿走了，书记领导十年会一回都没有开，连个组织会都没有开过，回来怕人们捉住。有事去镇里，队里花上钱给了镇里，现在镇书记想走了走不了，县里头怕走了吃官司了，县里、市里都花了钱了。房子底下都是空的，我们地也不能种，吃啥买啥，退耕还林钱，今年还没给，30 亩地给 9 亩地的钱，21 亩的钱人家全花了。（女的：我老汉在那会儿村里是第一二名的好，现在是倒数一二名，可怜的人们，到臭水沟里拾点瓶子，打点零工，就是这么生活，年轻人都出去打工了，人家在那会儿都不让本村人打工，更何况现在了。）煤窑不要本村人，就怕出事故处理不了，外地人出事故两三万就打发了，本地人出事故 10 万元也处理不了，就怕你知道一天出多少煤。就因为承包费 1600 多万元告状，人家几十万元的车，住的别墅。村里也没有啥大事，养老金不给，大队不给报，医疗保险花五六万元，一二万元也报不了，没人一个也报不了。闹不倒人家，兴村好那是书记好。书记现在不敢当了，人们不让。平村给村民统一找的工作，在厂子了。D村条件最好，那是不管你。D 村赔偿了 1600 多万元，十来年的承包费还一分没给社员。村里占地面积有两百亩，耕地有两千来亩，市场有 50 亩。市场的钱人家平村给大队好几十万元了，就是不给社员么，一分没给。

我们村原来还有本村志（从解放到现在）了，里面写得可详细了，还拍的相片，花了 3000 元还是 5000 元让人写的。我们 3 个孩子都在大同上班。告状是人家魏大那帮人，人家厉害。我当书记那会儿村里 200 来人，50 年代七八十人，现在 300 来人。人民公社那会儿，主要靠农业，种植土豆、谷子、莜麦。原来与现在差距大了，原来一二名，现在倒数一二名。3 年前开始到现在就人们拾煤了。什么都是人做了哇。照我说哇，社员有活干就好。人们把厕所都给撤了，自来水管道全让偷了，原来一个家两个菜园子。偷上水管能卖哇，我不当书记两年就没有水了。以前还有暖气了，早就拆了。书记不办村里的事，我们村里有大学生村官了，在镇里了，不来村里，村里人认也认不得。

2011 - 8 - 11　上午 D 村旧村李大爷家

李大爷早年当过村主任，非常怀念毛主席时代。

人民公社时候比现在强，人们心齐，叫作啥全听话，现在人们谁听话了。合作化时候，那最好了，后来就坏下来了，开上煤窑，好了几年，后面就不顶了。几百年的村子了，村子小，我们祖爷爷手里就有这个地方了。解放前日本人手下不好活，后来一解放就好点。我79岁了，队里也不给低保，还是亲戚了，人家公家有两个低保，一年一人700元，还有养老金1100元，我们2个人都有。谁当干部谁好，把那腰包里装得鼓鼓的。我们旧村还有自来水，新村没有自来水。

我1966年当了两年主任，后来1967、1968年当村长，那时候没用，当啥也没用，就是挣工分，那时候没权，不像现在有权，就是受苦，当书记、主任比人们多受点。改革开放兴煤窑，原来没煤窑。一到晚上到煤矿拾煤，人家矿上说我们产出点煤，不够你们一晚上背煤。有煤了就烧我们的了，1980年水电一直是县营煤矿供的，占的我们村的地，一共占60亩好地，没有问他要钱，答应给我们免费供水电，不给煤。家家户户接的管子。新村供应不了，吃不了几天，上不去了。旧村1982年盖的，现在住的不多户，十六七户，剩下都是外地人。盖旧村自己盖的，批上点地就盖，花多花少花自己钱，新村大队帮忙。后来煤矿个人承包了。那会儿村子不错，农业学大寨时候，喊得挺凶，其实不完全按照人家政策走。当村长时候风气挺好，一说起D村是挺好的村，市场挺繁华。现在窑没有了，市场灰的。家里的炭得买，或者到马口矿拾炭。原来有煤窑，户户6吨炭，够烧了，本村人还能在那里上班了。后来承包出去了，就没有本村人受了。兼并煤窑卖了，钱也没发。我们还给退耕还林钱，每年给1800元。旧村环境好，外地人多，没人打扫，自己打扫的，新村那几年有打扫卫生的，这几年不知道了。国家政策挺好的，公家要没有发点钱，我们老的早就不行了。刘书记那会儿还挺好，后来越来越不好，李军人家就管自己，他叫我们奶奶爷爷，我那会儿腿疼需要输液花钱，过年去找人家李军，人家说你回哇，有钱了就一起给呀。我们再也没去找过人家。年轻人都出去打工，有本事的远点。书记在市里，书记见了也不和我说话，村里人说没有人性。老汉是党员，管也不管。村委会主任人家想当就人家当，选举去也没用，人家有权有势啥也不管。有事也不回来。我们去告状，到太原、到北京了。

大炼钢铁那会儿没有派系斗，人团结。这会儿闹得多，那会儿干部常开会，让人们知道知道，该做点啥。现在十来年也不开会，上面啥政策都不知道，人家镇里叫了，办完开上车就又回去啦。养老保险到镇里银行领，信用社管低保，队里不管，去也不去。现在煤窑不顶了，人们也灰下了。人们都没有从煤窑上取过利，那会儿在一号井还有个受出（干活的地方），还能取点利。大队不出，包给外人，承包费到今年十几年没有给人们一分钱，气的人们。公家这不是把煤窑买了给了1600多万元，给了村里800多万元，那800多万元说是给包窑的花了，人们就因为这个告状了，没有因为旧账告过他。那时候当村长没用，不如自己受苦，那时候要啥没啥，开会了给你记上一天的工分，都得顾自己家生活。村长管村这个，主任只管农业社，书记管党务。主任我当了两年不干了，想出去受点，家里人多，想多挣点，后来村里叫我也不去，后来表弟叫给面子才去。

前任刘某当书记当了两三年，那时候人家村里人不满意他当，到镇里告他，他只顾自己，啥也不怕，啥也敢做，人们告下来，李军才上来，现在有人也告他，他不想当，人们不让他，他手上的事情都没有交代清楚，交代清楚明天不当也行，到现在村里一点建设都没有，他就是盖了个村级活动中心。第一届选上了，第二届人家知也不知道，第三届更不知道了，村长姓张，李军姑姑儿子，是表兄弟，就他们闹钱了，村长不在村里，在县城。这村里连个会计都没有，会计是内蒙的。那两年还在，这两年人也不见了。

我们也有不满意的地方，不能告书记，沾亲的，告状的就其他姓的人，我们不好意思告，我们孩子他也不照顾照顾。我们见面话也不说。

2011-8-12 D村村民杨某

杨某，男，54岁，是村庄的经济能人，一直在外面承包煤矿工程，赚了些钱，这几年煤矿整合后，外面的钱不好挣了，暂时回村里看看。他一直想入党，希望有机会参与一下村庄的竞选。但是村书记考虑到他太能干，有朝一日可能取而代之，所以一直没有同意他入党的要求。村民们因为补偿款的问题近年来一直上访，杨某是其中一位上访带头人。下面是他的谈话录音。

现在哪能好了，大队啥也不管，书记、村长吃喝都自己花了，煤窑关闭了，分了钱也不管。人们告得不行分了3000元。我们村不给社员，给了自己就没有花的了，贪污的顾自己了。好的时候也没啥好，有煤窑不给我们开个资，就人家自己花，人家当了12年书记了，一分钱也不给人们花，旧工资也不结，我们两个人旧工资（刘手里欠的），我们要人家不给。县里、省里都反映过，都不给，给人们分了几千，十年的承包费一分不给，刘某承包，刘某那会儿一吨3元，没有向社员交代过，会计用的是内蒙的，让郝会计给做了，人家郝会计说我不给你坐监狱去。两三年了我们俩拾炭了，拾点炭卖，就亏养老金有了，低保没有，闹翻了也不给，五年了也不给。就人家想给谁吃低保谁吃，全村吃低保有二三十来人。刘书记就给人们盖了点房，亏欠人们工钱也可多了，那会儿煤炭走不了，工资付不了。一号井给了沈阳军区学院，他们把书记和其他人的四个学生安排了，有刘书记的二儿子。马窑占咱们村的地，安排了两个工人工作，开两个月的工资，给10000元工资。后来书记就不结旧账。刘某当了3年，才打了两个井口。现在书记户大，就把刘某告下去了。我们告现在的李书记，人家说我硬好活了上面，也不好活你们社员。按承包费一人应该分10万元，现在一户才分了3000元。以前的承包费不管，现在就闹评估完的赔偿费1600万元，给村800万元。按公安局说应该是5000多万元，没有1600万元说。书记人家和刘某养17辆大车。我拾炭卖炭一年能卖3000元，每天早晨4点就走了，上午10点30分左右回来，原来就是背炭了。今年买了个小车，背不动了，卖给外地人，按吨卖500元，多半年拾炭六七吨，就靠这点收入。我有3个孩子，都是农户，都是靠打工生活。我们这里不开会，书记一年不回来，上访完，到镇里反映完，镇里拧回来。我们扳不倒人家。市场一年6万元，窑给了25万元，都归书记自己了。到现在什么也没办过，连个厕所也没盖过。人们打闹的把垃圾弄了。他兄弟一年清理一回，现在人们打闹才清理完。大队办公楼给卖了。现在大队10来间，村长是人家表兄弟，主不了事，有点事给自己亲戚安排。贫富差距太大了。我们没办法，扳不倒人家。我们不怕他，人家不和我们说话，我们也不问人家。人家大户，县里、省里都拿钱买通了，我们把材料送进去，后来人家拿上就消了。村里和他没完，他承包费不交代，和他没完。那几年没这个政策，没人敢和人家闹。现在有这个政策，敢和人家闹。人家白道黑道都有人了。我们以后还反映，反映也不顶，人们算好了，不给人们花，让他给上面花点。上次给派出所警察住的高级宾馆，吃得好，都花他的钱。现在有这个政策就不打。他花的也挺多，不给我们花。

我们这儿后来给了 3000 元。现在按户分了 6000 元。我们村新房都快塌呀，裂缝，没人管。人家不给你做，你能搬上走。村里发展都靠领导，哪也一样，政策不错，下面不实行。哪有民主管理、村务、财务公开，就公开下支出，不公开收入。我们到县里，他接见的，信访办还骂我们了，我们一两天能给你处理了。县里说快公布，镇里弄上人，这件事就过去了，去了县长不见，我们坐门口，他们人把我们人把手绑住，最后我骂了才把我们的人就放开了。我们去县里六七回，省里一回。最后现在的县长说把补偿款分了，镇里不让分光吃净，给点钱堵堵嘴。告状我们先写个东西，签个字，就去反映。主动报名去反映。谁想去谁去。现在少吃没穿的，我怕啥。我们和镇里的书记和他嚷得嗡嗡的。告状年轻的多，老的也有。领导调研都不见我们，不让底下人知道。国家政策是不错，底下都不执行。一家往一家压政策，没利益的坚决不执行。书记买票一票 500 元，书记兄弟给我们 2000 元让选书记，我们不要，我们选我家的人，给我 10000 元我也不卖，最终书记高票当选，我们也没得上钱，我家的叔兄弟有 1/3 票。现在想下台，捞够了，现在煤窑也没有了，污染费什么，救济贫困的什么的捞得少了，养老金直接发卡上他也捞不上，就没意思了，没有煤窑捞得多了。我们村现在也不统一了，人家钱都铺成路了。现在是金钱社会。

2011－8－12　D 村村民李某

李某，女，48 岁，离异，我们和她主要是了解女户的补偿问题。

我们这些女人户，村里面的福利我应该是享受的，打官司我肯定是能赢，村里面的待遇从来就是没有，我是离婚了，户是在这里的，县委书记，省委书记什么的都没有权利让我不享受待遇啊，什么分钱的我都没有享受。其他村有告状的，厉害的户人家就会给，人家的亲戚就会给。这些待遇人家都不给我，人家就说是女户，就不给，其他的女户，人家告状了就给了钱了。大队这都想贪污，他的亲戚姊妹都能享受待遇，我就不行。哪个领导都贪污，大队书记那个人家都能家财万贯呀，还不是从我们身上贪污的啊，人家盖的什么楼房啊，哪怕你大队书记你多花点，村民少花点也行啊，D 村的人就不行，煤矿补偿的本来一个人是 6000 多元，结果人们告状了才给了 3000 多元。上次夏天我们 10 个人去信访办，人家信访办说要工作，让我们把什么事情是谁都记录下来，后来我们又去了省政府，人家就问啊，你们是谁啊，干啥的啊，都是自己花钱，去一天就回来了，都是自己出钱。人家说你户口是外地的人就不给你福利。煤矿年年给书记钱，以前还出电费什么的，今年什么也没有，书记全贪污了，一分也不给社员，人家太原、大同都有房子，开的都是车，都还不是贪污的啊，一个月都是贪污 120 万元，12 年了啊，一年过年就是给一袋白面，八月十五一袋白面，你看人家一年贪污多少啊。市场的钱也不给我们分，盖的市场人家就卖了，我们村的人就去告状，告状下来人家才说给钱，结果人家说你这女人户、外地户都不给钱。当时盖现在的村时候，并不是说满足所有人的需求的。书记一般就不在村里面待，有问题都反映不了，我们有问题就去向镇长反映。开始人家才给 400 元，我们告状不走，后来人家说给 1000 元。整个村的生活状态就是这样。咱们村以前也没有评过什么"五好家庭"之类的，也没有什么文化活动。村里面的环境卫生以前还管理，花 1000 元还是 5000 元了，有人打扫，现在没有人管了，没钱了啊。人家的兄弟是赌博，人家把路堵住，比如说一天过个车收 50 元啊，一年给上大队一点钱，现在从 2009 年就没人管了，没有煤矿就什么都不管了，当时集资的开煤矿，谁愿意出资谁就集资，大概总共集资了七八十万元，人家把钱投资在煤窑里面，开了 4 个煤窑。李军是 1999 年当的书记，上来 12 年了，是镇里面派的，村长是拿钱买选票，人家是大户，村长的妈妈和书记是表兄亲，家户大，所以人家才当的。

村里面过年也没有文艺表演，煤矿有戏，我们也可以看，村办的没有，平村那边有戏台，我们这没有，人家那有，我们可以去看。2008 年以前有煤窑的时候还可以唱戏，现在没有了。咱们这外地人多，有打架的，难管理。本村人各方面关系还比较好。村民之间也有贫富悬殊，有些人包过煤窑，挣得就多。

2011-8-12　在出租车上采访司机，男，38 岁

村里面跑出租的有 20 来个人，外地人多，以前 200 多辆啊，就这也没有以前 200 多辆的时候业务好。以前村里人们也有赌博的，现在少了，赌钱都是一两块，那几年最少也是 5 块，村里的变化主要是没有煤窑，所以都不行了。现在我们都不种地了，一亩也没有。

2011－8－12　采访本村国有煤矿工人，男，65岁

我们在 D 村调研本打算只调研该村集体煤矿被个人承包的事情，但是来了村里几次，村民及其周围的人都知道我们了，本村还是一国有煤矿所在地，因此，国有煤矿工人听说我们是从省城来的，特地找我们来反映问题。早晨我还在睡梦中，旅馆男主人就把老工人领来了，我赶紧起床接待他们。真是太感谢大家对我们的信任了。

下面是对他采访的录音。煤矿原来是县营的，现在归地煤了，贪污的没有人管，你像养老保险不管不给，医疗保险报不了。我是老工人，干了45 年，我现在是退了，像我这看完病，以前都能管，现在就不给你处理。你像贪污的，啥也没有人管，你花了点钱，就把你给安排成正式工，都是子弟。我是 45 年的工龄，就是听也没有听过的，人家都是正式工。有的吃的养老保险，低保的，你去民政局查，全叫人家吃了，我们有个人人家说他吃低保，他就说我就不吃，结果一看，有 3000 块钱，可是他没有得啊。你说一个受苦的看病花个好几万元就没有了，就没有个人给报，退休的，今年，从 1 月份给的工资，到 4 月份给的本，3 月份的工资就没有了，就给贪了，一下就贪污 9000 元，人家就没有打到卡上，后来告状才给要回来了。领这个退休本，一个人要 30 块钱，啥也没有，就是这个情况。我退休七八年了，我们这个工资还正常发放，但是煤矿的开支就没有，上班的、内退的、人家就查，现在还有三四个月到年底，你说这就没有人管。人家归了地煤，地煤的 51%，人家的 49%，这是股份，49% 的拿回来就是个人的，工人的工资都压着不给。受苦人都是亏了，像我们这烧火费呀，医疗费呀都没有。同煤、地煤占 51%，私人占 49%，现在的矿反正全卖了。按国家的来说，一吨煤挣 500 块钱，你就要挣 520 块钱，我是矿上的和村里没有关系，我是马村的，从十六七岁就来了这，户口都在这，两个孩子也没法安排，念书的孩子都没法管，管的都是人家关系的孩子，人都不认识，人家现在都上了班了。人家说县里面解决，一方推一方，人家县里面也不管，我去县里面路费都是自己出的。你说我们这养老保险呀什么的，就该给啊，全叫人家贪污了。

人家说同煤那边的都是在棚户区，我们这连棚户区都没有，说给房子铺油毡的，防漏油的，都没有铺，你说现在的领导说话都是不算话的。谁

的房子漏雨就给谁，我那房子一下雨就漏雨，一不下雨就不漏了，你说一不下雨去看人家就不漏雨了，你说我们这，就是省委书记下来也给你解决不了。你说我们这地方全都是贪污犯了。以前南湾矿一开始是地区煤矿，后来划分成是县营，现在变成了大集团控股的矿。

吃低保的人坐的小车，住的楼房，那样的人才能吃低保。我们这样的根本吃不上低保。共产党给是给低保，就是不知道谁拿走了，谁报谁拿走了。国家的钱是出反了，你说你残疾了别说在南湾镇就是在县里也吃不上低保。我去人家残联问，人家说你去民政局问，去民政局人家说你回矿上，人家说是你给工人开 200 块钱，扣除了 110 块养老保险，就剩下 100 块了，能干了啥，你说现在就靠捡点破烂生活，低保一直有但是没有给个人。

2011 - 8 - 13　采访 D 村老支书王昭

今天采访以前的老支书王昭，他今年 65 岁了。下面是对他访谈的整理。我搞完"四清"，到矿上就是算账的，1969 年就回来村里了，当到 1980 年，卖了个解放车，推土机，东风车，就是那车盘煤炭，当时咱们村没有煤矿，当时是记得 150 个工分，那几年会多，怎么的就开会。当时村里面有大事，就是和村委商量，到公社开会，主要就是计划生育啦，督促生产啦，农田基本建设，农业学大寨啦，当时咱们大队的主人是姓李的，去了市里面，后来就是王永发。咱们村当时有钱，西沟还向咱借钱，当时有一百四五人口。

同煤给咱们的补偿，煤窑都补偿了就剩下了二号井了，包给了刘某，到 2009 年兼并前做了价，是 1600 万元，后来谈判说给 830 万元，你要是去给 1000 元，后来就不给了，厉害的就给了，不厉害的人人家就不给了。我们女人户没有走的，人家就不给。按照评估价就留了，这最后就给 830 万元，一户说是给 3000 元，社员们去县里面、镇里面都去告状，这回人家说有钱能使鬼推磨，我们这一户分 10 万元都不多。

毛主席的干部和现在不一样，现在是什么也不做，现在就只要能捞钱就行。老党员是没有开过会，有事就不商量，现在人家就看不起了，人家在大同买楼 2 座，买车还买了几辆，坐的是五六十万元的好车，人家李门人户大，就没有人告，就是我手里，谁当就是能贪多少就多少，后面的书记就不管前面的账。咱们村就数在我手里面还好，我当时那就是买了推土机，拖拉机，所有人干的活，就变成集体收入然后买的车，人们挣的工分攒下钱买车然后再赚钱。现在我们家家户户连个厕所都没有，就没有规划。当时我当书记的时候还弄个公共厕所，当时人们都住的旧村，后来搬到新村的。

我当到 1980 年，王永发当到 1997 年，后来就是刘某，刘某手脚大，建了两个煤窑，他不是不当了，是人们告状把他免了，当时他们家是地主成分，而且他过于大手大脚，有钱就装到自己的腰包了，在煤站借钱，装进自己的腰包，在他手里面集资了十几万元建煤窑，钱也没有给大家。现在的这个书记当过几年兵，户也大。当时没有给大家钱，就是给大家发点白面什么的，所以大家就不去告状了。以前大家还有个骡子呀什么的，能活，现在人们实在是没有办法，就告状了，告状是从今年开始的，钱是刚刚谈判下来的，现在人们知道分 830 万元。有的人有好几个户，我们这就没有户，就不分钱。我以前是老书记，也没用了，人家现在都拿钱买通了，根本就没用。

上面的政策是好的，到下面一级一级就不行了。现在这个书记当了 12 年，虽然他不好，但是能当好几届就是拿钱买的，人家有钱啊。以前镇里面还帮我们说说话，现在都不理我们了。现在是官官相卫了。办了人家个人的事情，大队确实欠了钱了，村里面把耕地都卖了，都叫私人盖房子。上面的医院，按人家书记的说法是包出去了，包多少年，包给谁，这些账目都不公布啊。我当书记那会儿没有钱，就是有钱也不朝那里想，不做这个营生。兴村人家那个王书记人家就不贪。我们也知道农户的权力，就算我们去告了也不抵，没有用，最近就是因为钱的事情就告状，就是告状了也不起作用，我们现在就等着看八月十五给多少，要是给得少了我们就再告状。

村子里面的发展，人家不考虑，我们就更不考虑了，我们这几年来都不种地了。我们就算种地自己还没收了，就叫外地人拿走了，我们这吃啥也得买，就上去新村买菜。20 年了就一直是这条路，下雨下雪都是这路啊。咱们村人与人之间关系还好，大局观念少一些，咱们村一直就是这个情况。咱们村有了煤好是好，人们都有个收入，煤窑一没有，就没营生了，年轻人都出去打工了。我有退休工资一个月 300 元，民政局一年发一次，是从去年开始发的，是我自己争取的啊。

咱们煤窑没有集体经营，是因为他没有钱，村里面人也没有钱，大年八月十五给你点钱，面，谁拧得厉害了就给点钱，拧得不厉害了就不给，当时按户一户是 2000 元，这笔钱给到 2008 年，2008 年以后整个都没有了，人们实在是没法生活了，现在就是给袋子白面，给袋子大米，钱就不给了。当时人们还养骡子，后来就没有了。现在没有煤窑大家就走了，年轻人都走了外出打工了，我们小的当了两年电工，现在就是在市场上有个摊子，大儿子出去打工了，村里面根本就没有人买东西，二媳妇也和他一起干。我们村没有人抽烟的，都是外地人抽烟呢。

我们旧村这里吃水不用花钱，他们上面没有水，上面以前南湾镇也给送，后来就不管了，是县水利局管的，现在他们吃水一担水 5 毛钱。

1960 年以前我是村里会计，村里有 120 多人，那会儿人们都是种地，不种地有十来年，后来不种地因为外面来的人偷的不行。咱们这里家家户户种点菜，剩下的家家户户就是买菜。多少也有些帮派，但是不严重，不影响大局。李军当书记，就是人家说了算，这都是普遍现象，从县里面乡里面大部分干部都是这样，拿钱买官的到处都是，这个煤矿搞得，当了书记的贪的还想当，没贪污钱的也想当。小煤窑来钱快。人家都是门里头有人，煤管站的人家要拉车，几百块钱就拉上车了，弄得洗煤厂什么的，一开始一吨煤是 3 块后来又是 5 块，再后来就是 10 块一直涨。

我们现在不能换领导，要等煤矿的钱发完了再换，换了领导人家的钱就不发了。李军现在就不想当，我还是他入党材料的证明人。现在的领导人家都不愿意当，当了 12 年，40 岁当的书记。他爹没有当过官，是一般的受苦人，他爷爷一九五几年当过村长，他一共是姊妹 5 个，全在外地，都走了。原来村里都没有赌博的，后来外地人多了，就有些人赌博了。

大队现在都没有什么资料，中央的政策什么的就没有人告诉，都是自己看电视。800 多万元的补偿款，原来是省里面不知道是什么单位把这些相似资料都登记出来，井口有多深、所有井下设备都登记，是七八千元还是多少的都是算出来的，还有房屋，都是人家算完以后告诉我们的。我村的煤矿一个就不止 1600 万元，最起码是六七千万元，所以做价就太低，就是一个煤窑的钱，其他的煤窑在他手里就给弄砸了，就是二号井还在，所以老百姓就很有意见，是镇里面下的人开村民大会，选村民代表，先选了7个，后来又选了3个妇女，然后再谈判看多少钱。谈完才又给人们分了3350元，7月份去谈判的，6月份给了3000元，7月份给了3000元多，下一步人们就等的八月十五看怎么给。到太原去了十几个人，去的人每人给了1000块的路费，没有给女人钱。给3个代表一个人5万元，人家就没有人再张罗了，人们是这样说的，人家不说是人家给的，是说那3个代表给的，人家都不张罗了，领头的有钱了，不去，连个领头的都没有了。

我当时给人们买了一个解放车，一个推垃圾，一个东风车，一个推土机，还有一个吉普车，在李军手里面就卖了。毛主席手里的干部再怎么样也不敢这样，改革开放以前人们就是大胆的，就说人家给你一万块钱，你是怎么支出的都得有个说法是不，改革开放以后人家煤矿就能把钱给你报了。你说我也懂那个东西，你没有那个胆量你就不能干那个营生。

我40多岁就退下来了，自己主动不当了，当时我当书记，王永发是村长，当时就和我闹得不行，当时他在会上闹得不行，上面就把他闹下去了。一开始是李家当的书记，后来是他本家的爷爷当的书记，我回来那年是在矿上当工人，是党员，在县里面干得挺好的，公社把我给叫回来的，我当时就20多岁。我是1965年入的党。

书记人还可以。我们不怕他，怕什么。最起码面子上还过得去。就是有时候好有时候就不行。李家的人都不去告，就是杨门的人、刘门的人去告。

2011 - 8 - 14　采访 D 村旧村村民王某，男，35 岁

我们的水有灰尘，地下水破坏了，现在水是不干净，滚出的水底下有一层东西，就是村里面的井底打的水，再拿水泵抽上来。人家那水出钱，是干净点，我们这水不出钱，不干净。现在打工人家说本地人不要，以前煤矿多还有点营生，现在煤矿不景气。上面的政策确实不赖，到下面就变了卦了，我那个小卖部摊子一年也收入不了几个钱，种地的也不能种了，都种树了，有的钱人家给了，有的钱人家还不给。小学人家有钱的都出去了，初中也出去了，村里一般都是雇的临时老师。

2011–8–14 采访 D 村旧村村民，女，72 岁

我们老汉也当过书记，当时没有钱，开会背着行李就走了，开完会就拿着行李就回来了。当时什么也干，赶皮车。差不多是 1960 年代开始当的。当时刚来的时候，村里面人还较少，也住的是烂房子，我们这房子 1984 年才盖的，娶大媳妇盖的。我们养了 3 头骡子，就是喂骡子。D 村的地理位置还好，在镇上了，那时候我们村还好些，有煤的时候还好点，人们也是依赖煤依赖惯了，没有煤了就没办法了，人家其他村还能种地，养个猪呀羊呀的，人家的书记给人们买的拖拉机给人们耕地。我们这什么也不管。没有事书记人家一般是不回来的，人家的兄弟三个都有车，都有营生，全都在上班。以前有煤窑的时候都是雇佣外地人，不用本地人，嫌麻烦。外地人来了都 10 来年了，最初的时候都是本地人上班的，本地人都是不在煤矿上班，跟着煤矿搞点运输、卖东西什么的。我们家租住给外地人住有个 10 来年了，多少挣点房租，一年 400 元。

村里会计是外面人，矿长是书记人家的亲戚，是正矿长，副矿长有好几个。村长一直当了很多年，人家也在县城住，一般不会来，人家回来也就在上面新村，主要是他也不主事，就是书记说了算。

咱们这下雪各扫各的，没有什么集体劳动什么的，垃圾堆的到处都是，就是今年才一起弄了，我们 5 月份一起打扫的，村长组织的一起打扫的，谁想去谁就去，我们干了 9 天，挣了 360 块钱。

2011–8–15 采访 D 村老妇联主任，女，79 岁

我当时是妇联主任，当了 10 来年，我今年 79 岁了，苦了一辈子，我们以前还种山药啥的，现在啥也不种了，我们老汉完了是王昭，然后是刘某，李军当书记。老党员镇里面说每年发 200 元，一直就没有给过。补偿款的钱我们这就不给，以前就是给了 3000 元，以前过年给了，按照人们的说法一户给 10 万元呀，都没有给。我当时去镇里面，人家说一个老人给 30 元，人家又有文化，年轻，还是男人，肯定是斗不过人家。人家选书记 3 年开一次会，我这也老了，心也不在那上面了。那个二号井的钱也不知道去哪里了。我当妇联主任时候，我男人就是下煤窑。

那几年穷惯了，这就挺好了，共产党挺好的啦，现在都是大米白面的，

那会儿人怎么吃喝，现在人怎么吃喝。当时高粱面吃了，玉菱面吃了可高兴了，就这会儿好的，整个的社会在进步啊，人们吃的肯定是不愁的。

2011 – 8 – 16　D 村刘大姐谈上访问题

今天调研的这位女性村民刘某，很能干，也很善于表达，她说年轻时当过村里的宣传员。因为都是女性，谈话更顺利一些。她和我聊得很投入，还留我们在她家吃饭。因为她非常熟悉村里一些事情，又健谈，她也是村里上访的组织者，在村民中很有威信。我们和她聊了两天。下面是对她访谈的整理。

D 村上访导致的干群矛盾非常突出。由于书记的过度敛财，使得村民感受到了巨大的贫富差距，书记现在基本不回村里，常年在市里居住，在外面包了煤厂，光是大卡车就有十几辆，据村民反映，书记的资产应在 3 亿元左右。所以，当村民得知煤矿的补偿款高达 1600 万元时，他们再也不坐以待毙了，他们去乡里、县里、省里不停地告状，村民是这样和我们述说的：

"我们到县里告状，信访办还骂我们了，去了县长不见我们，我们坐门口，他们人把我们人把手绑住，我就吼共产党杀人了，比国民党还坏了，最后才把我们的人就放开了。县里、镇里人家书记都有关系，这件事就过去了。"

"我们没办法，扳不倒人家（书记）。我们不怕他。人家大户，县里、省里都拿钱买通了，我们把材料送进去，后来人家拿上就消了。村民和他没完，他承包费不交代，和他没完。那几年没这个政策，没人敢和人家闹。现在有这个政策，敢和人家闹。人家白道黑道都有人了。我们以后还反映，反映也不顶，人们算好了，不给我们花，让他给上面（上级，指乡、县、省等）花点。上次我们去告状，他就要打点警察，住的高级宾馆，吃得好，都花他的钱。现在有这个政策就不打。"

而由于村民频繁上访，相关的上级也不好处理有关的事情，使得村民的怨言增加，不仅对村庄书记恨之入骨，而且还产生了对更上一级政府的不信任，乃至对党和国家的不信任。

因上访导致了村民之间的不团结。D 村的李姓家族由于与书记的亲戚关系，属于村庄的得利一族，所以他们没有参与告状上访的行列。而另外三大家族，刘姓、杨姓和王姓，大家的意见也不是很统一，告状的主要是杨姓和王姓，刘姓由于之前当过村庄的干部，不好意思撕破脸皮去告状，因此，村庄就成了告状的骂那个不告状的，不告状的骂那个告状的。表现为明显的三派，大家互相指责，使得本来由于缺乏彼此之间的信任与团结导致发展困难的村庄变得雪上加霜。

2011－8－20　D村的邻村南村村支书

今天我们来到D村的邻村南村看看，这个村庄尽管与D村相邻，但比起D村污水横流、混乱不堪的局面，这个村庄非常干净整洁。D村村民也说这个村庄虽然煤矿也是个人承包，但承包的费用村支书没有私吞，而是全部用于村庄发展，因此，村庄发展很好。所以我们今天是慕名而来，调研一下南村村支书。

南村村支书64岁了，人很热情、健谈，听说我是慕名而来的大学老师，他很高兴，和我一起聊起了村庄的发展。

现在煤矿兼并重组了，没有煤窑了，大伙没有地方干活了。今年集体统一给大家找了工作，去内蒙挖煤，安排了24个人，用车送去的。我当了30多年了，煤矿集体经营和对方联办，主要一个煤窑，重点煤矿，有部分上班的，上班挣钱看工种，有得挣得多，有的挣得少，1992年建窑，1996年投产。现在兼并重组以后，大部分都出去打工了，在村的不多了，现在烧煤各想各的办法，以前老百姓吃水、电不花钱，村集体花钱，2004年花了30万元，60里外引来的水，电保证。现在吃水不花钱，引来的自来水，建立个水房，早上5点，下午4点放水，电费花钱。村里有固定垃圾投放点，我准备这两天就铺沥青路了，和镇里面说了，镇里面管了，要是不管，我早就开始铺路了。对农村有个道路规定，5米宽，长度不管，咱们街是宽12米，短7米，我说我出这7米，结果南湾镇今年定了一般村9个村，没有我村，我们村是重点村，还得明年，下水道我23天弄完，说是把路一并给弄了，和镇里说，人家不行。今年整整齐齐弄完就行了，我花我的钱还不由我了。煤炭兼并重组的钱也不由我们了，我们现在是上下都不行，在县财政了，你想要点钱，还得申请了。煤炭补偿了2062万元，我们还没拿上了。申请上10万元，给上6万元，6万元能干啥了，花钱不由我们。我这600多人，一年哪能知道花啥了，现在特别难当，群众心里不高兴就告了。25个村都是这，原来靠煤生活，现在啥也没有了，人们情绪不好，到远处打工，这夏天好过，冬天就不好过了，想法就变了。从中央到地方特别重视农村，我们每天都能收到中组部的信息，每天给手机发，换届的政策问题，大学生村官问题，都是好事。我们也有村官，是个女的，每天在镇里上班，能忙点啥忙点啥。我们有村民权益保障会，组织机构健全了，纪检、分管财务的都有，你想做啥都得和村民商量，村民同意咱就做，村民说应该怎么做，咱们商量，统一了意见再弄。民主就得民主。我1974年当的书记，村长也十七八年了。我管的600多个人，600个心，我弄出一身病。集贸市场原来可不赖了，现在我给代管了。好的时候一年六七十万元。去年说好话包给人家6万元，除了打扫垃圾的、电费、下雨维修，一年贴了4000元，不能让人家贴钱。

村民4个人一个三轮车打扫卫生，定点打扫，工资我给付，一个月4000元，村里风气挺好，没有打架斗殴。周围治安不好不影响咱们。2008年以前外地人多，有煤矿了，治安好管了，派出所在村里大队楼上住的，咱们提供住的地方，不敢来我这里起哄。原来房子出租给外地人，现在没有了，房钱也没有了。原来挺好，现在不好的厉害。全镇村里就我一个老汉在村里当书记了，一开会就表扬我。现在县里面搞啥我们村也是试点，好管啊。我现在就考虑我怎么休息，申请三四年了，申请不下了，64岁了，一身病不能干了。

你书记必须得干出书记的样子，600多人看着了，不像样就不行。村民不听话就得说清楚，不胡来就行。我在村里，当一天和尚撞一天钟，守着我的村。换了多少届镇书记，就是不给换。我现在得了坏病了，身体不行了。村长不成样，拿不起事，副村长人太软，还有个培养了10年，最后去了大同供热公司，现在没有个合适人选。现在不好当了。

2008年以前妇联主任等等都有，现在精减人员，副职全撤了，镇里定的我的工资是7500元，我挣3000元，矿长、村长挣80%，我工作量比较大，3个人20多万元，村里人一看挣太多，我开会商量，我挣3000元，你们挣2000元，愿意就干，不愿意了就重新选，表态全同意。队里付工资，会计是报账员，拿上账单到镇里报。村务、政务、财务三公开，各方面往好里弄。

2011－8－21　D 村的邻村南村副村长，男，40 岁

今天我们跟随南村副村长，参观他们的办公场所，这是南村村支书特意安排的。综合服务厅就是开村民代表大会的地方，多功能厅是党员会议室，全村 15 个党员，选党员要表现好的，个人写申请，表现积极的，经过举手表决转正，以前一年开十来次村民代表会议，有事情开村民代表大会。下面是对他访谈的整理。

我就是辅佐书记、村长，我念完书就回来了，镇里要求村务公开栏每半年公开一次，7 月份公开，1、2 月份公布下半年。村里有村民监督小组，理财小组，制度健全。党员选书记，开始召开大会选村长，在村级活动中心组织海选候选人，有 370 人选民。不是一次性来，来了投票完就可以走，镇里派两个人来监督。书记、村长当了很多年，不好就当不了那么多年。我当了十来年了，有能力才能当领导。我经常在这里办公，我家在村里。村风挺好，文化活动这两年没搞过，没集体收入，2008 年以后就没有集体收入了，现在靠以前的积蓄。以后发展看上面的政策。村民反映要钱，按照上面的精神是不分钱，分了就不能办集体的事情了，分了再收钱就不好收了。以前有煤矿，发展得挺好，现在村民没钱就想要点事情，我们村没有分，村民肯定也有不同意，但是没有告状。村民管理能力不行、不懂得技术，就承包出去。50 万、60 万元到最后 100 多万元，大包一年给了就行。有了集体收入就能办点事情，烧锅炉用集体资金。治安这几年可以，那几年外地人多治安就不行，现在租房的少了。集体乡里 4 个煤窑，全承包，逐步整合，取消了小煤窑，就剩一个南村矿，兼并重组多个煤窑肯定补偿得多，现在就补偿了一个煤窑，还得和承包人分，现在还没有谈好了。最有钱的时候 1993 年、1994 年，煤价低，但是村民积极性高，2003 年、2004 年煤价高了，承包费就高了，村民收入也高。1997 年、1998 年发生了两次煤矿事故，影响也挺大，最后 2008 年就全部关闭了。兼并重组的最大影响是村集体没收入，个人没工作。村集体没收入影响领导管理村，没资金，买东西先申请，不方便了，制约了。那会儿有钱买啥直接就能买，方便，现在做个啥也得申请，2009 年下半年实施村财乡管。村民没有烧炭了，现在拾炭烧，影响村民生活了。村集体连水费也支付不起，以后也难运转了。现在粉刷村委会还没有算钱了，以后这点事也办不了了。办公楼 1992 年盖的，那会儿有钱，办公人也多。盖得像样点，还有食堂。现在看门人在楼上住的。暖气自己烧，前年我们书记和镇书记那里说好，从镇里把暖气接下来了，咱们就给烧锅炉的付点钱。健身器材那是 2005 年弄的，卫生所要求有一个。买东西在集贸市场，村里小卖部就两个。我们村贫富差距不大，书记挺好，基本公平。

B 村之行

2012 – 7 – 4　B 村调研

今天来 B 村调研，这是一个依托国有煤矿发展的村庄，本次调研主要关注国有煤矿对村庄治理与发展的影响。

村庄紧挨着国营选煤厂小区和煤气化小区，所以本村村民可以来此小区跳广场舞，还能欣赏煤矿为职工举办的各种文化活动，所以村民的文化生活还比较丰富。村庄中家家户户在大门外随处堆放着一些煤，村里每年冬天都要给每户发放煤泥票，大约为 5 吨，由于有些家中已有暖气，不需要煤泥，就可以卖掉换一些钱。村里有 50 户人家安装了暖气管道，因为所处位置为村中心，离选煤厂较近，离锅炉房和学校较近，就是当初安装管道花了一些钱，电水煤都不花钱，做饭用电磁炉，还有空调，一户 100 度电，用不了。冬天还用电暖气，自家电表都烧坏了，村里也不管，过节的时候，用电量更大，村里集体的电表常常被烧坏。底下的住户由于水压大，水管都破裂了，房子有点塌陷，所以只好常流水，还有的人就不在乎，反正也不花钱，也是常流水。每家每户都有自来水管，但有的人家的水管都是常流水。

镇上的集贸市场做小买卖的很多，商铺林立，做小买卖的多数为矿区职工家属或外地人。邻村李村大多数住着统一规划的楼房。

外来人员租房原因，一是由于买不起矿上的家属楼（一套房十几万元到 30 万元）；二是由于工龄不够，年限不够，合同工；三是由于带着家属，不方便住单身楼。现在村里出租房，7 米深的一间 200 元。

村民结婚一般需要花费 10 万元，包括财礼钱，衣服钱，金银钱。买房另算，家具有的女方家会陪。前几年是 3.5 万元。

1981 年村里每人过年一袋面，钱几百元，每家有地一亩，后来地就收回了，都种树了，退耕还林 10 多年了，现在不发退耕还林的钱了，其他每村都发。2011 年，村里没发煤泥票。但是，这是山西省的惠民政策，所有村都有。一村民说，煤泥票他家是 2 户，电是按照 4 户算。这些政策很随意。村里人每年过村节发 500 元，春节发 500 元，村里给 60 岁以上的老人一年再发 600 元。还发了被子，村里的党员还可以每年旅游。

前任村主任现居住的房子为二层楼的小院，还有一座三层楼，每层 5 间；一座二层楼，每层 5 间房。现在都用来出租。地理位置紧挨着矿区，属于在村与煤矿之间的模糊地带抢占的空间。前任村主任弟弟的房子修建的比较气派，现为煤气化经理，当时被招工，有点能力。

2012 - 7 - 6　B 村调研，采访村民刘某，男，30 岁

今天调研的这位村民是通过朋友认识的，因为有这层关系，所以对他的采访非常顺利。而昨天我们也随机采访了几位村民，大家彼此心照不宣地拒绝了我们，所以更对这位刘姓村民心怀感激。下面是对他调研内容的整理。

村里以前发展还不错，以前有村集体煤矿，村民自筹资金发展。1991 年，1992 年，入股，有人 2000 元、3000 元、1 万元的，村民全部入股，后来 2002 年经营不善，被镇上收回，给大家退股分红了。1995 年、1996 年一家人够四口就给发一台彩电，飞利浦牌的，每人还发 1000 元，招工的没有，这项福利持续了两三年。那会儿的煤矿不赚钱，有的甚至赔钱，村里纠纷就没有那么明显。2000 年以后，煤炭价格一路上涨，因为利益引起的纠纷越来越多，黑社会应运而生。经济发展的大背景造成的。

村里一老太太说，90 年代我们村的狗披上件衣服也能找上对象，现在不如周围村庄了，打光棍的比较多，找对象困难。没有被招工的村里的年轻人，基本能维持生活，一两千块钱，在包工队干苦力。

从外村搬来的户，与村长关系好的，就有福利，免费用电、洗澡；关系不好的，什么福利也没有。

村里的集体收入主要有以下几方面：

国有煤矿给招工名额；煤气化厂 2010 年占地，当时给村民发了一袋面、一袋米，出一吨焦炭给 2 元，这是集体收入。但不知去向。

村民几户的地说是退耕还林，占了地，有的地方植树了，有的就直接堆放煤了，也没有退耕还林的补助。现在村里还剩下 20 亩地，村民现在

都植树了，怕煤气化再占地，给补偿的时候，白占，起码植树还能多补偿一点钱。

矸石厂2003年开办，其收入主要是村长掌握，估计有政府的人参股。他舅舅没有入股，他们只是在下面捡炭，把大块分为小块，卖矸石赚钱。干活的是外地人，搞管理的是本村人，和村长一伙的。村长也不在乎这些钱，以村里的名义买2辆铲车，2辆卡车，排矸石，在前任支书时期，就有了这个厂子。一年的运费是50万元。挣点钱让他的马仔们吃了，喝了，招待费，买烟一次十几万元。每年组织村里党员、老师旅游。

村长得钱的招数：

村长组织村民去厂里闹事，1天给村民100元，得的钱就归他自己所有。但闹下来的钱不给村民分。

村长自己有洗煤厂，实际上这是非法的，但上面领导默认，不吭气。在矸石洗煤厂干活的工资1300元，共有三四十人，本村人有一二十人。

村长弄钱，批煤矿上的煤，批一百吨，通过各种关系，能拉出一千吨。村长以前因为拉煤，还被逮了。

矸石洗煤厂属于不正规的厂子，但选煤厂的领导也默认了。矸石挨着B村的，B村人挖，挨着李村的，李村人挖。矸石一吨100多元。矸石山，以前不值钱，没人要，现在值钱了，不让村里挖了，矿上挖。但是市里也控制了，不让随便挖。现在矸石含煤的一吨100元，大家偷挖矸石，市里一个派出所所长指使人偷挖，第二天被李村和B村的人知道了，所长找了几个东北人，持刀打架，挑断几个李村人的胳膊筋，又把李村村支书的外甥屁股扎了两刀，周围村庄的人都清楚。

村里打架的事情较多，与该村民风无关，因为该村以前也较团结，自从本村有了国有煤矿后，利益急剧增多。所以主要是与利益有关，这是资源型农村的普遍现象。

村主任的行为：

现任村长以建幼儿园为名，平整了自家门前的地，把周围两户居民的房子让其搬走，自己门前变得开阔，建了一些健身器材。

现任村主任打伤竞选者，会在村里形成一种很强势的氛围，让村民害怕，不敢反对，同时，也使得竞选者不敢竞选。现任村主任有政府支持，同时，还有轻度的黑社会性质。不是村主任亲自打伤竞选者，而是指使别人，如：打折指头。现任村主任在村里可以说是一手遮天，村民再有关系也弄不下来。

村长很有钱，有悍马、宾利、霸道、尼桑跑车、奔驰跑车等20多辆车，朋友们开着他的车，价值2000万元以上。房子有别墅三四套，常年在太原居住，有重要事情会回来一下，朋友一堆，吆五喝六。自己平时带着党委的公章，村委会的公章在村里放着，让妇联主任看管，副村长相当于他的打手。

村里没有村民代表，不开村民代表大会，党员大会也是偶尔开，一般都是自己定。他爸的那个村穷，来了女方家，原来是个赤脚医生，在村头开个小卖铺。他爸厉害，相当于军师，为他出谋划策。村长本来人性还好，讲义气，但是当上村长就变了，和老婆闹离婚。

村主任有个姐夫，附近村的，是个混混，强制占用煤矿，上面都有人，就摆平了，现在实力不行了，他姐夫向他借钱，他不借，现在关系不太好。村长不地道，势力大。

过年过节给村民点1000元钱，给袋面，小恩小惠。村民也没什么反应，议论也有，只是瞎议论。给政府买已经装修好的房子，贿赂政府官员。

当年村里招工那会儿，三门符合招工标准（那个年龄段）的人少。副村长谁当选都是由现任村主任控制的。现任村主任兼任书记，连任三届，去年换了个副村长，是村长的保镖，打手。2004年选举，选不成，拖了三四年，人家还是代理村长。2011年选举，全是人家的票，还有弃权不服的，或者填个傻子的名字等。2011年，选举投票中，有的村民要么弃权，要么瞎填，填上村里傻子的名字。

以前村里经济利益少，竞争没那么激烈。现在村长一年挣的钱相当于以前村长10年的钱。前任支书时期，村里出钱建的小洗煤厂和砖厂，修路、盖戏台、修居委会的二层楼。但现任村主任什么也没干，学校还是教育局出资盖的。

村里的澡堂对职工家属，本村人开放，外来人要收费，每人2元，这个澡堂被现任村主任其舅所经营，是高额利润。

低保方面，下中上，下（最穷的）肯定有，中有一部分（模糊地带），上也有一部分（与村主任有关系）。村里人想着村长可能省里、中央都有人，大家被吓怕了，什么也不敢说。

村里的人利益重于亲情：

村长四舅，以卖肉为主，他儿子小，顶不上事，其他舅舅的儿子大，能顶上事。所以，给其他舅舅的利益就多，利益为重，亲戚靠后。

四门内的人也不团结。由于现任村主任势力太强大，四门内的有些人怕选了刘三，办事各方面不方便，当了叛徒。若刘三有钱，有点黑社会势力，政府也有人，则也能当选。若刘三当选了，四门内部也就比较团结了。其中，主要是利益在作祟。

村里其实在宗族上还是分为好多派的，且这种宗派关系也在淡化，或者说是已经淡化，人与人之间的关系更多的是以利益来维持的，三派和四派之所以出现了矛盾与对立，是因为三派和四派的人想当村长，因而他们利用家族关系来帮助他们获得选票，但是，这样的家族关系是以利益来维持的，一旦利益共享不均，分配不均，或者是有人没有得到自己应得的利益，那么这种家族关系就会瓦解，或者说，没有家族关系，但是由于有利可图，人们之间也会结成看似亲密的关系。

其实，村里也有派性的特征，但是不明显，更多的还是利益，我们村虽说是个村，现已改为社区，我认为和其他村还不太一样，人与人之间已经失去了农村人之间的那种情感与联系，人与人交往表面是和和气气的，但是，实际上根本不是那样的，每个人都打着自己的小算盘，说话也不是直白地说，绕着弯子说，不说心里话。

四派内部不团结，其实，三派现在表面上看上去比较团结，但实际上也没有那么团结，三派内部有些人，甚至是村长的舅舅们，有的就没有沾上光，因而，就有不满，只是没有发泄出来而已，更不用说三派的其他人了，总之，我认为我们村还是利益占主导地位。有权有钱才是王道。

在以上 22 名党员中，宗族上三派的有 10 人，但有 3 人政治中立；

宗族上不属于三派，但政治上属于三派的有 10 人；

宗族上不属于三派，政治上中立的有 1 人；

宗族上四派的有 1 人，且政治上四派的有 1 人。

2012 - 7 - 8　B 村调研刘三，男，48 岁

今天调研的这位村民，以前参加过村委会主任的竞选，因此对村委会换届选举的事情了如指掌，很感谢他对我们的坦诚，下面是对他调研内容

的整理。

他以前在镇办煤矿工作，入党，现在开一家废品收购站。党员关系没有转回来。因为他是村庄选举上访的主要人员，所以对他进行了调研。他个子较低，但本人很有想法，也喜欢表达。和他主要交流了村庄选举的事情。

现任村主任第一届时，把上一任村长的腿打断了，因此，第二届时，没有竞争的候选人，有一人当时被选为书记不敢当。

第三届是我要竞选。因为选举名单不公平，选民名单，村主任自己定选票。在村里，村主任限制四门的人参加选举，限制入党，限制把党籍关系转入村里，被招工的没有选举权，不能分钱，不能分面。李二一张票，李新武一张票，其实是一个人，都是村长，但是填成两张票。三、四门人数差不多，如果都有了选举权，谁当选则不定。村民如果不选现任村主任，干什么事也不方便，如：盖章，开证明。所以村民没办法，只好选村长。选举不公平，村长说，过我这里选，强迫大家选他，村民不敢不选。

选票方面很随意，村民如果是17周岁，就谎报是18岁，就有资格选举了。或者在周岁虚岁上做文章，打擦边球。或者有村民在外边工作两年了，都还有选民资格。贴出选举公告，就派人看着，看谁要照相等，一等公告时间过了，马上就扯了。村长选举时，看见候选人是先给钱，如果你还不服，还要竞选，就派人暗地里揍你。村民认为，谁上去也是捞钱，现在这社会，不认为现在村里还有为村民办事的好干部。村民也上访，有二三年的时间，想当村长的出钱，大伙去告状，因为选票不公平的事情。

我本家大娘没有男孩，也不怕他们报复，所以由她踢了选票箱，李二带着黑社会的人准备行动打人，但我的一个爷爷告了刑警队的，刑警队的来了才制止了打人事件的发生。后来，换届选举一直被拖，我就把居委会的大楼门给锁了，然后，李二就把我给打了，别人还拦着不让送医院，我住了一个星期的医院，医药费也是我出的，花了4000元。我们四派这面的人不服气我被打，去拦着我不让上医院的村民家，在打架争吵之中，把他家的大门弄坏了，最后我还赔了钱。李二父亲指使那个村民他爸到我亲戚家闹事，想让我亲戚家害怕，跟从他们那一派，最后，被我亲戚回绝。随后我去市里告状，没有任何结果。

该村与其他村比较穷些，我就是想做点事情，四派的人商量，一致推举我出来竞选。但实际上，我们家族的人也不是特别支持，感觉我没有当村长的能力，对方太强大；我爷爷也不支持，嫌麻烦，怕选举不成功也会害了自己。一开始四派的人和以前三派中失利的人，支持，后来，怕不成功，就不支持了，倒向村主任了，把我给出卖了。我回想自己，太傻了，太单纯了。当时，我是39岁，现在已经47岁了，开了一家废品收购站，不闹了，挣点钱，把孩子养大就满足了。"社会就是这样的，没办法。"现在，书记非常恨我，我用电只好让我二哥代为充电或领钱等。当初告状的时候，七八个人，吃吃喝喝，前后一年多的时间，费用全是我承担，现在再告状也承担不起了。

第四届时，市政府以该村选举怕闹出人命为由，不让选举。村里没有村主任，但是还是由李二代理村主任，名义上不同，但实质上是一样的。

第五届没有候选人竞争。

村委会选举方面的法律、制度方面没有什么漏洞，主要是不执行，只有内部人知道政策，老百姓也不知道。

我去告状，拖了一年以后，民政局才下发了文件，但是也不按照文件内容执行。告状到了政府那里，也不说不管，但是就是拖，"再过几天，需要党委开会，集体开会，研究研究再答复"，我由于经费的限制，就没有继续告，实际上也告不动了。

现在政府有人好办事，否则，寸步难行。社会没有说理的地方，官员说官话，没有实际意义。现在的官员都是曹操，宁可我负天下人，不可天下人负我。现在是拳头社会，谁厉害谁当权，天下是武打出来的。村长都是一些厉害人，不怕死的，有钱人雇上他们冲锋陷阵。

我们村一个人代替十几个人填写选票，这都是违法的，但是一般村民也发现不了这个事，现场应该有监控。

现在村长赶的机会好，煤炭价格上涨，和煤气化厂签合同，也是一年签一次，每年给的费用大家也不清楚；煤矿的污染费大家也不清楚，也没有给村民发过这笔钱。据说村长有10亿元，"拿大卡车也拉不完"。

国有煤矿也侵害老百姓的利益，能多侵占就绝对不会放过任何一个机会，煤气化经理勾结村委会，给村长一点好处，让其承包煤矿的一个工程。村民利益就受损失了。

个人买断的煤矿必须与村委会搞好关系，必须考虑当地老百姓，否则，大家就去阻拦，因为强龙压不过地头蛇。

现任村长发展了几个党员也不公开，也不让村民的党组织关系转入村里，村里和他一派的就能转入，不是一派的就不让进。

2012 – 7 – 10　B 村祭祖情况

B 村因为有明显的派系斗争，所以我们特别关注村民之间是否还有较多的人情交往，和村民的交流中，得知村庄的祭祖活动很有特色，同时也能反映出尽管因为村主任的竞选，双方斗争激烈，但作为一个大家族，村庄的祭祖活动也办得有声有色，且两派之间交往也很正常。下面是对 B 村祭祖情况的详细介绍。

每年正月初二都要举行祭祖活动。地点是在轮流在各家各户。

以前祭祖，三派和四派的人是一起举行祭祖活动的，因为他们的祖先在一个"生则"（就是一块长方形的布上，按照顺序写着逝去祖先的名字，上面只有男性的名字，男性的名字后面附上妻子的姓氏，如"曹氏"）上写的了。

谁家有资格承办祭祖的活动？

在这一年里，谁家娶了媳妇（嫁女儿不算），谁家就有资格承办，如果出现有好几家娶了媳妇，那么就看谁家是第一次娶，如果还是不行的话，就按照娶媳妇时间的先后顺序来定。如果这一年没有人家娶媳妇，就让上一年娶了媳妇没承办的承办。

祭祖的活动内容：在除夕的那个下午，承办的那家人要把"生则"挂到墙上适当的位置上，在供桌上要摆放各式各样的吃的供奉祖先，必须要有一个猪头（熟的），还要烧香等等。此外，这一年里，谁家生了儿子，要在供桌上放一只煮熟的鸡，生了女儿的话，就放一瓶红酒。把一切吃的、烧的香准备好之后，就要放炮迎接祖先来一起来过年，意思是告诉祖先准备好了，你们来过年吧。

在当天晚上，三派和四派的男性要来拜祭，他们来的时候带上炮，进了承办方的院子里，先放炮，然后进挂"生则"的那个家磕头、烧香拜祭祖先，然后和承办方的家人聊几句就走了。第二天，正月初一的早上，三派和四派的男性在吃完早饭之后，也是同样要到承办方家拜祭祖先，和除夕晚上一样。正月初二，在吃过早饭后，三派和四派基本上所有的男性都要去承办方家，进行"送祖"。快到中午 12 点的时候，开始放炮，放完炮之后，就把"生则"卷起来，众人抬着，然后再带上吃的、酒、炮之类的，把"生则"送到村边上，靠近山和坟的方向，把"生则"铺展开来，摆上各种吃的，所有的男性下跪磕头拜祭，然后放炮，拜祭完之后，把"生则"再卷起来，拿回来放好就行了，祭祖活动就此告终。

2002 年，四派的人集体商量决定请专业人士制作了"生则"，把祖先给分开了，从此以后，两派的祭祖活动就分开了。这是由于三派和四派的人比较多，有的人家想承办祭祖活动，却没有机会，尤其是四派的，那会儿孩子年龄普遍小，基本上是没什么机会，再加上那会儿大家普遍有点钱，都有财力来搞这个事情，因此，祭祖活动就分开了，不久之后，三派的也重新做了一个"生则"。自从分开了之后，由于分开祭祖，人数较少，便于组织，于是就增加了一些活动，如：四派正月初二增加了一项聚餐活动，就是在祭祖之前，四派的男性来到承办方家一起吃饭，坐下来聊天，吃完饭之后，也就是 12 点再举行"送祖"仪式。之所以增加这一活动，是为了增进大家的感情，平日里大家都比较忙，也不在一起工作，接触与交流也不太多，所以就是想借这个活动来增进大家的感情。其实，这个活动之所以能搞起来，也是在村里一德高望重的老者的倡议与带领之下的。但是，分开祭祖 10 年以来，这一聚餐活动由热闹走向了萎缩，以前去参加祭祖，都是年长一辈的，而且还带着自己的儿子去，现在呢，基本上父辈的都不怎么去了，都是年轻这一辈的去。究其原因，是长辈这一辈的人之间有点矛盾。

有一次，刘福家承办祭祖，具体的做饭杂活都是刘三一家帮忙弄的（刘三家住在刘福家在村里的房子里，而刘福一家住在 G 市），那次祭祖，刘福一家回到村里的时间晚了，将近 12 点了（送祖必须在 12 点，不能耽误，老祖宗定下的规矩），四派的人都等着吃饭"送祖"了。一直以来，都是先吃饭再"送祖"，刘福回来得晚了，他就私自改规矩了，改成先"送祖"后吃饭。大家对此有意见，尤其是武明兄弟俩，他们在四派也算得上是混得不错的人，虽然相比刘福稍微差了一点，但是还是很有威望的。从此，他们之间就是面和心不和，慢慢地他们就都不来参加祭祖活动了，都是派自己的儿子去，慢慢地祭祖活动就"冷"了下来。

三派的祭祖活动也增加了聚餐的内容，但是，他们聚餐是每个人要交

10 元给承办方，而四派则是完全由承办方家出钱，因为每家都会轮到，感觉让人掏钱挺难为情的，而且现在任何一家都能负担起这个费用。三派和四派在祭祖时，尤其是 12 点放炮的时候，不经意间也会比谁家放的炮多。以前，三派的力量不强，因为基本上没有人能出人头地，都是农民或工人，而四派则有不少人出人头地，现在呢，村长的舅舅是三派的，村长也是靠三派起来的，所以三派的人，尤其是他的舅舅们（4 个）变得有钱了，基本上是三派的主事人。而四派的人名人基本上都不在村里住，也不太热衷于村庄的事务了。四派的人现在比较散，没有向心力。三派现在正值鼎盛时期。

2012 - 7 - 12　调研 B 村的邻村李村

邻村李村与 B 村，资源一样，地理位置一样，但是李村的发展明显好于 B 村。村里修建的石佛堂，很气派，风景这边独好。主要是村民求子拜佛之地，据说很灵验。该村的村民对村支书也有一些抱怨，但总的来说，生活还可以，年轻人有楼房住，这是娶媳妇的必备条件，否则，很容易打光棍。大家主要认为没有合适的工作，没有固定的收入。每人分的 5 万元全部买了房子，让儿子居住，而老年人住在旧平房里，大家似乎也心甘情愿，认为是一件理所应当的事情。思考：村里的孝道问题。

李村的集体煤矿卖了以后给未招工的每人发 5 万元，招工的给 3 万元。村民 80% 都认为村支书好，给大家办实事，修路、房子、盖学校。村支书很吃苦，捡上砖，自己抹水泥，盖起了二层楼。现在和市里关系也不错，要拆旧房，建设新农村了。因为发钱，有人吸毒。现在每年一人发 1 万元或 3 万元，B 村只有 1000 元，二三十岁的小后生们都开着车，房子也有。还是有钱，才吸毒。B 村穷，没有吸毒现象。没选票的人也没有这笔钱。

李村的领导给村民争取利益：李村的煤矿卖了每个人分到 5 万元，然后又给村民盖了楼房，让村民低价住上楼房，冬天暖暖和和，干干净净的，然后还适当地解决了一部分青壮年的就业问题，让他们去煤矿上班，工作稳定，有房子住，离镇中心也近，生活也便利。我们村和李村的地理位置是一样的，没有什么区别。我们村煤矿卖了一个人分了 200 元，根本买不起楼房，村长也没有给村民盖楼房的想法，村长就是想狠狠地捞钱，当完了这届就移居太原或者是北京，不为村民着想。其实，两个村的差距就是卖煤矿拉开的差距，一个村每人分5万元，一个村每人分200元。也就是从这两个村的这两个领导拉开的差距。以前我们村还是发展得挺好的。

李村村民招工的有选举权，是不享受村里的福利待遇。没有因为选举闹过事。他们村发展得好，主要是村领导人好，为村民谋利益，不在乎村里的钱，人家就很有钱。给村庄硬化道路，给无业村民解决就业问题。大约七八年前，李村和我们村的人和煤矿闹事，要钱，最后达成了一个协定，那就是煤矿再给两个村解决一部分就业问题，分别给了每个村大约20个左右的合同工指标，李村的指标是这样分配的，所有未就业的青壮年劳动力抽签，捏纸团，决定谁去上班。而我们村，村民都不知道这个事，指标都是被村干部的儿子占了。

同样资源，同样位置的两村，发展不一样，我觉得主要是领导。

2012 – 7 – 13　B 村调研日记

这几天的调研中，大家议论最多的就是不公平，贫富差距太大，不敢议论现任领导，害怕黑社会对自己报复，最基本的人身安全达不到保障，没有言论自由。低保不公平，低保究竟保了谁？没关系的没有低保，有关系的随便吃低保。对村干部腐败问题的深恶痛绝，怀念毛主席时代的公平。黑社会势力在农村的渗透。资源型农村的利益太密集，纠纷非常明显，引发了黑社会现象。村民普遍反映有钱有关系的啥也能办，没钱没关系的就不行。村领导之所以猖狂，主要有政府人员在撑腰。村民对村干部表现为极大的不信任，促使我们思考怎样才能解决村官腐败问题，尤其是资源型地区村官腐败，应该建立一种什么机制才能确保对村务监督有效，这是我一直思考的问题，是后三个民主不落实，还是其他原因。

E 村之行

2012 – 10 – 1　E 村调研

今天是十一，利用放假期间，我们开始了E村的调研，它位于山西南部，是一个煤炭资源非常丰富的村庄，属于典型的个体产权煤矿较多的村庄，这个调研点非常符合研究的需要，为了找到这样一个典型的村庄也是煞费苦心。这次农村调研因为有朋友帮忙，所以进展比较顺利，帮我们找到了《县志》、《镇志》等。我们早晨 8 点从太原出发，坐火车到达县城后，立即坐出租车到了乡镇，询问村民后，住在乡镇一家小旅馆内，因为要调研的 E 村内没有旅馆，住在村民家里也不方便，所以我们安排每天白天去村里调研，晚上回镇旅馆休息，中午不休息，一是因为来回路途较远；二是有充分的时间和农民交流。

安排好住宿后，我们稍微休息，吃了中午饭，一行人急匆匆向村民一组出发。今天调研的村民是张大爷，这是朋友推荐认识的，所以虽然是初次见面，谈话非常的醋畅淋漓，很凑巧张大爷是副村长父亲家，当过大队会计，对该小组及村庄的事情非常了解。以下是对他访谈后的整理。

张大爷之前是大队的会计，也是老党员，干了一辈子的会计。他1954 年即 19 岁开始工作，那时的会计少。他开始工作时还是用的收付、增减的老办法，最后还是随着社会的发展，慢慢开始用借贷的方法。在大队干了 30 年会计直到 1993 年，在没当村会计时是在乡镇信用社工作了10 年。但是在当时信用社关过一段时间时，又由于通信不方便没有回去办任何手续，到现在正式的退休手续也没有办。县政府对于他们这些工作了多年的老干部、老党员也没有任何的补助，他在这期间也只是拿到县政府的 200 元补助，但是还是因为有亲戚是县委干部才拿到这 200 元，之后再也没有过。询问张大爷时，他强调现在 60 岁开始发养老保险不好，钱发的范围太广泛，使得有些人懒了不勤快了；人民币发行量大了，物价也抬高了；计划生育政策还在实施，中国人口也越来越少，男孩少于女孩，劳力也就相对减少。

E 村一共 1987 人，共分 3 个村民小组，即 3 个自然村，每个自然村距离不等，少则 10 公里，多则 20 多公里，这样的村庄在北方比较少见，因此，每村的财务都独立核算。村领导班子为村长刘林峰、村支书刘晋，副村长王杰。每村均有一个村小组组长，第一小组 562 人；第二小组 552人；第三小组 783 人。这里一亩地好的收成也就是 1 年 1000 块钱。家里好的有十几亩，每家平均 3 到 4 亩地。因为到处开煤矿，好的耕地大部分都是在半山腰，现在大部分的耕地也都不种庄稼，都种了树。农作物以玉米为主。现在村里没什么人种地，没人愿意受种地的苦，也不需要有机化肥，也就没有人掏厕所了。

E 村村办集体煤矿时间很短，1980 年代就有私人煤矿了，私人煤矿主要是为了自己赚钱，村民只能打打工，或做点零活，打工也很少，一般是外地人较多，因为常有伤亡事故，如果雇用本村人，赔偿额度较大，另外本村人也不愿意冒险，本村村民很少下煤窑，只是跑跑运输，干点小活。贫富悬殊很大，但煤老板也很辛苦，凭借胆大，运气好，钻国家政策的空子，这些人挣了国家的钱，村民也眼红，但也认为自己没那个能耐，或者运气不好，没有成功。非常凑巧的是，该村村支书也是煤老板，按村民的话说，就是有权有势还是好办事，赚大钱。村民说，煤矿最赚钱了，再没有比开煤矿更赚钱的事了。煤老板的收入有三四个亿。该地因为煤炭资源丰富，也有烧焦的，就是炼焦，但烧焦时间不长，五六年时间，赚钱还凑乎，比起开煤矿差远了。国家整合煤窑的时候，有手续的国家有补偿款，没手续的就直接关闭了，没有补偿款。

自从煤矿整合以后，没有煤烧，没有活干，所以大家去煤矿堵门，希望大煤矿开恩给煤烧，之前小煤窑的时候，村民去拿点煤不需要花钱，现在不行了，大煤矿的煤也不卖给他们，以前能打点零工，现在无法工作，大煤矿不要没有文化的村民，村民也是被逼无奈，上访告状的人较多，同时，大家看电视了解外面的信息，也是看到其他村民告状有用，所以效仿。

E 村书记刘晋有 53 岁，担任村支书有十几年了。自己有个人的煤矿，对外宣称煤矿是大队的，其实是属于自己的。村长刘林峰和村支书刘晋是本家，均属二小组村民，该小组刘姓居多，80% 姓刘，还有牛、张等姓。

第一小组没有煤炭资源，村民整体收入较低，其他村有企业，能分点钱，这个一直没企业，村里主要靠种地，村里有七八个代表，电厂在村里占地倒渣，给了村里十几万元，电厂的灰渣倒在村里的沟里，村里卖钱，以前灰渣没人要，去年才卖钱，每人分了 600 元，今年还没分钱，在那里干活的人还没拿到工资。这是村里第一次分钱。平时过年，八月十五什么的村里也没发过什么东西。村里的自来水不花钱，有自来水也已经有十几年了；村里的电要花钱；每户一年有一吨煤，除了这之外，一直都是自己买煤烧。村里也烧炭火，柴。老早以前村里也有烧焦的，只有十几户人家在烧，不是全村，只有条件好的，买的起煤炭的才会烧焦。

　　组长李艳民在村里一个人说了算，没有副组长和会计。但是村里人认为一个领导班子至少应该有 3 个人，大家才能互相监督。村里有人检举他贪污，县纪检委也来调查过，调查了一年后，还是由他继续担任了村组长，检举之事也就不了了之。

　　村里的理事会是李艳民的弟弟占用村里的地盖的，他弟弟有头脑，并不是因为队长的弟弟就有这样的机会，一年给村里 3000 元。本村及外村办红火之类的事情租用理事会的时候也要给钱，本村村民会便宜点，外村贵点。队里开会也在理事会开，队里开会不多，一开会大家会吵架，胡吵乱骂，跟批斗一样。

　　第三小组地界内煤炭资源非常丰富，村里现在的煤矿大部分为国营，但是村民也没有任何福利，唯独比在私人买断时期好的地方是，国营煤矿现在都在盖厂房，铺路等。村民还是有关系才能在煤矿里干点杂货，一天120 元，干得好的也有 270 元一天的。这仅是对于村里的男劳动力，村里的妇女基本是给煤矿里工人送饭，一个月能挣 1200 元左右。村里的地被国有煤矿占用之后，没有地种，老百姓都是自己找活干，出去打工。也有煤矿包工头揽活的，但是有的村民干了一个月还没要到钱。有的私人承包的是省电业局的活，像拉电线，搭铁架子之类的活。人工也要 100—150元一天。这个村村里的农民起码还能找个杂活之类的活干，其他的村还找不到活干。

　　该村的煤矿在 2010 年被整合后，规模比私人买断时的规模扩大。国有煤矿建设时，先盖楼房盖了七八层高，成本非常高。过去村里煤矿小，一点煤，连平房都不盖，只盖几间能住 3—5 人的铁皮房。因为现在是国有煤矿了，因此村民干活的多了，像盖房，修路等。以前私人买断时，村民也不敢下煤矿，给钱多了也不敢去，因为私人煤矿安全设施极其不完善。

　　一个私人煤矿占用了本组 100 亩的农耕地，全是好地，但是省里没有正式批文，也把钱给了老百姓，私人煤矿是一次性买断经营，一亩补偿村民 800 元。但也仅是占了哪家的地给哪家补偿，不占用其耕地的没有补偿，并没有给全村任何福利。即使在你的耕地下面挖煤没有破坏到你上面的耕地也没有任何补偿。只要不坏了地，就不给钱，坏了地，才给钱，在地下面挖煤，也不给钱。现在又有一个煤矿要征地，询问村民时，村民普遍认为地不该卖，"因为没了地，出去打工如果找不到活，到时候该咋办？"

杨家庄煤矿是一个国有煤矿，现在还没有进行开采，只是有人在现场看管厂房和设备以防被盗。村里的煤矿不管以前是集体煤矿还是私人煤矿现在基本都是被国家整合。山西全省政策是，每家农户冬天一年一吨煤的补贴。

第三村民小组和第二小组都有暴发户，都是之前私人买断煤矿，国家整合时给予的补偿款，都有 2 亿多元，都是煤老板自己有钱了。这些老板在北京、上海、海南等地都有很多房产，冬天去海南过冬，偶尔回村里住上几天。也有的暴发户家还有在种地，可能是因为家里还有老人、亲戚之类的，或是纯粹为了干活锻炼身体的。前几年村里出了一场车祸，村里一个年轻人被一个暴发户的小轿车撞死后，这个年轻人家被赔偿了 35 万元，（据了解电厂出了安全事故会赔 50 万—60 万元）要是放在一个平常的老百姓家是不可能给赔偿这么多钱的，也就是坐牢了。而现在的暴发户就可以用钱解决了。

附近有个村庄叫西村，现任村长周二娃刚刚上任两个月，是村里人极力推举的，因为村民均对前任村长有较大的意见，所以推举了他当村长。周二娃本身就是煤老板，几个村属他钱最多，经营了十几年的煤矿生意，他自己本身其实不愿意当这个村长。他是西村人，但是在 E 村承包的煤矿。

2012 – 10 – 3　村民二组

因为第一天的调研非常顺利，对该村的大概情况已基本了解，大家很兴奋，剩下的调研就是深入访谈了。今天我们一行人乘坐出租车去村民二组调研，主要是了解该小组的情况。我们调研的是一位女性村民，35 岁，开朗，因为年龄比我小，我暂且叫她刘妹。下面是对她访谈后的整理。

该小组有私人煤矿，刚开始就是，一九九几年以前就是，是邻村西村周二娃的，他干的时间不短，有十几年吧。现在整合了以后是进出口公司的。这个村有四个煤窑，一个每年给一吨煤，有煤的就给煤，没有就给钱。去年给得最多，一户给了 5000 元。可是老百姓不找他，就不给，冬天冻得不行了，去找他们，才能给点，去年省里说一户给一吨，可村里给了 1800 斤，少了 200 斤。

村里有个煤老板叫王三，他自己有煤矿，就在本村，最有钱。这个村有 552 口人，100 多户，组长也不是村民选出来的，有点实力有点权力的就能当上。这个村一年也不开会，村民代表也没人选，有四个代表，没有党员。这些人说话不起作用，只有对他们有利了，就有作用了。村里姓王的最多。

选举村委会主任时，村民也会去投票，但是去的人很少，和候选人关系不好的人村干部就不通知，也许私底下就选好了。而且村民一组比这村强，至少人家比这个村团结，这个村当领导的都管不住，因为人家村民不承认他，去年就挨家挨户地发选票，让当场选然后就收了，但是村里人就觉得不会按票走，私下里已经定好了，感觉是假的，都不公开。刘林峰当村长有 10 年了，去年的选票还都是假的，老百姓都不认可你，也有几个竞争的人，可是他的名字根本没有出现在选票上，或者候选人也有他，可是最后还是选不上他。

村支书刘晋当了头就发财了，很有钱，别人想让他下台也没办法。周二娃九几年就开始干私人煤矿了，那个时候，谁想在那弄就在那弄，没人管，只要有钱，就能自己干，在我们村发了财，后来当了西村的村长，在西村做了好事，在那办学校，集体供暖，还给修路。那时，老百姓没有向煤矿要补偿的意识，周二娃挖煤矿，老百姓一分钱也没得上，后来九几年才开始向煤矿上要，可是没几年就整合卖了，和村里没有什么关系。

现在村里人的收入主要来自种地，前些年煤矿还是私人的时候，村里人能在那干，干得多挣得就多，现在整合以后的煤矿上不要本地人，所以能干活的人就当个小工，给人盖房子，一天能挣 100 元，可是，这种活儿也不是经常有，都是干些零碎的工，这几年出村打工的人也渐渐多了，只有有关系的人才能在煤矿上干。

周二娃刚开始干煤矿的时候，村里人根本不知道向他要钱，后来听说有地方向煤矿上要，这才有了这个意识，可是找矿上要时，矿上说已经给村里上缴了，而村长又没有明账，不知他到底拿没拿到，反正村里人是没得到。

村里的小孩都在村民一组上小学，是 E 村里的唯一一所小学，全封闭式的，可是那里的老师水平很低，是实习生，家里的小孩在学校磕了碰了，不愿意让家长去询问，态度很不好。校长也不行。家里也都供不起小孩去镇上或县里上学，家里有条件的才出去。

原先，村里有集体煤矿的时候，没有了煤就能去矿上拉，后来村里集体煤矿卖了，也不知道卖了多少钱，在集体矿的时候，想拉煤多少就拉多少，没有限制。后来成为私人的，一户只能发一吨，不够烧。

大约三四年前，因为选举和向煤矿要钱的事还去镇里告状，去年王三就下台了，他弟弟当上了。可是结果却不了了之，那个时候还是刘晋当村长。往往煤矿向村里上缴的钱队长那留一个底，煤矿上一个底，老百姓是什么都不知道。不过，告状也会有点作用的。

虽然，村民有了煤矿上给的钱，可村里硬化马路完成以后，领导才说硬化马路的钱不够用，用上缴的一部分钱给补上了，可 47 万元到底是算占地的钱还是别的，不清楚。

其实，整合以后如果每年按时都发煤，村民就够用，可是这几年不全是煤了，开始改发钱，如果烧暖气就不够用，虽然矿上和村里签了合同，但是不去找他就不会自觉给。去年老百姓白天晚上都去杨家庄煤矿出口堵矿上的领导，但和那有关系的、有钱人就不去。解决时，村里领导各组织各的人撤回。

村里几乎没有娱乐活动，村委会大楼也才没盖好几年。村里人希望村里干部能组织大家整天在家里没有出去打工的人做些手艺活，也希望能来个大学生村官，带来新希望，带领这个村有新发展了。因为村里有养牛羊或兔子的人，为了致富，只顾得上先养大养好，可是没有卖出的渠道，联系不上买家，自己没有文化，也不懂互联网，消息联系都很闭塞。在这个村里村民干什么都是单干，得靠自己，很盲目地就开始喂养家畜，可是最后没有地方卖。

我们这个乡镇就像县里的私生子，政策好处根本不会向着他。

快到中午时，我们结束了在刘妹家的调研，来村里一家小卖部买方便面当午餐，顺便和开小卖部的妇女聊了起来。一番寒暄过后，询问得知她对村民一组的事情比较熟悉，就和她聊了起来。附近的电厂将煤炭废渣排放在了村中一个沟渠里，煤渣作为一种资源可将其回收。所以村里王某主动干起了拉煤渣的活计，得到的钱大家分。王某在村里是大姓户，本家人多，想从这个活计里多占钱。他要求 1 吨煤渣 7 块钱中他要抽 1 块钱的介绍费，他家还有一台装载机，必须用他家的装载机，再在这 7 块钱里抽 3 块钱的装车费。剩下的 3 块钱才再分给村民，这样他一个人就 1 吨煤里分 4 块钱。但是村组长李艳民就认为这样做行不通，他认为王某这样做只是为自己好，不是为了老百姓，你挣 4 块，一村人只 3 块钱，老百姓不愿意，剩下的 3 块钱里还有他的份。大家这样就有了分歧，拉渣的合同就没有签成。之后按照村代表的意见，代表全通过了就签合同，代表不通过。李艳民说："是为一村人服务的，不是为你一个人服务的，到哪里也讲不过理。"王某就威胁说：那就不签合同了。王某人横，家里有四五个兄弟，自己也有 3 个儿子，他是村里的正式教员，有糖尿病，不上班，他说：我是要挣钱，我不管别人。村里有两台装载机，不止王某一家有，村里人认为你有装载机可以拉渣，为什么别人就不能。代表们不同意，最后是由村民一组、三组联合起来，三组组长出头签了合同。

对这个小卖部妇女的调研情况明显与刘妹等其他村民的评价有出入，我颇有怀疑，后来又去找其他村民核实了情况，得知这位妇女是村民二组组长的小姨子。

从小卖部出来，我们询问村民以前的村干部是谁，村民给我们指了路，我们直奔以前的老队长家，他早年担任过 E 村的村主任，为人诚恳，是那种老好人式的村长，以下是对他调研的整理。

他爱人也是老党员，在大队担任了十几年的妇女主任。当时入党时是非常严格的，表现必须是积极的，干活认真，贫下中农的入党的考核期是半年，中农的考核期是一年，学习也要 20 天。他说：一切利益为集体，我们是毛主席的干部，不能给国家找麻烦添负担，我们就没找过领导。大队里现在为老党员每年发一袋面、一壶油。

前几年，村里有个规划项目，硬化路面的工程，村组长说是钱花了很多，把 47 万元的占了地的补偿款也花了，最后也因为这些理由，每人发了 300 元。说了规划为了卫生，结果也不卫生。村里喂猪的，倒垃圾的搞得村里不卫生，味道大，上面来检查卫生了，村里才临时花点钱让人去打扫卫生。这些不怨群众，只能怨干部。农村没有规矩，不注重环保卫生，猪场牛场到处是，臭气熏天。我们村困难在于没人管，没有规划，随便乱占地，多占就多占，没人管，没秩序。之前，河水在公路这里，后来改了河道，王三的房子当时是河滩，是河沟，现在垫起来，是村里位置最好的，在路边。此村各顾各，没有派系。

村民希望至少能有个带头人组织村民干点啥，现在根本就没有这样的带头人，不管村里的人是富还是穷。

王三在村里有一栋很豪华的小别墅，三层小洋楼，地下一层，地上两层。地下一层放着自家的小轿车和装载机，房子是防震的。他挖煤矿的时候没有给村里缴过钱，只在近几年花几十万元修了个庙，村里人也都出了钱。村里有一座老庙，"文革"时被砸，后来王三盖庙捐钱，一共翻盖3次。王三要是在村里弄个企业，大家都好了，都把他当爷看，现在修庙没用。王三的弟弟四娃在还没有上台的时候，自己贷款办养猪场，已经干了七八年了。现在当了村组长也没为村里办什么事，也没有钱。煤窑以后没有发展了，村里也没有发展了。

我们村从之前的800亩地变成现在的500亩耕地，都是煤矿占用了，现在一口人平均不到一亩地，一亩地的年收入1000元左右。村里人王、李、刘姓多，主要的农作物是玉米，一亩地能产1000多斤玉米，蔬菜会种点土豆、白菜。家里基本都有三轮车，都打工。村里人也就王三家很有钱，其他家庭都是撑不着，饿不着，没有富裕的。

村里的煤窑被层层转卖，大队、公社知道，但是老百姓不知道。

国有煤矿占了我们村的地，到腊月或后半年的时候，老百姓会去矿上堵路，这时干部才会去。老百姓不去挡，干部也不会管。我认为干部应该提前去跟煤矿要回补偿款。干部不出头，无人管事。出圈的事不能说，咱也不能去堵门。村里的干部不负责任，没有好干部，现在就由干部说了算，村里要想富裕起来，离不了一个好的领导。

2012－10－4 村民二组

今天采访的这个村民很有意思。前天我们去村里，大家认为是记者下村调研，有个村民主动说要反映情况，当时去回访的时候，他又不敢露面了。我们这次主动找到他家，这是一个非常破烂的院子，没有农村常见的围墙，房屋是窑洞式，走进家里，只看见一个男孩，询问家里有大人没有，这个小孩没说话，因为家里没开灯，光线很暗，后来在一个角落里才看见了房屋主人，他看到我们找上门了，也不好意思不见我们，和我们谈了很长时间。

他姓纪，姑且叫他纪大哥吧。男，43岁，家里1个女孩，妻子因肝炎早年去世，和他弟弟在同一个院子居住，从19岁开始在煤窑里拉平车出煤，那时3人一班，父亲一直身体多病，去世了，母亲一人在其他院子居住。家中还有弟弟，家中的开销全靠自己拉煤来赚，家里现在的房子是当初自己烧砖、扣砖盖的，第一次盖了一部分给大雨冲塌了，又重新在1988年盖的，自己烧砖，盖房，很辛苦。他弟弟和弟媳妇在煤矿打工，每人每天100元，弟弟有3个孩子，2男1女，弟弟33岁，孩子分别是17、16、8岁。他现在最发愁的是没活干，另外还想找一个媳妇。他认为四川、湖南的媳妇好，因为便宜。他的第一个老婆就是四川人，但是没跟他过几年，家里有事就走了。

他说煤矿整合以后，损失最大，因为还有私人煤矿的时候，村里人还能去那打工赚钱。现在国有煤矿招工有严格的规定，对文化有一定的要求，一般村民不可能去煤矿上班。

私人煤矿的时候，村里人能去窑里干杂活，1天能挣个100元，他从18岁就开始下窑。在私人煤矿的时候自己家里没有煤可以去矿上随便拉煤，这只是针对在矿上干活的人。煤矿当时也没有给村里分煤，没有任何的福利。煤矿占地的补偿款，村民也不知道这个钱，也没有得上。

煤矿整合以后，村里人才去堵门的。煤矿被整合以后，2010年的时候村里去堵门，每户发了2吨煤。2011年，村民去煤矿堵门，煤矿雇人打村民，堵的人发了100元，没堵的不给钱，用钱息事宁人。2011年每户发了5000元，每个煤矿给20万元，村里有两个矿，一共给了40万元。2011年村民有60—70户人家去矿上要钱。去年村里发了一次钱，2012年春天又堵了几次。

去年村民堵了矿，杨家庄煤矿能给6个名额可以去矿上上班，但是其中4个已经被队上内定了，只给2个名额给村里。村民1户去1人，用抓阄的方法来决定谁去。

煤老板王三以前就有煤窑，村里的煤窑全是他的。他之前开办了一个铁厂，最后卖给了杨家庄煤矿。他在当队长之前，就有煤矿，和刘晋合办了一个煤矿，这个煤矿在其他村里。村里人不愿意他当，王三这个组长也是大队里指认的，3年前村里人去告状，告王三占地不给钱，又不恢复耕地，弄个烂摊子，没办法种地，煤矿上又不让去干活，账目不清楚。王三光给自己挣钱，不管百姓。村里 2011 年有六七十人去告状，村民直接从县城直接雇的车去市里，但是在市里被挡下来了 20 多人，剩下的人直接坐火车去了太原，在太原住了 3—4 天。最后，大队里才不让王三当组长，接他班的是王三的弟弟老四。现在老四干的组长，也是不跟社员商量，也不开会，要咋就咋。

村民不去要煤就没有煤烧，有一次村民去挡，窑里来了人打架，拉了三四车的人，手里都拿着棍子，村民吓得跑了回来，在矿上干活的也不让干了。

王三 1964 年出生，开始有个焦炭厂，洗煤厂，挣点钱，当时十来万元就买了个煤矿，二十七八岁就有了煤矿，当队长有十几年。他之前的队长都没当多长时间。王三当组长也是为了自己，不管百姓，但是没有人敢往下推，他有钱，家里人又多，在村里算是大姓。他现在资产有 2 亿元，是因为他在当队长的时候，队里企业多，自己也有洗煤厂。

王三下台后，村民在路边学堂投票，村里投票选下届组长，竞争组长的人很多，有 20 岁的，40 岁的村民，都想自己干，但是都是人心不齐，每个想竞选的人最后票数都不够半数，票数不集中，因此都没有被选上，最后还是由大队指令老四当的组长，但是老四刚开始还不想当。之后，村里选出了 3 个代表监督王老四工作，但是现在也只是老四和另一个小组代表张某来主持村里工作。一般是老四去大队开会，回来吩咐张某给村民说一说，老四还是主要经营自己的猪场，张某跟老四也不是监督和被监督的关系，成了一心的。

村民去大队委投票选举过三四次，或者上门直接在家里让投票，如果不同意大队委给定好的候选人或和他关系不好的就不给发选票，只给关系好的发，就是有人想再要选票，也不给发。

我们村没有村民一组团结，村里大概分成了两派，姓王的人占村里大部分，另外还有李姓，刘姓的人多一点，另外有姓纪，张，曹的人占最少一部分。姓王的人大都比较富裕，其他姓的人生活只一般般，穷人还更多。因此，村里就此分成了两部分。曾经还是挺团结的，后来因为村里人一块上煤矿堵门时，心不齐，村里人之间也就有了矛盾，后来就越来越不团结。村里社员之间也打架，因为挡路堵门要钱的事，一起去了，有人就去给煤窑里打小报告了，那些人就是队长指派的，所以现在村里的人也分成两派，彼此不团结。公社的人也不来管。

王三的家里有 4 个兄弟，大哥二哥自己有卡车，王三自己有两儿一女。

县里对我们乡镇不管不问，县有政策下来到了大队就变了，没有把政策传达给村里。

村里有事不去大队里吵架就不管，去找刘林峰没说上两句话就走了，就不听人说话，双方还能吵起来，去找支书刘晋就找不到人，根本不管村里的事。煤矿上的人说啥就是啥，说是钱早就给了，可是村里人没得上，就去窑上堵了，可是村里也有在那打工的，让矿上的人知道了就不让在煤矿上干活了，是说谁以前挡过门，闹过事，谁就不要去干活了，也就不敢堵了，所以堵也不是不堵也不是。刘林峰以前还来过村里，来了村里人就找他吵起来了，后来也就不来了。去镇上找领导，就说，你们回去，给你们解决，但是过了也没人管，没解决了。平时也不管这村的事，领导也都不来，去找就谁也不见。煤矿上还让村民一组的人去干活，因为他们以前没堵过门，可这个村里的人去找活的时候，他们就算有活也说没活儿。大队上还跟煤窑上的人说，"以前谁堵过门，闹过事，别要他"。

2011 年，煤矿上让这村里的人去干活，但是有名额限制，说是有 6 个名额，让抓阄决定谁去，可是真正抓阄的时候有 4 个名额就已经让有关系的人占了，只剩下两个名额来抓阄。

村里退耕还林的钱，谁也不知道去哪了，村里人没拿到，大队说没有这笔钱。2010 年，听说国家给发救济款，去大队里找村主任，他说上面根本没有这样的政策。去公社上找，也说没有。

现在我们村算最穷的，另外两个村的人就有活干，也有在那上班的人，也发点补贴。我们的队长都不起什么作用。我们村里的人去找大队，队里人说"给你安排，给你说"，可后来也没个交代。

我们的财务都没有公开，想开个大会都没有像样的场地，也没喇叭，村民一组有喇叭，之前开会都在一个小学堂里开。关键是村里有啥事，都不跟村里人商量，村里人啥都不知道就开始干事了。

2011 年，村里把每家每户门前的土路给硬化了，一户交了 30 元。2012 年，因为说县里要来检查，全村才打扫卫生，给修了垃圾池，可是最后县长也没来，因为来了村里，村里人就会反映，他也不敢来。有人说要在村里建广场，还准备跟村里人要钱，可是村里人都没钱，这个事也就放下了。

其实老百姓的要求不高，是实在过不下去了，逼得急了，才会去告状。现在在村里找不下活的都出去打工找活了，有的人去邻县打工，有的去内蒙古拉煤了，不生村里的闲气，都出去了。

老四开了个猪场，在村南边，平时都见不到，让张某管，可这些人也是只顾着给自己捞钱，而且是个跑腿的，管不了事。村主任他也是个跑腿的，自己没个厂子。村支书是根本见不着面，大家对他的评价也不高，因为他不管事。

刘晋在大队当支书有两段时间，中间隔了一段时间。刘晋先当上队长，然后卖了队里的集体矿，自己买上开始干，后来一手遮天和王三把村里弄坏了。去年告状告的就是这两个人。四娃当上组长后，要不上矿上的钱，自己不想干了，但是大队还让他干，大队有会，四娃自己去，回来啥也不说，就让代表张某去说："也不要等着老四给开会了，有啥事和我说。"说了矿上给了3万元，可村里的人都不相信只给了3万元。

王三现在没企业了，在市里有房子，但是大家也不去他村里的这个家，大家都伤心了，不愿意去找他，他的那个洗煤厂还雇着人看着门，家里还雇的人给喂狗。王三是个暴发户，"平时只顾着给自己捞，不管别人，一说话，就骂人，见了就骂"。

王三的个体煤矿煤好，可是村里人用不上，还不让村民在那干，煤矿上用的都是外地人，不用本村的。周二娃的杨家庄煤矿煤不好，可是让在他矿上干活，还让在他矿上拉煤。

2012 - 10 - 5　村民三组

今天来村民三组调研了两位村民，一位是全村最穷的郭某家，一位是副组长孙某家。村民三组相对其他两组，煤炭资源丰富，早年人们主要是烧焦赚钱，家家户户都烧焦，因为环境污染太严重，2000 年国家制止了这一行为。村里现在还有一个国有煤矿和一个电厂，得到的占地补偿最多，但是环境污染也是最严重的。路面上到处是煤灰，空气中弥漫着一股股呛人的味道。村里的耕地差不多已经被占尽，村民几乎都不种地，在附近的厂矿或出外打工。目前大家的收入还可以，但是对未来大家都非常迷茫。

该村地界内有一条河，因为是 10 月份，河里水位很低，当时询问村民本村河的对岸有没有人家居住，村民都说没有，我们沿着河边走时，发现对面有一女人，好奇心促使我们走到河对岸，跟着那女人进了她的房间。家里躺着一位 60 多岁的男人，郭某，瘫痪在床 10 年了，家里光线非常暗，到处都是蛛丝网，房间里充斥着一股难闻的气味。询问得知原来是村里的生活困难户，10 年前得了病，半身不遂，双腿无法下地，嘴巴不能讲话，而老伴是耳聋，家里一贫如洗，本来家底就少，有两个儿子，娶媳妇盖房子时花了不少钱，小儿子自己娶了媳妇，现在在新疆开车。他们老两口仅靠村里的低保维持。家中还有 5 分地，种玉米和一些蔬菜。家里的老房子已经有 30 年了，是村里的老房子，邻居们早就搬走了，仅剩下他们一家，家里用的自来水是大儿子从河对面担过来的，征地给赔偿了 1.6 万元，大儿子拿走了 10000 多元，老人自己只留下 2000 元。

这几天在农村调研，发现了一个现象，那就是年轻的儿女往往住在宽敞明亮的新房，而父母却挤在阴暗破旧的房间，并且越穷的父母越是这样。

从郭某家出来，我们到河对岸村里随意走动时，走到一座比较整齐干净的院落，随即进行访谈。也是很凑巧，居然是村里副组长孙某的家。只不过孙某出去工作了，家里只有他爱人。50 多岁，微胖，为人开朗、热情。快中午时，孙某回来了，得知我们是大学老师，很热情地邀请我们在他家吃饭，我们在村里一没有合适的吃饭和休息的地点；二来也希望能和他进行深入交流，所以立即决定在他家吃饭。我马上让随行人员到小卖部买回一箱方便面，作为回报，孙某推脱再三最后收下了。下面是对他调研的整理。

孙某，50 多岁，高中毕业，19 岁入了党，在大队里当了一二十年的副支书，1999 年当了六七年的队长，2004 年不干了，现在是小组的副组长。他说自己太实在，人正直，在这样的社会就容易吃亏。当时，他当队长的时候，是选出的，现在的队长都是大队直接任命，现在都是干了 1 年就发财了。自己家里早年靠烧焦赚了些钱，当时是自己先在村里带头炼焦，村里人就都开始炼焦了，后来因为环境污染，国家不让干了。

　　早年，村里的人烧焦的烧焦，挖煤的挖煤，各家之间差别不是很大，现在差别很大，有企业没企业的人家差别很大。煤矿整合以后，其中还有村支书刘晋的股份，在电厂他也有股份，有企业的不用受苦也有钱花，一般人想受苦挣钱也没地方去。

　　80 年代刚开始，有村办集体煤矿，后来分红时就没集体的，就成了个人的。煤矿是个人还是集体不一样。

　　有了煤矿村里受害了，房子附近的煤窑把煤都掏空了，房子底下都掏空了，房子也开始裂缝了，年轻人都出去打工了。自己干队长时，家里也没跟着沾光，现在几乎已经没有这样的好领导了。当时，经济条件达不到，集体没有收入，支出太大，公粮农业还有税收，队里没收入，靠煤窑里补偿点，基本上补偿的很少，后来土地被煤矿征走了，现在人们只能打零工，没什么事干，之前种地还能换点粮食，现在基本上没有什么收入了。

　　该县的私人煤矿这么多，有很大的原因是因为县领导的错。县长当上了，都是要捞点钱，私人煤矿因为不合法，就能多给上边县里点钱，而集体时，给得就少了，幅度很大，比如私人煤矿给 1000 元，集体的给 100 元。县里也不会真正严查严打私开滥挖煤矿现象。整个市都是这个情况，前几年，省里还来得人在这做官。现在县前几任书记上位上得快，因为贪污得多，现在都在市里。私人煤矿的时候，村民还能糊弄点煤，现在整合以后村里人用煤都要自己买。

　　我们村里人心软，人性好，村里给多少就是多少，不给也就算了，大队里能跟煤矿要上就分点给老百姓，但是给也给领导了，老百姓也得不上。

　　2000 年开始，国家不让烧焦了。村里烧焦起步早，干了三四年。村里基本上没有在电厂上班的。电厂是 1971 年开建，1975 年开始投产。他当队长的时候，电厂给了村里 2 万元，用于村里收入。从这以后电厂给的补偿款就多了，1 年 10 万元。去年煤矿也给了 10 万元，村里拉渣的也给了 10 万元，所以村里去年每户分了 600 元。以前就没有这收入。

　　村小组组长以前都是大队任命，现在自己自荐。几个人组织起来，大队也不管，都是年轻人。女的组织，男的联络，就给推上去了，都是结伙成帮的。村民说，"人家谁干干去吧，不关咱的事"。

召开党的生活会议，一年还开几次。整个村党员40多个，我们村有七八个。现在党员都不选了。成绩突出的，和领导关系近的就会很容易成为党员。现在是有钱的，搞了个养殖业的，像养鹿养了两三年的牛某就成了党员。牛有成绩，又有关系，他是支书刘晋的亲外甥，他也有煤矿（刘晋给的）。县里扶贫也给了他点钱，所以他（村支书）控制着国家资源。

村支书刘晋就在本村，他的侄子刘小军现在是村组长，他爸爸当过兵，在县里上过班。村支书和村主任是好朋友，该村刘是大姓，有500多人，其他的杂姓像郭、孙、祈姓也有200多人。

村里有5个村代表，以前是选的村代表，但是现在的都是自荐的。村里着急开会，有领头的说："我要当代表。"然后就是这几个人。现在村里代表加村长有7人，其中一个代表特显眼，有钱。之前他家的地基十几年都没有盖房，当村代表一年后就盖起了房子，给自己老婆也买了摩托车，给自己爸爸也找了活干，但是他以前干煤窑都没挣了钱。

农村里愿意干的组成一伙，其他人也不问这事。

去年村里的福利是发的肉，一户2斤，八月十五发的，过年发面和油。以前收入很少，就发个月饼，苹果。现在队里有钱了，队里一年能有三四十万元，发的东西就多了。

煤矿占地，一亩800元。国家政策要整合煤矿，村里总得让国家占，不给国家让地，国家就不能干。好处到底有没有，得煤矿投产以后才能知道。希望以后能当个工人，能为村里搞个公益事业。但是目前看不出来有没有好处，究竟能发展成什么程度不知道。

村支书刘晋用自己的钱盖的楼，给了大队当成村委大楼。村里另一个煤老板郭某没有给过村里好处，他这次盖房子村里人都反对，他干煤窑干了五六年，在村里挣了钱没有为村里办点事。现在盖的房子买的是他伯父哥的地基。刘晋对村里不错，在全县影响挺好的，当了几回村干部，社会评论好，对村里过不去的人还帮衬着。他当书记，又当村长，后又当书记，来来回回的，早就当上了，现在又开始给村里修路。村主任没钱，有钱也不管，他也没有煤窑。

国家整合煤矿好，有利大家都享，个人煤矿都是自己成了暴发户，都进了自己腰包，国库没有。煤矿整合后，国家的收入大了。

村里人没有进煤矿干活，觉得进去危险。

这个村方圆1公里多，在大队算中游水平。整个地下都是煤，之前电厂占了七八十亩地；另一个国有煤矿占了300多亩地。刘晋的煤矿就在这个村，村里有些人在那打工，但是大部分是外地人，他们下煤矿，挣的工资多。

村里没有因为有资源而有利于老百姓的生活。国家，集体的煤矿好，好的企业应该把一方的经济带动起来。

电厂现在是归属神华（国营），电厂的厂长在省电力公司有关系，说是生物发电，其实成了私人的。电厂现在就是个倒闭的厂子，里面就是在胡干，老百姓也就是不告它，告它绝对也就倒了。电厂的污染很大，整个村的空气受污染很大。

我们村现在就一个饭店，以前也就有一两个。私人煤窑雇的也是外地人在干。五六十年代的时候，村里还可以，有牲口，马、牛。村里集体卖马、牛，然后分红。条件比其他村好，畜牧业发达，但是现在没有了。现在还有一家养牛的，去年还有十几头，今年也就五六头。养殖业不让干，不让牲口上山，山都封了，挺矛盾的。

村民二组村杂姓多，我们村刘姓都是一大家子，刘姓多。

中国的面积太大，人口太多，要搞起来太难。当基层干部最大的困难的是农民不管你的事，国家又照顾不到。你想干点啥都挪不出资金。村里没钱，国家也不扶持。搞得好的也是村里的基础好，国家又扶持。国家帮穷帮不过来，没有那么大的精力。整个来讲，国家顾不过来，让老百姓怎么干都行，只要能干好，但是就是没有资金，干不成。

村里的大学生也不多，但是现在村里都对孩子的教育重视了。我当时高中毕业的时候因为社会上没有人，没有被推荐上大学，但是班里有几个人都被推荐上了。

大队的行政划分自古就这样，两千多口人，是个大村委，相当于一个公社。各村队长开会挺多的，每人都有电话，通知组织开会还是挺容易的。队里有会计，副书记搞政治思想工作。家里烧土暖一年要烧五六吨煤。

我们村现在没别的发展了，搞畜牧业不让牲口上山，资源和地都没有了。山还是石头山，种果树不行，不适合经济树木。退耕还林的补助也没得上。

村里现在有地的也就一半亩的，一亩地产个 1000 斤的粮食。现在的活都不好干，现在就是盼着煤矿投产盈利了，出不去的上岁数的，能让去煤矿干个活，挣个钱。在这方面还等着呢。如果投产败了，村里就完了。煤矿计划今年年底投产，不知道什么原因，还没有按计划投产了，投产要达到标准才行。以后的出路就是：等着投产以后，能去干活，五六十岁的人，能在矿上打扫个卫生，维持生活就行。

村里用电，开始掏钱有 3—4 年了。家里开始用电磁炉有 10 来年了，有电厂，开始不用花钱，电厂投产以后，就有自来水了，已经 30 年了，用水不花钱。煤自己花钱买，以前偷偷摸摸从煤窑上拿，现在整合以后不行了。买肉去乡镇，过节，村里会杀猪卖肉，一次可以买 10 来斤放在冰箱里，村里每天都有卖豆腐的，三轮车卖菜，每天都有，从外地来的。

县城大厂子少，现在不算穷县，以前是四大贫困县之一。

村里有 2 个私人小煤窑，去年电厂给村里 10 万元。

村支书在电厂有入股，他在市里有房地产，家产几个亿。煤老板 1 天挣几百万元，1 吨煤 1000 元，1 天出 1000 吨煤。

村里人出去打工的不多，现在一般都在附近干点零活。

现在的村民代表，为了自己，对我有利，不管社员的事情，给自己谋利益，有一个代表联络其他人让刘小军当队长，他爸 60 岁，过泵赚钱，骑摩托，"离（摩托）了不行"，实际上路途很近，走着就能去。去年当的代表，今年就盖起了房子，有了赚钱的门路啊，给他爸、他老婆找了活干，买了摩托车，换了汽车，和某个厂子联系联系。他当代表之前，不干啥，今年村里硬化路，国家拨款，又能捞一把。他去年管修路，铺路用沙，石子等，工钱还没给完，路就坏了，今年又修路了。

我当初当代表时，社员提意见，咱就去找，误饭了，去饭店吃饭，一年才吃几顿，百姓就说"你们当代表了，净吃饭了"。现在的代表把饭店整个包了。当时是 8 个代表，现在是 6 个代表。他当队长时，给村民在八月十五发月饼、面、油、肉等，今年八月十五才发 200 元，当时钱不多，不容易，现在本来应该多发点，现在钱多。现在刘小军不理代表，自己去说，把工程包下，让他自己亲戚干。现在领导人心坏了，绝大部分是瞎心眼，不是正心眼。电厂污染费，为了老百姓，我和电厂领导吵架。

　　村民代表让刘小军当组长，他自己也愿意干，他叔叔刘晋不想让他干，因为他爱打架，人不好，村民评价不高。他在本村有洗煤厂，有搅拌机，安排他一起的人去那工作。村主任儿子在煤矿开装载机，每月3000元。

　　村支书当时给村主任30万元开砖厂，干了三四年，当时效益很好，存不下货，当时开厂占地，给几户村民每年补偿500元，后来砖厂卖给进出口公司，钱一个人得了，没有给村民分什么。现在花七八十万元在市里买房。村主任现在有钱了，不要儿媳妇了，留下个4岁的孙女，现在又娶了一个，还是大学生，儿子初中也没毕业，他儿子赚钱了给妈妈，不给媳妇，媳妇出去打工，看不起媳妇，丈母娘气得不行，得了半身不遂。现在对新媳妇好多了，但也不怎么好。村主任老婆耍麻将，媳妇干活，性格厉害，不爱干活，不会打毛衣，吃饺子不会擦萝卜，以前媳妇啥都会做。现在不要以前的媳妇了，只好买馍买面，啥也不会做。

　　村支书刘晋的老婆好，啥也会做，过光景好，仔细（节约）。婆媳关系好。换不下好老婆，是一辈的；种不下好庄稼，是一季的。支书是个名义，啥也不管，主要是主任管，他就那性格，不爱管，支书早就不想当了，乡镇书记让他当，支书这点利他不稀罕。支书人缘好，电厂在山上修路，当地不让修，支书说修就能修，支书人好，也有钱。

　　支书外甥，啥也不干也有钱，光打打电话，就能赚钱，朝里有人好做官，厨里有人好吃饭。我与支书没出五服，但关系也远。

　　队长刘小军，41岁，老年人对他评价不高，但是和派出所关系好，干煤窑不挡他。他和别人合伙干煤窑，赚钱不少。

　　村民对开煤窑的人的看法是"人有本事，人就做；咱没本事，咱不做"。煤窑一般都是偷偷地干，没手续，有手续就不赚钱了。

　　我们村还有一个人也开煤矿，牛某，38岁，内蒙古人，当时来给烧焦的打工，是个流窜娃子，女孩爸不愿意，女孩跟着私奔，他胆子大，瞅准目标，投资钱，合伙干，当时只需要买个雷管、炸药就能开煤窑，所以也赚钱了。但是好些人开煤窑，就赔钱了，开了口子，里面没什么煤，运气不好。雇佣工人用橛子刨，给工人点吃的，挖出一三轮煤，卖了，给工人发工资。一般人怕出事，挣得起赔不起，胆大的才干煤窑。公社、派出所查黑口子，他们就用石头堵住口子，用土遮好，查到了罚款，封口，过几天再弄开，胆小的人不敢干。用袋子背煤，或者用三轮拉煤。工人一个班是3—4个小时，能挣100多元，有时能挣200多元，外地人敢下煤窑。村里剩下的人在窑里打扫卫生，看场子，看有没有人来检查，给煤窑放哨，看一晚上能挣个50块钱。而煤老板几天就能挣几万元，效益有时好有时不好。牛某也就是能挣刘晋资产的零头，村里刘晋最有钱。

村里打麻将打一元两元的，有的输得厉害的能输100多元的。村里有几个健身器材，是2010年底弄得。过年村里没有什么文化娱乐项目。也就是唱戏的一年来一次，是在七月十五以前戏曲下乡人家来的。初一十五的，煤矿上献爷爷神（不知道什么神）。我们家里烧焦的时候，也献河神。

刘晋娶媳妇的时候，礼炮就花了十几万元，整个婚礼花了几百万元，在村委会楼里办的婚礼。县里的一个局长还来帮他家的婚礼张罗，他办啥也称心，人家支书也就有这个派头，穷人没有这个派头。婚礼的红地毯从外面的公路上铺到了大队的院子里，全村的人都去吃饭了，最低的礼钱也有50元，人家不要不给也不合适。村民都不讨厌刘晋，他的儿子、女儿在县城上班，都结婚了。

大家都讨厌村主任，人霸道，他家从根上就坏，他爸这个人大家就都讨厌，他爸之前是队长。他靠自己也当不上队长，全靠支书在背后支持他。

刘晋当上支书，干了两届，人缘好，他有了企业以后也不想干的。刘林峰干主任，不适合当书记，跟别人搭班子干不行，就刘晋能和他凑合。

前任支书高兴旺干了六七年，干得一般，没有什么突出成绩，火暴脾气，人心可以。但是一说话就开口就骂，人们对他的评价都不高。他也是以公社的名义干煤窑，有钱了才当上的支书，现在生活一般了。

村民在家里投票，村里代表把票拿到各家各户，村民选谁都能看见，这样村民也就不好意思不投人家。

村支书刘晋的煤矿现在是下层煤，又能干几十年，即使被整合了，但是刘晋在国营煤矿里也有股份，也能挣钱。他不在村里住，花了200万元给院子里搭了个棚子，村民冬天能在那取暖，夏天能乘凉。他现在有钱了，一次聊起天来说：小时候有人欠我家30块钱，我爸让我大下雪天去要，现在别人欠我3000元，开车去要我都懒得去。

我们村 90% 的人家都烧焦，村里烧焦起步最早，我家是领头开始干的。我家在刘晋煤矿上固定买煤，有的时候就没有煤，就没办法烧焦，收入也就少了。烧焦不能偷着干，面子上的事，但是煤窑能偷着干。

村民一组有一半人的烧焦，没有人开煤窑。村民二组烧焦的规模大，有的有十几个焦炉的。

电厂污染大，电厂倒的渣倒在了山上的一个沟里，现在渣越堆越高，已经超过山头。渣现在也卖钱，拉够 500 车也发钱。污染大，以前种地回来都是下煤窑的脸，现在污染小了。以前村里的人去市里，大家看见都说：你怎么不洗脸。电厂除尘器坏了，一刮风，特别脏。村里道路灰多，大车多，容易出事。

问及农村城镇化，孙某说，大家能生活就行，去了城里也不能干啥，在这里还能在煤窑干点活。

自家烧焦的时候是一吨 14 块钱买来煤，一吨能卖七八十元，自己看着火，忙的时候找个工人给拉煤，虽然时间长，但是中间间断过。

支书刘晋刚开始干煤窑的时候很困难，特别难活，还不如一般人过得好，由于经营方式不正确，什么都没经验，欠下很多的债，就要放弃不打算再干的时候，姐姐和姐夫帮扶了一把，这才开始翻身了。姐姐和姐夫挺有钱，在海南买了房子，姐夫以前是教书的，后来管理过煤矿也有经验，于是就让他和别人合伙干，加上姐夫的指点和资金上的支持，煤窑开始挣钱了，刘晋的运气也算是挺好的。

在最早开始私挖煤矿的时候，是在矿口打个洞，然后再慢慢往洞深处凿，里面用木棒撑起来，大概能过去一个三轮车就可以。

西村周二娃，有个好媳妇，很会办事，都是企业家的做法，村里有人娶媳妇没钱去找她的时候，她说"不怕，尽管开口，咱都是穷孩子，谁家都会有有事的时候"。她有这个做法，别人也就没法欺负他们了，算是村里这一带最好的媳妇了，人们走到街上，她开着车看到了，不管你是有钱的没钱的，就说"你去哪里，坐上"。让别人坐顺车，从不摆有钱人的架子，借出去的钱不急着要回去，会说"不着急，慢点，什么时候有了钱什么时候给"。没有把钱看得很重。

以前，孙某爱人过得很辛苦，刚嫁到这个村的时候，二分钱一盒洋火，也没有钱买，就在邻居家烧火以后，去那用木柴引个火回来。没有婆婆，年轻的时候比同龄人遭的罪多，"遭了磨难，洪福在"。现在儿子有27岁，儿媳妇30岁，小两口过得很好，两人还没小孩是老人焦虑的一个问题。

2012－10－6 村民吴某

今天我们调研的对象是村民吴某，和他进一步了解村庄的发展情况。这几天在该村调研，发现村民得病的较多，尤其是脑梗塞，偏瘫等。我不知是否是因为挖煤导致的环境污染，总之，每家每户家里的水水垢特别多，白白的一层。

他和我谈起了村支书的情况。支书刘晋很有钱，为人比较公正，大公无私，群众也拥护，上级也指定，另外一个曾经也当过大队队长的胡某就是给自己捞钱，不管集体。刘晋现在有180多万元的豪车，他开煤矿的时候还给村里点补助，不过村里人能在那上班，过年的时候给村里人发面、油，八月十五时，有时候发点东西。刘晋在太原、北京、海南岛都有房子，靠煤矿赚钱，有了财力实力就能当上队长，而当上队长了，就又有钱又有权，只要不太胡来，就能一直当队长。

村里80年代有集体煤矿，社会经济不行，发展情况不好，慢慢从集体就成了个人的，个人用100万元买不下，用200万元也就买下了，集体的就成了个人的了。现在煤矿成集体的肯定比过去私人单干的时候强，修路、煤矿占地都给队里点钱，能分红，刘晋私人煤矿时，也给村里一点，但是不多。

前任村主任胡某当队长的时候，给自己捞得太厉害了，当了十多年，群众看不过去了，就把他推下去了，后来上去的队长也是跟他学，谁干队长谁发财，群众反对再推下台，所以后来的队长一直在换，也都是干个一两年就被别人推下去了。现在的队长是刘林峰，也是给自己捞的，在国有煤矿可以捞点，一般是在煤矿上给的钱里面先给自己弄上一部分，剩下再分给群众。

村里选队长也是投票选举的。以前村里开会很频繁，现在很少了，常年不开会。村民二组现在没有队长，以前打官司几次打到太原，因为村民不让王三当队长，不让他弟兄几个还有姓王的人当队长，是因为王三他们太欺负人，不正眼看人，还想争当大队的一把手、二把手，群众都坚决不拥护。目前村里有队长、代表也是临时的，这个事情省里也解决不了，就一直搁着。村民就是坚决不让王三干，谁让他干，村民就和谁闹。

从今天吴某的谈话中了解到，一是村民对村支书的评价还行，但私人煤矿与集体煤矿相比而言，对村里的福利贡献太少；二是民主的力量还是非常巨大的，村民二组的农民因为不满组长的行为，坚决抵制其不能担任，并为此不断上访，最终维护了自己的权益。

2012 - 10 - 7　老支书张某

今天调研的对象是村里的老支书张某，我们是快到中午的时候才来到他家，老支书非常热情，留我们吃饭。老支书 1932 年出生，今年 80 岁，1961 年入党，1971—1987 年是 E 村大队书记，后来在公社当了煤矿矿长。他当队长的时候，当时的干部都不想干，因为没钱可得，队里有事还得自己贴钱，现在都想当干部，因为想争权争利，想发财。现在得了脑梗塞，行动不便。和老伴一起生活，孩子们都在县城上班。老伴也 80 岁了，身体还比较硬朗，还能在地里干活，还去地里刨土豆。

饭后，老两口去地里收土豆，我们觉得麻烦了人家，非常过意不去，就和老支书一起上山挖土豆了。我们一边挖土豆，一边和老支书聊了起来。老支书因为生病就提前退了，公社任命他为矿长。当时炼焦了就好卖煤，开始 1 吨煤二三十元，炼焦时 1 吨煤七八十块钱。询问他当时为什么没有办煤窑，他说是因为办煤窑需要钱，工资，工具，光是电费就需要 8万元才能搞起来。

支书的姐夫当过矿长，有经验，所以帮助支书干起了煤矿，现在也在海南买房，支书的煤矿整合以后得了几个亿，还在国有煤矿入了股。在支书煤矿打工的外地人比较多，有 300 多人，湖南、四川人多。

支书刘晋在女儿结婚的时候给了她一座楼，楼在市里。他在这里起步的，干了十几年，为人还可以，干了小 20 年了，没有被人骂过，自己也不傲气，穷人富人都看得起，为人好。

村支书刘晋是最有钱的，中间一段时间没干，别人干了，没有高山不显平川，领导人觉得还是刘晋可以，就让他干，第二次上又当了五六年了。

"开煤窑发财呀，挣的钱都没数，究竟多少亿没数。"西村的周二娃开煤矿的时候，给当地的好处费很多，过八月十五，年关时还会让大家白吃东西。

"开煤窑的发那么大的财，你看了得吗？"也不是谁想干谁就能干的，煤矿里都是机械化，最好不出个事，伤亡个人，小煤窑伤一个人得赔50万元，伤两个人得一二百万元，小煤窑就爬不起来了，吃喝埋葬需要好多的钱。可是有钱人开煤矿，伤亡了别人，不要紧，要多少能给多少。

刘晋的钱三四个亿多。现在，国家搞煤矿整合了，国家补偿他几个亿。旧社会也没听过开煤窑能发这么大的财，啥也没有开煤窑能发财。

2012 – 10 – 8

今天收拾行李回学校，这次农村调研收获非常大，对村庄的发展有了很清晰的认识。遗憾的是想采访一下村支书，和煤老板有个正面的接触，但去他家里好几次，均无人在家。村民说支书一般居住在市里，很少回来，村民也是难得见一面，期望中。

2012 – 10 – 19　村民刘妹

E村第二村民小组村民刘妹给我打电话，询问县里公路局要修路，占村民地，每亩补1000元，村民不同意，有很多村民不签字，但修路的强制占地，她问我应该怎么办？我在网上查阅了国家关于征地补偿的相关规定，并及时地打电话告诉了她。这件事情让我想到，一是农民的维权意识大大增强，知道借助外力了解更多的政策；二是对于农民的帮助应该从各方面入手，包括告知他们国家关于农业的相关政策，这样更有利于农民权益的维护。

2012 – 11 – 2　乡镇书记李某

今天又来E村进行补充调研了，这次主要采访的对象是乡镇领导，主要调研个体煤矿经营问题。下面是对他调研内容的整理。

八几年九几年就有人承包。原来煤矿是村民集体的，后来开煤窑开得有点钱了，就把煤矿买下来了，政策允许。私人煤矿都给集体交点钱，比如他能赚几个亿吧，他给村集体几百万元。以前定的承包费就低，一直就没提，这存在个啥问题，我给村干部塞上个一百万元，我每年给你交上个二三十万元，每年（承包费）提不了多少，每年十万十万地提。

煤矿被个人买断后，它和村集体没什么关系，也不需要村集体盖章什么的，只会缴纳一点占地费用等。而且，它一般需要交3000万元资源价款，但不交，一年只交80万元、100万元，慢慢交，拖着不给，也造成了国有资产流失。

2013 – 8 – 3　调研反思

为了调研到更为详细的资料，我们决定到另一个资源型县域进行考察，尽管它不属于我最终写作的5个村庄。通过对该县一些资源型村庄的调研，让我对资源型村庄的发展有了更为深刻的认识。

以前的调研一般是直接进村，所以没有乡镇领导陪同，也见不到村干部，所以更多地是在听村民的抱怨，当然，这样的调查会很细致，也会很深入，往往会听到村庄很多事情，尤其是不好的事情，比如上访事情的原委等等，但缺乏宏观整体的印象。这次调研，因为朋友的关系，我见到了乡镇书记和众多村支书、村长。乡村干部能够为我提供村庄的全貌、发展思路以及发展走向，但是对不好的问题的回答往往是避而不答，或者是形势基本不错这样的官方语言。

同时，我也对乡村干部工作的辛劳、不易有了更多直观的感受。他们面对上访的一票否决制，面对有些群众的胡搅蛮缠，处在上层官僚与基层民主的接点中的平衡，恰似在钢丝绳上的跳舞、夹缝中的生存。一方面需要完成上级交代的任务，事无巨细需要层层落实，环环相扣。面对我们的来访，也是热情接待，因为我们是他们领导的朋友，领导的面子是要给的，领导交代的任务是要完成的，这无形中增加了他们工作的负担；另一方面，面对群众越来越多的要求，他们也是疲于应付，个个工作很忙。

对于农民来说，分为几种类型。一类是自家生活过得不错，对生活的抱怨也很少，谈到的更多的是国家这几年的好政策，种粮不交钱还给补贴，问及最发愁的是什么，他们还是希望出去打工能多赚些钱，这样生活会更好些；一类是因为种种原因，生活过得不如意，对社会充满了怨恨，对社会的不公平现象可能感触会更深些，常常会反问我，现在生活水平是提高了，但是社会的不公平现象增多了，腐败问题增多了，你作为老师，难道不知道这些不公平现象吗，你又会有什么好办法解决呢？面对这样的盘问，我也往往难以作答，一时找不到非常恰当的语言去表达。

作为学者，我们应是社会良知的守护者和提倡者。作为教师，我们能否通过扎实的调研、深入的思考，真正能够提出一些可行的思路，从而帮助农民摆脱困境，这是我一直以来关注的问题。

2013－8－4　乡镇副书记谈农村发展

乡镇副书记谈农村发展瓶颈，农村发展思路在于：一是需要好的领导，领导从本村产生，或者真正动员机关干部，有见识有思想的，真正成为第一书记，现在是走过场，关系户下来，不是真正有理想、能带领群众致富的。是来镀金了。应该是自己申请，不能完全由组织部门来考察选任，应由专家来评审，面试，询问他看重村里什么，你是否有发展思路，了解村里的特色优势，发展是否可行，必须是有干劲，有思路，肯奉献的人才行。二是需要整村推进，不能再喊"让个别人富起来"，大力扶持整村推进，获得国家政策支持。三是应该根据实情，给予特殊政策，不能"一刀切"，比如发展林下经济，养殖业需要放牧，饲料成本太大，应从"封山禁牧"到人为控制，管住啃树皮，运用围栏和惩罚机制。禁令性的政策应该允许特殊和放活。比如东北，保护森林很重要，但也允许挖掉部分森林，发展林下经济，种植野山参，这方面政策比较灵活。因此，县里应该因地制宜。

2013－8－13　最美村官

这次调研中，遇到一名村长，65 岁，中等个子，偏瘦，1999 年中学教师退休，2010 年竞选当村长。作为一名退休教师，每月都有固定工资，2700 元。儿女生活也很好，他本来是可以安度晚年的。但是出于对家乡的热爱，为了村庄美好的明天，他主动提出竞选村长，为人公道，有积极性，2013 年才成为预备党员，有思想有干劲。目前自己已经补贴村里 10 万元。

他写的村主任承诺书让我感动，他的文采很好，采用诗歌的形式表达心中的夙愿。并且今年刚刚申请入党，目前还是预备党员。看到这里，我心中感觉非常温暖，因为有这样的村干部，我们的农村、农民一定会有很好的发展。

此村是全县唯一召开村民大会的村庄，每年召开一次，在村委会开，村民自己发表意见，他挨家挨户征求意见，舍得下功夫。因为一是村民信任；二是人口少。开村民大会时，村民的有些想法提前预料到，走群众路线。目前村庄产业不是很明显，基础设施不错，村容村貌、居住生活条件有了很大改善，现在村里种植了核桃，但还未结果，还准备发展林下经济，种植野山参，林下养鸡。他说的一句话令我非常感动，他说成功需要风险意识和奉献精神。

最美村官的承诺

腊月初一这一天，日子过得不一般，群众集中办大事，村委换届民主选。

男女老少认真填，神圣一票写新愿，六十三岁当村长，千万切记莫白当。

好好斟酌细思量，为民办事理应当，百姓选你当村长，珍重一票发腑腔。

他倒不为别的想，要你为他找福光，百姓疾苦切莫忘，日夜煎熬嘴难张。

有人讨债登门上，无力偿还暗躲藏，艰难岁月累饥荒，年复一年亏本账。

本村偏避东山梁，无有企业在身旁，年岁大的老年人，外出干活劲费光。

只要在世想生存，好歹生活路难寻，一切一切涌进心，誓把村民当至亲。

功夫不负有心人，只有干好暖人心，白纸黑字写承诺，面对群众实话说。

只要大伙信于我，村委主任官位坐，一届三年千日活，愿为百姓好事做。

十件八件不为过，费心动脑拳头握，为民实惠干工作，一年铺路扎底座。

二年气色成规模，三年民众受益多，决心奋力战三年，定叫旧貌变新颜。

落实政策要在先，为民服务力量添，头年规模必行成，二年镇上挂起名。

三年跨进大县城，民众欢乐赞声誉，去年选后有言传，村委班子李家干。

说的对头是实言，民众切记听我谈，三人一心协力干，互不扯皮用好权。

支部监督应在前，献计献策尽力添，村委成员听召唤，八仙过海神通显。

会计财务秉公办，民主理财最坦然，本职工作尽心干，顺利协调干三年。

欢迎民众细致看，是否满意多指点，个人表率放在前，承诺定不变空言。

老干部老党员，当年为村曾贡献，惦记他们在当先，慰问送物上门前。

为民服务实事办，燃眉之际应在前，户吨煤泥好取暖，烧锅做饭过好年。

遵循村里早规律，年终发物民受益，统一标准无争议，户袋面粉落实际。

党的政策暖人心，街道硬化成福音，确保质量在当今，监管守候要认真。

老牛山上旧公路，冬季下雪难行走。二八月里泥水鳅，只因背坡阴气厚。

凭借东风搞油路，不失时机做改修。改到阳面光常有，天下雨雪不挡走。

凭借东风决策下，村委大院搞硬化，强身健体设施挎，文化活动随从抓。

因地制宜快发展，发展经济搞调产，党的政策在召唤，立足实干需大胆。

为求上进壮自己，取长补短下力气，敢于取经走出去，善于得宝多学习。

一村一品上项目，根据事情发展牧，结合栽植核桃树，同化可获双收入。

行间插种苜蓿出，茂盛精草喂胖畜，畜牧施地起沃土，绿粮卖钱衣袋鼓。

本村森林面积宽，各家每户分到山，村里出头去露面，林局批示手续办。

进山间伐废木砍，变废为宝金钱换，技术加工成木炭，培植木耳更客观。

广开思路村发展，解决孤老生活难，创办村级养老院，党的温暖重体现。

转型发展强跨越，创办各类农业社，为民受益强产业，民众联合兴村业。

关心民众强健康，为民利益常着想，理疗保健不可忘，扶持力度紧跟上。

村委工作要搞好，先任关注不可少，邀请他们做向导，宝贵建议拥怀抱。

鹿泉大河公路阻，及早架桥搞建修，联谊邻村得友助，确保雨天畅无阻。

村委工作为村民，党的政策入民心，严格执行法律遵，多办实事在当今。

总体工作重开展，鼓励先进再优先，促使后者加追赶。

A 村之行

2014 - 1 - 20　采访 A 村李副支书，男，58 岁

前几日参加了一个山西省的村官会议，认识了 A 村的大学生村官，了解到 A 村是一个资源型农村，发展得非常好，所以非常激动，因为一直以来想寻找一个典型的依托国有煤矿实现经济腾飞的村庄，真是"踏破铁鞋无觅处，得来全不费工夫"。尽管现在已是腊月二十三，马上要过春节了，但我还是整理行装，向 A 村进发。

今天在办公室采访的是本村李副书记，他以前是赤脚医生。改革开放前，A 村有 400 人，地贫瘠，亩产不到百斤，无法上交粮食，国家给贷款购买返销粮，每人一个工，一天挣 5 毛钱，不好的只有 2 毛。1972 年李

是村里会计，当了 5 年。无副业收入，国家不让搞。全村不到 5 万斤粮食，当时一家人挣了 600 元，因为劳力多，全村羡慕。

人民公社时期村里有个煤矿，后来叫乡里要走了，个别人去劳动，村干部不懂得争取，不敢要福利。改革开放后，村民对种地没兴趣，因为地不好。现任张书记父亲以前是书记，找了个煤矿，一个工 3 元，人们下井，脱贫有钱了，盖房。后来因为出事，煤矿关闭了。这里的人们习惯下井了，养车。现在村里 700 人，400—500 人有驾驶执照，当时，全村集体出钱让 80 个妇女学习开汽车，每人只支付 200 元。

2004 年，张书记回来了。村民故意闹事，想调整班子，到北京上访，没有特别严重的事情，因为想换班子，所以大家找村干部问题，肯定能找出来；但是，张书记父亲干了一辈子，不想让张书记干，没啥意思，还得罪人。上面领导因为村民一直闹事只好出来管。郭书记当时没当干部，有钱，借钱给村民，他关系广，为村民办事不要好处，所以大家特别赞同他当领导。区领导和他说，你先回来两三年，先稳定住村民，于是，他就回来了。民主的力量是强大的，村民依靠上访这样的武器为自己村里争取好领导。

1998 年，国有煤矿第一次在本村开矿，开了个井口，给了 900 万元，被乡里要去 400 万元。乡镇这一级没用，应该撤销，只起上传下达。村里支书不敢碰硬。剩下 500 万元村里也没有分配好。2004 年，国有煤矿第二次进驻本村，村民因为占地赔款的事情一直有纠纷，村里混乱，发展得不好，导致村民上访，要求好领导，在区里的支持下，好领导上任，带领村民致富。

现任张书记第一他有能力，第二他父亲当过书记，他潜移默化，当时他在外做生意一年挣 400 万—500 万元，不稀罕集体的钱。

当时，村里与煤矿协议，我给你排矸石，每天 6 万吨煤，渣子有 25%。煤矿一般是占地给钱，但是本村要求给他排矸石，一项收入 5000 万元，开始，煤矿不同意，你农民不行，事情多麻烦多；第二煤矿也能排矸石，自己也能赚钱，并且没有这样的先例。

区里一般不管村里的事情，但是，张书记说了，事情谈不成，我就不当村支书。村里几百人占住井口，不让生产，没办法，煤矿让步让排 60% 的矸石，张书记说，不行，必须 100%，试用期三个月，不行再说。

当时，村民习惯下井、养车、管理车队很有经验，见多识广，不是一般的农民。市委召开办公会议，100%同意。并且村里已经买好汽车、有了加油站，给煤矿施加压力，最后煤矿终于同意了。

现在，每年开会，煤矿都会表扬排矸石，因为村里没有出过事情，没有耽误煤矿正常生产。村民与煤矿有事情，不准麻烦煤矿，只能找村委会协商。村里对煤矿的支持，第一是服务好，占地方面村民无人敢拦；第二工程满足要求。不像有些村，村干部挣点小钱，名不正言不顺，不管大家。

在排矸石的过程中，其中有10%的石头是可以用来做陶瓷的，所以村民上山去找石头，一共26个组，每组10人，分2班，每班上2天，休息2天，必须去，要确保公平。每月4000—5000元，大家严密组织纪律，轮流上班，一年全村可以挣到1000万元。1吨矸石交集体20元，有集体意识。村里召开村民大会，必须参加，否则不让上山捡石头，每次开会两签到。并且规定干部不准上山捡石头，因为他们有工资。

村里明年准备投资4000万元修建9年制学校，现在村里有9个企业，水泥厂、搅拌站、加油站、货厂、养牛厂、兰花基地、土地大部分植树，农地有200亩，栽杏树。以后要每年拿出300万元给学校，让学生不用花费一分钱。给全村买保险，正在制定政策。

村里当时为了给村民统一盖楼房，需要拆迁，但是难点在于拆房，市里可以强拆，国家可以动用执法手段，村里不行。村里规定必须按照要求拆房，否则不让排矸石。拆迁时，干部、党员先拆，干部的亲戚，干部去做工作。同样质量的房子一个价钱，房屋面积公开衡量。村民心里很佩服村支书，因为企业做得好，其次，公开、公平、公正，不搞暗箱操作。

村里的民主问题：

拆房召开村民大会，财务方面程序公开。村里企业搅拌站站长是从外部聘用，每年30万元。挖矸石的司机全部是村民，有50多位。

村里党员表现好，积极，先发展干部入党，想入党的人很多，因为都可以竞争支书职位，因此，慎重发展党员。

村里财务制度严格，乡里要两条烟，副书记说"我做不了主"，吃饭每年2万元。计生办来了，妇联主任陪，吃饭有标准，超出部分自己花钱。派出所来了治保主任陪，控制陪伴人数。这是制度，"大家想挣钱，都得维护这个摊子。""村民有事情必须帮忙"。

村民有集体意识，发现水管漏水，亲自给干部打电话。

干部必须会用人，能管住就好。有一个村民拦车队，"我就想拦"，拿上钥匙 3 天，耍横，后来把他抓去派出所待了 10 天，及时刹住了"谁厉害谁就能行"这种不说理的风气。因为坏人能量大，全村人都会向他们学习，10% 的人不同意，事情就办不成。

张书记第一胆子大，啥也不怕；第二会干事，能做成，人们佩服。因为书记干得好，一肩挑，村里没有贿选。大家全票通过。前任支书心胸狭窄，干了四五年。张书记帮他挣钱，不仅不领情，还骂人家，认为是张书记抢了他的职位，他现在没有在村里买房，享受不了村民待遇。

村干部每天开晨会，星期六日休息，李副书记管财务，张书记不管财务，不在村里住，有事情回来。"往好闹离不开集体，个人办不成事情。"当时盖村委会办公楼时只有 200 万元，工程队敢承揽，因为支书讲信用，事后再付给工程队钱，最后花费 1 亿元盖楼。

村民福利及村庄社会风气：

村干部工资是公开的，副书记 2013 年收入 65000 元，每年涨 5000元。书记每年涨 5000 元，100% 增加，副书记按照 90% 增加，一般干部70% 增加。每年入股分的钱每户 5000 元，每人 1000 元。过年、八月十五发面、米、油、肉，大家几乎不用买；"五保户"管吃管住。全村医保每人每年 100 元，集体支付。每人 100 元理发费，每天半斤牛奶。水电花钱，否则村民会浪费，从细节做起。以前也不花钱，大家晚上都不关灯，现在晚上都关灯了。

本村村风好，外村媳妇来了都变好。人们都本分，走正路，不准偷窃。村里评五好媳妇，一户一张票，谁的票多，谁上。民主集中制，最后，村委会统一决定。大家不敢在街上随便骂媳妇、打婆婆，否则，妇联主任会上门去找。

2014 - 1 - 21 采访 A 村支书，男，45 岁

A 村书记这几天非常忙碌，因为快过年了，村里还有很多大事要办，一直在外面出差。今天正好回来，我在村支书宽敞明亮的办公室里见到了他。

因为昨天已经与村民、副书记聊天了，所以对村庄的事情有了很多了解，今天主要是询问村支书的一些想法。村支书看到我来访，非常热情，也非常直爽，马上和我聊了起来，我们一起聊了很多，谈话中间，有一位老太太前来找书记说话，原来是村支书的母亲，因为村支书工作忙，尽管在村里，也没时间和母亲拉家常，母亲只好趁他在办公室时和他说上几句话。看到这幕情景，我的眼泪流下来了，村庄发展这么好，是因为有像村支书这样的好领导，农村工作的辛苦、劳累可想而知。我和村支书主要就几个问题进行了仔细交流。

一是村里发展情况。村支书说："村里靠资源靠不了一辈子，所以要及时转型，多元发展。村民必须依靠村委会带领村民致富。"

二是老百姓为什么信任村支书？"我是2004年上任的，从2004年以来，从来不休息，没有节假日。""打铁还需自身硬"，我之前经营企业成功了，底气就足。"我搞企业出身，按照企业的模式经营村委会。集体的东西一定要当你自己的东西去珍惜、爱护。""我就是本村村民，2004年国有煤矿入驻，村民上访，拦住当时的省长上访，区委书记点名必须让我当，机遇来了，我也不能光考虑自己，这样对村里、对自己都有益。以前村民和我借钱，还不了钱，现在大家有钱了，没人和我借钱。我自己也得到了很多的荣誉。"另外我一定要做到公平公开，以分配住房为例，采取抓阄的形式，制定的规则一定让村民找不出毛病，先让群众抓阄，干部后抓阄。如果不公道，老百姓就甭活了。

三是如何教育干部？教育干部，要提高素质，要让他们吃苦在前。毕竟，干部还比社员强，干部不用每天去刨石头，每年挣6.5万元。2004年上台后，两委干部没换，要以理服人，说服教育。干部素质不高，聘村官，村官现有4人，2007年来了2位，走了1位；2009年来了2位，2012年来了1位。

四是如何处理村矿关系？

第一，我在外面办企业，见识多，企业也离不开我们的支持，企业一年上缴利税20亿元，就应该带领我们致富。

第二，我们一直在坚持。村里的治保主任与煤矿是联防联控。有一年清明节，村里发生火灾，煤矿出动消防车帮助灭火。

第三，搞好服务。晚上下雪，第二天早晨，所有领导起来扫雪，不耽误煤矿的事情。我们与煤矿是鱼水关系，人家腰粗，是大树；"煤矿基建时，出过事故，救援队伍来得多。需要成立指挥部，休息，我们主动腾出办公楼，拿起农具去救援，当时煤矿也很困难，要感谢我们，我说，咱们不能乘人之危，不能要钱。"打比喻，人家是房东，我们是家政服务公司；人家是大树，我们不刨根，只揪叶。煤矿董事长已经换了3任，互惠互利。"白银买不到黑人心"，"自己不膏油自转。"有的村支书过年和煤矿要点钱，煤矿说"讨吃货，跌皮。""咱们不能为自己占小便宜，让人看不起。""给自己的不要，不敢说，也不稀罕"，"为了集体我们据理力争。"和煤矿斗智斗勇，现在材料、汽油上涨，工作量加大了，路程长了，夯土没了，费用增加了，提出涨价。1吨由原来的8.5元增加2元。当然，不会耽误煤矿的事情，2013年4月份提出涨价，煤矿上缴税20亿元，利润20亿元，年产2500万吨，每天产煤7万吨。谈判很艰难，都在为自己的公司把关，说明都是好领导，各为其主。好事多磨。因为这是村里的大事，替全村负责。每吨增加2元，每年排矸石900万吨，每年增加1800万元。

五是村庄以后发展的情况。2014年占地60亩，投资3000万元，成立寄宿制学校，校长、幼儿园园长要从浙江诸暨聘请，当时参加中组部50个村支部书记的会议，认识了很多村支书，要进行南北交流，派我们的教师去那里学习，规模为500人，这样可以服务周边农村。既然很多地方都能搞好教育，我们为什么不能？下一步的大事，就是老有所养、病有所医。全村村民入保险，每人按照每月1500—2000元的标准。

因为村支书很忙碌，所以我们的谈话只有半天的时间，但是村支书热情开朗的性格，精明能干的做法，以及他为村庄构思的宏伟蓝图，这一切都在我心中留下了深刻的印象。从村支书办公室出来，外面阳光很暖和，天空很蓝，站在村口，看着一排排整齐的小二楼，看着农民幸福的笑脸，我能真切感受到这里人民的安居乐业，他们的幸福指数一定很高。我在想，如果全国所有的农村都像这样，农民的日子该有多好。

下面的内容是A村治理中一些特色的方面，故摘录如下。

清正廉洁歌

为官清廉，切莫贪，行也安然，做也安然，背后无人戳指尖。平民布衣胜丝锦，我也可穿，你也可穿，说我做官不像官。

2013 年 7 月晨会内容一览表

日期	分类	学习内容	主讲人（大学生村官）
7.4	中国历史	战国人物故事一	杨洋
7.5	中国历史	战国人物故事二	杨洋
7.8	名人传记	十大元帅专题之朱德	魏斌
7.9	党史	王明"左"倾错误和革命运动的挫折	张峰
7.10	中国历史	秦王朝的建立	杨洋
7.11	名人传记	十大元帅专题之林彪	魏斌
7.12	党史	遵义会议的伟大转折和红军长征的胜利	张峰
7.15	中国历史	秦的灭亡与楚汉之争	杨洋
7.16	名人传记	十大元帅专题之彭德怀	魏斌
7.17	党史	为建立抗日民族统一战线而斗争	张峰
7.18	中国历史	楚汉之争	杨洋
7.19	名人传记	十大元帅专题之刘伯承	魏斌
7.22	党史	抗日民族统一战线形成和全面抗战路线的制定	张峰
7.23	中国历史	汉朝与汉武帝	杨洋
7.24	名人传记	十大元帅专题之贺龙	魏斌
7.25	党史	敌后战场的开辟和统一战线中的独立自主原则	张峰
7.26	中国历史	西汉的灭亡与东汉的建立	杨洋
7.29	名人传记	十大元帅专题之陈毅	魏斌
7.30	党史	坚持抗战、团结、进步，系统阐述新民主主义理论	张峰
7.31	中国历史	东汉末年分三国	杨洋

2013 年 8 月晨会内容一览表

日期	分类	学习内容	主讲人
8.1	世界名人传记	美国总统（一）	张峰
8.2	中国名人传记	袁隆平	魏斌

续表

日期	分类	学习内容	主讲人
8.5	中国历史	三国历史故事（一）	杨洋
8.6	世界名人传记	美国总统（二）	张峰
8.7	中国名人传记	孙中山	魏斌
8.8	中国历史	三国历史故事（二）	杨洋
8.9	世界名人传记	美国总统（三）	张峰
8.12	中国名人传记	陶行知	魏斌
8.13	中国历史	三国历史故事（三）	杨洋
8.14	世界名人传记	美国总统（四）	张峰
8.15	中国名人传记	袁世凯	魏斌
8.16	中国历史	三国历史故事（四）	杨洋
8.19	世界名人传记	美国总统（五）	张峰
8.20	中国名人传记	吴佩孚	魏斌
8.21	中国历史	司马懿	杨洋
8.22	世界名人传记	美国总统（六）	张峰
8.23	中国名人传记	阎锡山	魏斌
8.26	中国历史	"司马"大家	杨洋
8.27	世界名人传记	美国总统（七）	张峰
8.28	中国名人传记	冯国璋	魏斌
8.29	中国历史	南北朝	杨洋
8.30	世界名人传记	美国总统（八）	张峰

A村与煤矿签订的平安协议书

甲方：A村村委会

乙方：煤矿

　　为了实现村矿和谐稳定，实现村矿和谐发展、有序发展、持续发展、安全发展的大好局面，甲乙双方在平等、自愿的基础上，本着携手共建和谐家园、平安矿山的宗旨，签订如下协议：

一、乙方狠抓安全教育、制度落实、强化内部制约，消除安全隐患，杜绝事故发生。为了保障道路畅通行人安全，禁止井下排渣运料车从商品街通行，须从商品街北口进入，右转职工公寓楼前至工厂南排渣公路行驶，特别是禁止排渣车辆随意在村内、路口路边乱倒废弃物。如果发现不听劝阻的司机强行开行，甲方工作人员采取罚款、扣机车等措施。

二、甲方经过多年的努力培育，花草树木果实累累，观光农业景区初具规模，公共设施逐渐增加，希游人观赏珍惜保护。望乙方要利用班前会后教育职工及随行家属子女，不要随意采摘，不得破坏各种设备，同时创造美好新生活，共同创建美好未来。

三、乙方要加大宣传力度，努力营造浓厚的学习氛围，教育职工和家属，远离黄、赌、毒及邪教组织，严禁在村内设赌场、推九点、打麻将等不法行为；严禁职工酒后闹事、破坏他人财物；严禁随处排便、随地吐痰等不良行为。一经发现，甲方将配合公安机关给予严厉打击，坚决杜绝有令不行、有禁不止。

四、人人都有梦想，梦想靠勤劳实现，只有不懈努力、辛勤劳动、诚实劳动、创造性劳动才能实现自己的梦想。劳动是产生一切的力量、一切道德、一切幸福的源泉。劳动创造未来，奋斗成就梦想，尊重知识，尊重劳动，珍惜劳动成果，珍惜共有的今天，创造美好的明天。

五、本协议一式两份，自双方签字之日生效。

甲方：A 村委会

乙方：煤矿

2013 年 5 月

后　记

　　本书是国家社会科学青年基金项目"煤矿产权模式与农村发展走向"（项目编号：11CZZ042）的最终研究成果，也是在我的博士论文基础上修改而成的，这是我进入学术殿堂的第一本专著，出版之际既激动兴奋，又备感不安。

　　从一个不谙世事整天之乎者也、风花雪月的文学青年成为一个家事国事天下事事事关心的中年政治人，是我2009年读博之后人生的重大转折。读博期间，我有幸师从董江爱教授，导师是一位对事业有着极大热情、在农村政治学方面很有建树的杰出女性，导师对我读博的要求是必须做农村研究，必须做实证调研。这些话语当时并没有引起我足够的重视，直到我真正一人开展农村调研时，我意识到了这些话语的分量。农村调研，对于我这个从小一直生长在县城，以后求学工作都在大城市的人来说，是件熟悉又陌生的事情，但陌生的成分更多一些。虽然儿时也跟随父母去过农村，在农村亲戚家也会住上几天，但没有对农村深刻的认识。当我为了准备博士论文，真正进入农村调研时，我感到了前所未有的困难。基层干部对我的提防与阻拦，农民对我的怀疑与不解，尤其是涉及农村敏感话题时对我的质问，我于是开始问自己，难道就这样半途而废吗？后来，在导师的鼓励之下，更是在导师的言传身教中，我感悟到，只有真正地热爱你的事业，你才能全身心地投入其中，并且感受到它的快乐。于是，我改变观念，重新上路。我见到村民，不再用一种对立的心态去审视他们，而是感同身受，投入我的热情、尊重与耐心，于是，我收获了。我的内心生发出一种农民情怀，在我近距离、长时段地做调研的过程中，我体会到了"天下兴亡、匹夫有责"的爱国情怀，我更多地了解了中国的农民，他们的热情、朴实、真诚、苦难和对我们的渴望、尊重等都在影响着我，也在感动着我、激励着我。我更珍惜我现在的处境，同时我也特别想用自己的笔为他们做些什么。我的博士生涯不仅是我学术的成长，更是我人生的历练。我感谢导师，是她引领我走向我人生新的高度。

多年来，导师对我言传身教，关爱有加。小到普通论文的写作，大到博士论文的选题、结构直到论文的最终定稿，对我进行指导点拨，倾注了导师的智慧和心血。面对导师慈母般的关怀，我只想很幸福地说一句：认识导师是我这辈子最大的荣幸。同时，我也深感肩上责任的重大，导师是一位要强上进的女性，而我常常在她面前汗颜，我只有加倍的努力，才能不负导师的谆谆教诲和殷切期望。

我要感谢华中师范大学中国农村研究院的徐勇教授。2010 年，我有幸师从徐老师进行为期半年的访学交流。徐老师是以从事农村政治学研究而蜚声学界的知名学者，徐老师以他的智慧和儒雅，以他对学术的深刻思考，对农民的真切关怀，对事业的满腔热诚，对学生的深深热爱，极大地感染着我，激励着我。在美丽的华师，在馨香的桂子山畔，我收获太多、太多。

我还要感谢在我读博期间，从各个方面，鼓励我、帮助我的各位老师。访学期间，我有幸聆听了华中师范大学邓大才教授的很多课程，邓老师对事业的执着追求、对学生的无比关爱，深深地感动着我。另外，西北师范大学的王勇教授、重庆师范大学的吴晓燕教授、郑州大学的樊红敏教授、华中师范大学的慕良泽博士（现在已是我的同事）、黄振华博士等，他们对我的指导使我受益匪浅。

感谢博士论文预答辩中徐勇教授和邓大才教授提出的非常宝贵的意见，对论文质量的提升有着重要的贡献。

感谢三位匿名评审专家对论文提出的非常中肯的批评和极富建设性的意见。

感谢论文答辩中徐勇教授、王臻荣教授、王志连教授、赵宇霞教授提出的宝贵意见，让文章增色不少。

国家社科基金项目对我的大力支持，让我有比较充足的经费调研。感谢国家社科五位匿名评审专家对论文提出的宝贵意见，让文章避免了很多不妥之处。

还要感谢在我调研期间，为我无私提供帮助的人。大同市委副秘书长李生明，他的睿智、热情及其对人生的感悟，极大地鼓舞着我。还有在农村我遇到的每一位村干部和村民，为了保护被调研者的隐私，我这里省却了他们的名字，但是他们的亲切面孔永远地铭刻在我的记忆深处。正是他们的善良、朴实、直率与热情，让我深深地爱上了农村，爱上了调研。我现在最快乐的就是遇到农民，不管在火车上，还是任何地方，只要见到他们，就迫不及待地想和他们交流，他们的所思所想成了我最关心的事情。我还要感谢我的研究生团队，她们是陈婕、师明、温晓玲、吴婷、岳鑫、张娅婧、张之秀、郭昱彤、郝婷婷、刘静娜等，感谢我的本科生武志红、鲁欣欣等，在我调研期间，他们承担了大量的资料整理工作，我们一起在农村度过了无数个不眠之夜。

感谢政治与公共管理学院的领导和同事对我工作的关心和支持。特别是李明教授、王臻荣教授、杜创国教授、王志连教授等，他们为我答疑解惑、诠释经典，为我学术的进步打下了坚实的基础。在我读博期间，我的同事也给予了我很大的帮助，孙淑云教授、张守夫教授、马小娟博士，还有刚刚调入我们学院的马华教授，他们的意见很好地提升了我论文的质量。还有我的学生兼我的师妹陈晓燕博士、师弟王慧斌博士，他们勤奋好学、后生可畏，我们一起徜徉在学术的海洋里，互相扶持，互相激励，共同拼搏。

我的家人，我需要表达我的歉意。首先是我可爱、懂事的孩子，为了收集资料，我常常需要去农村调研，他心有不舍，但总是吩咐我，妈妈你不用操心我，我会好好学习的，你忙你的。正是他的鼓励与支持，增强了我不断前进的动力。感谢我的丈夫，他承担了照顾孩子的主要任务，让我能够集中精力进行学术的研究。感谢我的父母，我的公婆，我的姐姐，正是他们无私的帮助、不断的鼓励，让我放心地不断前行。

本书能够顺利出版，得益于中国社会科学出版社的大力支持和冯春凤编辑的细致辛苦的工作，在此一并致谢。

本书的出版是我学术新的起点，在人生的长路上，我会常怀感恩之心，铭记为学之志，不断攀登新的目标。

李利宏

2016 年 3 月 6 日于太原蕴华庄